U0142864

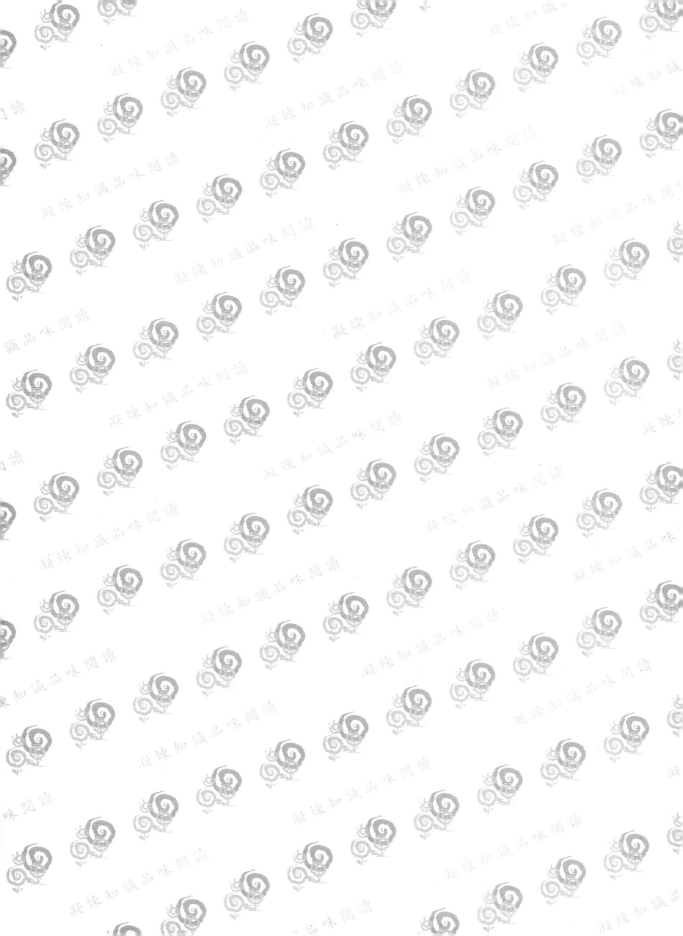

研究&方法

存活分析及**ROC**應用**SPSS**

張紹勳、林秀娟 著

五南圖書出版公司 印行

自　序

　　SPSS 是國際知名的統計軟體，在財務金融、會計、公共衛生、生物醫學、工業工程、土木、醫學管理、航運管理、公共行政、人管、生產管理、行銷管理、教學／心理系、風險管理系、社會系、法學院、經濟系……領域應用已深受肯定。最新版 SPSS v25，與舊版的畫面及指令都已大幅改變。

　　本書挑選生物醫學、財經及社會研究最熱門統計方法，包括：「google scholar 學術搜尋」，查詢「survival analysis」會出現 4,080,000 篇以上論文；查詢「receiver operating characteristic curve」出現 991,000 篇論文。可見存活分析係非常熱門的統計法。

　　本書適合的科系包括：財務金融、會計、公共衛生、生物醫學、工業工程、土木、醫學管理、航運管理、公共行政、人管、生產管理、行銷管理、教學／心理系、風險管理系、社會系、法學院、經濟系……。

　　其中，醫學統計學係採用統計學、運籌學、經濟、數學等領域之定量方法。對臨床試驗的設計和分析就是醫學統計學在醫學裡最明顯的應用。生物醫學統計分析，依使用者及研究目的，大致分為臨床與實驗室資料分析、問卷資料分析、流行病學資料分析、資料庫資料分析，為不同研究目的之分析。隨書並附上範例資料檔供讀者實作。

　　一、《高等統計：應用 SPSS 分析》一書，該書內容包括：描述性統計、樣本數的評估、變異數分析、相關、迴歸建模及診斷、重複測量……。

　　二、《多變量統計之線性代數基礎：應用 SPSS 分析》，該書內容包括：平均數之假設檢定、MANOVA、典型相關分析 (canonical correlation analysis)、判別分析 (discriminant analysis)、主成分分析、因素分析 (factor analysis)、集群分析、多向度量尺／多維標度法。

　　三、《邏輯斯迴歸分析及離散選擇模型：應用 SPSS》一書，該書內容包括：邏輯斯迴歸、Probit 迴歸、多項式邏輯斯迴歸、Ordinal 迴歸、Poisson 迴歸、負二項迴歸……。

　　四、《多層次模型 (HLM) 及重複測量：使用 SPSS 分析》一書，該書內容包括：線性多層次模型、panel-data 迴歸……。

五、《存活分析及 ROC：應用 SPSS》一書，該書內容包括：類別資料分析 (無母數統計)、logistic 迴歸、存活分析、流行病學、配對與非配對病例對照研究資料、勝出比（Odds Ratio）的計算、篩檢工具與 ROC 曲線、Cox 比例危險模型、Kaplan-Meier 存活模型、時間相依共變數之 Cox 迴歸、邏輯斯迴歸搭配 ROC……。

此外，研究者如何選擇正確的統計方法，包括適當的估計與檢定方法、與統計概念等，都是實證研究中很重要的內涵，也是本書撰寫的目的之一。爲了讓研究者能正確且精準使用邏輯斯迴歸及 ROC，本書內文儘量結合「理論、方法、統計」，期望能夠對產學界有拋磚引玉的效果。

張紹勳 林秀娟 敬上

Contents

Contents

Contents

Chapter 06
Cox 模型適當性的評估 (assessment of model adequacy)　351

Chapter 07
cox 模型開發的過程 (model development) 399

Contents

Chapter 01

生物醫學統計：流行病學的研究法

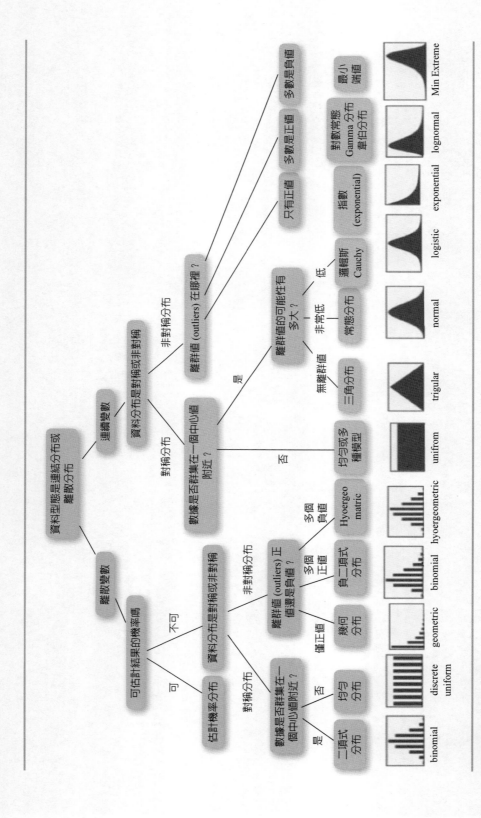

圖 1-1　分布的選擇

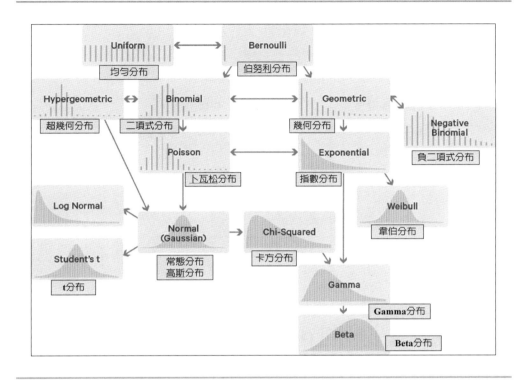

圖 1-2 分布的類型

　　統計學就是依據目的，將觀察或測量到的資料處理，以及利用處理後的資料加以分析，以便做判斷及推論的一門學問。統計步驟如下：

Step 1　收集資料—觀察、實驗……。

Step 2　整理資料—簡化成統計圖表或統計量。

Step 3　分析資料—合適的統計方法。

Step 4　解釋意義—解釋現象，做為預測或做計畫依據。

　　其中，迴歸更是一種強大的分析技術，可一次達到數個目標。當分層分析同時具有多個資料層或需要同時校正多個干擾因子時，可使用多重迴歸，在同時校正迴歸公式中所包含的其他所有獨立因子之作用後，來決定治療介入與治療結果之間的獨特相關性。文獻報告中經常會提供特定變數，在針對多項共變數校正後，其變數估計值、相對風險比值 (rate ratio, RR) 或勝算比 (odds ratio, OR) 及這些數值的 95% 信賴區間。

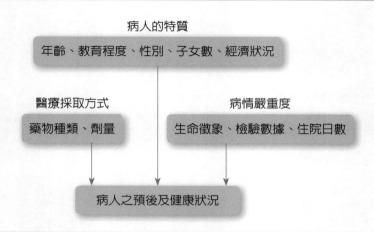

病人的特質

年齡、教育程度、性別、子女數、經濟狀況

醫療採取方式

藥物種類、劑量

病情嚴重度

生命徵象、檢驗數據、住院日數

病人之預後及健康狀況

圖 1-3 橫斷面多因一果之示意圖

1-1 事件發生時間 (time-to-event) 的資料

一、前言

　　存活分析 (survival analysis) 是各種癌症臨床試驗裡常見的統計分析方法，使用存活分析的評估指標都是時間變數 (time to event)，隨著癌症藥物研發的臨床試驗越來越多，用到這些評估指標的機會也越來越多。然而時間變數代表什麼意義？存活分析中特有的 censoring 代表什麼意義？

二、何謂時間變數評估指標？

　　存活分析是處理時間變數的統計方法，一般常會被「存活」二字表面意義誤導，以為存活分析只處理與存活 (死亡) 有關的資料，其實存活分析是處理從觀察開始至「事件 (event)」發生所需「時間長度」的資料 (多少天？多少個月？多少年？……)。單就統計分析的資料處理層面而言，事件本身不是存活分析重點 (癌症臨床試驗想研究的事件可以是死亡、腫瘤惡化、腫瘤復發或提早退出試驗)、事件發生的原因也不是重點，如何定義「時間長度」(即所謂的 time to event 或 survival time) 的起點與終點才是最重要的，綜觀臨床試驗整體而言，則需考慮事件本身所代表的臨床意義。一般臨床試驗設計，常將觀察時間起點定為進入試驗或隨機分派當天，而終點則是觀察到事件發生的時間點。

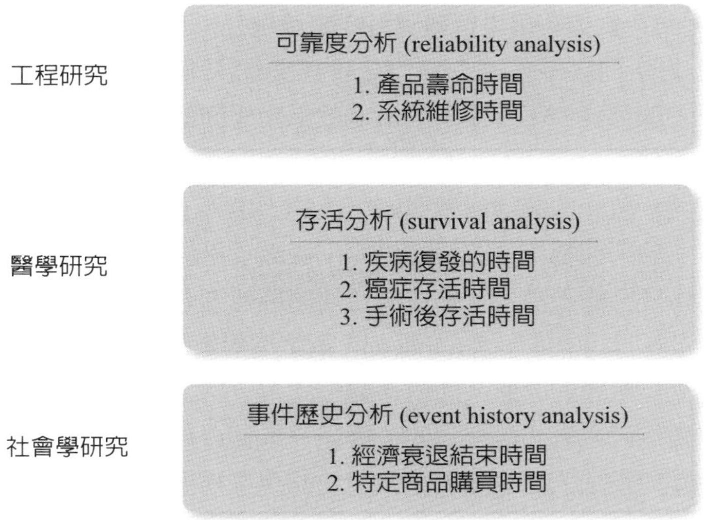

工程研究

可靠度分析 (reliability analysis)
1. 產品壽命時間
2. 系統維修時間

醫學研究

存活分析 (survival analysis)
1. 疾病復發的時間
2. 癌症存活時間
3. 手術後存活時間

社會學研究

事件歷史分析 (event history analysis)
1. 經濟衰退結束時間
2. 特定商品購買時間

圖 1-4 事件發生時間 (time-to-event) 的資料

　　存活分析的統計方法主要是用來分析存活的資料。醫學研究中研究病人的存活率 (survival rate)，或工程學中研究產品的可靠度 (reliability) 等，均可用存活分析來研究。存活資料的特質是觀察到的資料經常受限於研究時間的限制，以至於有時無法觀察到完整的存活時間。因此記錄到的資料除了觀察時間及表達觀察時間是否為存活時間的情形外，通常以 0 與 1 來表示，有時我們也會記錄一些相關的解釋變數。存活分析也可以用來分析一般「事件發生時間 (time-to-event)」的資料。例如：公司破產的時間，或同一疾病復發的時間……。

1-2 生物醫學之模型

一、變數選取 (variable selection)

　　在觀察性研究框架下去估計治療效果的一個關鍵步驟，是適當地評估所有可能影響治療選擇或治療結果之干擾變數。為了找出所有可能的干擾變數及任何可疑的效果調整或交互作用，應進行一項全面的文獻回顧，來確認出影響治療選擇與治療結果測量之變數，並應建立一個表格，裡面詳述預期的相關性。分析師應確認出存在於數據中的這些變數，或這些變數的適當代理變數 (good proxies)，並將這些變數納入迴歸模型中 (不論傳統顯著水準下之統計顯著性為何)。當使用臨床數據有限之行政資料庫來源做分析時，分析師經常無法針對某些已知或可疑的干擾因子，取得有意義的變數測量值。在這些情況下，若模型無法納入已知或可疑的干擾因子，治療效果之迴歸估計值將會產生偏差，導致遺漏的變數 (omitted variables) 或殘差干擾偏差 (residual confounding bias)。因此必須在研究開始前先確認出所有已知可能的干擾因子，並盡可能在資料庫中找出該變數，並納入模型中。若已知可能干擾因子無法納入模型，分析師應註明此項遺漏為本研究的限制，並描述其預期的偏差方向。在迴歸模型分析中，若治療效果的幅度弱或中等程度 (modest)，則遺漏變數的偏差可能導致數據引申出的結論會產生有意義的改變。即使迴歸公式內已納入所有已知的干擾因子，仍可能存在未觀察到或無法觀察到的干擾因子，會造成遺漏變數之偏差。為強調遺漏變數偏差所造成的影響，有些技術能夠用來描述將結果由顯著變為無效之干擾因子的特性。

二、模型選取 (model selection)

通常依變數 (dependent variable) 的形式會影響一個迴歸模型的選擇。連續分布變數通常會使用普通最小平方法 (ordinary least square, OLS) 迴歸模型進行分析，而二分或二元治療結果 (是 / 否；此 / 或；死亡 / 存活) 則可使用邏輯斯迴歸模型分析 (logistic regression)。實作上，常用的統計軟體多使用最大概似估計法 (maximum likelihood estimation, MLE) 來分析上述兩類治療結果，並假設有適當的誤差分布 (常態分布、邏輯分布等)。過去二十年的醫學文獻幾乎都採用邏輯斯迴歸，主要原因是電腦運算能力的進步，以及大家熟悉此方法所致。線性及邏輯斯迴歸均隸屬於涵蓋範圍更廣的一類模型，稱為廣義線性模型 (generalized linear models, GLM)。GLM 也包括線性及對數——線性函數形式以外之功能形式模型，可描述自變數與依變數之間的關係。一些常用的連結函數 (link functions) 與誤差分布列於下表。

表 1-1　針對不同類型數據之治療結果，一般常用的連結函數與誤差分布

治療結果範例	數據類型	連結函數	誤差分布
藥物使用率或花費之趨勢治療選擇之預測因子、死亡心肌梗塞、中風、住院次數	連結變數 二元變數 計數	恆等函數 (Identity) 邏輯函數 (Logistic) 對數函數 (Log)	Gamma* Binomial Poisson†

三、邏輯斯迴歸

　　邏輯斯迴歸分析會假設試驗族群沒有失去追蹤或沒有競爭風險。這些是強烈的假設，但在另一類稱為 Cox 比例風險迴歸的模型 (Cox proportional hazards regression) 未必需要如此。在此模型中，依變數為需多少時間發生事件，而非邏輯斯迴歸模型中所使用的一個特定時段內事件發生的機率。這項差異另句話說是需要多長時間直到一個療效結果出現，亦即要建立「何時」發生的模型而非「是否」發生。Cox 迴歸模型也允許加入一項非常重要的變化，亦即納入時間變化 (time-varying) 或時間相依共變數 (time-dependent covariates)。這些是可隨時間改變數值的獨立變數 (如同隨時間改變數值的依變數)。由於患者治療期間會改變藥物或劑量，藥物暴露是可隨時間而改變的，Cox 迴歸可做為一項非常強大的工具，在某些情境下，可更真實模擬療效試驗中治療暴露與治療結果之間的關係。

四、檢驗模型的假定 (assumption)

　　這些迴歸技術裡面有許多統計上的假定。針對線性與邏輯 (logistic) 模型中，常態分布與線性關係的假定可能是最重要的。幸運的是，這些模型對於常態分布之假定非常穩固，亦即治療結果變數必須非常極端 (不正常分布，例如價格)，才會嚴重威脅到變數估計數值。一項更常見的問題是，使用連續變數所建立的連續測量模型而沒有檢查線性關係之假定是否成立。例如：年齡通常被視為連續變數，在許多成人疾病的研究中，可能介於 20 至 90 歲之間。在這個例子裡，年齡事實上是以歲為單位的類別變數，可分為 70 層。任何研究必須檢查連續自變數與試驗治療結果之間是否呈現線性關係的假定；若自變數未具備線性關係，此時執行模型分析時，應使用非線性形式。例如類別模型。因此，絕對必須檢查年齡與試驗治療結果增加 / 減少的關係，是否隨年齡增加 / 減少而保持一個相對常數 (constant) 的關係，否則，年齡試驗結果及用年齡來控制或當作校正之干擾因子可能不正確 (not valid)。例如：若相當少數受試者年齡非常大，而且對藥物有一些非常不好的特定反應，而大部分其他患者較年輕且通常不會有不良的反應，則一個迴歸模型可能會錯誤地顯示年齡增加為一項風險因子，因為假定的年齡線性關係實際上不存在。在這個情況下，此變數應以類別變數形式建立模型。另一項應檢驗之重要假定為，Cox 迴歸模型中的比例風險假定 (proportional hazards assumption)。Cox 模型的假定為，一個特定治療組的危險率 (hazard rate) 會隨時間而改變，但兩個治療組的危險率比值 (ratio of hazard rates) 是呈比例關係 (proportional)；換句話說，兩個治療組內的患者可能隨時間具有不同的危險，但其相對風險 (relative risks) 之差異應多少維持一個常數量。此項假定並不難檢驗，但若不成立，使用此項技術的試驗結果將變得不可靠。因此，進行 Cox 比例風險迴歸技術前，一定要先檢驗治療暴露之比例危險假定是否成立，若不成立，則應使用其他技術，例如在延伸 Cox 模型中使用治療暴露不同時間之測量值 (time-varying measures of exposure in extended Cox models)。

五、模型的績效測量 (performance measurement)

使用迴歸模型分析應報導出模型表現之績效，例如：OLS 迴歸模型必須報導出來決定係數 (coefficient of determination, R^2)，這種做法是為了讓讀者能判斷，此迴歸公式能實際解釋所有數據總變異數 (total variance) 的多少量。在一個大型資料庫試驗中，值可能非常小，但參數估計值可能無偏差 (unbiased)。雖然正確，但這些變數之介入價值仍然有疑問 (不可靠)。在邏輯迴歸模型中，c- 統計量或接收者操作特徵曲線下面積 (area under the receiver operating characteristic curve, ROC curve) 為許多統計套裝軟體之標準輸出數據，用來評估模型是否有能力區分有發生事件之受試者及未發生事件之受試者。Hosmer 與 Lemeshow (1999) 已發表 ROC 曲線下面積的定性評估方法學。在解釋模型預估治療結果之變異數 (variance) 或鑑別力 (discrimination) 時，必須要報導出績效測量值 (或 ROC 曲線下面積)，同時針對這些測量值的一個定性評估討論。若強調點是預測而非強調多變項控制多項干擾因子，則應更關注到模型的績效表現。

六、自定模型優劣的診斷 (diagnostics)

所有統計套裝軟體也都提供多種測量值，以決定迴歸模型是否已適當產生。觀察值相對於預測值的散布圖，或觀察值與預測值之差異 (殘值) 圖形均可輕鬆畫出，以檢視是否有異常觀察值 (outliers) 可能會強烈影響到參數之估計值。應用目前桌上型或筆記型電腦的強大計算能力，可輕鬆使用電腦產生所有類型的參數估計值，如 RRs、ORs、信賴區間與 P 值；這些數值可能不可靠，甚至完全是無功能。很重要的是，分析師必須檢查迴歸模型所產出的結果，至少須檢查殘值圖是否出現任何意料外的樣式。應執行並報導出迴歸診斷結果，包括模型預估良好度 (goodness of fit)。

1-3 Cox 迴歸式 (hazard ratio)vs. 邏輯斯迴歸式 (odds ratio) 的比較

在社會及行為科學中，類別資料是普遍使用的資料類型。例如背景調查資料：信仰類型、學歷、性別等，意見調查 (贊成、反對、沒意見)，或是實驗研究將受試者分成實驗組與對照組，都是類別資料。

在進行研究時，有些研究資料可以直接以名義量尺或順序量尺來測量，但有時候一些連續變數資料，為因應資料簡化，給予分組處理，化簡為類別變數，例如將薪水分為高收入、中收入、低收入，這時候亦可以進行類別變數統計分析。

類別資料分析主要針對類別型 (二元、多元分類和順序尺度) 目標變數，以常用之敘述統計 (次數、比例或比率) 和統計圖 (如圓餅圖和柱狀圖) 為基礎，透過機率分布和抽樣分布，進階至母群體之參數推論、二維和三維交叉分析以及目標變數之決策樹和預測模型建立。

一、比例檢定

比例檢定是分析交叉表的基本，可以分析表內兩個不同樣本對應變數的比例。例如要檢定性別對婚姻的差異，除卡方檢定 (e.g. 男性得肝癌百分比是女性的 3.5 倍) 外，亦可以透過百分比 (次數分布表) 得知。

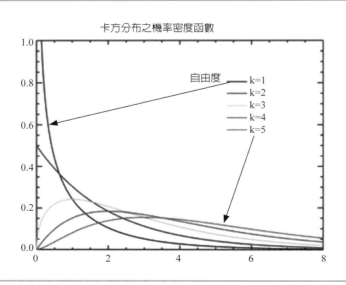

圖 1-5 卡方分布之機率密度函數

二、勝算比 (odds ratio, OR)

在自然科學領域 Meta 分析中，RR, OR 效果量 (effect size) 的計算法比 Cohen's d、Glass's △ 與 Hedges's g 的範圍更廣。而流行病學、存活分析亦常常用到風險比 (RR)、勝算比 (OR) 這種類別資料之列聯表分析。

Meta 統計分析，將每篇文獻測量的結果轉換成相同的計量，然而大多數的研究會使用不同的量表，此時就必須將這些結果做一個適當的轉換，然後才能整合。對於探討介入成效的研究，若為類別型的資料則是轉換為風險比 (risk ratio, RR)、勝算比 (odds ratio, OR) 或絕對風險減少率 (absolute risk reduction, ARR)。

邏輯斯迴歸係數係以勝算比 (odds ratio, OR) 為單位，邏輯斯迴歸的分布如下二個圖。

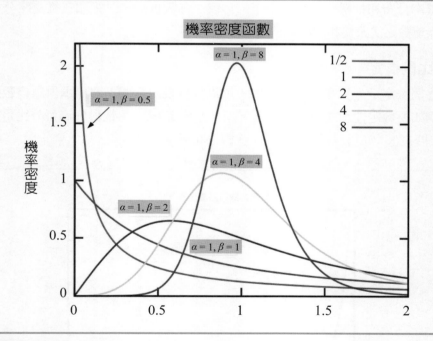

圖 1-6 Log-logistic 之 PDF

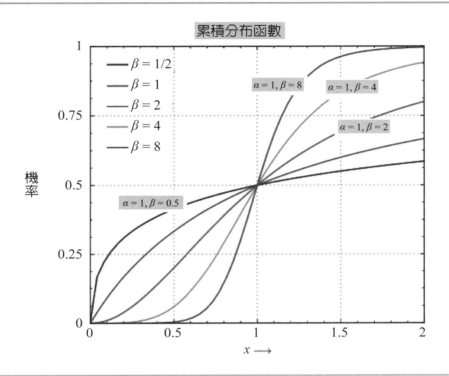

圖 1-7 Log-logistic 之 CDF

三、相對風險 (relative risk, RR) vs. 勝算比 (OR)

　　針對類別變數進行交叉分析時，通常會利用卡方檢定 (chi-square test) 或費雪精確性檢定 (Fisher's exact test) 來進行考驗，而醫護領域有時候還會計算出「相對風險」(relative risk, RR) 或「勝算比」(odds ratio, OR) 來作呈現。

1.「相對風險 (RR)」必須用在 Cohort study 才有意義，此類型的研究一開始會從研究對象中找尋暴露因子 (自變數，譬如說有無抽菸)，接著開始進行追蹤研究來搜尋結果變數 (依變數，譬如說有無延遲性出血或死亡)；因此可以想成對未來作預測，接著探討吸菸這群人中，計算出發生出血的人數比例有多少，再探討未吸菸這群人中，計算出發生出血的人數比例，最後把兩個比例相除，以計算出相對風險？

　　又如：開車沒滑手機與開車滑手機在車禍的相對風險 (RR)？若開車沒滑手機是開車滑手機的 0.82 倍 (比值 1 是無異值)，顯示開車滑手機有較高的風險。

2.「勝算比 (OR)」剛好相反，通常出現於 retrospective study，又稱 case-control study，也就是一開始就已知病人有無死亡／出血 (依變數)，再回溯找尋暴露因子 (自變數，譬如說有無抽菸)。由於病人有無死亡／出血的比例可以由研究者在挑選樣本時就決定，相對的這類的研究去算死亡／出血機率是沒有意義的，因此就會用 OR 去計算暴露組與非暴露組發生死亡或出血的相對暴露機率來做估計。

1-3-1　Cox 迴歸式 (hazard ratio)：迴歸係數的涵意

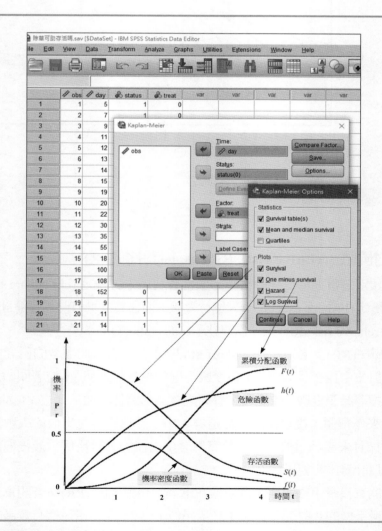

圖 1-8　各機率函數關係圖 (Cox 迴歸) (KM 指令)

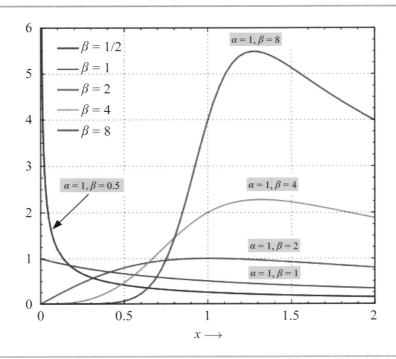

圖 1-9　Log-logistic 之存活函數

對數邏輯斯分配

$$S(t) = \frac{1}{1 + \lambda \times t^{\gamma}} \qquad h(t) = \frac{\lambda \times \gamma \times t^{\gamma-1}}{\left(1 + \lambda \times t^{\gamma}\right)^2}$$

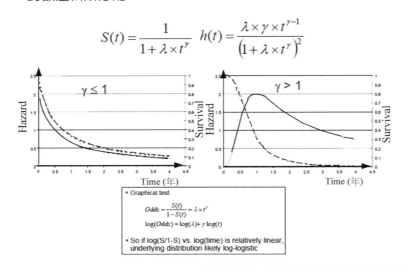

圖 1-10　Log-logistic 分布之存活函數 S(t) 與危險函數 h(t) 之關係

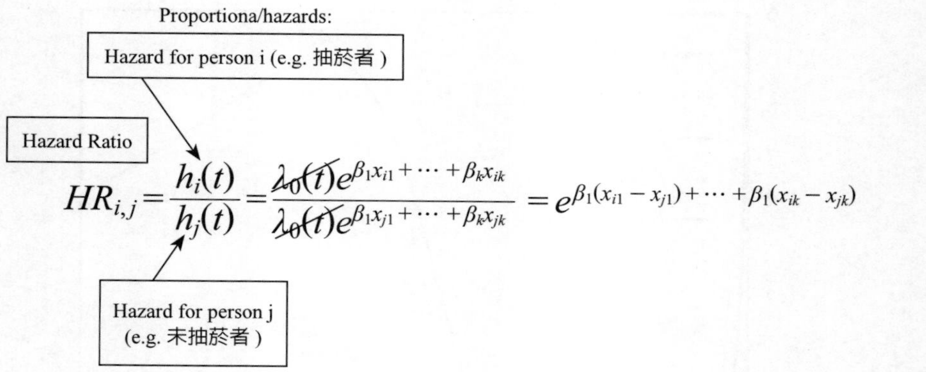

Proportiona/hazards:

Hazard for person i (e.g. 抽菸者)

Hazard Ratio

$$HR_{i,j} = \frac{h_i(t)}{h_j(t)} = \frac{\lambda_0(t)e^{\beta_1 x_{i1} + \cdots + \beta_k x_{ik}}}{\lambda_0(t)e^{\beta_1 x_{j1} + \cdots + \beta_k x_{jk}}} = e^{\beta_1(x_{i1} - x_{j1}) + \cdots + \beta_1(x_{ik} - x_{jk})}$$

Hazard for person j
(e.g. 未抽菸者)

圖 1-11 比例危險 (proportional hazards) 之示意圖

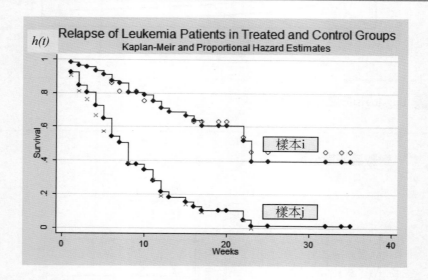

圖 1-12 比例危險之示意圖 (Cox 迴歸)

一、Cox 存活模型與 logit 模型之比較

Noh 等人 (2005) 發現，Cox 模型具有較低的型 I 誤差 (α)。由於降低型 I 誤差可以減少解釋變數 (e.g. 誤差授信) 對結果變數的預測失準 (e.g. 金融機構所造成的損失)，而 Cox 存活模型係半參數模型，不必指心是否違反常態 / 韋伯 / 脆

弱分布之假定 (assumption)。

舉例來說：金融放款違約問題，存活分析最主要的好處在於可以預測違約接近的時點，雖然 Logit 模型亦可預測出未來一段時間內的違約機率，但不能預測接近違約的時點。

Logistic 迴歸 (logistic 指令) 旨在估計勝算比 (odds ratio)；Cox 迴歸 (stcox、svy: stcox 指令) 及參數存活模型旨在估計危險比 (hazard ratio)。

二、存活 Cox 迴歸分析的優點

在面對「time-event」的資料，Cox 迴歸是運用最廣的統計法，特別是在生物統計、醫學與流行病學的研究方面，Cox 迴歸有其優勢存在；因爲存活 model 所得到的自變數的係數值透過簡單的換算，就可以得到生物醫學上常用到的一個指標值——「危險比」(hazard ratio)。在存活 model 中，如果我們使用的自變數也是二元變數，更能夠凸顯在結果解讀上的方便。

三、Logistic 迴歸的優點

在面對二元 (binary) 依變數的情況，logit model 是被運用得最廣的統計法，特別是在生物統計、醫學與流行病學的研究方面，logit model 有其優勢存在；因爲 logit model 所得到的自變數的係數值透過簡單的換算，就可以得到生物醫學上常用到的一個指標值——「勝算比」(odds ratio)。在 logit model 中，如果我們使用的自變數也是二元變數，更能夠凸顯在結果解讀上的方便。

1-3-2a 邏輯斯迴歸式 (odds ratio)

一、邏輯斯迴歸 (logistic regression)

這種迴歸模型可稱爲邏輯斯模型 (logistic model)，這種廣義的線性模型使用邏輯斯連結函數 (logistic link function)。主要應用於反應變數是二元性的資料，例如「成功」或「失敗」。邏輯斯迴歸與傳統的迴歸分析性質相似，不過它是用來處理類別性資料的問題，由於類別性資料是屬於離散型的資料，所以我們必須將此離散型資料轉爲介於 0 與 1 之間的連續型資料型態，才可以對轉換過後的連續型資料作迴歸。而主要目的，是爲了要找出類別型態的反應變數和一連串的解釋變數之間的關係，因此和迴歸分析中最大的差別在於反應變數型態的不同，所以邏輯斯迴歸在運用上也需符合傳統迴歸分析的一般假設，也就是

避免解釋變數之間共線性的問題，以及符合常態分配和避免殘差存在自我相關等的統計基本假設。邏輯斯迴歸在反映變數為離散型，且分類只有兩類或少數幾類時，便成了一個最標準的分析方法。然而，對於離散型變數有很多分析方法，而 Cox 根據兩個主要的理由選擇了邏輯斯分布：第一個理由是基於數學觀點而言，它是一個極富彈性且容易使用的函數；第二個理由則是因為它適用於解釋生物學上的意義。

邏輯斯迴歸模型在統計的運用上已極為普遍，不但對於二元化的離散型資料使用率高，尤其在醫學方面的使用更為廣泛。在邏輯斯分布之下，不但可運用在單變量迴歸模型，也可推廣至多變量迴歸模型。

定義：單變量的邏輯斯模型

假設某一個肺癌患者在經過某種特殊治療 (X) 後，若存活者記為 1，死亡者記為 0，反應變數為 $\pi(x)$ 代表存活者的機率，而 $\pi(x) = P(Y = 1 \mid x)$，則此機率 $\pi(x)$ 為一伯努利分配 (Bernoulli distribution) 的參數，因此

$$E[Y \mid x] = \pi(x) = \frac{\exp(\beta_0 + \beta_1 x)}{1 + \exp(\beta_0 + \beta_1 x)}$$

為一單變量的邏輯斯模型。

定義：多變量的邏輯斯模型

假設有 i 個獨立的伯努利隨機變數，$Y = (Y_1, Y_2, \cdots, Y_i)$，而 Y_i 皆為二元反應變數，$i = 1, 2, \cdots, I$。令 $= (X_{i0}, X_{i1}, \cdots, X_{ik})$ 為第 i 個自變數的向量，含有 k 個自變數，其中：

$$E[Y \mid x] = \pi(x) = \frac{\exp(\sum_{j=0}^{k} \beta_j x_{ij})}{1 + \exp(\sum_{j=0}^{k} \beta_j x_{ij})} \ , \ i = 1,2,...,I$$

為多變量的邏輯斯模型。

當您希望能夠根據預測值變數集的數值來預測特性或結果的出現或缺席時，邏輯斯迴歸分析 (logistic regression) 就很有用。它和線性迴歸模型很相似，

但是適合二元依變數的模型。邏輯斯迴歸係數可以用來估計模式中每一個自變數的勝算比。邏輯斯迴歸分析適用在較廣範圍的研究情況，而不是區別分析。

範例：對冠狀動脈心臟疾病 (CHD) 而言，什麼樣的生活型態特性是風險因素？假定以病人樣本來測量抽菸狀況、飲食、運動、酒精使用情形以及 CHD 狀況，您可以利用這四種生活型態變數來建置模型，並預測在病人樣本中 CHD 的陽性或陰性。之後可以用這個模式得到每個因素的勝算比 (odds ratio, OR) 的預估，舉例來說，告訴您吸菸者比不吸菸者更容易得到 CHD 的可能性。

統計量：對於每一個分析：總觀察值、選取的觀察值、有效觀察值。對每一個類別變數：參數編碼。對於每一個步驟：輸入或移除的變數、疊代歷程、2-log 概似、適合度、Hosmer-Lemeshow 適配度統計量、模式卡方分布、改良卡方分布、分類表、相關變數、觀察組和預測機率圖、殘差卡方。對於方程式中的每一個變數：係數 (B)、B 的標準誤、Wald 統計、預估勝算比 (exp(B))、exp(B)) 的信賴區間、若從模式移除項的對數概似。對每一個不在方程式中的每個變數：統計量評分。對於每一個觀察值：觀察組、預測機率、預測組、殘差、標準化殘差。

迴歸分析可以幫助我們建立依變數 (dependent variable) 或稱反應變數 (response variable) 與自變數 (independent variable) 或稱共變數 (covariable) 間關係的統計模型，俾能藉由所選取的適當自變數以預測依變數，在所有統計分析工具中算是最常被使用者。例如想預測身高這個依變數，可以選取與依變數相關性高的自變數，諸如體重、父母親身高與國民所得等，進行身高對這些自變數的迴歸分析。

邏輯斯迴歸分析適用於依變數為二元類別資料的情形，若自變數只有一個，則稱為單變數邏輯斯迴歸分析 (univariate logistic regression)，若自變數超過一個以上，則稱為多邏輯斯迴歸分析 (multivariate logistic regression)，又可稱為多元或複邏輯斯迴歸分析 (如下圖)。

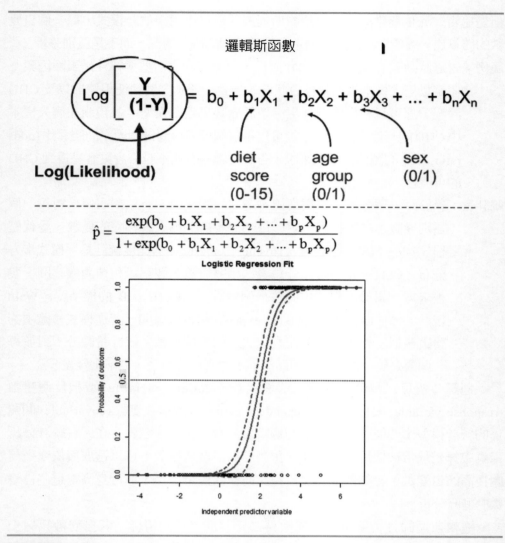

圖 1-13 multiple logistic 函數之示意圖

　　當依變數為二元的類別變數時，若想作迴歸分析，此時不能再使用一般的線性迴歸，而應該要改用二元邏輯斯迴歸分析。

　　二元邏輯斯迴歸式如下：

$$\text{logit}\,[\pi(x)] = \log\left(\frac{\pi(x)}{1-\pi(x)}\right) = \log\left(\frac{P(x=1)}{1-P(x=1)}\right) = \log\left(\frac{P(x=1)}{P(x=0)}\right) = \alpha + \beta x$$

公式經轉換為：

$$\frac{P(x=1)}{P(x=0)} = e^{\alpha + \beta x}$$

1. 邏輯斯方程式很像原本的一般迴歸線性模式，不同點於現在的依變數變為事件發生機率的勝算比。
2. 因此現在的 β 需解釋為，當 x 每增加一單位時，事件發生的機率是不發生的 $\exp(\beta)$ 倍。
3. 為了方便結果的解釋與理解，一般來說我們會將依變數為 0 設為參照組 (event free)。

二、簡單邏輯斯迴歸 (logistic regression model) 的特性

如果用 $\pi(x)$ 代表 logit 函數，其轉換公式為：

$$\pi(x) = \frac{1}{1 + e^{-x}}$$

1. 當 $x = 0$ 時，$e^{-x} = e^0 = 1$，因此 $\pi(0) = 1/(1+1) = 0.5$
2. 當 $x = \infty$（無限大）時，$e^{-x} = e^{-\infty} = 0$，因此 $\pi(\infty) = 1/(1+0) = 1$
3. 當 $x = -\infty$（負無限大）時，$e^{-x} = e^{\infty} = \infty$，因此 $\pi(-\infty) = 1/(1+\infty) = 0$

相反地，$1 - \pi(x) = 1 - \dfrac{1}{1 + e^{-x}} = \dfrac{e^{-x}}{1 + e^{-x}}$

再對上面公式，取 odds ratio 之自然對數：$\log\left(\dfrac{\pi}{1-\pi}\right) = \beta_0 + \beta_1 X + e_i$

此數學式即是 logit 迴歸式，這些參數彼此關係如下表：

$$\ln\left(\frac{P}{1-P}\right) = a + bX$$

$$\frac{P}{1-P} = e^{a+bX}$$

$$P = \frac{e^{a+bX}}{1 + e^{a+bX}}$$

註：P 成功率，(1 − P) 失敗率，odds ratio = P/(1 − P)

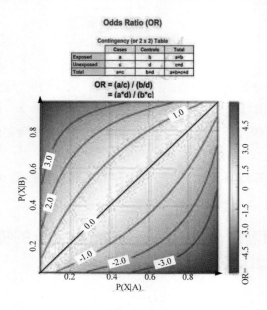

圖 1-14 Odds ratio 之示意圖

1. 當勝算機率 (odds)π 從 0 增加到 1 時，odds 從 0 增加到∞，而對數 logit 則從 -∞ 增加到∞。

2. 當 π = 1/2 時，odds = 1，而 logit = 0。

3. 當 π > 1/2 時，logit > 0。

4. 當 π < 1/2 時，logit < 0。

此外

1. 當 β_1 > 0，X 變大，π 也變大。

2. 當 β_1 < 0，X 變大，π 變小。

3. $|\beta_1|$ 越大，logistic 曲線越陡。

   但是在 logistic regression model 裡，這不是斜率的意思。

4. 斜率會隨著 X 不同而不同。

   如果 π = 0.5，則勝算比 (odds) 為 $\frac{\pi}{1-\pi}$ = 1，再取自然對數，可得：

   $$\log\left(\frac{\pi}{1-\pi}\right) = \log(1) = 0$$

   即 $0 = \beta_0 + \beta_1 X$

所以 $X = -\beta_0 / \beta_1$

當 $X = -\beta_0 / \beta_1$，$\pi = 0.5$。

5. $\beta_1 \times \pi(1 - \pi)$ 是 logistic 曲線在特定 π 值時的切線斜率。

若自變項 X 預測得知 $\pi = 0.5$，則在這個 X 值上切線的斜率是 $0.25 \times \beta_1$。

當 $\pi = 1/2$ 時，切線斜率最大，logit = 0，也就是當 $X = -\beta_0 / \beta_1$ 時。

三、Logistic 迴歸的假定

　　邏輯斯迴歸的基本假定 (assumption) 與其他多變數分析之假設不同，因為它不需要假定分布類型，在邏輯分布中，自變數對於依變數之影響方式是以指數的方式來變動，即此意味著邏輯斯迴歸無須具有符合常態分布的假設，但是如果預測變數為常態分布的話，結果會比較可靠。在邏輯斯迴歸分析中，自變數可以是類別變數 (category variable)，也可以是連續變數。

四、多元 logistic 迴歸模型

(一) Logistic 迴歸之特性：受限依變數的問題

　　線性迴歸 (以下稱最小平方法之 OLS) 是所有迴歸分析的入門與基礎。可是 OLS 有許多前提與假定，只有當這些前提與假定都存在時，OLS 所估算的線性函數參數值才會準確。其中有一個條件是依變數必須是呈常態分布的連續變數 (如某個小學二年級學生第一次月考的數學成績、某一個國家的國民體重、臺灣國內所有護理之家的住民跌倒率等等)，可是有很多時候我們研究或分析的依變數並非這種型態的變數，這時 OLS 便派不上用場。這些不符合 OLS 依變數條件要求的情況很多，計量經濟學通稱這些為「受限的依變數」(limited dependent variables, LDV)，針對不同的 LDV，統計學家與計量經濟學家大多已經發展出不同的模型去處理，

　　在研究上經常遇到的一種 LDV 情況，就是依變數是二元變數 (binary variable)，這類的變數的數值只有兩種可能，常見的例子比如：

1. 公司財務健全 vs. 破產之預測。

2. 市民罹患冠心病 (coronary heart disease, CHD) 的狀態 (有罹患或者沒有罹患)。

3. 應屆畢業大學生應徵職務的結果 (被錄取或者沒被錄取)。

　　二元 logistic 迴歸模型適合使用 logistic 迴歸程序或多元 logistic 迴歸程序。每種程序都有其他程序未提供的選項。理論上很重要的差異是 logistic 迴歸程序會產生所有的預測、殘差 (residual)、影響統計量 (influence)、以及在個別觀察值

等級使用資料的適配度測試，而不管資料是如何輸入的，以及共變數形式的數量是否小於觀察值的總數量。但是多元 logistic 迴歸程序會內部整合觀察值以形成預測變數相同的共變異數形式的子母體，以產生預測、殘差、以及根據這些子母體的適配度測試。如果所有的預測變數都是類別變數，或是任何連續預測變數只具有有限的變數值。

(1) 以使每個共變數樣式中都有數個觀察值。

(2) 子母體方式可以產生有效的適配度檢定和情報殘差，但是個別觀察值等級方法則不能。

(二) 二元依變數的模型：logistic 模型與 probit 模型

解決受限依變數的問題的方法有好幾個，最常用的有兩種，第一種是「邏輯斯迴歸分析」(logistic regression，或稱為 logit model)，另一種是 probit model。這兩種方式都是透過非線性的函數去估算我們所感興趣的參數值，前者是使用 logistic 函數，後者是使用常態分布的累積函數。這兩種非線性函數的共同點是它們的數值永遠介於 0 與 1 之間，因此我們所得到的迴歸預測值不會像線性迴歸所得到預測值有超過 1 或低於 0 的情況。其實這兩種函數值的分布情況很相似，不注意的話還看不出來它們的區別。下圖是 logistic 函數值的分布圖。

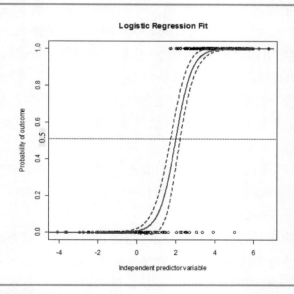

圖 1-15 logit 函數值的分布圖

　　如果依變數的編碼是二進制，例如違約 (Y = 1，不違約：Y = 0)，我們想知道的是預測違約的可能性，這就是典型邏輯斯迴歸，它於是創造一個潛在變數 (latent variable)Y*，令解釋變數只有一個 X，則二元資料的分析模型如下：

$$y_j^* = \beta_0 + \sum_{i=1}^{N} \beta_i x_{i,j} + \varepsilon_j$$

$$\begin{cases} y_j = 1 \ \text{if} \ y_j^* \geq \theta \\ y_j = 0 \ \text{if} \ y_j^* < \theta \end{cases}$$

其中 θ 為決斷值。

五、邏輯斯迴歸模型的統計分析

　　統計推論：最大概似估計量 $\hat{\beta} \sim N(\beta, *)$

1. 效應的區間估計：β 的信賴區間為 $\hat{\beta} \pm z_{\alpha/2} ASE$

2. 顯著性檢定：$H_0 : \beta = 0$

　(1) Z 檢定：$z = \dfrac{\hat{\beta}}{ASE} \overset{H_0}{\sim} N(0, 1)$

　(2) Wald 檢定：$W = \left(\dfrac{\hat{\beta}}{ASE}\right)^2 \overset{H_0}{\sim} \chi_1$

　(3) LRT：

　　$\Lambda = \dfrac{\text{在 } H_0 \text{ 對時，概似函數的最大值}}{\text{無限制時，概似函數的最大值}} = \dfrac{l_0}{l_1}$

　　$-2 \log \Lambda = -2(\log l_0 - \log l_1) = -2 (L_0 - L_1) \overset{H_0}{\sim} \chi_1$

3. 當 $X = x$ 時，機率的估計：

　(1) 點估計：

　　$\hat{\pi}(x) = \dfrac{\exp(\hat{\alpha} + \hat{\beta}x)}{1 + \exp(\hat{\alpha} + \hat{\beta}x)}$

　(2) 區間估計：

　　(a) 先計算：$\alpha + \beta x$ 的信賴區間。

　　　(I) $Var(\hat{\alpha} + \hat{\beta}x) = Var(\hat{\alpha}) + x^2 Var(\hat{\beta}) + 2x \, Cov(\hat{\alpha}, \hat{\beta})$

　　　(II) $(\hat{\alpha}, \hat{\beta}x) \pm z_{\alpha/2} ASE$

　　(b) 再轉換成 $\pi(x)$ 的信賴區間。

定義：F 檢定

1. 若虛無假設 $H_0 : \beta_2 = 0, \beta_3 = 1$ 成立，則眞正的模型應該是：

$$Y_t = \beta_1 + X_{3t} + \beta_4 X_{4t} + \cdots + \beta_k X_{kt} + \varepsilon_t$$

我們將其稱爲受限制的模型 (restricted model)。我們若要估計該模型，應該整理如下 (以 $Y_t - X_{3t}$ 作爲被解釋變數)：

$$Y_t - X_{3t} = \beta_1 + \beta_4 X_{4t} + \cdots + \beta_k X_{kt} + \varepsilon_t$$

以 OLS 估計該受限制的模型後，可以計算出其殘差平方和 ESS_R。

2. 相對於受限制的模型，若不假設虛無假設成立時的模型稱爲**未受限制的模型** (unrestricted model)，亦即原始模型：

$$Y_t = \beta_1 + \beta_2 X_{2t} + \beta_3 X_{3t} + \cdots + \beta_k X_{kt} + \varepsilon_t$$

以 OLS 估計未受限制的模型後，可以計算出其殘差平方和 ESS_U。

3. 檢定統計量：F 統計量

$$F = \frac{(ESS_R - ESS_U) / r}{ESS_U / (T - k)} \sim F(r, T - k)$$

式中 r 代表限制式的個數，該例中 $r = 2$。

4. 檢定的直覺：記得我們得到，解釋變數個數越多，殘差平方和越小 (R^2 越大)；因此受限制模型的殘差平方和 ESS_R，應該比未受限制模型的殘差平方和 ESS_U 大。若虛無假設是對的，則根據虛無假設所設定的受限制模型，其殘差平方和 ESS_R 應該與 ESS_U 差距不大 (因此 F 統計量很小)；但是如果虛無假設是錯誤的，ESS_R 應該與 ESS_U 差距很大 (F 統計量很大)。所以，如果所計算出的 F 統計量很大，就拒絕虛無假設；但若 F 統計量很小，就接受虛無假設。

定義：Wald 檢定

Wald 係數檢定：有時候受限制的模型並不是很容易寫出來，因此估計受限制的模型較不直接；這時可用 Wald 係數檢定。

1. 改寫限制式：通常我們可將限制式 (虛無假設) 寫爲

$$H_0 : R\beta = q$$

式中 R 爲 $r \times k$ 矩陣，q 爲 $r \times 1$ 向量，r 就是我們所說的限制式個數。

例如：前例的虛無假設 $H_0 : \beta_2 = 0, \beta_3 = 1$ 中，若我們令

$$R = \begin{pmatrix} 0 & 1 & 0 & 0 & \cdots & 0 \\ 0 & 0 & 1 & 0 & \cdots & 0 \end{pmatrix} \text{、} q = \begin{pmatrix} 0 \\ 1 \end{pmatrix}$$

則可將虛無假設改寫為 $H_0 : R\beta = q$。

2. 檢定的直覺：若虛無假設 $H_0 : R\beta = q$ 是正確的，則 $R\hat{\beta} - q$ 應該非常接近 0；若 $R\hat{\beta} - q$ 跟 0 差距很遠，代表虛無假設 $H_0 : R\beta = q$ 是錯誤的。

3. 檢定統計量：由 $\hat{\beta} \sim N (\beta, \sigma^2 (X'X)^{-1})$，因此

$$R\hat{\beta} \sim N (R\beta, \sigma^2 R (X'X)^{-1} R')$$

若虛無假設 $H_0 : R\beta = q$ 是正確的，則

$$R\hat{\beta} \sim N (q, \sigma^2 R (X'X)^{-1} R')$$

亦即 $R\hat{\beta} - q \sim N(0, \sigma^2 R (X'X)^{-1} R')$

因此 (這就是 r 個標準化後的常態變數之平方和)

$$(R\hat{\beta} - q)(\sigma^2 R (X'X)^{-1} R')^{-1} (R\hat{\beta} - q) - \chi^2 (r)$$

而我們之前已知 (未受限制模型的誤差項變異數估計)

$$\frac{(T - k)\hat{\sigma}^2}{\sigma^2} \sim \chi^2 (T - k)$$

因此

$$\frac{[(R\hat{\beta} - q)'(\sigma^2 R(X'X)^{-1} R')^{-1} (R\hat{\beta} - q)]/r}{\frac{(T - k)\hat{\sigma}^2}{\sigma^2}/(T - k)} \sim F (r, T - k)$$

而等式左邊即為

$$F = \frac{(R\hat{\beta} - q)'(\sigma^2 R(X'X)^{-1} R')^{-1} (R\hat{\beta} - q)}{r} \sim F (r, T - k)$$

這就是 **Wald** 檢定統計量。

4. 決策準則：設定顯著水準 α，並決定臨界值 $F_{1-\alpha}(r, T - k)$。

若 $F > F_{1-\alpha}(r, T - k)$ 就拒絕虛無假設，若 $F < F_{1-\alpha}(r, T - k)$ 就接受虛無假設。

小結

在定量分析的實際研究中，線性迴歸模型 (linear regression model) 是最流行的統計方式。但許多社會科學問題的觀察，都只是分類而非連續的，此時線性迴歸就不適用了。

對於離散型 (類別) 變數有很多分析方法，有兩個原因使人會選擇邏輯斯迴歸：(1) 基於數學觀點，邏輯為一個極富彈性且容易使用的函數。(2) 適用於解釋生物 / 醫學上的意義。

利用邏輯斯迴歸的目的是在於建立一個最精簡和最能適配 (fit) 的分析結果，而且在實用上合理的模型，建立模型後可用來預測依變數與一組預測變數之間的關係。

在一般的迴歸分析中，dependent variable(DV) 是連續變數 (continuous variable)；如果 DV 不是連續變數，而是二分變數 (dichotomous variable，如：男或女、存活或死亡、通過考試與否) 等情況，這時你就必須使用 logistic regression 了。

當然，如果你堅持的話，你也可以跑 OLS regression，一樣會得到結果的。如果你得到的 coefficient 是 0.056 的話，解讀就是：當 IV 增加 1 的時候，DV 發生的機率增加 5.6%。然而，這樣作是有缺點的，通常沒辦法準確地估算 IV 對 DV 的影響 (通常是低估)。

為了解決這個問題，統計學家用 odds ratio(勝算比) 於 logistic regression 之中。要說勝算比之前，要先了解什麼是勝算。勝算指的是：一件事情發生的機率與一件事情沒發生機率的比值。以拋硬幣為例，拿到正面與拿到反面的機率都是 0.5，所以 odds ratio 就是 0.5 / 0.5＝1。如果一件事情發生的機率是 0.1，那勝算是 0.1 / 0.9＝1/9。如果一件事情發生的機率是 0.9，那勝算是 0.9 / 0.1＝9。所以勝算是介於 0 與無限大之間。

odds ratio 則是兩件事情的 odds 作比較。舉個例子來說，如果高學歷的人高薪的勝算 (odds) 是 2.33，低學歷的人高薪的勝算是 0.67，那與低學歷的人比起來，高學歷的人高薪的勝算是他們的 3.48 倍 (2.33/0.67)，所以勝算比 (odds ratio) 就是 3.48。

最後要提到的當依變數是次序尺度，例如「病患受傷等級」分成 4 類，但是並非為等距變數，此時要預測的統計工具可選用比例勝算模型 (odds proportional model) 或累積機率模型 (cumulative probability model)。此時迴歸

係數的解讀為：當自變數 X 增加一個單位，「依變數 Y_1 相對依變數 Y_2 與 Y_3 的機率」以及「依變數 Y_1 與 Y_2 相對依變數 Y_3」的機率會增加幾倍，所以是一種累積機率的概念，實務上也很常用。

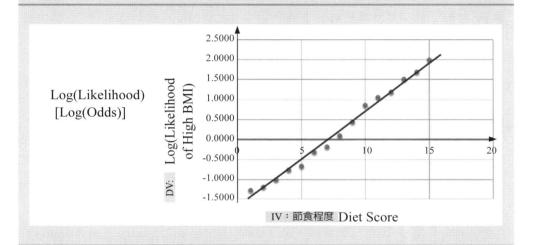

圖 1-16 log(odds), log(概似比) 之示意圖

　　那如何解讀邏輯斯迴歸的結果呢？通常你會看到文章裡呈現兩種結果：一種如果沒特別指名的話，就叫迴歸係數 (coefficient)，它的 DV 是某件事的 log odds ratio，是勝算比取了自然對數；一種是 odds ratio。這兩種值是可以互相轉換的，如果你的 log odds ratio 得到的係數 (coefficient) 是 0.405，你可以計算 odds ratio，在 stata 指令列輸入「**.display** exp(0.405)」，會得到 1.500。所以在讀文章的時候一定要讀清楚作者呈現的是 log odds ratio 或是 odds ratio。

　　Logistic 迴歸之結果怎麼解讀呢？可從 log odds ratio 開始，解讀是：當 IV 增加一單位，log odds 會增加「某」多少量。其實這解讀與 OLS regression 的解讀是一樣。如果你看到的是 odds ratio，解讀是：當 IV 增加一單位，odds 會增加 (某 -1)×100%。兩種解讀方式都套上剛剛的數字，那結果會是：

　　1.log odds ratio：當 IV 增加 1，log odds ratio of 某件事會增加 0.405。

　　2.odds ratio：當 IV 增加 1，**odds of** 某件事會增加 (1.5 − 1)×100% = 50%。所如果本來是 2，增加 50% 的話，會變成 2×50% + 2＝3。換句話說，你也可以直接解讀為：當 IV 增加 1，**odds** 某件事 (或是某件事的勝算。注意：

這裡是勝算，不是勝算比) 會變成原本的值乘以 1.5。

如果你的勝算比 odds ratio 的 coefficient 是 0.667，那應該怎麼解讀呢？當 IV 增加 1，某件事的勝算會變成原本的值 (or 勝算) 乘以 0.667。所以原本的勝算比如果是 3 的話，當 IV 增加 1 時，某件事的勝算會變成 2。你也可以說：當 IV 增加 1 時，某件事的勝算會減少 (1 − .667)×100% = 33%。

1-3-2b 邏輯斯迴歸式 (odds ratio)：迴歸係數的解說

範例：多元 logistic 迴歸 (logistic regression 指令)

在 logistic 迴歸式是以 log-odds 為單位，它類似 OLS 迴歸式：

$$\log(\frac{p}{1-p}) = \log(\frac{發生事件}{未發生事件})\ b_0 + b_1*x_1 + b_2*x_2 + b_3*x_3 + b_4*x_4 + b_5*x_5 + \cdots$$

有 400 名學生申請入學資料，如下表所示。這個「binary_Logistic.sav」(dataset)，依變數 admit：代表入學申請是否被錄取。預測變數有三個：GRE、GPA 和排名 (rank)，前二者是連續變數；rank 是類別變數代表你想就讀學院的學術威望 (1 代表最高的威望，4 代表最低的威望)。共有 400 名入學申請名單。

表 1-2　400 名學生申請入學資料

ID	依變數	預測變數		
	Admit(申請入學被錄取嗎)	GRE 成績	GPA 成績	Rank(威望)
1	0	380	3.61	3
2	1	660	3.67	3
3	1	800	4	1
4	1	640	3.19	4
5	0	520	2.93	4
6	1	760	3	2
7	1	560	2.98	1
8	0	400	3.08	2
9	1	540	3.39	3
10	0	700	3.92	2

表 1-2　**400 名學生申請入學資料（續）**

ID	依變數	預測變數		
	Admit(申請入學被錄取嗎)	GRE 成績	GPA 成績	Rank(威望)
11	0	800	4	4
12	0	440	3.22	1
13	1	760	4	1
14	0	700	3.08	2
15	1	700	4	1
16	0	480	3.44	3
17	0	780	3.87	4
18	0	360	2.56	3
19	0	800	3.75	2
20	1	540	3.81	1
…	…	…	…	…
392	1	660	3.88	2
393	1	600	3.38	3
394	1	620	3.75	2
395	1	460	3.99	3
396	0	620	4	2
397	0	560	3.04	3
398	0	460	2.63	2
399	0	700	3.65	2
400	0	600	3.89	3

一、資料檔之內容

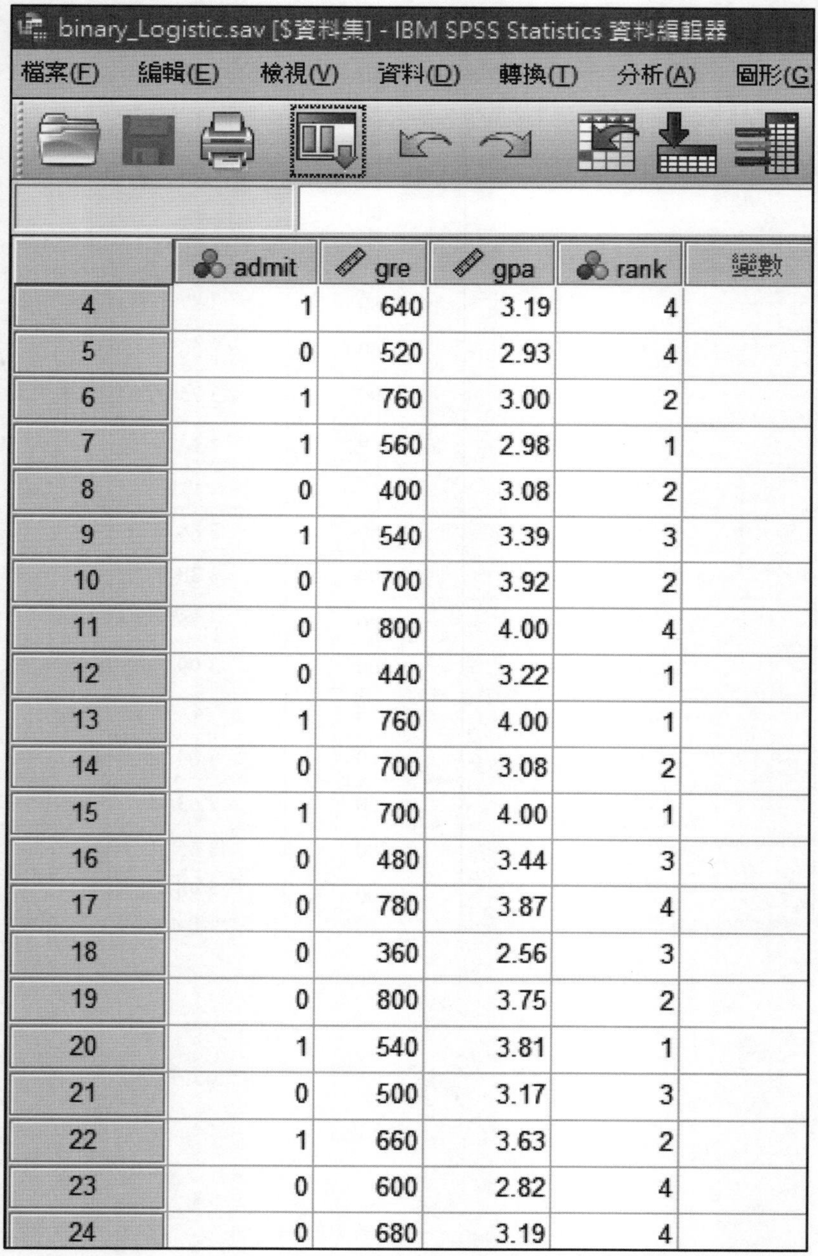

圖 1-17 「binary_Logistic.sav」資料檔內容 (N=400 個人，4 個變數)

二、分析結果與討論

Step 1   思考可用的分析法

1. Logistic 迴歸：本範例之解說重點。

2. Probit 迴歸：probit 分析結果，類似 logistic 迴歸，這可依你個人偏好來選誰。

3. 最小平方法 (OLS) 迴歸：binary 反應變數，套在 OLS 迴歸，就變成條件機率 所建構的「線性機率模型」。但誤差 (殘差) 就會違反「誤差同質性及常態性」 的假定，導至結果產生無效的標準差及假設檢定。有關這類疑問，你可參考 Long(1997, p.38-40)。

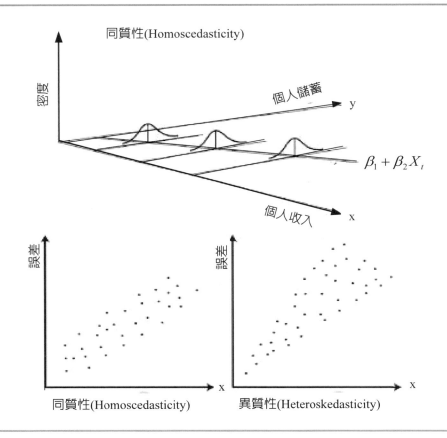

圖 1-18   誤差同質性 vs. 異質性之示意圖

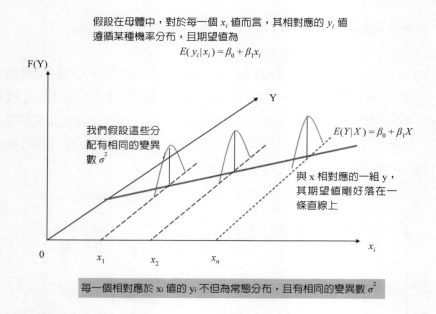

假設在母體中，對於每一個 x_i 值而言，其相對應的 y_i 值遵循某種機率分布，且期望值為

$$E(y_i|x_i) = \beta_0 + \beta_1 x_i$$

F(Y)

Y

我們假設這些分配有相同的變異數 σ^2

$E(Y|X) = \beta_0 + \beta_1 X$

與 x 相對應的一組 y，其期望值剛好落在一條直線上

0　　x_1　　　x_2　　　　x_n　　　　　　　　　x_i

每一個相對應於 x_i 值的 y_i 不但為常態分布，且有相同的變異數 σ^2

圖 1-19　殘差同質性之示意圖

4. Two-group 的區別／判別 (discriminant) 分析：亦是二元依變數之多變量分析法。

5. Hotelling's T^2：依變數「0/1」當作 grouping 變數。三個預測變數當作依變數。此法雖可行，但是只能求得「整體」檢定的顯著性，無法知道 3 個「個別」係數的顯著性，而且無法得知每個 "predictor" 調整後對其他二個 "predictor" 的影響力。

Step 2　Logistic 迴歸：三個預測因子有二個連續變數 + 一個次序變數

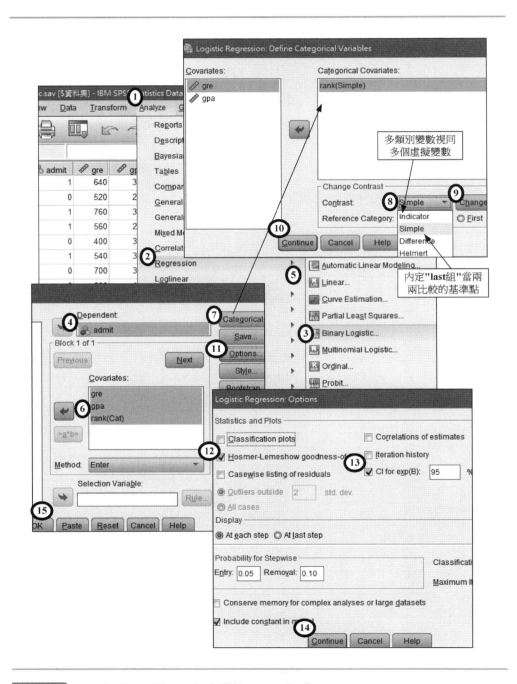

圖 1-20　logit 界定 gre 及 gpa 為自變數，rank 為「factor variable」

對應的指令語法：

```
title " 多元 Logistic 迴歸 .sps".
GET
  STATA FILE='D:\CD 範例 \binary_Logistic.sav'.

* 多類別變數 rank( 次序變數 )：內定 "last 組 " 當兩兩比較的基準點 .
LOGISTIC REGRESSION VARIABLES admit
  /METHOD=ENTER gre gpa rank
  /CONTRAST (rank)= Simple
  /PRINT=GOODFIT CI(95)
  /CRITERIA=PIN(0.05) POUT(0.10) ITERATE(20) CUT(0.5).
```

Hosmer and Lemeshow Test

Step	Chi-square	df	Sig.
1	11.085	8	.197

Contingency Table for Hosmer and Lemeshow Test

		admit = 0		admit = 1		
		Observed	Expected	Observed	Expected	Total
Step 1	1	36	35.492	4	4.508	40
	2	35	33.505	5	6.495	40
	3	26	32.108	14	7.892	40
	4	32	30.463	8	9.537	40
	5	31	28.749	9	11.251	40
	6	28	27.243	12	12.757	40
	7	29	25.663	11	14.337	40
	8	19	23.827	21	16.173	40
	9	21	20.751	19	19.249	40
	10	16	15.199	24	24.801	40

1. Hosmer and Lemeshow Test：chi-square = 11.085，$p > 0.05$，表示你界定模型，至少有一個解釋變數的迴歸係數不為 0。

Classification Table[a]

	Observed		Predicted		
			admit		Percentage Correct
			0	1	
Step 1	admit	0	254	19	93.0
		1	97	30	23.6
	Overall Percentage				71.0

a. The cut value is .500

1. 本模型之分類正確率為 71%。

Variables in the Equation

		B	S.E.	Wald	df	Sig.	Exp(B)	95% C.I.for EXP(B)	
								Lower	Upper
Step 1[a]	gre	.002	.001	4.284	1	.038	1.002	1.000	1.004
	gpa	.804	.332	5.872	1	.015	2.235	1.166	4.282
	rank			20.895	3	.000			
	rank(1)	1.551	.418	13.787	1	.000	4.718	2.080	10.702
	rank(2)	.876	.367	5.706	1	.017	2.401	1.170	4.927
	rank(3)	.211	.393	.289	1	.591	1.235	.572	2.668
	Constant	-4.882	1.113	19.234	1	.000	.008	24.801	40

a. Variable(s) entered on step 1: gre, gpa, rank.

1. 邏輯斯迴歸式為 $Ln\left(\dfrac{P(Y=1\,|\,X=x)}{P(Y=0\,|\,X=x)}\right) = \alpha + \beta_1 x_1 + ... + \beta_k x_k$

2. B 欄：是 logistic 迴歸式中，自變數對依變數的預測值，在 logistic 迴歸式是以 log-odds 為單位，「B」值越大，表示該自變數對依變數的攸關性 (relevance) 越高。它類似 OLS 迴歸式。

$$\log(\frac{p}{1-p}) = \log(\frac{發生事件}{未發生事件}) = b_0 + b_1 * x_1 + b_2 * x_2 + b_3 * x_3 + b_4 * x_4 + \cdots$$

3. 因界定「/CONTRAST (rank)= Simple」，是將多類別變數 rank(次序變數) 視為四個虛擬變數「rank = 1，rank = 2，rank = 3; rank = 4 是省略類別」，「Simple」內定 "last 組 " 當兩兩比較的基準點。

本例 rank(1)、rank(2)，係數 B 達到「正向」顯著性 (p<.05)，代表自變數 rank 四組中：「rank 1 vs. rank 4」、「rank 2 vs. rank 4」對二元變數 admit 有「正向」顯著差異的效果，但「rank 3 vs. rank 4」對二元變數 admit 則無「正向」顯著差異的效果。所謂「正向係數 b」顯著差異，例如「rank 1 vs. rank 4」是指「rank 1 組對依變數的效果優於 rank 4 組」；反之則反。

4. 邏輯斯迴歸式：$E(Y_i) = \dfrac{1}{1 + e^{-(\beta_0 + \beta_1 X_{1i} + \beta_2 X_{2i} + \cdots + \beta_k X_{ki})}} = \dfrac{e^{\beta_0 + \beta_1 X_{1i} + \beta_2 X_{2i} + \cdots + \beta_k X_{ki}}}{1 + e^{\beta_0 + \beta_1 X_{1i} + \beta_2 X_{2i} + \cdots + \beta_k X_{ki}}}$

5. S.E. 欄：logistic 迴歸係數的標準誤 (standard errors associated with the coefficients).

6. Exp(B)：是這預測因子 (predictors) 的勝算比 (odds ratio)。

7. Wald 及 Sig 二欄：分別是 Wald chi-square 檢定及其雙尾 p-value，它的虛無假設「H_0：the coefficient (parameter) is 0」。若 p 值小於 ($\alpha = 0.05$) 則 logistic 迴歸係數達統計學上的顯著。

8. 在上表，C、standard errors、Wald、p-values 及 95%CI，都可看出 GRE 和 GPA 均達統計顯著性。

9. 邏輯斯迴歸式為 $Ln\left(\dfrac{P(Y=1 \mid X=x)}{P(Y=0 \mid X=x)}\right) = \alpha + \beta_1 x_1 + \ldots + \beta_k x_k$

$$Ln\left(\frac{P_{\text{admit}}}{1 - P_{\text{admit}}}\right) = -4.882 + 0.002\,gre + 0.804\,gpa + 1.55(rank = 1) + 0.876(rank = 2) + 0.21(rank = 3)$$

10. 在「無沒有其他解釋變數」的影響下，gre 每增加一單位，其勝算比就增加 1.002(= exp$^{0.002}$) 倍，且有統計上顯著的差異 (p < 0.05)。

    在「無沒有其他解釋變數」的影響下，gpa 每增加一單位，其勝算比就增加 2.235(= exp$^{0.804}$) 倍，且有統計上顯著的差異 (p < 0.05)。

11. 虛擬變數之 rank(你就讀學院的威望)，由最高「rank 1」降低一個單位，至「rank 2」，就會降低「log odds of admission」0.675 單位。

12. 邏輯斯迴歸式：$E(Y_i) = \dfrac{1}{1 + e^{-(\beta_0 + \beta_1 X_{1i} + \beta_2 X_{2i} + \cdots + \beta_k X_{ki})}} = \dfrac{e^{\beta_0 + \beta_1 X_{1i} + \beta_2 X_{2i} + \cdots + \beta_k X_{ki}}}{1 + e^{\beta_0 + \beta_1 X_{1i} + \beta_2 X_{2i} + \cdots + \beta_k X_{ki}}}$

13. logit 以最大概似 (maximum likelihood) 來適配二元反應變數的 logit 模型。

1-4 醫學實驗設計種類、重要性

定義：流行病學

流行病學是一門研究族群的健康狀態、健康事件的分布情形和決定因素，並應用研究結果加以控制健康問題的學問 (Last,2000)。

流行病學之研究目的：

1. 解釋病因 (etiology)：利用醫療和流行病學的方法分析各種社會、行為科學的檔案及資料，用以解釋疾病、狀況、殘障、失能、症狀或死亡等各種情形。

2. 探討流行病學的資料是否符合研究假設和科學的、行為的及生物醫學的現有知識。

3. 針對高危險群提供疾病控制和預防發展的基礎。

流行病學研究的特性：

1. 狀態或事件 (states or events)：疾病、缺陷、殘疾和死亡 (**d**isease，**d**efect，**d**isability and **d**eath)。

2. 研究人類分布和疾病、缺陷、殘疾的決定因素和死亡的頻率 (The study of **d**istribution and **d**eterminants of **d**isease，**d**efect，disability and death frequency in man)。

綜合上述，流行病學重點在 6D：

Disease，**D**efect，**D**isability，**D**eath，**D**istribution，**D**eterminant。

3. 分布 (Distribution) 狀況係說明什麼人群 (who) 在什麼時間 (when) 什麼地方 (where) 會罹患什麼疾病 (what)：

   (1) 決定因素則指出為什麼 (why) 該疾病在人時地的分布上會有所不同；即 Why，How，What，Who，When，Where，稱之 6W。

   (2) 健康問題的控制則著眼於如何 (how) 來防治。

What 什麼事：狀態 states、事件 events

Who 誰：種族 race、性別 sex，年齡 age

When 何時：時間 time

Where 何處：place

Why 為何：原因 causes

How 如何：控制 control

　　流行病學應用例子：

1. 傳染病：茲卡病毒 (Zika virus)、天花、霍亂、鼠疫、登革熱的研究。

2. 後來應用在日常生活中非傳染病的研究：

　　例如 Devonshire 研究：發現喝蘋果汁罹患鉛中毒 (原因與鉛容器有關)。18 世紀航海員易罹患壞血病 (疑似是缺乏維生素 C)，結果證實是食用出問題。

3. 近年來應用到慢性病：

　　例如糖尿病、心臟病、高血壓、惡性腫瘤等。

4. 其他疾病和健康有關的事件：

　　例如：吸毒、精神病、自殺、藥癮、車禍等。

1-4-1　流行病學的研究法：實驗性 vs. 觀察性

　　流行病學的研究方法，可分為實驗性 vs. 觀察性，如下圖。

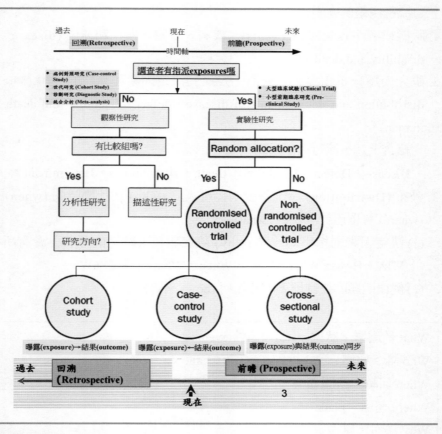

圖 1-21　醫學研究設計之示意圖

暴露 (exposure) →結果 (outcome)

流行病學的研究設計類型包括個案報告 (case report)、病例分析 (case analysis)、現況調查 (cross section study)、病例對照研究 (case control study)、對列研究 (cohort study)、臨床試驗 (clinical trial)。這些方法的論證因果遞增強度：個案報告→病例分析→現況調查→病例對照研究→對列研究→臨床試驗，並以「同期隨機對照試驗」論證強度最高。

回溯性研究最常見的是病例──對照研究 (case-control study)。對照研究屬於分析流行病學的一種，主要應用於探索疾病的病因及危險因素，是對研究的病因假設進行檢驗得一種方法及提供進一步研究。

世代研究 (cohort study) 是一種縱向研究 (longitudinal study)，可以是前瞻性研究 (prospective study) 或回溯性研究 (retrospective study)。所謂世代 (cohort) 是指具有共同經歷、共同暴露在於某因素 (如一種藥物、疫苗、汙染物或經歷特定的醫療過程等) 的兩種人群，或是共同具有某一特徵的一群人。因此，世代研究對象大多是具有特定生活經歷的人群及其中的個人，通過某一特定疾病的人群、在一定時間內，根據相關性來確定被觀察者的患病風險。

(一) 觀察型研究 (observational study) 之特性

1. 研究者不介入，站在旁觀者的立場來觀察。
2. 較易操作且省經費。
3. 較無倫理問題之限制。
4. 無法控制變因，不像實驗法有控制「處理 (treatment)」變數。
5. 難以因果關係作結論，因很難排除「因－果」二者之共同變數。
6. 常用於臨床及流病、社會現象……。

(二) 實驗型研究 (experimental study) 之特性

1. 研究者介入。
2. 較難操作 (因要控制外生變數很多) 且多花經費。
3. 較有倫理問題之限制。
4. 可「控制」一個或多個變因 (自變數)。
5. 內部效度最高，可證明出因果關係來作結論。
6. 適用於人、臨床、動物及細胞。

一、觀察性流行病學之研究：描述性 vs. 分析性

(一) 描述性 (descriptive epidemiology) 研究

　　描述性研究係透過調查，了解疾病和健康狀況在時間、空間和人群間的分布情況，為研究和控制疾病提供線索，為制定衛生政策提供參考。

　　描述性流行病學的資料來源主要來自：戶口普查、戶籍登記、健康記錄和醫院病歷等。

　　描述流行病學的研究要素：

1. **人**：包括種族、性別、年齡、婚姻狀況、社會經濟、地位、職業 (e.g. 白領族比藍領族更易得糖尿病)、宗教信仰、病史等。

2. **時**：包括季節、週期變動與短期流行長期趨勢時間的聚集性等。

時間的因素，關注的重點有三類：

(1) 時間聚集 (time clustering)：

　　時間聚集代表著有共同的暴露 (expose) 經驗，即病例的發生特別集中在某一時段，例如某年、某月、某日，若屬於發病時間的聚集即稱為點流行，比較容易探討病因，如食物中毒。

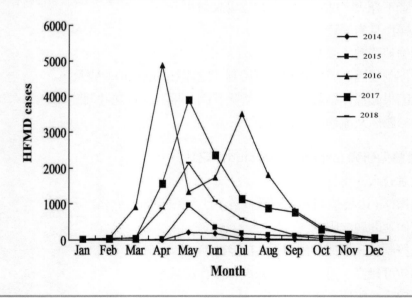

圖 1-22 時間聚集 (time clustering) 之示意圖

(2) 週期循環 (cyclic change) 與季節變動 (season change)：
   疾病的發生率或死亡率呈週期循環的現象，例如：夏季易發生茲卡 (Zika virus)、登革熱、腸胃道疾病；相對地，冬季易發生支氣管炎、胃潰瘍、老人中風及腦膜炎。

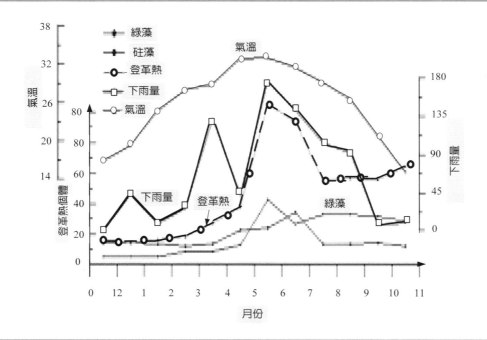

圖 1-23 一年內季節變動 (season change) 之示意圖（臺灣登革熱好發在夏季）

(3) 長期趨勢 (secular trends)：請見作者《Stata 在財務金融與經濟分析的應用》一書，該書內容包括：單根檢定、誤差異質性、動態模型、序列相關、時間序列分析、VAR、共整合等：

   (I) 疾病發生的長期變化除週期循環與季節變動之外，還有線性趨勢，包括逐年增加或減少的變化。

   (II) 臺灣由於環境衛生的改善、營養的增進、醫藥及生活水準的提升，傳染病的疾病率和死亡率有明顯下降的趨勢。

   (III) 例如：大腸癌、肺結核和糖尿病死亡率的長期趨勢有上升現象。

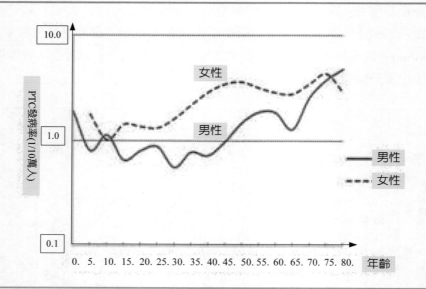

圖 1-24 長期趨勢 (secular trends) 之示意圖

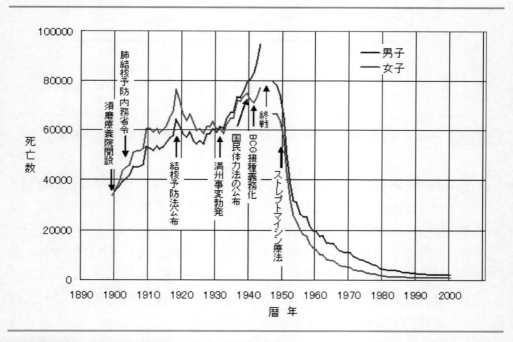

圖 1-25 日本歷年肺結核死亡率之長期趨勢圖

3. 地：包括自然、行政、氣候、溫度、高度、水質、大小與風俗民情等，亦常用來作城鄉差異與國際比較之研究。例如：前述之茲卡病毒之地理分布圖。

　　地理分布的資料可從政府的人口或生命統計報告(內政部、警政署網站)獲得，再以自然地理位置或行政分區來劃分。

　　另外，由於不同的地理位置或國家，其人口密度、文化、飲食、生活型態、季節氣候、醫療水準與衛生政策等均會影響疾病的發生率和死亡率。

(二) 分析性 (analytic epidemiology) 研究

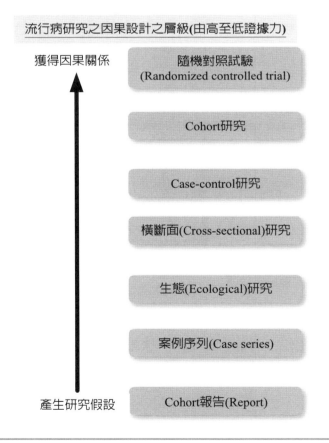

流行病研究之因果設計之層級(由高至低證據力)

獲得因果關係

隨機對照試驗
(Randomized controlled trial)

Cohort研究

Case-control研究

橫斷面(Cross-sectional)研究

生態(Ecological)研究

案例序列(Case series)

產生研究假設

Cohort報告(Report)

圖 1-26　因果研究設計之證據力，由低至高之示意圖

分析性流行病學，若以時序可分成二大類：橫斷研究法、縱貫研究法。

1. 橫斷研究法 (cross-sectional study)

橫斷研究又稱盛行率研究，其方法的進行是在同一時間點調查族群健康危險因子與疾病狀態的存在是否有相關。

如下圖所示，某一時間點所調查的人口成長消退的循環圖。所謂 "observational" 的研究設計，係指調查是在某一單一時間點 (Study only exists at this point in time) 暴露 (expose) 和疾病狀態 (人口在橫斷面的數量)。

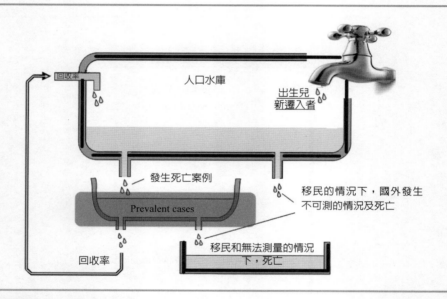

圖 1-27 人口成長消退的循環圖

橫斷研究法適用情形：

1. 疾病的調查 (遺傳性疾病盛行率調查，唐氏症、C 肝症、肺結核……)，例如：茲卡病毒 (Zika virus) 造成嬰兒小腦症。
2. 急性病調查 (食物中毒、傳染病)。

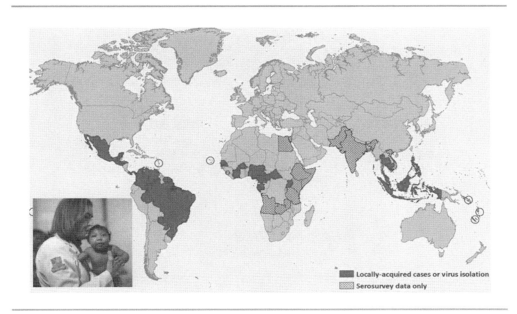

圖 1-28 茲卡病毒之全球地理分布 (2017 年調查全球之盛行率)

橫斷研究法優缺點：

優點：耗資少，可提供疾病流行情形資料。

缺點：只能提供病因線索 (不能確定病因)；只能估計盛行率 (不能確定發生率)。

橫斷研究之指標：

例如盛行率 (prevalence)、死亡率。

橫斷面因果研究：

以下圖為例，你可假設某一研究時間點，病人的年齡、性別、病情嚴重程度、檢驗數據對某疾病 (X) 預後之影響。

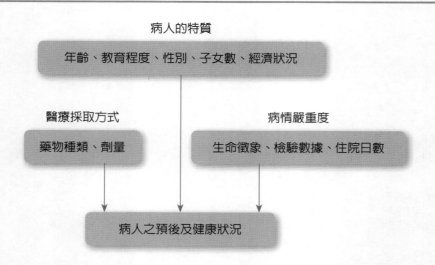

病人的特質

年齡、教育程度、性別、子女數、經濟狀況

醫療採取方式

藥物種類、劑量

病情嚴重度

生命徵象、檢驗數據、住院日數

病人之預後及健康狀況

圖 1-29 橫斷面多因一果之示意圖

2. 縱貫研究 (longitudinal study)

醫科之縱貫研究法可分為二種：世代研究法 (cohort study)、病例對照 (case-control) 研究法。

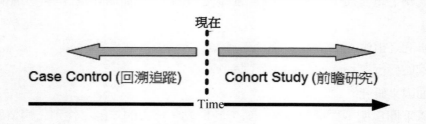

現在

Case Control (回溯追蹤)   Cohort Study (前瞻研究)

Time

圖 1-30 case control vs. Cohort study 在時間軸之比較

(1) **世代研究法 (cohort study)**：又稱為前瞻法 (prospective study)

Cohort study 係針對一群健康者，追蹤其處於健康危險因子下的發病情形。前瞻法是指：往前、展望未來，旨在探討未來的事件，根據某條件，來關心或疾病的未來情況 (looks forward, looks to the future, examines future events, follows a condition, concern or disease into the future.)。

例如：針對一群健康者，追蹤其處於健康危險因子下的發病情形。

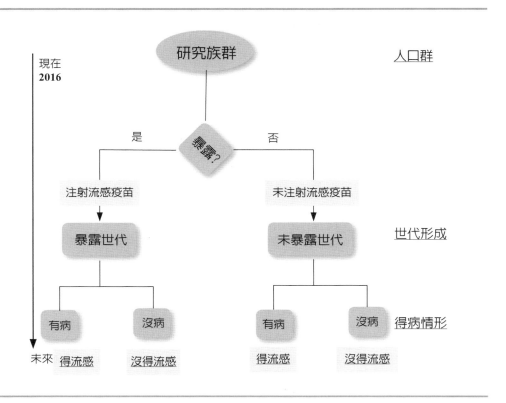

圖 1-31 cohort 研究設計之示意圖

世代研究法適用情形：

甲、常見疾病。

乙、病因較清楚者。

丙、多重疾病 (與多重病因) 探討。

世代研究法優缺點：

優點：因果時序性清楚，可得知發生率。

缺點：研究期較長，所需樣本大 (個案遺失)，經費多，有道德上的顧慮。

世代研究之指標：

發生率 (incidence)，相對風險 (Relative Risk, RR)。

(2) 病例對照 (case-control) 研究法：

又稱為回溯法 (retrospective study)。即回顧往昔時間裡，已發生的事件

(looks back in time to study events that have already occurreds)。例如：針對一群病患與對照，收集並比較其過去的健康危險因子之經驗。

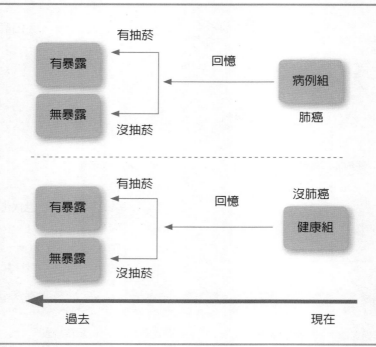

有抽菸
有暴露
無暴露
沒抽菸
回憶
病例組
肺癌

有抽菸
有暴露
無暴露
沒抽菸
回憶
沒肺癌
健康組

過去　　　　　　　　　　　　　　　　　　　現在

圖 1-32 病例對照研究之研究設計

case-control 適用情形：

   1. 稀有疾病。

   2. 常見暴露 (expose)。

   3. 多重病因探討。

case-control 優缺點：

   優點：研究期短，樣本小，經費少，無道德顧慮 (暴露已發生)。

   缺點：因果時序不清楚，無法得發生率，暴露資料不全 (recall bias)。

case-control 指標：危險對比值 (odds ratio, OR)

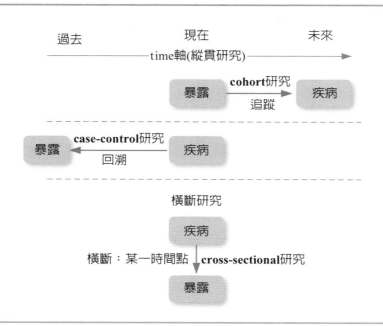

圖 1-33　三種觀察性研究之比較：cohort 研究 vs. case-control 研究 vs. cross-sectional
研究

二、實驗流行病學 (experimental epidemiology)

實驗流行病學，它是比較給予介入 (intervention) 後的實驗組人群與對照組
人群結果，從而判斷介入效果的一種前瞻性研究方法。實驗流行病學又稱為介
入型研究 (intervention study)、流行病學實驗 (epidemiological experiment)。

(一) 實驗法與其他研究法的比較

我們如果能對某一現象變化的前因後果有所了解，對於「同類現象」不僅
可以根據此種原因來預測其結果，甚至也可安排 (製造) 原因去產生預期結果。
實驗法主要特徵為它是在人的控制情境下研究現象的變化，從變化過程中發現
其因果關係。自然觀察法、調查法、實驗法、次級資料分析、個案法、歷史法
的綜合比較如下表。

表 1-3　各研究法的綜合比較

研究策略	研究問題類型	控制程度	同時事件或歷史事件
個案法	how，why	不控制	同時事件
實驗法	how，why	可控制	同時事件
調查法	who，what，where，how many，how much	不控制	同時事件
次級資料分析	who，what，where，how many，how much	不控制	同時事件或歷史事件
自然觀察法	who，what，where，how many，how much	不控制	同時事件
歷史法	how，why	不控制	歷史事件

實驗設計是「研究設計」的一種，其常用符號之代表意義如下：

1. X：代表「處理」(treatment) 或是對自變數之「操控」(manipulation)。常見各種研究的「treatment」類型有：

    (1)「綠色香蕉皮能治失戀」：實驗室對實驗組的 treatment 就是給失戀者吃香蕉皮，對照組則沒吃香蕉皮，看吃前與吃後二組之情緒緩和及抗憂鬱的效果。

    (2)「喝豆漿可減少罹患乳癌的發生率」：實地實驗組 treatment 就是「常喝豆漿者」，對照組則反之。

    (3)「甘蔗原素可降低膽固醇」：實驗室實驗組 treatment 就是三個月連續吃甘蔗原素，看吃前與吃後的變化。

    (4)「教學故事 / 宣傳短片」前後，看學生行為態度的改變，其 treatment 就是看電影片。

    (5)「手機影響男人精子品質」：實地實驗組 treatment 就是「手機常放口袋者」，對照組則「手機未放口袋者」，看二組受測者的精子活動力。

2. O：觀察結果 (observation) 或依變數之測量，觀察又分事前 (O_1) 與事後 (O_2)。

3. R：隨機分派 (random assignment) 樣本。

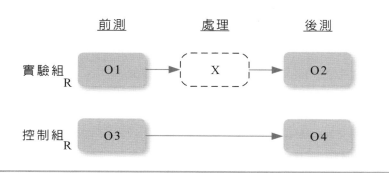

圖 1-34 真實驗設計之示意圖

　　根據上述三種符號的排列組合，將實驗法之研究設計再依據其「控制」自變數與依變數之間的相互影響的關係來分類：

1. 前實驗 (pre-experimental) 設計：包括單組後測 (one shot) 設計、單組前後測設計、靜態組比較設計。

2. 眞實驗 (true experimental) 設計：能夠完全作隨機分派力求等組的實驗。包括等組 (實驗組控制組) 前後測設計、等組後測設計、所羅門 (Solomon) 四群組設計；眞實驗設計之延伸則包括，完全隨機設計、隨機化區組 (block) 設計、拉丁方格設計 (平衡對抗)、多因子 (factorial) 設計、共變數分析。

3. 準實驗 (quasi-experimental) 設計：在不能貫徹隨機分派的策略的情境下，利用系統觀察，客觀評量，統計調整來力求符合實驗原理。包括，不相等控制組設計、不同樣本的前後測設計、時間序列設計。

　　其中，眞實驗設計設有控制組，且樣本有進行隨機分派。準實驗設計僅設有控制組，樣本無隨機分派；前實驗設計沒有控制組，僅爲前後測比較。另外，廣爲介入 (Intervention) 研究使用的對抗平衡設計 (counter- balanced designs)，被歸類爲準實驗設計。

　　上述三類設計對應的十種實驗設計，如下表。

表 1-4 常見十種不同的實驗設計圖示

	實驗設計名稱	實驗處理模型	實驗對照	前測控制	隨機分派
前實驗設計	1. 單組後測設計 (one-shot case study)	$X \rightarrow O_2$	×	×	×
	2. 單組前後測設計 one-group pretest-posttest design	$O_1 \rightarrow X \rightarrow O_2$	×	√	×
	3. 靜態組間比較 static-group comparison	E: $\quad X \rightarrow O_2$ C: $\quad\quad \rightarrow O_2$	√	×	×
真實驗設計	4. 隨機化實驗控制組前後測設計 randomized control-group pretest-posttest design	E_r: $O_1 \rightarrow X \rightarrow O_2$ C_r: $O_1 \rightarrow \quad \rightarrow O_2$	√	√	√
	5. 隨機化實驗控制組後測設計 randomized control-group posttest design	E_r: $\quad X \rightarrow O_2$ C_r: $\quad\quad \rightarrow O_2$	√	×	√
	6. 所羅門四組設計 Solomon four-group design	E_r: $O_1 \rightarrow X \rightarrow O_2$ C_r: $O_1 \rightarrow \quad \rightarrow O_2$ E_r: $\quad X \rightarrow O_2$ C_r: $\quad\quad \rightarrow O_2$	√	√	√
準實驗設計	7. 非隨機實驗控制組前後測設計 non-randomized control-group pretest-posttest design	E: $O_1 \rightarrow X \rightarrow O_2$ C: $O_1 \rightarrow \quad \rightarrow O_2$	√	√	×
	8. 對抗平衡設計（拉丁方格）counterbalanced design	1 A B C 2 B C A 3 C A B	√	—	√
	9. 單組時間序列分析 one-group time-series	$O_1 O_2 O_3 O_4 \, X \, O_5 O_6 O_7 O_8$	×	√	×
	10. 實驗控制組時間序列分析 control-group time-series	$O_1 O_2 O_3 O_4 \quad X \quad O_5 O_6 O_7 O_8$ $O_1 O_2 O_3 O_4 \quad\quad O_5 O_6 O_7 O_8$	√	√	—

註：下標 r，代表 Random 抽樣。E 代表實驗組；C 代表控制組。X 代表處理

現代醫學常採取「靜態組間比較」、「隨機化實驗控制組前後測設計」之研究設計。例如：「辛夷散治療過敏性鼻炎隨機雙盲臨床療效評估」，在為期兩年的雙盲實驗中，共蒐集 108 位病患，完成整體實驗共有 60 位，其中包括實驗組 40 位、對照組 20 位，並針對臨床症狀、鼻腔阻力、鼻腔截面積、特異性

免疫球蛋白、T 淋巴球細胞激素之分泌等各項指標進行統計分析。結果顯示，辛夷散對過敏性鼻炎患者有臨床療效，此療效之機轉包括 T 細胞的免疫調節及嗜中性白血球活化的影響。

臨床試驗 (clinical trial) 就是隨機化實驗控制組前後測設計 (randomized control- group pretest-posttest design)。

(二) 實驗流行病學研究的基本原則

1. 對照 (control group)：除了給予的介入措施不同外，其他的基本特徵如性別、年齡、居住環境、健康狀況等在兩組中應盡可能一致。
2. 隨機 (random)：實驗對象須隨機地分布到實驗組或對照組。樣本的隨機分派可有效「控制」外部變數的干擾。
3. 盲目 (blind)：在設計時可採用盲法，使研究者或研究對象沒有預設的立場 (不知誰是實驗組或對照組)，研究結果更加真實、可靠。

(三) 臨床試驗

定義：臨床試驗 (clinical trial)
是以病人為研究單位，用於藥物或療效是否安全和有效的研究方法。

臨床試驗的主要用途：
1. 療效評價。
2. 診斷試驗評價。
3. 篩檢研究。
4. 預後研究。
5. 病因研究。

臨床試驗的盲法有三：
1. 單盲 (single blind) 受試者不知分組情況。
2. 雙盲 (double blind) 受試者、研究者不知分組情況。
3. 三盲 (triple blind) 受試者、研究者、負責資料蒐集者不知分組情況。

1-4-2 統計與實驗設計功能之對應關係

一、統計與實驗設計功能之對應關係

統計分析是指蒐集、整理、表現、分析及解釋資料，並藉科學的方法，進而由分析的結果，加以推論，而獲得合理且有效的結論，並做出適切決策的一門學科。

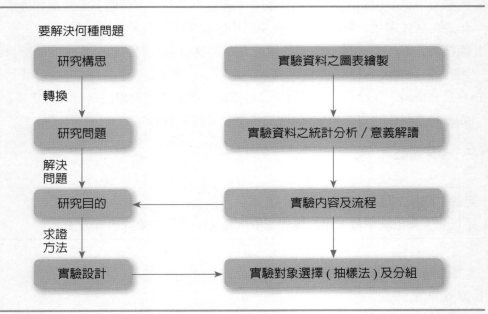

要解決何種問題

研究構思 → (轉換) → 研究問題 → (解決問題) → 研究目的 → (求證方法) → 實驗設計

實驗資料之圖表繪製 → 實驗資料之統計分析／意義解讀 → 實驗內容及流程 → 實驗對象選擇（抽樣法）及分組

圖 1-35 實驗設計的功能與統計的對應關係

常見，一般人對各類實驗形式與統計如何連結的困擾，包括：

1. 所操作的實驗形式與實驗設計是否相配？
2. 操作的實驗設計與統計方法分析是否相配？
3. 統計分析結果與結論是否相配？

二、統計學的分類

統計依討論內容可分成：

(一) 敘述統計 (descriptive statistics)

資料的蒐集、整理、呈現、解釋與分析等步驟，以數值、表格、圖形來描

述資料概況的方法。在現實生活中，常會遇到一堆數據資料，要如何運用簡單易懂的方式描述出來，以便大家了解，這就是描述性統計。

(二) 推論統計 (inferential statistics)

旨在檢定研究假設。利用樣本資料分析的結果對母體資料的某些特性，做合理的估計與推測。

推論統計指用概率形式來決斷數據之間是否存在某種關係及用樣本統計值來推測總體特徵的一種重要的統計方法。推論統計包括總體參數估計和假設檢定，最常用的方法有 Z 檢定 (非常態迴歸係數之顯著性檢定)、t 檢定 (OLS 迴歸係數之顯著性檢定)、卡方檢定 (類別資料列聯表) 等。推論統計主要工作如下：

1. **估計 (estimation)**：利用一組由母體所取之隨機樣本資料的資訊，來推估母體之未知參數。常見有 (1)「點估計量」：由樣本資料計算的統計量，使用來估計母體參數。(2)「區間估計：某區間會涵蓋母體參數的可能性。(3)「信賴區間 (confidence interval)」：在特定機率下，估計母體參數可能落在的數值範圍此特定的機率值可以稱為信賴水準。

2. **假設檢定 (testing of hypothesis)**：研究者對現象 (參數) 提出主觀的研究假設，再利用樣本特徵的資訊 (抽樣數據) 來對研究假設進行檢定，以做管理的正確決策。

   通盤來說，假設檢定都可分解成下列六個步驟：

   (1) 設定 H_0：針對母體設定之基本假設。對立假設 H_1：針對題意欲測試之方向設定之假設。

   (2) 利用樣本數據來算出檢定統計量 (test statistics)。

   (3) 給定顯著水準 α(通常 Type I error 設為 0.05)。α 係指檢定顯著 (差異 / 關聯) 性之機率值。

   (4) 找出「拒絕區」(可查統計書之附錄表) 或計算 p-value(本書 Stata, CMA, RevMan 軟體會自動算出 p)。

   所謂「p 值」是指在「虛無假設 H_0 為真」的情況下，得到「$\geq$ 此一觀察結果之統計檢定的機率」。例如：假定檢定結果得 Z = 2.08，電腦報表顯示 p = 0.0367，表示得到 Z 值 ≥ 2.08 的機率只有 0.0367，故拒絕 H_0，或是說此項檢定達到 0.05 顯著水準。

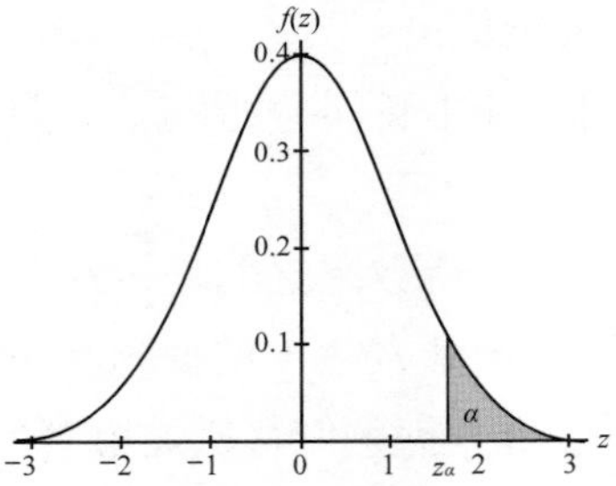

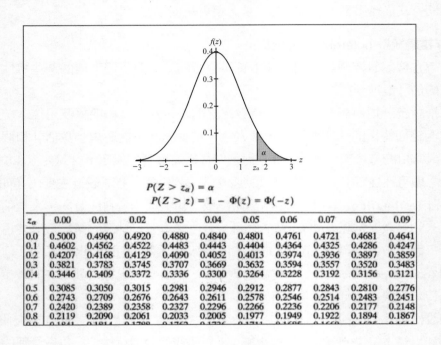

$$P(Z > z_\alpha) = \alpha$$

$$P(Z > z) = 1 - \Phi(z) = \Phi(-z)$$

z_α	0.00	0.01	0.02	0.03	0.04	0.05	0.06	0.07	0.08	0.09
0.0	0.5000	0.4960	0.4920	0.4880	0.4840	0.4801	0.4761	0.4721	0.4681	0.4641
0.1	0.4602	0.4562	0.4522	0.4483	0.4443	0.4404	0.4364	0.4325	0.4286	0.4247
0.2	0.4207	0.4168	0.4129	0.4090	0.4052	0.4013	0.3974	0.3936	0.3897	0.3859
0.3	0.3821	0.3783	0.3745	0.3707	0.3669	0.3632	0.3594	0.3557	0.3520	0.3483
0.4	0.3446	0.3409	0.3372	0.3336	0.3300	0.3264	0.3228	0.3192	0.3156	0.3121
0.5	0.3085	0.3050	0.3015	0.2981	0.2946	0.2912	0.2877	0.2843	0.2810	0.2776
0.6	0.2743	0.2709	0.2676	0.2643	0.2611	0.2578	0.2546	0.2514	0.2483	0.2451
0.7	0.2420	0.2389	0.2358	0.2327	0.2296	0.2266	0.2236	0.2206	0.2177	0.2148
0.8	0.2119	0.2090	0.2061	0.2033	0.2005	0.1977	0.1949	0.1922	0.1894	0.1867
[illegible]	[illegible]	[illegible]	[illegible]	[illegible]	[illegible]	[illegible]	[illegible]	[illegible]	[illegible]	[illegible]

圖 1-36　z 分布

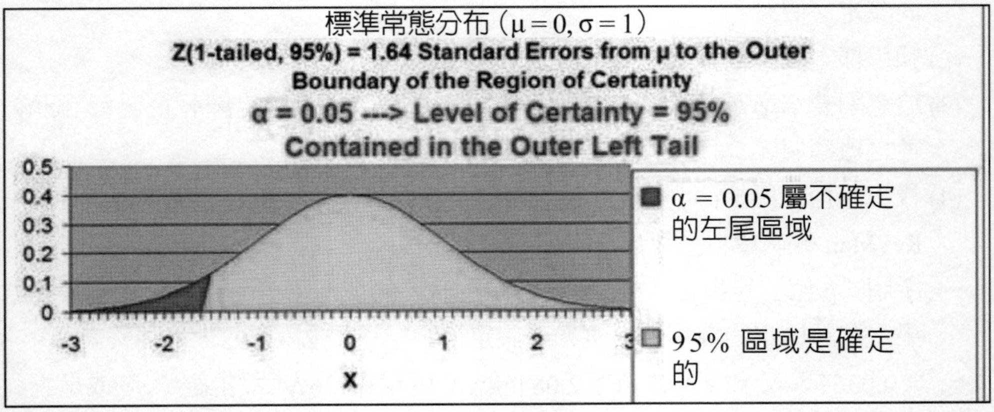

圖 1-37　單尾 z 分布 (α = 0.05，z = 1.64)

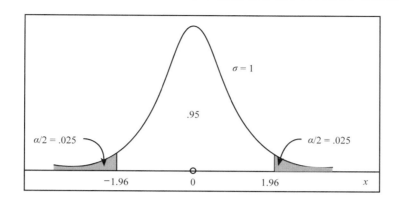

圖 1-38 雙尾 z 檢定 (α/2 = 0.025，z = 1.96)

註：一般電腦統計之報表，t 檢定是以此「z=1.96」為假設檢定之臨界點

(5) 作決策：通常，檢定統計量大於查表 (如卡方表、t 表、F 表…) 或 p-value
  < α，則表示「達顯著」，反之則表示「未達顯著」。

(6) 根據題意下結論。

1-4-3 OLS 迴歸模型之重點整理

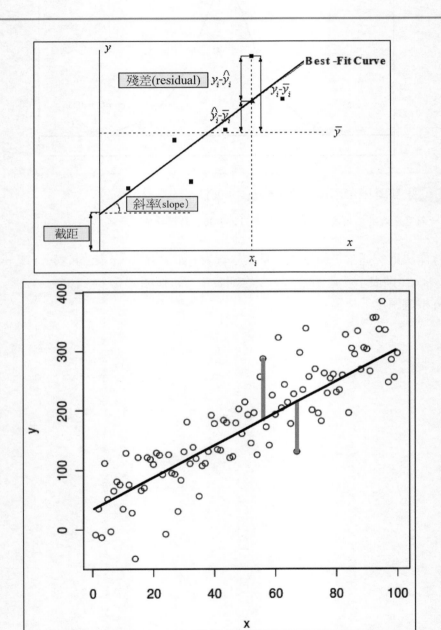

圖 1-39 OLS 的示意圖

　　追蹤資料 (panel-data) 最簡單的線性迴歸，就是混合資料 (pooled) OLS 法，即 Stata 之 **regress** 指令係採用最小平方法 (ordinary least squares, OLS)，OLS 又稱線性迴歸。所謂最小平方「least squares」，係指係數 β's 估計值，會使各個觀察值誤差 ε's 的總合達到最小值 (minimise the sum of the ε's)，即 $\min\sum(\varepsilon_i)^2$。

　　OLS 模型之數學方程式為：

$$y_i = \alpha + x_{i1}\beta_1 + x_{i2}\beta_2 + x_{i3}\beta_3 + ... + x_{iK}\beta_K + \varepsilon_i$$

1. OLS 向量形式為

$$y_i = x_i'\beta + \varepsilon_i$$

其中，x'_i 為解釋變數 (explanatory variables) 的向量；β 為係數向量。

$$y_i = \begin{bmatrix} x_{i1} & x_{i2} & x_{i3} & \ldots & x_{iK} \end{bmatrix} * \begin{bmatrix} \beta_1 \\ \beta_2 \\ \beta_3 \\ \vdots \\ \beta_K \end{bmatrix} + \varepsilon_i$$

　　值得一提的是，論文 / 書上常將 $x'\beta$ 簡寫成 $x\beta$。

2. OLS 矩陣形式

$y = X'\beta + \varepsilon$　即

$$\begin{bmatrix} y_1 \\ y_2 \\ y_3 \\ y_4 \\ y_5 \\ \vdots \\ \vdots \\ y_N \end{bmatrix} = \begin{bmatrix} x_{11} & x_{12} & x_{13} & \ldots & x_{1K} \\ x_{21} & x_{22} & x_{23} & \ldots & x_{2K} \\ x_{31} & x_{32} & x_{33} & \ldots & x_{3K} \\ x_{41} & x_{42} & x_{43} & \ldots & x_{4K} \\ x_{51} & x_{52} & x_{53} & \ldots & x_{5K} \\ \vdots & \vdots & \vdots & \ldots & \vdots \\ \vdots & \vdots & \vdots & \ldots & \vdots \\ x_{N1} & x_{N2} & x_{N3} & \ldots & x_{NK} \end{bmatrix} * \begin{bmatrix} \beta_1 \\ \beta_2 \\ \beta_3 \\ \vdots \\ \vdots \\ \beta_K \end{bmatrix} + \begin{bmatrix} \varepsilon_1 \\ \varepsilon_2 \\ \varepsilon_3 \\ \cdot \\ \cdot \\ \cdot \\ \cdot \\ \varepsilon_N \end{bmatrix}$$

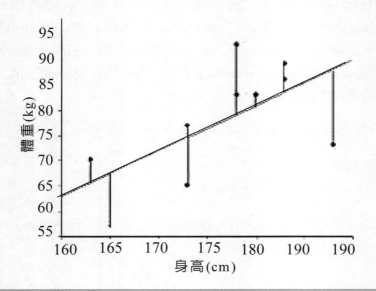

圖 1-40 單一解釋變數 OLS 之示意圖 (身高 x 來預測體重 y)

一、OLS 迴歸模型

1. *母體迴歸式* (population linear regression):

$$E(Y_t \mid X_t) = \beta_1 + \beta_2 X_t$$

2. *隨機干擾項或誤差項* (stochastic disturbance or stochastic error term):

$$\varepsilon_t = Y_t - E(Y \mid X_t)$$

3. *簡單迴歸模型* (simple linear regression model)

$$Y_t = E(Y \mid X_t) + \varepsilon_t = \beta_1 + \beta_2 X_t + \varepsilon_t$$

其中

Y_t 為依變數 (dependent variable)

X_t 為自變數 (independent variable)

ε_t 為誤差項 (error)

β_1, β_2 為迴歸係數 (coefficient of regression)

為何會有誤差項？

答：1. 遺漏重要自變數。

2. 調查或統計誤差。

3. 變數間非線性關係。

4. 樣本間非預期的效果。

(一) OLS 迴歸之基本假定 (assumptions)

A1. 線性 (linear)：係指迴歸模型 β_1 和 β_2 為一次式。

A2. 誤差 $\varepsilon's$ 與解釋變數 $X's$ 係無相關 (uncorrelated)：$E(\varepsilon_i \mid X_i) = 0$

(1) 若解釋變數 (regressor) 是內生性 (endogenous)，則違反 A2 假定：$E(\varepsilon_i \mid X_i) = 0$。

(2) 當 $Cov(x, \varepsilon) \neq 0$ 時，OLS 是有偏誤的。此時，自變數 x 是內生性 (endogenous) 的。

(3) 例如：女性勞工供給模型裡，生小孩數目會影響婦女是否需要就業，故「婦女生小孩數目」就可視為工具變數 (instrumental variables, IV)，因為它會干擾婦女是否需要就業。工具變數迴歸是在 x 與 ε 相關時，允許我們得到一致估計式的方法。工具變數用來將 x 變動裡與 ε 無關的部分分離出來，進一步建立一致性的參數。

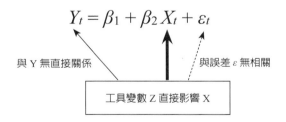

圖 1-41　工具變數 Z 直接影響 x，但與 y 無直接關係，且與誤差 ε 無相關

A3. 誤差預期值 (the expected value of the error) 為 0

$$E(\varepsilon_t \mid X_t) = 0 \Leftrightarrow E(Y_t) = \beta_1 + \beta_2 X_t$$

A4. 誤差變異數 (the variance of the error) 同質性 (homoskedasticity)

$$E(\varepsilon_t \mid X_t) = \sigma^2 = Var(Y_t \mid X_t)$$

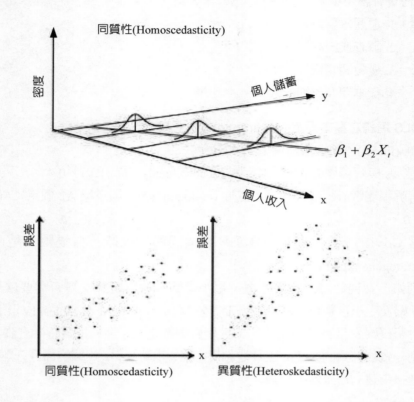

圖 1-42 誤差同質性 vs. 異質性之示意圖

A5. 序列獨立 (series independent)：誤差之間彼此獨立，不互相影響 (ε's uncorrelated with each other)

$$\text{Cov}(\varepsilon_t, \varepsilon_S \mid X_t) = 0 = \text{Cov}(Y_t, Y_S \mid X_t)$$

A6. X_t 是非隨機變數，至少有兩個觀察值 (並由 A2 隱含 $\text{Cov}(X_t, \varepsilon_t) = 0$)

A7. 干擾項 $\varepsilon_t \sim$ 符合 $N(0, \sigma^2)$ (非必要性)

干擾項 (distubances) 是 iid (常態分布，平均數 0，固定變異數)。

(二) 違反基本假定時做法

1. 增加虛擬變數 (dummy variable)：(1) 虛擬變數設定，如各時間之虛擬變數。(2) CHOW 檢定找到轉折點之後，再分轉折點「前 vs. 後」時段之各別 OLS 迴歸。

2. 異質變異 (heteroskedasticity)：Stata 各種迴歸指令中勾選 Robust 選項之穩健標準誤、重新定義變數 (將原始的線性模型轉換為 log-log 模型)、加權最小平方法、或者將 xtreg 指令改成「xtgls… , panels(hetero) corr(ar1)」指令。請見作者《Panel-data 迴歸模型：STaTa 在廣義時間序列的應用》一書第 4 章介紹，以下簡稱《Panel-data》一書。

3. 誤差自我相關 (auto-correlation) 或序列相關 (serial correlation)：請見作者《Panel-data》一書第 3 章及第 7 章單根共整合。

4. 隨機解釋變數 (random regressor) 與工具變數 (instrumental variable)：隨機模型 (gllamm、xtabond、xtcloglog、xtgee、xtintreg、xtlogit、xtmelogit、xtmepoisson、xtmixed、xtnbreg、xtpoisson、xtprobit、xtreg、xtregar、xttobit 等指令搭配 re 選項)、兩階段迴歸 (xtivreg 指令、ivregress 指令)。至於工具變數之兩階段迴歸，請見作者《Panel-data》一書第 6 章。

5. 改用非線性迴歸，例如 Poisson 迴歸、負二項迴歸等模型，請見作者《Panel-data》一書第 8 章。

6. 改用動態迴歸，將落遲項 (lags) 一併納入迴歸分析，請見作者《Panel-data》一書第 9 章。

(三) 樣本迴歸式 (sample linear regression)

$$Y_t = \hat{\beta}_1 + \hat{\beta}_2 X_t + \hat{\varepsilon}_t \quad ; \quad t = 1, 2, ..., T$$
$$\hat{Y}_t \, (= Y_t - \hat{\varepsilon}_t) = \hat{\beta}_1 + \hat{\beta}_2 X_t \quad ; \quad t = 1, 2, ..., T$$

其中

$\hat{\varepsilon}_t$ 為殘差項 (residual)

$\hat{\beta}_1$ 和 $\hat{\beta}_2$ 為 β_1 和 β_2 估計量 (estimator)

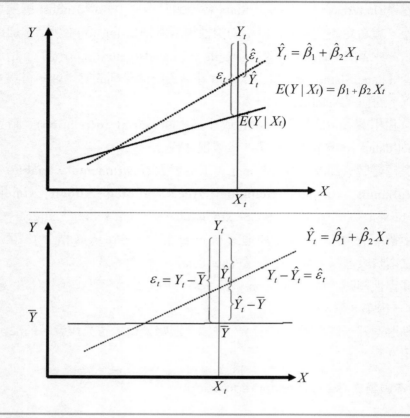

圖 1-43 樣本迴歸線 vs. 母體迴歸線

(四) 違反基本假設所產生的問題和原因

1. 違反 A1 假定，變數或係數間存在非線性關係。範例請見作者《Panel-data》一書第 8 章。

2. 違反 A2 假定，$E(\varepsilon_t) \neq 0$，可能因遺漏重要變數。範例請見作者《Panel-data》一書第 6、7、9 章。

3. 違反 A4 假定，$\text{Var}(\varepsilon_t) = \sigma_t^2$，發生異質變異 (heteroskedasticity)。範例請見作者《Panel-data》一書第 4 章。

4. 違反 A5 假定，$\text{Cov}(\varepsilon_t, \varepsilon_S) \neq 0$，發生序列相關 (serial correlation)。範例請見作者《Panel-data》一書第 3 章。

5. 違反 A6 假定，X_t 呈隨機變數特徵。範例請見作者《Panel-data》一書第 1、5 章之隨機效果。

6. 常態性假定在樣本數夠多時，相對的就比前面的五個假定較不重要，因為只要樣本數夠大，OLS 所得到估計式之分布將可漸近為常態分布。

二、迴歸模型的幾個特性

1. 兩變數的迴歸分析，並不代表兩變數的「相關」關係，也不代表兩變數的「因果」關係。

2. 通常符合假設 A2-A5 的隨機變數，我們通常稱之為 iid（即 independently identical distribution）。

三、參數估計

1. **最小平方法原則** (least squares principle)：ordinary least square (OLS)

    存在一單變數樣本迴歸式：$\hat{Y}_t = \hat{\beta}_1 + \hat{\beta}_2 X_t + \hat{\varepsilon}_t$，可得殘差項估計式：

    $$\hat{\varepsilon}_t = \hat{Y}_t - (\hat{\beta}_1 + \hat{\beta}_2 X_t)$$

    接著，將所有樣本殘差項開平方後加總：

    $$\sum_{t=1}^{T} \hat{\varepsilon}_t^2 = \sum_{t=1}^{T} (Y_t - \hat{\beta}_1 - \hat{\beta}_2 X_t)^2$$

    再透過未知參數的一階條件 (對未知數 $\hat{\beta}_1$ 及 $\hat{\beta}_2$ 做偏微分)：

    $$\frac{\partial \sum_{t=1}^{T} \hat{\varepsilon}_t^2}{\partial \hat{\beta}_1} = 0$$

    $$\frac{\partial \sum_{t=1}^{T} \hat{\varepsilon}_t^2}{\partial \hat{\beta}_2} = 0$$

    取得正規方程式 (normal equations)：

    $$\begin{cases} \dfrac{\partial \sum_{t=1}^{T} \hat{\varepsilon}_t^2}{\partial \hat{\beta}_1} = \dfrac{\partial \sum_{t=1}^{T}(Y_t - \hat{\beta}_1 - \hat{\beta}_2 X_t)^2}{\partial \hat{\beta}_1} = 2\sum_{t=1}^{T}(Y_t - \hat{\beta}_1 - \hat{\beta}_2 X_t)(-1) = -2\sum_{t=1}^{T} \hat{\varepsilon}_t = 0 \\[4ex] \dfrac{\partial \sum_{t=1}^{T} \hat{\varepsilon}_t^2}{\partial \hat{\beta}_2} = \dfrac{\partial \sum_{t=1}^{T}(Y_t - \hat{\beta}_1 - \hat{\beta}_2 X_t)^2}{\partial \hat{\beta}_2} = 2\sum_{t=1}^{T}(Y_t - \hat{\beta}_1 - \hat{\beta}_2 X_t)(-X_t) = -2\sum_{t=1}^{T} \hat{\varepsilon}_t X_t = 0 \end{cases}$$

存活分析及 ROC：應用 SPSS

上式，整理後，可得最小平方參數估計量（證明）：

$$\hat{\beta}_1 = \overline{Y} - \hat{\beta}_2 \overline{X}$$

$$\hat{\beta}_2 = \frac{T\sum\limits_{t=1}^{T} X_t Y_t - \sum\limits_{t=1}^{T} Y_t \sum\limits_{t=1}^{T} X_t}{T\sum\limits_{t=1}^{T} X_t^2 - \left(\sum\limits_{t=1}^{T} X_t\right)^2}$$

證明：正規方程式推得最小平方參數估計量過程

$$\Rightarrow \begin{cases} \sum\limits_{t=1}^{T}(Y_t - \hat{\beta}_1 - \hat{\beta}_2 X_t) = 0 \\ \sum\limits_{t=1}^{T}(X_t Y_t - \hat{\beta}_1 X_t - \hat{\beta}_2 X_t^2) = 0 \end{cases} \Rightarrow \begin{cases} \sum\limits_{t=1}^{T} Y_t - \sum\limits_{t=1}^{T} \hat{\beta}_1 - \sum\limits_{t=1}^{T} \hat{\beta}_2 X_t = 0 \\ \sum\limits_{t=1}^{T} X_t Y_t - \sum\limits_{t=1}^{T} \hat{\beta}_1 X_t - \sum\limits_{t=1}^{T} \hat{\beta}_2 X_t^2 = 0 \end{cases}$$

$$\Rightarrow \begin{cases} \sum\limits_{t=1}^{T} Y_t - T\hat{\beta}_1 - \hat{\beta}_2 \sum\limits_{t=1}^{T} X_t = 0 \\ \sum\limits_{t=1}^{T} X_t Y_t - \hat{\beta}_1 \sum\limits_{t=1}^{T} X_t - \hat{\beta}_2 \sum\limits_{t=1}^{T} X_t^2 = 0 \end{cases}$$

$$\Rightarrow \begin{cases} \hat{\beta}_1 = \dfrac{\sum\limits_{t=1}^{T} Y_t}{T} - \hat{\beta}_2 \dfrac{\sum\limits_{t=1}^{T} X_t}{T} \\ \sum\limits_{t=1}^{T} X_t Y_t - \left(\dfrac{\sum\limits_{t=1}^{T} Y_t}{T} - \hat{\beta}_2 \dfrac{\sum\limits_{t=1}^{T} X_t}{T}\right)\sum\limits_{t=1}^{T} X_t - \hat{\beta}_2 \sum\limits_{t=1}^{T} X_t^2 = 0 \end{cases}$$

$$\Rightarrow \begin{cases} \hat{\beta}_1 = \overline{Y} - \hat{\beta}_2 \overline{X} \\ \hat{\beta}_2 = \dfrac{\sum\limits_{t=1}^{T} X_t Y_t - \dfrac{\sum\limits_{t=1}^{T} Y_t \sum\limits_{t=1}^{T} X_t}{T}}{\sum\limits_{t=1}^{T} X_t^2 - \dfrac{\sum\limits_{t=1}^{T} X_t \sum\limits_{t=1}^{T} X_t}{T}} \end{cases}$$

$$\hat{\beta}_1 = \overline{Y} - \hat{\beta}_2 \overline{X}$$

$$\hat{\beta}_2 = \frac{T\sum\limits_{t=1}^{T} X_t Y_t - \sum\limits_{t=1}^{T} Y_t \sum\limits_{t=1}^{T} X_t}{T\sum\limits_{t=1}^{T} X_t^2 - \left(\sum\limits_{t=1}^{T} X_t\right)^2} = \frac{\sum\limits_{t=1}^{T} X_t Y_t - T\overline{YX}}{\sum\limits_{t=1}^{T} X_t^2 - T\overline{X}^2}$$

66

2. 最大概似法原則 (maximum likelihood estimation, MLE)：係數估計法

除了最小平方法 (OLS)、最大概似法 (MLS) 和動差法 (MM)，還有其他的方法亦可推估迴歸模型的參數。

若 ε_t 的機率密度函數 (PDF) 為：

$$f(\varepsilon_t;\ \sigma^2) = \frac{1}{\sqrt{2\pi\sigma^2}} \exp\left(-\frac{\varepsilon_t^2}{2\sigma^2}\right)$$

將殘差項估計式代入，得到：

$$f(\varepsilon_t;\ \beta_1, \beta_2, \sigma^2) = \frac{1}{\sqrt{2\pi\sigma^2}} \exp\left(-\frac{(Y_t - \beta_1 - \beta_2 X)^2}{2\sigma^2}\right)$$

將所有樣本 PDF 相乘，得概似函數 (likelihood function)：

$$L(\beta_1, \beta_2, \sigma^2) = \prod_{t=1}^{T} f(\varepsilon_t; \beta_1, \beta_2, \sigma^2) = \frac{1}{2\pi^{\frac{T}{2}}\sigma^T} \exp\left(-\frac{\sum\limits_{t=1}^{T}(Y_t - \beta_1 - \beta_2 X_t)^2}{2\sigma^2}\right)$$

取對數，得：

$$\ln L(\beta_1, \beta_2, \sigma^2) = -\frac{T}{2}(\ln(2\pi) + \ln\sigma^2) - \frac{\sum\limits_{t=1}^{T}(Y_t - \beta_1 - \beta_2 X_t)^2}{2\sigma^2}$$

極大化 $\ln L(\beta_1, \beta_2, \sigma^2)$，並針對 $\beta_1, \beta_2, \sigma^2$ 的一階條件，得：

$$\frac{\partial \ln L(\beta_1,\ \beta_2,\ \sigma^2)}{\partial \beta_1} = 0$$

$$\frac{\partial \ln L(\beta_1,\ \beta_2,\ \sigma^2)}{\partial \beta_2} = 0$$

$$\frac{\partial \ln L(\beta_1,\ \beta_2,\ \sigma^2)}{\partial \sigma^2} = 0$$

經整理，可得：

$$\Rightarrow \begin{cases} \dfrac{\sum\limits_{t=1}^{T}(Y_t - \beta_1 - \beta_2 X_t)(-1)}{\sigma^2} = 0 \\[3mm] \dfrac{\sum\limits_{t=1}^{T}(Y_t - \beta_1 - \beta_2 X_t)(-X_t)}{\sigma^2} = 0 \\[3mm] -\dfrac{T}{2}\dfrac{1}{\sigma^2} + \dfrac{\sum\limits_{t=1}^{T}(Y_t - \beta_1 - \beta_2 X_t)^2}{2\sigma^4} = 0 \end{cases} \Rightarrow \begin{cases} \sum\limits_{t=1}^{T}(Y_t - \beta_1 - \beta_2 X_t) = 0 \\[3mm] \sum\limits_{t=1}^{T}(Y_t - \beta_1 - \beta_2 X_t)X_t = 0 \\[3mm] \dfrac{\sum\limits_{t=1}^{T}(Y_t - \beta_1 - \beta_2 X_t)^2}{2\sigma^4} = \dfrac{T}{2}\dfrac{1}{\sigma^2} \end{cases}$$

得最大概似法估計量：

$$\beta_1^{MLE} = \overline{Y} - \beta_t^{MLE}\,\overline{X}$$

$$\beta_2^{MLE} = \frac{T\sum\limits_{t=1}^{T} X_t Y_t - \sum\limits_{t=1}^{T} Y_t \sum\limits_{t=1}^{T} X_t}{T\sum\limits_{t=1}^{T} X_t^2 - \left(\sum\limits_{t=1}^{T} X_t\right)^2}$$

$$\sigma_{MLE}^2 = \frac{\sum\limits_{t=1}^{T}(Y_t - \beta_1^{MLE} - \beta_2^{MLE} X_t)^2}{T} = \frac{\sum\limits_{t=1}^{T}\hat{\varepsilon}^2}{T}$$

3. 動差法 (method of moments, MM)：**係數估計法**

(1) 母體動差 (population moments)

$$E(\varepsilon_t) = 0 \Rightarrow E(Y_t - \beta_1 - \beta_2 X_t) = 0$$

$$E(X_t\,\varepsilon_t) = 0 \Rightarrow E[X_t(Y_t - \beta_1 - \beta_2 X_t)] = 0$$

(2) 樣本動差 (sample moments)

$$\frac{\sum\limits_{t=1}^{T}(Y_t - \hat{\beta}_1 - \hat{\beta}_2 X_t)}{T} = 0$$

$$\frac{\sum\limits_{t=1}^{T} X_t(Y_t - \hat{\beta}_1 - \hat{\beta}_2 X_t)}{T} = 0$$

經整理，可得：

$$\Rightarrow \begin{cases} \sum\limits_{t=1}^{T}(Y_t - \hat{\beta}_1 - \hat{\beta}_2 X_t) = 0 \\[2mm] \sum\limits_{t=1}^{T} X_t(Y_t - \hat{\beta}_1 - \hat{\beta}_2 X_t) = 0 \end{cases}$$

得動差法估計量：

$$\hat{\beta}_1^{Moment} = \overline{Y} - \hat{\beta}_2^{Moment}\,\overline{X}$$

$$\hat{\beta}_2^{Moment} = \frac{T\sum\limits_{t=1}^{T} X_t Y_t - \sum\limits_{t=1}^{T} Y_t \sum\limits_{t=1}^{T} X_t}{T\sum\limits_{t=1}^{T} X_t^2 - \left(\sum\limits_{t=1}^{T} X_t\right)^2}$$

四、檢定

1. 殘差項變異數 (residual variance) σ_ε^2 的不偏估計量

$$\hat{\sigma}^2 = \frac{\sum\limits_{t=1}^{T} (Y_t - \hat{Y}_t)^2}{T-k} = \frac{\sum\limits_{t=1}^{T} \hat{\varepsilon}_t^2}{T-k}$$

2. 截距項 β_1 的信賴區間與假設檢定

$\hat{\beta}_1$ 的期望值與變異數：

$$E(\hat{\beta}_1) = \beta_1$$

$$Var(\hat{\beta}_1) = \frac{\sigma^2 \sum\limits_{t=1}^{T} X_t^2}{T \sum\limits_{t=1}^{T} (X_t - \overline{X})^2}$$

$\hat{\beta}_1$ 的樣本信賴區間：

$$P\left(-t_c \le \frac{\hat{\beta}_1 - \beta_1}{\sqrt{V\hat{a}r(\hat{\beta}_1)}} \le t_c\right) = 1 - \alpha \ ; \ V\hat{a}r(\hat{\beta}_1) = \frac{\hat{\sigma}^2 \sum\limits_{t=1}^{T} X_t^2}{T \sum\limits_{t=1}^{T} (X_t - \overline{X})^2}$$

$\hat{\beta}_1$ 的檢定：

$$H_0 : \beta_1 = 0$$
$$H_1 : \beta_1 \ne 0$$
$$\Rightarrow t^0 = \frac{\hat{\beta}_1 - 0}{\sqrt{V\hat{a}r(\hat{\beta}_1)}} \ ; \ 若 -t_c \le t^0 \le t_c，則接受 H_0$$

3. 係數 β_2 的信賴區間與假設檢定

$\hat{\beta}_2$ 的期望值與變異數：

$$E(\hat{\beta}_2) = \beta_2$$
$$Var(\hat{\beta}_2) = \frac{\sigma^2}{\sum\limits_{t=1}^{T} (X_t - \overline{X})^2}$$

$\hat{\beta}_2$ 的樣本信賴區間：

$$P\left(-t_c \le \frac{\hat{\beta}_2 - \beta_2}{\sqrt{V\hat{a}r(\hat{\beta}_2)}} \le t_c\right) = 1 - \alpha \ ; \ V\hat{a}r(\hat{\beta}_2) = \frac{\hat{\sigma}^2}{\sum\limits_{t=1}^{T} (X_t - \overline{X})^2}$$

$\hat{\beta}_2$ 的檢定：

$$H_0 : \beta_2 = 0$$

$$H_1 : \beta_2 \neq 0$$

$$\Rightarrow t^0 = \frac{\hat{\beta}_2 - 0}{\sqrt{V\hat{a}r(\hat{\beta}_2)}} \; ; \; 若 -t_c \leq t^0 \leq t_c \, , \, 則接受 H_0$$

4. $\hat{\beta}_1$ 和 $\hat{\beta}_2$ 的共變異數

$$Cov(\hat{\beta}_1, \hat{\beta}_2) = -\frac{\overline{X}\,\sigma^2}{\sum\limits_{t=1}^{T}(X_t - \overline{X})^2}$$

5. $\hat{\sigma}_\varepsilon^2$ 的信賴區間

$$\sum_{t=1}^{T}\left(\frac{\hat{\varepsilon}_t - 0}{\sigma}\right)^2 \sim \chi_T^2$$

$$V^0 = \sum_{t=1}^{T}\left(\frac{\hat{\varepsilon}_t}{\sigma}\right)^2 = \frac{(T-2)\hat{\sigma}^2}{\sigma^2}$$

$$H_0 : \sigma^2 = 0$$

$$H_1 : \sigma^2 \neq 0$$

$$V_c \leq V^0 \, , \, 則拒絕 H_0$$

五、預測

1. 在已知的值預測值：點預測 (point forecast)

預測值：$\hat{Y}_0 = \hat{\beta}_1 + \hat{\beta}_2 X_0$

迴歸式：$Y_t = \beta_1 + \beta_2 X_t + \varepsilon_t$

預測誤差 (forecast error)：$\hat{Y}_0 - Y_0$

期望值：$E(\hat{Y}_0 - Y_0) = 0$

變異數：$Var(\hat{Y}_0 - Y_0) = \sigma^2\left(1 + \dfrac{1}{T} + \dfrac{(X_0 - \overline{X})^2}{\sum\limits_{t=1}^{T}(X_t - \overline{X})^2}\right)$

點預測信賴區間 (confidence interval for the point forecast)

$$P\left(-t_c \leq \frac{(\hat{Y}_0 - Y_0) - 0}{\sqrt{Var(\hat{Y}_0 - Y_0)}} \leq t_c\right) = 1 - \alpha$$

Y_0 的點預測信賴區間

$$\widehat{Y}_0 \pm t_c \sqrt{\sigma^2 \left(1 + \frac{1}{T} + \frac{(X_0 - \overline{X})^2}{\sum\limits_{t=1}^{T}(X_t - \overline{X})^2}\right)}$$

2. 在已知的值預測 $E(Y|X_0)$ 值：平均值預測值 (mean predictor)

預測值：$\widehat{Y}_0 = \widehat{\beta}_1 + \widehat{\beta}_2 X_0$

均值迴歸式：$E(Y|X_0) = \beta_1 + \beta_2 X_0$

預測值與均值差距：$Y_0 - E(Y|X_0)$

期望值：$E(\widehat{Y}_0 - E(Y|X_0)) = 0$

變異數：$Var(\widehat{Y}_0 - E(Y|X_0)) = \sigma^2 \left(\dfrac{1}{T} + \dfrac{(X_0 - \overline{X})^2}{\sum\limits_{t=1}^{T}(X_t - \overline{X})^2}\right)$

均值預測值信賴區間 (confidence interval for the point forecast)

$$P\left(-t_c \le \frac{(\widehat{Y}_0 - E(Y|X_0)) - 0}{\sqrt{Var(\widehat{Y}_0 - E(Y|X_0))}} \le t_c\right) = 1 - \alpha$$

$E(Y|X_0)$ 的信賴區間

$$\widehat{Y}_0 \pm t_c \sqrt{\sigma^2 \left(\frac{1}{T} + \frac{(X_0 - \overline{X})^2}{\sum\limits_{t=1}^{T}(X_t - \overline{X})^2}\right)}$$

3. 預測績效

通常我們可用預測誤差作為評估預測品質的方法，假定 Y_t 為實際值，$\widehat{Y}_t$ 為預測值，常用的模型預測績效指標，包括：

(1) 誤差均方 (mean squared error) $MS_E = \dfrac{\sum(\widehat{Y}_t - Y_t)^2}{T}$

(2) 誤差均方的平方根 (root mean squared error) $RMS_E = \sqrt{\dfrac{\sum(\widehat{Y}_t - Y_t)^2}{T}}$

(3) 誤差絕值的平方根 (mean absolute error) $MA_E = \dfrac{\left|\widehat{Y}_t - Y_t\right|}{T}$

(4) 百分比誤差絕對值的平均數 (mean absolute percent error)

$$MAP_E = \frac{1}{T}\sum 100 \frac{\left|\widehat{Y}_t - Y\right|}{\widehat{Y}_t}$$

(5) 平均百分比誤差的平方 (mean squared percent error)

$$MSP_E = \frac{1}{T} \sum \left(100 \frac{Y_t - \hat{Y}_t}{\hat{Y}_t} \right)^2$$

(6) 平均百分比誤差平方的開根號 (root mean squared percent error)

$$RMSP_E = \sqrt{\frac{1}{T} \sum \left(100 \frac{Y_t - \hat{Y}_t}{\hat{Y}_t} \right)^2} = \sqrt{MSP_E}$$

六、模型適配度 (goodness of fit)

1. 判定係數 (coefficient of determination)：R^2

假定個體樣本觀察值與樣本平均值的差距為 $Y_t - \overline{Y}$，則：

$$Y_t - \overline{Y} = Y_t(-\hat{Y}_t + \hat{Y}_t) - \overline{Y} = (Y_t - \hat{Y}_t) + (\hat{Y}_t - \overline{Y})$$

將上式左右兩邊平方，可得下式：

$$(Y_t - \overline{Y})^2 = (Y_t - \hat{Y}_t)^2 + (\hat{Y}_t - \overline{Y})^2 + 2(Y_t - \hat{Y}_t)(\hat{Y}_t - \overline{Y})$$

將上式所有樣本變異加總，得到：

$$\sum_{t=1}^{T}(Y_t - \overline{Y})^2 = \sum_{t=1}^{T}(Y_t - \hat{Y}_t)^2 + \sum_{t=1}^{T}(\hat{Y}_t - \overline{Y})^2 + 2\sum_{t=1}^{T}(Y_t - \hat{Y}_t)(\hat{Y}_t - \overline{Y})$$

總變異 SS_T = 總誤差變異 SS_E + 迴歸模型可解釋總變異 SS_R + 0

定義：

$$總變異 SS_T = \sum_{t=1}^{T}(Y_t - \overline{Y})^2$$

$$總誤差變異 SS_E = \sum_{t=1}^{T}(Y_t - \hat{Y}_t)^2$$

$$迴歸模型可解釋總變異 SS_R = \sum_{t=1}^{T}(\hat{Y}_t - \overline{Y})^2$$

$2\sum_{t=1}^{T}(Y_t - \hat{Y}_t)(\hat{Y}_t - \overline{Y}) = 0$，證明如下：

$$\sum_{t=1}^{T} 2(Y_t - \hat{Y}_t)(\hat{Y}_t - \overline{Y}) = \sum_{t=1}^{T} 2\hat{\varepsilon}_t(\hat{\beta}_1 + \hat{\beta}_2 X_t - \overline{Y})$$

$$= \sum_{t=1}^{T} 2\hat{\varepsilon}_t\hat{\beta}_1 + \sum_{t=1}^{T} 2\hat{\varepsilon}_t\hat{\beta}_2 X_t - \sum_{t=1}^{T} 2\hat{\varepsilon}_t\overline{Y}$$

$$= 2\hat{\beta}_1 \sum_{t=1}^{T} \hat{\varepsilon}_t + 2\hat{\beta}_2 \sum_{t=1}^{T} \hat{\varepsilon}_t X_t - 2\overline{Y} \sum_{t=1}^{T} \hat{\varepsilon}_t$$

根據正規方程式 $\sum_{t=1}^{T} \hat{\varepsilon}_t = 0$ 和 $\sum_{t=1}^{T} \hat{\varepsilon}_t X_t = 0$，上式為 0。

因此，可以定義下式關係：

總變異 SS_T = 總誤差變異 SS_E + 迴歸模型可解釋總變異 SS_R

再定義之判定係數如下：

$$R^2 = \frac{SS_R}{SS_T} = 1 - \frac{SS_E}{SS_T}$$

2. **判定係數 R^2 的一些特性**

(1) R^2 並不是衡量迴歸模型的品質 (quality)，而是適配度的指標之一。

(2) R^2 介於 0 和 1 之間 (無截距項的迴歸模型則例外)。

(3) $R^2 = 0.35$ 代表迴歸模型解釋因變數平均值變異的 35%。

(4) R^2 偏低，不代表迴歸係數的估計值就沒有意義。

3. **R^2 與變異數分析 (ANOVA)**：$k = 2$ 單變數迴歸模型 (其中，k 為待估計迴歸係數個數量)

變異來源	平方和 SS	自由度 df	均方 MS	判斷法則
模型	$SS_R = \sum_{t=1}^{T} (\hat{Y}_t - \overline{Y})^2$	k-1	$MS_R = SS_R/(k-1)$	$F^0 = \dfrac{MS_R}{MS_E}$
殘差	$SS_E = \sum_{t=1}^{T} (Y_t - \hat{Y}_t)^2$	T-k	$MS_E = SS_E/(T-k)$	
總變異	$SS_T = \sum_{t=1}^{T} (Y_t - \overline{Y})^2$	T-1		

$$\begin{cases} H_0 : \beta_2 = 0 \\ H_1 : \beta_2 \neq 0 \end{cases}$$

$\Rightarrow F^0 = \dfrac{MS_R}{MS_E}$，若查表的 $F_c \leq$ 觀測的 F^0，則拒絕 H_0。

特性：F 檢定與 t 檢定並不衝突，在單變數迴歸模型 $F = t^2$。

七、其他模型適配度 (goodness of fit)

R^2 的功能是迴歸模型所有自變數用來解釋因變數平均變異的一個比例，$\overline{R}^2$ 的提出是另將自變數增加所產生的自由度損失考慮到指標中。晚近又有一些模型選擇準則被提出，主要重點是著重在殘差平方和「$SS_E = \sum_{t=1}^{T}(Y_t - \hat{Y}_t)^2 = \sum_{t=1}^{T}\hat{\varepsilon}_t^2$」與自變數增加所產生的自由度損失，常用的有下述幾個 IC 指標，這些指標的判斷準則公式雖然不同，但都以 IC 指標值越小模型越佳。

· Akaike information criteria (AIC): $\ln\left(\dfrac{SSE}{T}\right) + \left(\dfrac{2k}{T}\right)$

· Schwarz criteria (SC): $\ln\left(\dfrac{SSE}{T}\right) + \left(\dfrac{k}{T}\ln T\right)$

· Finite prediction error (FPE): $\ln\left(\dfrac{SSE}{T}\right) + \ln\left(\dfrac{T+k}{T-k}\right)$

八、概似比檢定 (likelihood ratio test; LR test)：二個敵對模型之適配度比較

Stata 提供 lr 指令之概似比檢定，它不等於「最大概似法」之係數估計法，而是二個敵對模型之適配度做比較，看那一個模型較優。

九、估計的意義

估計 (estimation) 又稱推定，其意義是指利用樣本統計量去估計母體中未知的參數，其內容又區分點估計及區間估計兩大類。

十、估計式的評斷標準

1. 符號：以 θ 表示 (某個我們感興趣的) 隨機變數之母體參數 (是一個固定但未知的常數)，$\hat{\theta}$ 代表 θ 的估計式 (隨機變數)。

2. 估計誤差 (estimation error)：以 $\hat{\theta}(x_1, x_2, ..., x_n)$ 估計 θ 時，$(\hat{\theta}-\theta)$ 稱為估計誤差。

3. 判斷估計式優劣的直覺：良好估計式的估計誤差應該越小越好。

   (1) 估計誤差有正有負，評估時應將估計誤差都變成正值 (平方)，所有的可能的估計誤差均應納入考量 (期望值)，這就導致了底下的評估準則。

   (2) 均方誤 (mean squared error, MSE：平均平方誤差)：一估計式 $\hat{\theta}$ 的均方誤定義為：

$$MSE(\hat{\theta}) = E[(\hat{\theta}-\theta)^2]$$

口語上的解釋：誤差平方的平均值，可解釋爲『估計式的平均誤差』。當然，MSE 越小代表估計式越準確。

(3) 均方誤差可進一步拆解如下：

$$MSE(\hat{\theta}) = E[(\hat{\theta} - \theta)^2] = E[[(\hat{\theta} - E[\hat{\theta}]) + (E[\hat{\theta}] - \theta)]^2]$$
$$= E[(\hat{\theta} - E[\hat{\theta}])^2] + E[(E[\hat{\theta}] - \theta)^2] + E[2(\hat{\theta} - E[\hat{\theta}])(E[\hat{\theta}] - \theta)]$$
$$= E[(\hat{\theta} - E[\hat{\theta}])^2] + E[(E[\hat{\theta}] - \theta)^2] + 2(E[\hat{\theta}] - \theta)E[\hat{\theta} - E[\hat{\theta}]]$$
$$= E[(\hat{\theta} - E[\hat{\theta}])^2] + E[(E[\hat{\theta}] - \theta)^2]$$
$$= \underbrace{V(\hat{\theta})}_{\text{估計式的變異數}} + \underbrace{[E(\hat{\theta}) - \theta]^2}_{\text{估計式的偏誤}}$$

(4) MSE 由兩個非負值的部分組成：估計式的變異數 $V(\hat{\theta})$ 與估計式偏誤之平方 $E[(\hat{\theta} - \theta)^2]$。因此，要使得 MSE 較小可從二方面著手：

「$V(\hat{\theta})$ 越小越好」、「$E[(\hat{\theta} - \theta)^2]$ 越小越好」。

(5) 我們定義之第一個估計式評估準「不偏性」，目的就在使得 $E[(\hat{\theta} - \theta)^2] = 0$。

4. 定義：偏誤 (bias)

$E(\hat{\theta})$ 與 θ 的差距，稱爲偏誤，即 $Bias(\hat{\theta}) = E(\hat{\theta}) - \theta$。

當 $Bias(\hat{\theta}) = 0 \Rightarrow$ 不偏 (左圖)

當 $Bias(\hat{\theta}) > 0 \Rightarrow$ 正偏 (中圖) $\Rightarrow$ 平均而言，估計值比眞實參數大，高估參數值。

當 $Bias(\hat{\theta}) < 0 \Rightarrow$ 負偏 (右圖) $\Rightarrow$ 平均而言，估計值比眞實參數小，低估參數值。

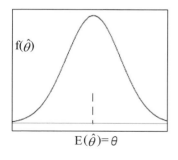 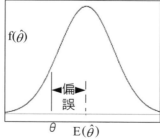 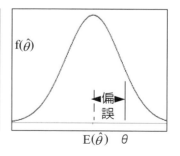

圖 1-44 三種偏誤情況之示意圖

5. 定義：不偏性 (unbiasedness)

當估計量之抽樣分布的期望值等於母體參數值時，稱之爲不偏性 (unbiased)，
而具有不偏性的估計量，是一不偏估計量 (unbiased estimator)；反之，則稱爲
偏估計量 (biased estimator)。

(1) 設 $\hat{\Theta}$ 爲參數 θ 之估計式，若 $E(\hat{\Theta}) \neq \theta$，但

$$\lim_{n \to \infty} E(\hat{\Theta}) = \theta$$

則稱估計式 $\hat{\Theta}$ 爲參數 θ 之極限不偏估計式 (asymptotic unbiased estimator)。

(2) 設 $\hat{\Theta}(X_1, X_2, ..., X_n)$ 爲參數 θ 的函數 $\pi(\theta)$ 之估計式，且：

$$E(\hat{\Theta}(X_1, X_2, ..., X_n)) = \pi(\theta)$$

則稱 $\hat{\Theta}(X_1, X_2, ..., X_n)$ 爲函數 $\pi(\theta)$ 之不偏估計式。

1-4-4 單變量 vs. 多變量統計

1. 單變量分布 (univariate)：若我們只關心母體的某項特性，如產品之抗拉強
   度、個人滿意度……，則此母體分布稱爲單變量分布。
2. 雙變量分布 (bivariate)：若我們關心母體的兩項特性，如產品的抗拉強度與
   重量的關係、個人滿意度與離職意願的因果關係……，則此母體分布稱爲
   雙變量分布。
3. 多變量分布 (multivariate)：若我們關心母體兩項以上的特性，如「產品的
   抗拉強度、重量與抗壓強度」、「個人滿意度、組識承諾與離職意願的因
   果關係」，則此母體分布稱爲多變量分布。

一、醫學統計經常混淆的名詞

在應用統計分析作學術研究的各個領域中，醫學領域可說是其中的非常大
宗，據統計目前全世界約有 3 萬種的醫學期刊，約占了科技期刊的四分之一之
多。而在這塊這麼大的市場中，我觀察到在醫學領域所使用的統計名詞，經常
與統計教科書有相當多的出入，本篇文章擬將這些常見的混淆之處作個釐清。

1. 單變量或多變數迴歸分析

假使我們現在要進行依變數 (dependent variable) 的預測，如果我們的自變

數 (independent variable) 只有一個，那麼這種迴歸模式稱之為簡單迴歸 (simple regression)，不過在醫學期刊常見以單變量迴歸 (univariate regression) 來表達；倘若我們的自變數是 2 個以上，那麼我們稱之為多元迴歸 (multiple regression)，但在醫學期刊則部分稱之為多變數迴歸 (multivariable regression) 或多變量迴歸 (multivariate regression)。

特別值得說明的是，「多變量」(multivariate) 在一般統計教科書是專門指同時有 2 個以上的依變數的統計方法，例如主成分分析、因素分析、集群分析、結構方程模式、典型相關等；但在醫學領域中，不管依變數有多少個，只要自變數 2 個以上，就會稱之為多變量分析 (比較正確來說應該是多變數分析)，這是蠻特別的一點。

2. 自變數、依變數或控制變數

統計教科書皆把依變數定義為 dependent variable，不過實際醫學期刊比較常見以結果變數 (outcome) 來稱呼之；如果我們的模式有許多個 (2 個以上) 自變數，而所關注的是其中一個變數，那麼此時其他變數便稱作控制變數 (control variable)，但在醫學期刊的習慣來說，並非主要研究變數的控制變數都叫做共變量 (covariate)。

3. 迴歸分析的細節

在多變數迴歸 (2 個以上的自變數) 中，每一個自變數的迴歸係數皆是已經考慮其他變數的效果，一般我們會說控制或考慮其他變數效果之下 (controlling or considering other variables)，不過醫學期刊特別偏好使用「調整」(adjust) 這個字。"adjusted"，例如 adjusted OR 或 adjusted HR 以標明此為多變數分析之下的結果；相較之下，如果是單變數的模式 (只有一個自變數)，醫學期刊也偶爾會看到用 naïve 或 crude 這兩個字來表示這是一個單變數分析，例如 crude OR 或 naïve analysis。

以上介紹了一些常見的醫學統計容易造成混淆的名詞，並且以與迴歸分析相關的名詞為主，以下表格為將以上內容作個整理，希望幫助大家未來在閱讀醫學期刊時有所幫助。

名詞或情境	醫學領域	其他領域
單變量的迴歸分析	Univariate regression	Simple regression
多變量的迴歸分析	Multivariate regression or multivariable regression	Multiple regression
控制變數 (共變量)	Covariate	Control variable
依變數 (結果變數)	Outcome (variable)	Dependent variable
考慮其他變數之下的效果 (通常是迴歸分析)	Adjusting for other covariates	Controlling or considering other variables
迴歸係數 (多變量的迴歸分析之下)	"Adjusted" coefficient (e.g. adjusted OR or HR)	Regression coefficient

1-5 自定 SPSS 操作介面

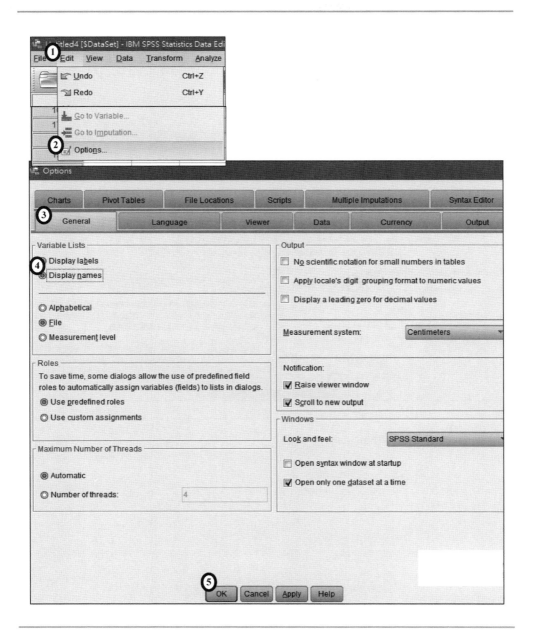

圖 1-45 設定「一般 (General)」介面

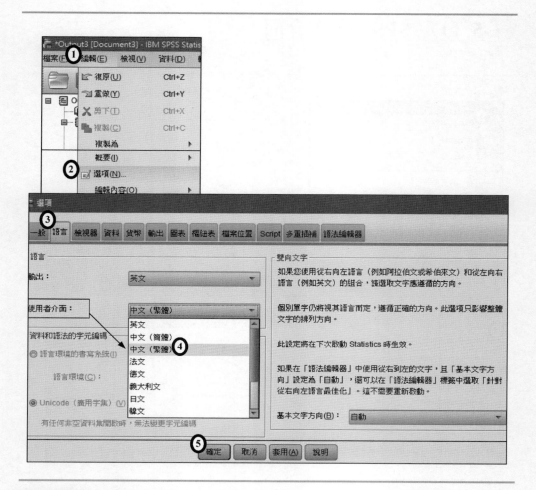

圖 1-46 設定「語言 (Language)」介面

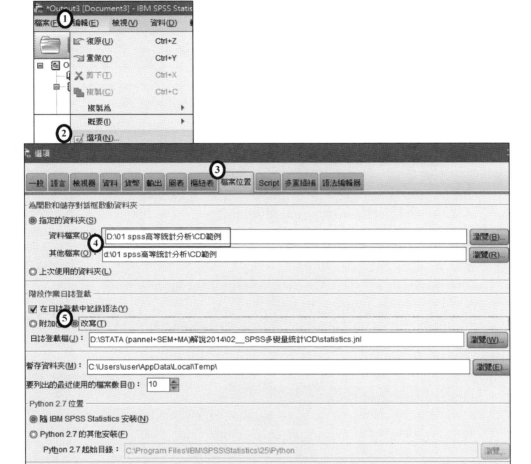

圖 1-47 設定「檔案位置」介面

存活資料描述性統計：
Kaplan-Meier 估計、
log-rank 檢定

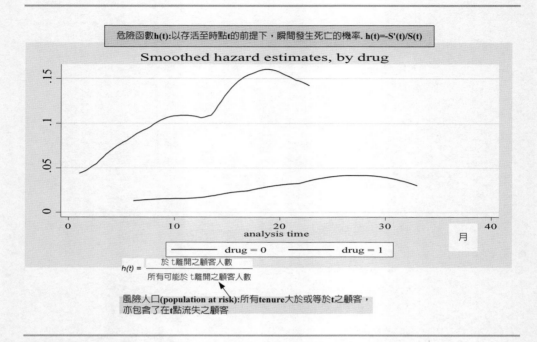

圖 2-1 危險函數 (hazard function) 之示意圖

HR(hazard ratio) 及 RR(risk ratio) 值係用 Cox 迴歸分析 (coxreg 指令)；OR(odds ratio) 用邏輯斯迴歸分析 (logistic regression 指令)。

一、醫學領域常見的研究設計 (research design)

醫學領域常見的研究設計 (research design)，最常見的是實驗組與對照組研究設計。

下圖列出簡易版的研究設計分類圖 (在流行病學所定義的研究設計比以下的圖還複雜許多)，大致可分成前瞻性研究 (prospective study) 及回溯性研究 (retrospective study) 兩個類別，其中前瞻性研究至少包括兩種主要的研究設計：(1) 臨床實驗 (clinical trials)；(2) 世代研究 (cohort study)，而回溯性研究則至少包括最常見的病例－對照研究 (case-control study)。

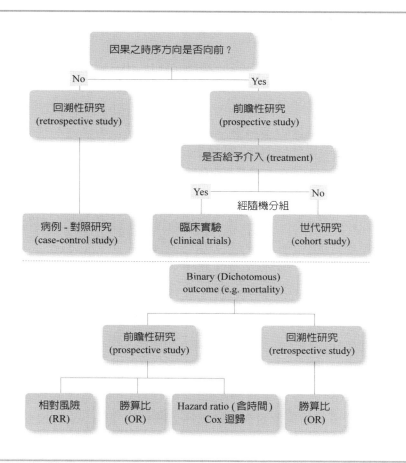

圖 2-2 常見風險測量之研究設計

二、前瞻性研究 (prospective study)、回溯性研究 (retrospective study)

前瞻性研究之相反設計，就是回溯性研究。

(一) 回溯性研究設計

回溯性研究是針對某個問題，因無事先規劃，而是從以往多年累積病例的結果做追蹤統計。

回溯性研究法，是一種探索病因的流行病學方法。其方式是從現存的資料中，找到以前的暴露經驗，來和目前疾病發生的情形進行探討。其暴露和發病

情形都在研究開始以前，所以較經濟省時，可以避免研究時間上的限制。以前曾以「回溯性研究法」的名稱用來代替「病例－對照研究法」(case-control study)，但此種用法無法表明研究執行時期與研究事件發生時間的前後關係，所以現在較少採用回溯法的名稱，而用病例對照研究法稱之。

回溯最常見的設計為病例－對照 (case-control) 研究，即先選定病例組的人數，然後再決定對照組的人數，然後再回溯兩組是否有暴露在某個危險因子之下，進而探討該危險因子是否與疾病有所關聯。以抽菸跟肺癌的例子，我們可先挑選 50 位罹患肺癌的病人，接著按照一定的比例，例如 1：3 的比例 (比例可自行決定)，收取 150 位未罹患肺癌的病人資料，然後回顧這 200 位病人的抽菸史，結果可能顯示病例組有 77% 曾經抽菸而對照組僅有 44% 曾經抽過菸，接著透過統計分析來檢定抽菸跟肺癌是否具有關聯性。

病例－對照研究的優勢是速度比較快，只需查病歷資料即可完成，而且因為不是向前收案，因此成本便宜而且不會有失去追蹤的問題。病例－對照研究也特別適合用於研究罕見的疾病，相較之下，世代研究若追蹤很罕見的疾病則不適合，例如追蹤十年才少數幾位個案發生疾病，會導致統計分析上的檢定力 (power) 薄弱。反之病例－對照研究的劣勢是不適合研究罕見的暴露因子。

(二) 前瞻研究設計

預先選定了研究對象及研究方法，在這些預定條件下來做追蹤。最後在原訂計畫時間內做評估，將符合原來設計之方法的病人全部納入統計，它不是選有效樣本來統計，並將全部結果都印出來。此種設計就是前瞻研究。

前瞻研究是最有價值研究，可惜臨床往往事前規劃無法做得很好、或蒐集病例不易，而且要做前瞻，沒有三年五年時間是無法累積足夠的病例，只好用回溯性研究。

(三) 臨床實驗 (clinical trials)

臨床實驗 (或稱作臨床試驗) 又包括平行設計 (parallel trial) 及交叉設計 (cross-over)，而以平行設計比較常見及簡單，但其實平行設計很類似於心理教育領域的準實驗設計 (quasi-experimental design，或稱類實驗)，即一開始將研究對象隨機分派 (random assign) 為治療組與對照組。例如以藥廠的臨床藥物實驗，想要比較原廠及臺廠的藥物療效比較，則一開始即隨機將自願參加病人分成兩組，然後開始進行藥物使用，最後評估療效，例如檢定臺廠藥物成功治癒的比例與原廠藥物是否有差別。

不過在隨機分派的過程中也有可能兩組病人的基本特性差異很大，例如一組剛好年齡很大另外一組比較年輕，因此在分派過程可適當考慮重要的基本特性 (例如性別、年齡層、疾病嚴重分級) 來作隨機的分派，即作分層隨機分派 (stratified randomization)，以確保兩組病人的基本資料是同質的 (homogeneous)。

(四) 世代研究 (cohort study)

世代研究則是研究一開始將研究對象 (不一定是有病的人) 隨機地分派至兩組，其中一組是暴露組 (exposed group) 另一組則是未暴露組 (unexposed group)。至於暴露的因子則是研究者關心的變項，例如抽菸與肺癌的關係或居住在高壓電附近與腦部病變的關係。然後往後追蹤一段期間，就會觀察到暴露組與未暴露組都有人發生事件 (event，例如疾病)，此時就可計算兩組發生事件比例的比較，例如追蹤十年後抽菸組發生肺癌的比例爲 3%，而未抽菸組罹患肺癌比例爲 1%，接著進而透過統計分析評估究竟暴露因子 (抽菸) 是否與事件 (肺癌) 有所關聯。

世代研究是非常具有因果推論效力的研究設計，但是非常耗時也非常耗費成本，以抽菸跟肺癌來說，可能至少的追蹤期要十年以上才有意義。另外一方面也因爲追蹤期很長，研究參與對象會有失去追蹤 (lost to follow up) 的問題。

以上爲常見的醫學領域研究設計，但其實每一種研究設計使用的統計方法跟風險測量 (risk measure) 也不盡相同。

三、相對風險 (RR)、勝算比 (OR)

在醫學領域裡常常將依變數 (dependent variable/outcome) 定義爲二元的變數 (binary/dichotomous)。有一些是天生的二元變數，例如病人死亡與否、病人洗腎與否；有些則是人爲定義爲二元變數，例如心臟科常將病人的左心室射血分數 (left ventricular ejection fraction, LVEF) 小於 40% (or 35%) 爲異常，或腎臟科將病人的腎絲球過濾率 (estimated Glomerular filtration rate, eGFR) 定義爲小於 60% 爲異常。

醫學領域之所以會如此將 outcome 作二分化的動作，有個主要原因是可以簡化結果的闡釋，例如可直接得到以下結論：「糖尿病病人比較容易會有 eGFR 異常，其相對風險 (relative risk, RR) 爲 3.7 倍」或是：「飯前血糖每高 1 單位，則病人的 eGFR 異常的勝算比 (odds ratio, OR) 會低 1.5%」，因此可針對其他可能的影響因子作探討，並且得到一個「風險測量」，但問題是我們讀者眞的了解這些風險測量的意義嗎？這些風險測量的使用時機與解釋是恰當的嗎？

　　針對類別變數進行交叉分析時，通常會利用卡方檢定 (chi-square test) 或費雪精確性檢定 (Fisher's exact test) 來進行考驗，而醫護領域有時候還會計算出「相對風險」(relative risk, RR) 或「勝算比」(odds ratio, OR) 來作呈現。

(一) 相對風險 (relative risk, RR)

　　相對風險 (RR) 必須用在 cohort study 才有意義，此類型的研究一開始會從研究對象中找尋暴露因子 (自變數，譬如說有無抽菸)，接著開始進行追蹤研究來搜尋結果變數 (依變數，譬如說有無延遲性肺癌或死亡)。因此可以想成對未來作預測，接著探討吸菸這群人中，計算出發生肺癌的人數比例有多少，再探討未吸菸這群人中，計算出發生肺癌的人數比例有多少，最後把兩個比例相除，以計算出相對風險有多少，詳細的公式說明如下表。

	肺癌	無肺癌	
抽菸	A	B	N_1
沒有抽菸	C	D	N_2
	N_3	N_4	Total N

$$RR = \frac{\text{Incidence}_{\text{Exposed}}}{\text{Incidence}_{\text{Unexposed}}} = \frac{A/N_1}{C/N_2}$$

　　上面之公式不難理解，分子部分先算出在有抽菸的對象中，有肺癌所占的比例；接著在沒有抽菸的對象中，有肺癌所占的比例；分母都是參照組，因此可知 RR 的公式是在算抽菸的對象肺癌的比例為沒有抽菸者的幾倍，若 RR 值大於 1，即代表有抽菸者肺癌的風險較高。

　　相對風險 (RR) 的意義非常容易理解，但是其使用時機有所限制，它只能用在前瞻性研究，假使我們進行的是回溯性研究，那麼使用相對風險可能會得到錯誤的結論。因為在回溯性研究中，我們要先選定疾病組與非疾病組的人 (而不是選定暴露組與非暴露組)，然後去回溯 (查病歷) 他們暴露的狀況，也就說此時「疾病的機率是由研究者所決定」，因此自然也不能再直接以 A/N_1 去除以 C/N_2 了，因為 A 跟 C 都是研究者一開始就決定的有疾病組。

(二) 勝算比 (odds ratio, OR)

　　勝算比 (OR) 剛好相反，通常出現於 retrospective study，又稱 case-control study，也就是一開始就已知病人有無死亡 / 肺癌 (依變數)，再回溯找尋暴露因

子 (自變數，譬如說有無抽菸)。由於病人有無死亡 / 肺癌的比例可以由研究者在挑選樣本時就決定，相對的這類的研究去算死亡 / 肺癌機率是沒有意義的，因此就會用 OR 去計算暴露組與非暴露組發生死亡、肺癌的相對暴露機率來做估計。

	肺癌	非肺癌	
暴露危險	A	B	N_1
未暴露危險	C	D	N_2
	N_3	N_4	Total N

$$RR = \frac{[(A/N_3)/(C/N_3)]}{[(B/N_4)/(D/N_4)]} = \frac{A/C}{B/D} = \frac{A*D}{B*C}$$

何謂「勝算」(odds)，勝算定義是「兩個機率相除的比值」，以上表的疾病組 (disease group) 爲例，A/N_3 表示疾病組中有暴露的機率，C/N_3 指的是健康組中有暴露的機率，因此此兩者相除即爲疾病組中有暴露的勝算 (A/C)。同樣地，B/D 即爲健康組中有暴露的勝算，此時將 A/C 再除以 B/D 即爲「疾病組相對於健康組，其暴露的勝算比」，也就是說兩個勝算相除就叫做勝算比。

很多人在解釋勝算比的時候都會有錯誤，最常見的錯誤就是誤把勝算比當成相對風險來解釋，以之前舉的抽菸跟肺癌的病例－對照研究爲例，50 位肺癌組中有 70% 曾經抽菸而 150 位健康組中 (即對照組) 僅有 40% 曾經抽過菸，此時勝算比即爲 70%/40% = 1.75。這個 1.75 的意義其實不是很容易解釋，它並非表示抽菸組罹患肺癌的風險是未抽菸組的 1.75 倍，而是肺癌組有抽菸的勝算 (注意，不是機率！) 是健康組的 1.75 倍，而這個勝算指的又是「有抽菸的機率除以沒有抽菸的機率」。總而言之我們還是可以說肺癌跟抽菸具有相關性，也可以說抽菸的人比較容易會有肺癌罹患風險，但是不要提到多出多少倍的風險或機率就是了。

一般而言在醫學期刊勝算比出現的機會比相對風險多，一部分原因當然是大家較少採用耗時又耗力的前瞻性研究 (只能用相對風險)，另外一個原因是勝算比可用在前瞻性研究也可用在回溯性研究，而且它的統計性質 (property) 比較良好，因此統計學家喜歡用勝算比來發展統計方法。

2-1　存活資料 (survival data) 描述性統計：Kaplan-Meier 估計

在進行 Cox 比例風險迴歸前，一定要先用 Kaplan-Meier 估計來檢驗「治療暴露」(case-control 組) 之比例危險假定 (assumption) 是否成立 (即 case-control 這二組的存活曲線不交叉)；若不成立，則應使用其他技術，例如在延伸 Cox 模型中使用治療暴露不同時間之 測量值。

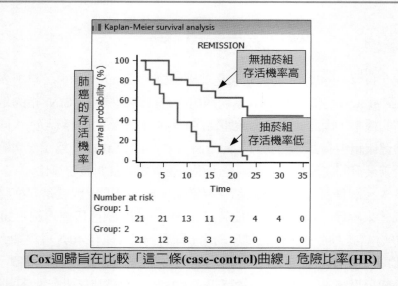

圖 2-3　Kaplan-Meier curve 之示意圖 [log rank test 虛無假設 $H_0：S_{group1}(t) = S_{group2}(t)$]

一、Kaplan-Meier 法

Kaplan-Meier 法是常用來估計存活曲線的方法，其乃是用每一事件發生時間點及設限點來設定區間，較適用於一般臨床相關研究。下表的計算方式與生命表法差不多，不同的點在於生命表法乃以固定的間格來進行計算，而 Kaplan-Meier 法是以事件或是設限點的發生來進行估計。接下來，利用「Kaplan-Meier 法」，製作生命表、並製作存活曲線。

二、log rank(對數等級) 等三種檢定

比較二組以上 (某危險因子) 存活機率的差異，**Kaplan-Meier** 法統計包括：對數等級、Breslow 檢定、以及 Tarone-Ware 檢定。三種方法任選其中一個替代方案來指定要進行的比較：合併分層變數 (pooled over strata)、對每一分層 (for each strata)、依分層變數配對 (pairwise over strata)、或是依每個層配對 (pairwise for each strata)。

1. log rank(對數等級)。比較存活分配相等性的檢定。所有時間點在此檢定中都會平均加權。
2. Breslow。比較存活分配相等性的檢定。以每個時間點有風險的觀察值數目來加權時間點。
3. Tarone-Ware。比較存活分配相等性的檢定。時間點是使用每一個時間點中具有風險之觀察值數目的平方根來加權。

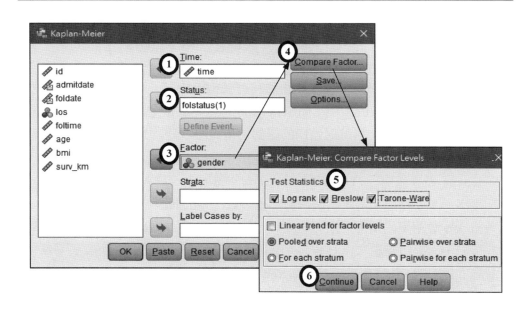

圖 2-4 Kaplan-Meier 估計有三種方法來比較二組 (以上) 的存活曲線

1. 合併分層變數。在單一檢定中比較所有因素層次，以檢定存活曲線的相等性。
2. 依分層變數配對。比較因素層次的每個特定配對。無法使用成對趨勢檢定。

3. 對每一分層。針對每個階層執行所有因素層級相等的個別檢定。如果您沒有分層變數，則不會執行這些檢定。

4. 依每個層配對。比較每個階層因素層次的每個特定配對。成對趨勢檢定在此不適用。如果您沒有階層變數，則無法執行檢定。

三、對數等級檢定 (log-rank test)：也是 Cox 迴歸假定 (assumption) 的檢定法

Kaplan-Meier 法所繪製的存活曲線能夠讓我們了解不同組別之間存活曲線的分布，若我們要進一步了解不同組別之間的存活曲線是否相同時，可以利用對數等級檢定。對數等級檢定是一種無母數的檢定方法，用來檢定兩條 (或多條) 存活曲線是否相同，而統計假定 (assumption) 如下：

虛無假定 H_0：兩條 (或多條) 存活曲線相同

對立假定 H_1：兩條 (或多條) 存活曲線不相同

四、魏克生符號等級檢定 (Wilcoxon test for paired or matched samples)：Cox 迴歸假定 (assumption) 的檢定法

1. SPSS K-M 估計的 Breslow 檢定就是廣義 Wilcoxon 檢定。

2. Wilcoxon 符號等級檢定，主要的用法和符號檢定相同，兩者不同的地方是符號檢定並未考慮差值的大小，而 Wilcoxon 符號等級檢定則可以反映這些差值的正負方向與大小，將每對差值的絕對值依大小次序加以排列，即可進行檢定。

3. Wilcoxon 等級和檢定 (The Wilcoxon rank sum test)，最先由 Wlcoxon 於 1945 年提出。主要是用來檢定兩個母體位置參數相等的假設，但由於 Wilcoxon 只考慮樣本數相等的情形，所以在 1947 年，Mann 和 Whitney 考慮樣本數不同的情形，而提出曼惠二氏 U 檢定。

4. 曼惠二氏 U 檢定法 (Breslow/Wilcoxon test)，主要是檢定兩個獨立樣本是否來自相同的母體的無母數統計方法。

Wilcoxon 的方法比較容易看出檢定量的基本原理，而 Mann-Whitney 的方法在使用上比較容易，不過兩種方法最後的檢定結果都會是一樣的。

(一) 魏克生符號等級檢定

檢定單一群體中位數或檢定成對群體的中位數是否有差異的方法。

魏克生符號等級檢定：檢定單一群體中位數 η_o

假設一組樣本數爲 n 的隨機樣本 $(X_1, X_2, \cdots, X_n)$，我們欲檢定以下假說：

$H_0 : \eta = \eta_o$ 或 $H_0 : \eta_D = \eta_1 - \eta_2 = 0 (\eta_D$ 表成對樣本之眞實差異 $)$

$H_1 : \eta \neq \eta_o$ $\quad H_1 : \eta_D = \eta_1 - \eta_2 \neq 0$

(二) 大樣本 (n ≥ 20) 之魏克生符號等級檢定程序

1. $H_0 : \eta = \eta_o$ $\quad$ vs. $\quad H_1 : \eta \neq \eta_o$

$\quad H_0 : \eta_D = \eta_1 - \eta_2 = 0$ $\quad$ vs. $\quad H_1 : \eta_D = \eta_1 - \eta_2 \neq 0$

2. 統計檢定：$Z = \dfrac{T - \mu_T}{\sigma_T}$，其中 $\mu_T = \dfrac{n(n+1)}{4}$，$\sigma_T = \sqrt{n(n+1)(2n+1)/24}$

3. 拒絕區：查 Z 表

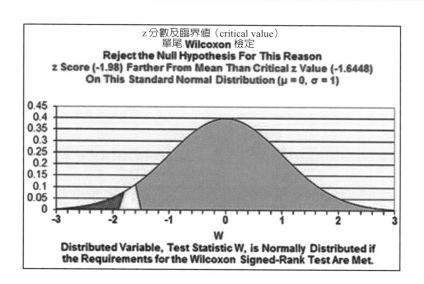

圖 2-5 單尾 Wilxoxon 檢定之 Z 分布

(三) 兩獨立樣本之無母數檢定：魏克生等級和檢定 (Wilcoxon rank sum test)

魏克生等級和檢定檢定程序

1. $H_0 : \eta_1 - \eta_2 = 0$ $\quad$ vs. $\quad H_1 : \eta_1 - \eta_2 \neq 0$

2. 檢定統計量 $T =$ 第一組樣本的等級和 (T 與 M-W 檢定中之 R_1 相同)

3. 當 n_1 和 n_2 皆 ≥ 10，T 近似於常態分配，其 $\mu_T = n_1(n_1 + n_2 + 1)/2$，$\sigma^2_T = n_1 n_2 (n_1$

$+ n_2 + 1)/12$，T 可標準化成 $Z = (T - \mu_T)/\sigma_T$

4. 拒絕區：查 Z 表

五、「Kaplan-Meier (product-limit)」：KM 指令語法如下表所示

```
KM varname [BY factor varname]
/STATUS = varname [EVENT](vallist) [LOST(vallist)]
[/STRATA = varname]
[/PLOT = [SURVIVAL][LOGSURV][HAZARD][OMS]]
[/ID = varname]
[/PRINT = [TABLE**][MEAN**][NONE]]
[/PERCENTILES = [(]{25, 50, 75 }[)]]
{value list }
[/TEST = [LOGRANK**][BRESLOW][TARONE]]
[/COMPARE = [{OVERALL**}][{POOLED**}]]
{PAIRWISE } {STRATA }
[/TREND = [(METRIC)]]
[/SAVE = tempvar[(newvar)],...]
```

2-1-1 Kaplan-Meier 估計：無「case-control」組

　　Kaplan-Meier 估計，也被稱為產品極限估計 (product limit estimator)，是一種非參數 (non-parametric) 統計量用來估計存活函數從壽命數據。在醫學研究中，它經常用於測量治療後一定時間內存活的患者比例。在其他領域，可以使用 Kaplan-Meier 估計量來衡量失業後人們失業的時間長短、機器零件的「time-to-failure」，或者猴子經一段時間消化後的植物果肉還有多少殘留在胃中。該估計以後被命名 Edward L. Kaplan and Paul Meier，公式如下：

$$\hat{S}(t) = \prod_{i:\, t_i \leq t} \left(1 - \frac{d_i}{n_i}\right)$$

　　至少一人因事件發生在 t_i 時間點。d_i 是 t_i 時間點發生 event(死亡、破產) 的個數，是在時間點個體仍存活 (未發生事件) 個數。

一、問題說明

本例旨在了解「時間對發生某 event(死亡、手術後復發、破產…) 機率」之影響？(分析單位：病人)

研究者收集數據並整理成下表，此「**Survival 資料的描述 .sav**」資料檔內容之變數如下：

變數名稱	說明	編碼 Codes/Values
結果變數 (Y 軸存活率)：censor	(發生 event 嗎：即 Failure variable)，1= 是，0= 否	0,1「是設限資料 censored data) 」
存活時間變數 (X 軸)：time	存活多長時間 (日、月、年)	6～62 月
危險因子 / 共變數：有無 case-control(有介入處理嗎)、家族病史嗎、不良習慣嗎…	無	

二、資料檔之內容

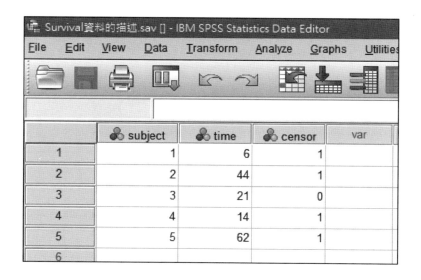

圖 2-6 「Survival 資料的描述 .sav」資料檔內容 (N=5 個病人，3 個變數)

95

三、分析結果與討論

Step 1 用「KM /plots」指令直接繪存活曲線

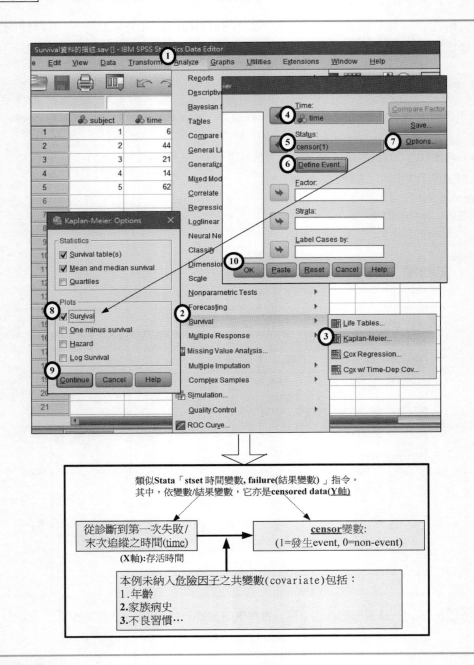

圖 2-7 指令「km time/status=censor(1)/plot survival」畫面

Cox 迴歸使用的前提是滿足比例風險假定 (PH 假定)，即主要研究因素 (包括 covariates 框中放入的其他共變數) 的各層間均應滿足 PH 假定。如果不滿足，則應當將變數放入 Strata 框中進行分層變數控制。

對應的指令語法：

```
title "Survival 資料的描述 .sps".
subtitle " 方法一 無 case-control：KM 繪存活機率圖，censor=1 是設限資料 (Y 軸 )".
data list free
/subject time censor.
begin data
 1   6   1
 2  44   1
 3  21   0
 4  14   1
 5  62   1
end data.

SAVE OUTFILE='D:\CD 資料檔 \Survival 資料的描述 .sav'
  /COMPRESSED.


KM time
  /STATUS=censor(1)
  /PRINT TABLE MEAN
  /PLOT SURVIVAL.
```

【A. 分析結果說明】

Case Processing Summary			
Total N	N of Events	N	Precent
5	4	1	20.0%

1. Case Processing Summary 表格給出了分析數據的基本情況，其中包括事件發生人數 (Event)、設限人數 (Censored) 和總數 (Total) 等。

	Time	Status	Cumulative Proportion Surviving at the Time		N of Cumulative Events	N of Remaining Cases
			Estimate	Std. Error		
1	6.000	1	.800	.179	1	4
2	14.000	1	.600	.219	2	3
3	21.000	0	.	.	2	2
4	44.000	1	.300	.239	3	1
5	62.000	1	.000	.000	4	0

Survival Table

Means and Medians for Survival Time

Mean[a]				Median			
		95% Confidence Interval				95% Confidence Interval	
Estimate	Std. Error	Lower Bound	Upper Bound	Estimate	Std. Error	Lower Bound	Upper Bound
35.800	11.810	12.652	58.948	44.000	23.875	.000	90.794

a. Estimation is limited to the largest survival time if it is censored.

1. 全體樣本 (不分 case-control 組)，存活時間的中位數 = 44 個時間單位。

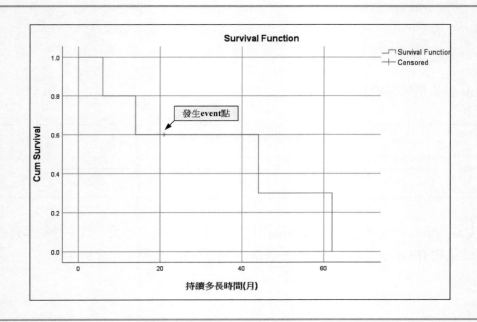

圖 2-8　全體樣本 (不分 case-control 組) 之存活函數：KM 機率圖

1. 發生 event(肝病死亡)，病人要存活時間越長，其機率越低 (斜率為負的)。

2-1-2 Kaplan-Meier 存活曲線及 95% 信賴區間

區間估計：信賴區間 (confidence interval, CI)

在統計學中，一個機率樣本的信賴區間 (confidence interval)，是對這個樣本的某個總體參數的區間估計。信賴區間展現的是，這個總體參數的真實值有一定機率落在與該測量結果有關的某對應區間。信賴區間給出的是，聲稱總體參數的真實值在測量值的區間所具有的可信程度，即前面所要求的「一定機率」。這個機率被稱為信心水準。舉例來說，如果在一次大選中某人的支持率為 55%，而信心水準 0.95 上的信賴區間是 (50%, 60%)，那麼他的真實支持率落在 50% 和 60% 之區間的機率為 95%，因此他的真實支持率不足 50% 的可能性小於 2.5%(假設分布是對稱的)。

如例子中一樣，信心水準一般用百分比表示，因此信心水準 0.95 上的信賴區間也可以表達為：95% 信賴區間。信賴區間的兩端被稱為置信極限。對一個給定情形的估計來說，信心水準越高，所對應的信賴區間就會越大。

對信賴區間的計算通常要求對估計過程的假設 (因此屬於參數統計)，比如說假設估計的誤差是成常態分布的。

信賴區間只在頻率統計中使用。在貝葉斯統計中的對應概念是可信區間。但是可信區間和信賴區間是建立在不同的概念基礎上的，因此意思的解釋亦不會一樣。信賴空間表示通過計算估計值所在的區間。信心水準表示準確值落在這個區間的機率。信賴區間表示具體值範圍，信心水準是個機率值。例如：估計某件事件完成會在 10～12 日之間，但這個估計準確性大約只有 80%：表示信賴區間 [10,12]，信心水準 80%。要想提高信心水準，就要放寬信賴區間。

定義：CI

對於一組給定的樣本數據，其平均值為 μ，標準偏差為 σ，則其整體數據的平均值的 $100(1 - \alpha)\%$ 信賴區間為 $(\mu - Z_{\alpha/2}\sigma, \mu + Z_{\alpha/2}\sigma)$，其中 α 為非信心水準在常態分布內的覆蓋面積，$Z_{\alpha/2}$ 即為對應的標準分數。

隨機區間

　　對於一組給定的數據，定義 Ω 為觀測對象，W 為所有可能的觀測結果，X 為實際上的觀測值，那麼 X 實際上是一個定義在 Ω 上，值域在 W 上的隨機變量。這時，信賴區間的定義是一對函數 $u(.)$ 以及 $v(.)$，也就是說，對於某個觀測值 $X = x$，其信賴區間為 $(u(x), v(x))$。實際上，若真實值為 w，那麼信心水準就是機率 c：

$$c = Pr(u(X) < w < v(X))$$

其中 $U = u(X)$ 和 $V = v(X)$ 都是統計量 (即可觀測的隨機測量)，而信賴區間因此也是一個隨機區間：(U, V)。

小結

　　1.CI 是由樣本資料定義一段數值區間，宣稱有多少信心以估計母體的參數包含於此區間內。

　　2.該數值區間上、下限稱為信賴界限 (confidence limit)。

　　3.用以估計的信心程度稱為信賴 (心) 水準 (confidence level)。

　　4.一般常以 95% 或 99% 為信賴水準指標：相對應的 Z 分數 (相差幾個標準差) 分別為 1.96 與 2.58。

　　可表示為：

　　有 95% 信心估計母群體平均數，在樣本平均數 $\pm(1.96 \times \frac{標準差}{\sqrt{樣本數 \ n}})$ 的範圍內。

　　例如

■桃子罐頭之平均數 4.01，母體標準差 0.02

■假設桃子罐頭重量服從 normal distribution

■隨機抽出 16 個，樣本平均重量 4.015，則 95% 信賴區間為何？

$$\overline{X} \pm 1.96\sigma_{\overline{x}} = 4.015 \pm 1.96 \times \frac{0.02}{\sqrt{16}} = 1.015 \pm 0.0098$$

$$1 - \alpha = 0.95, \alpha = 0.05, z_{\frac{\alpha}{2}} = z_{\frac{0.05}{2}} = z_{0.025} = 1.96$$

95% 信賴區間為介於 4.0052 盎斯與 4.0248 盎斯之間的區間。

Kaplen-Meier 存活曲線及 95% 信賴區間

常態群體平均數之 95% 信賴區間是：

樣本平均數 ± (1.96)(樣本平均數之標準差)

樣本平均數 ± (t*)(樣本平均數之標準誤)

其中

樣本平均數之標準差 = 群體標準差 $/ \sqrt{n}$

樣本平均數之標準誤 = 樣本標準差 $/ \sqrt{n}$

t* = 雙尾 0.05 之 t 臨界值。

範例：Kaplen-Meier 存活曲線及 95% 信賴區間 (km 指令)

一、問題說明

本例旨在了解「event(肝病死亡) 之危險因子」有那些？(分析單位：肝病人)

研究者收集數據並整理成下表，此「whas100.sav」資料檔內容之變數如下：

變數名稱	說明	編碼 Codes/Values
結果變數 (Y 軸存活率)：folstatus	(發生 event 嗎：即 Failure variable)，1= 是，0= 否	0,1「是設限資料 censored data) 」
存活時間變數 (X 軸)：time	存活多長時間 (年)	
危險因子 / 共變數：有無 case-control(有介入處理嗎)、家族病史嗎、不良習慣嗎…	本例無納入 age、gender、bmi、抽菸	

二、存活分析

Step 1 | Kaplen-Meier 存活曲線及 95% 信賴區間

```
title "Kaplen-Meier 存活曲線 .sps".
subtitle " Step1 :Kaplen-Meier 存活曲線及 95% 信賴區間 ".
get file='whas100.sav'.
* 時間單位，由日轉年 .
compute time = foltime/365.25.
exe.
```

```
km time   /status=folstatus(1)
/print = none
/save survival(surv_km) se(surv_se).
* 存活機率存至 surv_km 新變數。標準誤存至 surv_se 新變數

compute var2_6 = surv_se**2/(surv_km**2*(ln(surv_km))**2).
compute cl   =ln(-ln(surv_km)) - 1.96*sqrt(var2_6).
compute cu   =ln(-ln(surv_km)) + 1.96*sqrt(var2_6).
compute l = exp(-exp(cu)).
compute u = exp(-exp(cl)).
exe.
* 繪三個配對的散布圖 ( 重疊式 ).
graph /scatterplot(overlay)=time time time with surv_km l u (pair).
```

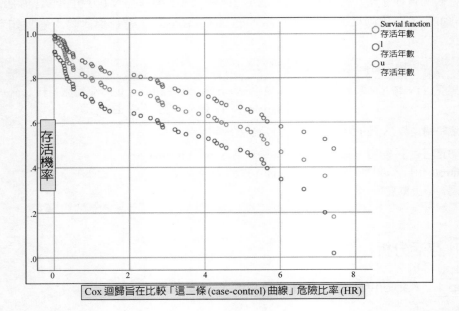

圖 2-9　繪出「Kaplen-Meier 存活曲線及 95% 信賴區間」

Step 2 | Kaplen-Meier 存活曲線 log-log、log、轉換及 95% 信賴區間

```
title "Kaplen-Meier 存活曲線 .sps".
subtitle " Step2 : Kaplen-Meier 存活曲線 log-log、log、轉換及 95% 信賴區間 ".
get file='whas100.sav'.
* 時間單位，由日轉年 .
compute time = foltime/365.25.
exe.
km time  /status=folstatus(1)
/print = none
/save survival(surv_km) se(surv_se).
* 存活機率存至 surv_km 新變數。標準誤存至 surv_se 新變數
* log-log transformation.
compute ll_s = surv_se/(surv_km*ln(surv_km)).
compute ll_1  = exp(- exp(ln(-ln(surv_km)) - 1.96*ll_s)).
compute ll_u = exp(- exp(ln(-ln(surv_km)) + 1.96*ll_s)).
exe.


* log transformation.
compute log_s = surv_se/surv_km.
compute log_1  = surv_km*exp( - 1.96*log_s).
compute log_u  = surv_km*exp(  1.96*log_s).
exe.


* logit transformation. f'=1/(S(t)*(1-S(t)).
compute logit_s = surv_se/(surv_km*(1-surv_km)).
compute logit_surv = ln(surv_km/(1-surv_km)).
compute logit_1  = exp(logit_surv - 1.96*logit_s)/(1+exp(logit_surv -
1.96*logit_s)).
compute logit_u = exp(logit_surv + 1.96*logit_s)/(1+exp(logit_surv +
1.96*logit_s)).
exe.


* arcsine transformation(.
compute arcs_s = surv_se/sqrt(1-surv_km**2).
compute arcs_surv = arsin(surv_km).

compute arcs_1   = sine(arcs_surv - 1.96*arcs_s).
```

```
compute arcs_u  = sine(arcs_surv + 1.96*arcs_s).
exe.

graph /scatterplot(overlay)=time time time time time time time time time
with surv_km ll_l ll_u log_l log_u logit_l logit_u arcs_l arcs_u  (pair).
```

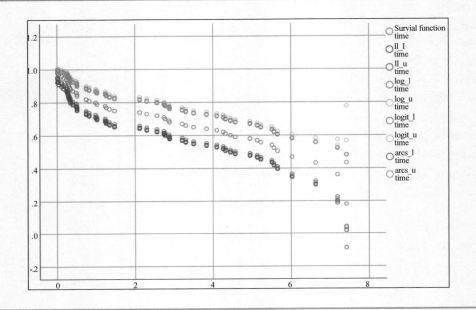

圖 2-10 　繪出「Kaplen-Meier 存活曲線 log-log、log、arsin(x) 轉換及 95% 信賴區間」

Step 3 　存活曲線的 Hall and Wellner 信賴區間

1. 信賴帶 (confidence bands) 建構有兩種方法：Hall and Wellner (1980)(HW)；
   Nair(1984) 的 "equal precision" (EP)。
2. 建構信賴帶 (confidence bands)，所使用信賴係數都取自特殊分布。

```
get file='C:\CD\whas100.sav'.
subtitle "Step3: 存活曲線的 Hall and Wellner 信賴區間 ".
get file='whas100.sav'.
* 時間單位，由日轉年 .
compute time = foltime/365.25.
exe.
```

```
km time   /status=folstatus(1)
/print = none
/save survival(surv_km) se(surv_se).
* 存活機率存至 surv_km 新變數。標準誤存至 surv_se 新變數
* compute the variance of the log of the Kaplan-Meier estimateor.
compute sigma2 = surv_se**2/surv_km**2.
exe.
* what is H_a_alpha?.
* compute "a" first. Notice that the largest noncensored vlaue of time is
2710, or 7.42 years.
* n = 100 cases.
* notice the value for sigma2 when time = 7.42 is .557.
* a = 100*.557/(1+100*.557).
* looking up the table from Appendix 3: we get H = 1.358.
compute bl  = ln(-ln(surv_km)) - 1.358*(1+100*sigma2)/(sqrt(100)*ln(surv_
km)).
compute bu  = ln(-ln(surv_km)) + 1.358*(1+100*sigma2)/(sqrt(100)*ln(surv_
km)).
exe.
compute ebl  = exp(-exp(bu)).
compute ebu = exp(-exp(bl)).
compute var2_6 = surv_se**2/(surv_km**2*(ln(surv_km))**2).
compute cl  =ln(-ln(surv_km)) - 1.96*sqrt(var2_6).
compute cu  =ln(-ln(surv_km)) + 1.96*sqrt(var2_6).
compute l = exp(-exp(cu)).
compute u = exp(-exp(cl)).
exe.
sort cases by time (A) .
graph /scatterplot(overlay)=time time time  time time with surv_km ebl ebu l
u (pair).
```

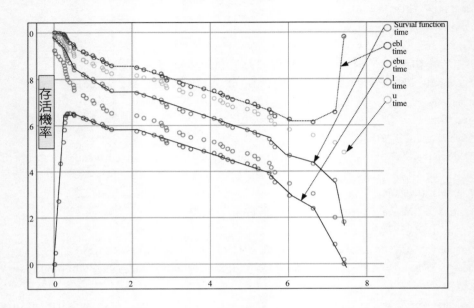

圖 2-11 繪出「存活曲線的 Hall and Wellner 信賴區間」

2-2 存活資料：Kaplan-Meier 存活函數的百分位 (quantile)

2-2-1 Kaplan-Meier 估計：存活時間的百分位數：不分 「case-control」組

範例 1：存活時間的百分位數 (quantile)：Q1、Q2、Q3(km 指令)

```
title "Kaplan-Meier 存活函數的百分位 .sps".

data list free
/subject time censor.
```

```
begin data
1  6 1
2 44 1
3 21 0
4 14 1
5 62 1
end data.

km time
/status =censor(1)
/percentile = (25 50 75)
/plot = survival.
```

【A. 分析結果說明】

Percentiles					
25.0%		50.0%		75.0%	
Estimate	Std. Error	Estimate	Std. Error	Estimate	Std. Error
62.000	.	44.000	23.875	14.000	8.764

1. 存活時間：25 百分位數 = 62(時間單位)。50 百分位數 (中位數) = 44。75 百分位數 = 14(時間單位)。
2. 存活時間 (函數) 之 25、中位數、75 百分位數，如下圖。

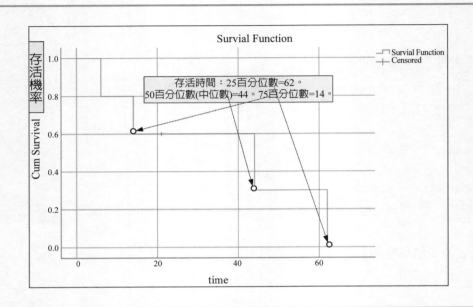

圖 2-12 存活時間 (函數) 之 25、中位數、75 百分位數

範例2：Kaplan-Meier 估計百分位數：Q1、Q2、Q3 的信賴區間 (km 指令)

以 100 名肝病為例，資料檔「**whas100.sav**」記錄其發生事件 (event, 死亡) 的時間。

例如：計算 25% 百分位數的 95% 信賴下限的計算應該是 (7.420-1.96 * .176) = 7.07504。當我們嘗試計算 95% 信賴上限時，我們得到的數字大於數據中事件變量時間的最大值：7.420 + 1.96 * .176 = 7.76496> 7.44 = max(時間)。在這種情況下，它將被視為遺漏值 (missing)。

```
title " 先 KM 再求百分位數 .sps".
subtitle "Step1：用 graph 指令繪存活機率圖，(Y 軸用新變數 surv)".
get file='C:\CD\whas100.sav'.

* 時間單位：由日轉成年 .
compute time = foltime/365.25.
   exe.
```

```
KM time
  /STATUS=folstatus(1)
  /PRINT MEAN
  /PERCENTILES.
```

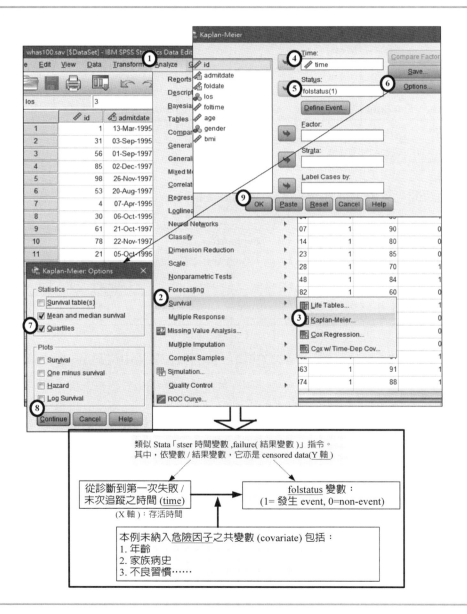

圖 2-13 求百分位數「KM time/STATUS=folstatus(1)/PRINT MEAN/PERCENTILES.」
畫面

Cox 迴歸使用的前提是滿足比例風險假定 (PH 假定)，即主要研究因素 (包括 Covariates 框中放入的其他共變數) 的各層間均應滿足 PH 假定。如果不滿足，則應當將變數放入 Strata 框中進行分層變數控制。

【A. 分析結果說明】

Means and Medians for Survival Time								
Mean[a]		95% Confidence Interval				Median	95% Confidence Interval	
Estimate	Std. Error	Lower Bound	Upper Bound	Estimate	Std. Error	Lower Bound	Upper Bound
4.792	.290	4.223	5.361	6.026	.689	4.675	7.377

Estimation is limited to the largest survival time if it is censored.

1. 存活時間：算術平均數 = 4.792；中位數 = 6.026。

Percentiles					
25.0%		50.0%		75.0%	
Estimate	Std. Error	Estimate	Std. Error	Estimate	Std. Error
7.420	.176	6.026	.689	1.473	.768

1. 存活時間：25 百分位數 = 7.420 (年)。50 百分位數 (中位數) = 6.026 (年)。75 百分位數 =1.473 (年)。

2-2-2 Kaplan-Meier 估計存活機率：分「男－女」組

一、問題說明

本例旨在了解「event(肝病死亡) 之危險因子」有那些？(分析單位：肝病人) 研究者收集數據並整理成下表，此「whas100.sav」資料檔內容之變數如下：

變數名稱	說明	編碼 Codes/Values
結果變數 (Y 軸存活率)： folstatus	(發生 event 嗎：即 Failure variable)，1= 是，0= 否	0,1「是設限資料 censored data)」
存活時間變數 (X 軸)：time	存活多長時間 (年)	
危險因子 / 共變數：有無 case- control(有介入處理嗎)、家族病 史嗎、不良習慣嗎…	本例無納入 age、gender、bmi、 抽菸	

二、存活分析：繪「男－女」組存活機率

```
title "Kaplan-Meier 估計存活機率：分「男 - 女」組 .sps".
get file='C:\CD\whas100.sav'.
compute time = foltime/365.25.

km time
/strata gender
/status=folstatus(1)
/save survival(surv_km).

graph
/scatterplot(bivar)=time with surv_km by gender.
```

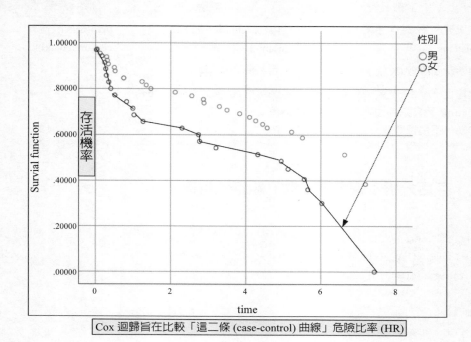

圖 2-14　繪「男－女」組之存活機率

2-3 Cox 迴歸假定的檢定：log-rank 檢定、Wilcoxon 檢定、Tarone-Ware 檢定

之前已經介紹存活分析 (survival analysis) 的使用時機、如何繪製存活曲線圖 (Kaplan-Meier curve)，以及如何比較「組別」之間的存活曲線是否有顯著差異 (log-rank test)，但當「自變數是連續變數」或「當自變數超過 2 個以上」的時候怎麼辦？在存活分析眾多方法之中，有一個最廣為應用的迴歸模型：即為 Cox proportional hazard model。

要認識 Cox proportional hazard model，就必須把它的統計式 (也可說為迴歸方程式) 列出來。下圖統計式所謂的「HR」就是「hazard ratio」，表示在某個時間點之下會發生 event 的風險比，因此 HR(x) 就是表示在給定 X 值的情況之下會發生 event 的風險比；所謂的 X 值指的就是自變數 (independent variable/

covariate) 的數值，例如年齡 50 歲就是一個 X。不過我們可以從最右側的公式發現，其實它跟 linear regression 的迴歸方程式很相近，只是左邊所要求的數值有差別。

HR 的數學式，如下：

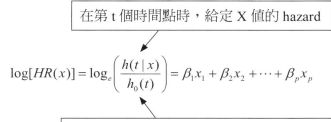

log[HR(x)] = $\log_e\left(\dfrac{h(t\,|\,x)}{h_0(t)}\right) = \beta_1 x_1 + \beta_2 x_2 + \cdots + \beta_p x_p$

在第 t 個時間點時，給定 X 值的 hazard

在第 t 個時間點時，當所有預測因子 (predictors) 為 0 時之 baseline hazard (對照之無意義研究)

其中

$h_0(t)$：在第 t 個時間點時，當所有預測變數 (predictors) 為 0 時之基線危險 (baseline hazard, 無研究意義)。

$h(t|x)$：在第 t 個時間點時，給定 x 值時的危險 (hazard)。

$\log_e\left(\dfrac{h(t\,|\,x)}{h_0(t)}\right)$：「在某個時間點之下，當所有預測變數 (predictors) 為 0 時的危險比」。

$\text{Exp}(\beta_1)$：連續自變數 X_1 每增加一單位時，所增加的危險比 (hazard ratio)，它是發生危險的「比率」，而非機率。

$\text{Exp}(\beta_2)$：假設虛擬變數，假設「$X_2 = 1$ 代表男性」，「$X_2 = 0$ 代表女性」，則 $\text{Exp}(\beta_2)$ 代表男性相對於女性的危險比 (HR 值)。

log rank(對數等級) 等三種檢定

比較二組以上 (某危險因子) 存活機率的差異，**Kaplan-Meier** 統計法包括：對數等級、Breslow 檢定、以及 Tarone-Ware 檢定。三種方法任選其中一個替代方案來指定要進行的比較：合併分層變數 (pooled over strata)、對每一分層 (for each strata)、依分層變數配對 (pairwise over strata)、或是依每個層配對 (pairwise for each strata)。

1. log rank(對數等級) 檢定：比較存活分配相等性的檢定。所有時間點在此檢定中都會平均加權。

2. Breslow(廣義 Wilcoxon 檢定)：比較存活分配相等性的檢定。以每個時間點有風險的觀察值數目來加權時間點。

3. Tarone-Ware 檢定：比較存活分配相等性的檢定。時間點是使用每一個時間點中具有風險之觀察值數目的平方根來加權。

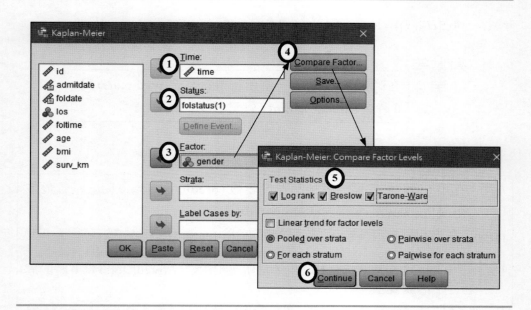

圖 2-15　Kaplan-Meier 估計有三種方法來比較二組 (以上) 的存活曲線

1. 合併分層變數：在單一檢定中比較所有因素層次，以檢定存活曲線的相等性。

2. 依分層變數配對：比較因素層次的每個特定配對。無法使用成對趨勢檢定。

3. 對每一分層：針對每個階層執行所有因子層級相等的個別檢定。如果您沒有分層變數，則不會執行這些檢定。

4. 依每個層配對：比較每個階層因素層次的每個特定配對。成對趨勢檢定在此不適用。如果您沒有階層變數，則無法執行檢定。

> 定義：**對數等級檢定 (log-rank test)：Cox 迴歸假定 (assumption) 的檢定法**
> Kaplan-Meier 法所繪製的存活曲線能夠讓我們了解不同組別之間存活曲線的分布，若我們要進一步了解不同組別之間的存活曲線是否相同時，可以利用對數等級檢定。對數等級檢定是一種無母數的檢定方法，用來檢定兩條 (或多條) 存活曲線是否相同，而統計假設如下：
> H_0：兩條 (或多條) 存活曲線相同
> H_1：兩條 (或多條) 存活曲線不相同

2-3-1 對數等級 (log-rank) 檢定、Breslow/Wilcoxon 檢定：「男－女」存活 (曲線) 有差嗎？

之前文章介紹存活分析 (survival analysis) 的意義以及如何繪製存活曲線圖 (Kaplan-Meier curve)，但實務上只畫出一組的 Kaplan-Meier curve 似乎不夠，因為我們通常都想比較不同組別的存活狀況是否具有差異，例如實驗組 (case group) 與控制組 (control group) 是否有差異，我們意圖想證明實驗組相較於控制組有「較長的存活時間&較低的死亡機率」。

以下圖為例，這是一個肺癌的 data。X 軸是年。「case 組」指的是指有抽菸病人，「control 組」指的是無抽菸病人，一共收集了 290 名的病患，在病人各自進行了治療後開始計算病人的存活時間，由圖可知綠色是「抽菸組」的 Kaplan-Meier curve 而藍色是「無抽菸組」的 Kaplan-Meier curve。「看起來」好像是「抽菸組」的存活曲線比「無抽菸組」較低，亦即累計的生存機率就比較低，這是否就是代表「抽菸組」比「無抽菸組」危險？答案：當然不是，大家一定要記住，Kaplan-Meier curve 算是一種「描述性統計」(descriptive statistics)，也就是說它本身並沒有「推論」的性質，那我們怎麼能比較「兩組的存活時間 & 死亡風險是否具有顯著差異」呢？答案就是：log rank test。

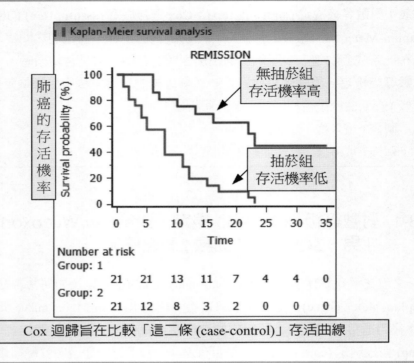

圖 2-16 Kaplan-Meier curve 之示意圖 [log rank test 虛無假設：(t)= (t)]

範例：「男－女」二組存活（曲線）機率是否有差異 (/test **logrank breslow tarone** 副指令)

這裡 gender 屬性變數，亦可延伸成「case-control」二分變數，即可比較：「有介入」的 case 組的存活率 (效果)，是否比「無介入 (吃安慰劑)」control 組的存活率高？

一、問題說明

本例旨在了解性別 (gender) 是否也是「event(肝病死亡)」之危險因子？(分析單位：肝病人)

研究者收集數據並整理成下表，此「whas100.sav」資料檔內容之變數如下：

變數名稱	說明	編碼 Codes/Values
結果變數 (Y 軸存活率)：folstatus	(發生 event 嗎：即 Failure variable)，1= 是，0= 否	0,1「是設限資料 censored data)」
存活時間變數 (X 軸)：time	存活多長時間 (年)	
危險因子 / 共變數：gender	男性嗎？	1= 男；0= 女
危險因子 / 共變數：有無 case-control(有介入處理嗎)、家族病史嗎、不良習慣嗎……	本例無納入 age、喝酒、bmi、抽菸	

二、資料檔之內容

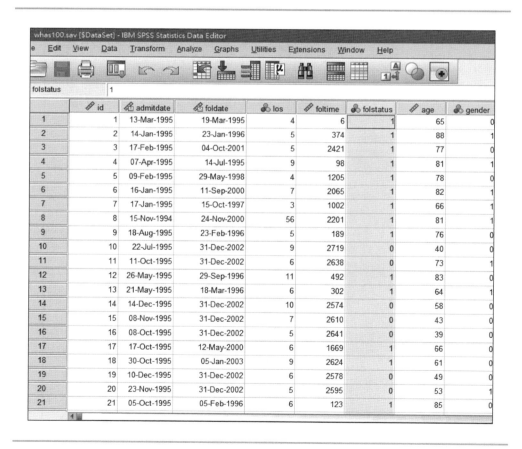

圖 2-17 「whas100.sav」資料檔內容 (N=100 個肝病人，9 個變數)

三、分析結果與討論

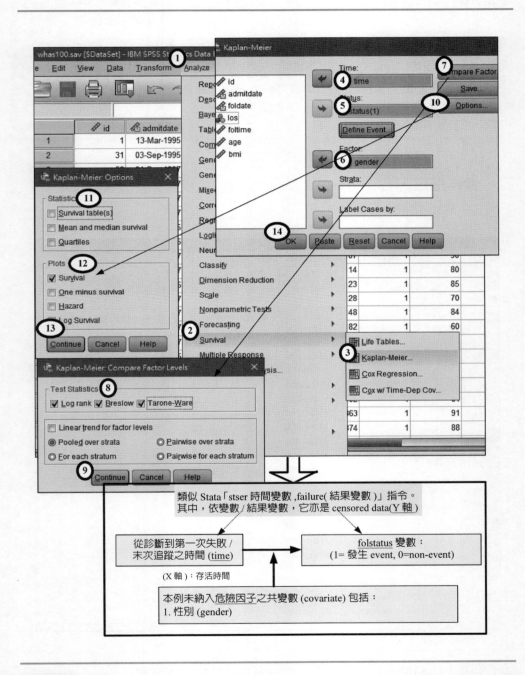

圖 2-18 「km time by gender/status=folstatus(1)/test logrank breslow tarone」畫面

對應的指令語法

```
title "繪「男 - 女」二組存活機率曲線 .sps".
subtitle "Step1:用「km/ /PLOT SURVIVAL」繪存活機率圖,(Y軸用新變數 surv)".
get file='C:\CD\whas100.sav'.

*時間單位:由日轉成年.
compute time = foltime/365.25.
  exe.

KM time BY gender
  /STATUS=folstatus(1)
  /PRINT NONE
  /PLOT SURVIVAL
  / TEST logrank breslow tarone
  /COMPARE OVERALL POOLED.
```

Overall Comparisons			
	Chi-Square	df	Sig.
Log Rank (Mantel-Cox)	3.971	1	.046
Breslow (Generalized Wilcoxon)	3.462	1	.063
Tarone-Ware	3.686	1	.055

Test of equality of survival distributions for the different levels of 性別 .

1. Log Rank 檢定，$\chi^2 = 3.971$，$p < .05$，故拒絕「H_0：兩組存活曲線趨勢都相同」，表示男女肝病者的存活 (曲線) 有顯著差異。再從下圖之存活函數亦可看出，女性肝病者壽命長於男性。

2. Breslow 檢定就是廣義 Wilcoxon 檢定。

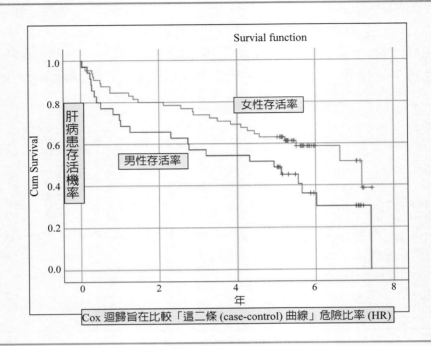

圖 2-19 繪出「男－女」二組存活機率曲線

分析結果，上圖顯示女性肝病患存活機率，高於男性肝病患。

(一) 魏克生符號等級檢定 (Wilcoxon test for paired or matched samples)：Cox 迴歸假定 (assumption) 的檢定法

1. Wilcoxon 符號等級檢定，主要的用法和符號檢定相同，兩者不同的地方是符號檢定並未考慮差值的大小，而 Wilcoxon 符號等級檢定則可以反映這些差值的正負方向與大小，將每對差值的絕對值依大小次序加以排列，即可進行檢定。

2. Wilcoxon 等級和檢定 (The Wilcoxon rank sum test)，最先由 Wilcoxon 於 1945 年提出。主要是用來檢定兩個母體位置參數相等的假設，但由於 Wilcoxon 只考慮樣本數相等的情形，所以在 1947 年，Mann 和 Whitney 考慮樣本數不同的情形，而提出曼惠二氏 U 檢定。

3. 曼惠二氏 U 檢定法 (Mann-Whitney test)，主要是檢定兩個獨立樣本是否來自相同的母體的無母數統計方法。

   Wilcoxon 的方法比較容易看出檢定量的基本原理，而 Mann-Whitney 的方法

在使用上比較容易，不過兩種方法最後的檢定結果都會是一樣的。

(二) 魏克生符號等級檢定

檢定單一群體中位數或檢定成對群體的中位數是否有差異的方法。

魏克生符號等級檢定：檢定單一群體中位數 η_o

假設一組樣本數為 n 的隨機樣本 $(X_1, X_2, \cdots, X_n)$，我們欲檢定以下假說：

$H_0 : \eta = \eta_o$ 或 $H_0 : \eta_D = \eta_1 - \eta_2 = 0 (\eta_D$ 表成對樣本之眞實差異 $)$

$H_1 : \eta \neq \eta_o$ $\quad H_1 : \eta_D = \eta_1 - \eta_2 \neq 0$

(三) 大樣本 (n ≥ 20) 之魏克生符號等級檢定程序

1. $H_0 : \eta = \eta_o$ vs $H_1 : \eta \neq \eta_o$

   $H_0 : \eta_D = \eta_1 - \eta_2 = 0$ vs $H_1 : \eta_D = \eta_1 - \eta_2 \neq 0$

2. 統計檢定：$Z = \dfrac{T - \mu_T}{\sigma_T}$，其中 $\mu_T = \dfrac{n(n+1)}{4}$，$\sigma_T = \sqrt{n(n+1)(2n+1)/24}$

3. 拒絕區：查 Z 表

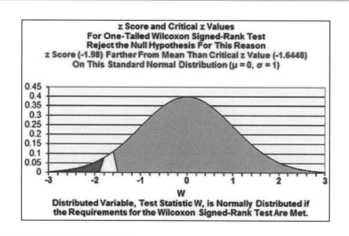

圖 2-20 單尾 Wilcoxon 檢定之 Z 分布

2-3-2 對數等級檢定 (log-rank test)：「年齡層」存活 (曲線)率有差嗎？

範例：四組不同「年齡層」的存活 (曲線) 率有差嗎？(kms 指令)

這裡 gender 屬性變數，亦可延伸成「case-control」二分變數，即可比較：「有介入」的 case 組的存活率 (效果)，是否比「無介入 (吃安慰劑)」control 組的存活率高？

一、問題說明

本例旨在了解性別 (gender) 是否也是「event(肝病死亡)」之危險因子？(分析單位：肝病人)

研究者收集數據並整理成下表，此「whas100.sav」資料檔內容之變數如下：

變數名稱	說明	編碼 Codes/Values
結果變數 (Y 軸存活率)：folstatus	(發生 event 嗎：即 Failure variable)，1= 是，0= 否	0,1「是設限資料 censored data)」
存活時間變數 (X 軸)：time	存活多長時間 (年)	
危險因子 / 共變數：agegroup	年齡層 (四組)	0～3
危險因子 / 共變數：有無 case-control(有介入處理嗎)、家族病史嗎、不良習慣嗎……	本例無納入 gender、喝酒、bmi、抽菸	

122

二、資料檔之內容

whas100.sav [$DataSet] - IBM SPSS Statistics Data Editor

e Edit View Data Transform Analyze Graphs Utilities Extensions Window Help

folstatus 1

	id	admitdate	foldate	los	foltime	folstatus	age	gender
1	1	13-Mar-1995	19-Mar-1995	4	6	1	65	0
2	2	14-Jan-1995	23-Jan-1996	5	374	1	88	1
3	3	17-Feb-1995	04-Oct-2001	5	2421	1	77	0
4	4	07-Apr-1995	14-Jul-1995	9	98	1	81	1
5	5	09-Feb-1995	29-May-1998	4	1205	1	78	0
6	6	16-Jan-1995	11-Sep-2000	7	2065	1	82	1
7	7	17-Jan-1995	15-Oct-1997	3	1002	1	66	1
8	8	15-Nov-1994	24-Nov-2000	56	2201	1	81	1
9	9	18-Aug-1995	23-Feb-1996	5	189	1	76	0
10	10	22-Jul-1995	31-Dec-2002	9	2719	0	40	0
11	11	11-Oct-1995	31-Dec-2002	6	2638	0	73	1
12	12	26-May-1995	29-Sep-1996	11	492	1	83	0
13	13	21-May-1995	18-Mar-1996	6	302	1	64	1
14	14	14-Dec-1995	31-Dec-2002	10	2574	0	58	0
15	15	08-Nov-1995	31-Dec-2002	7	2610	0	43	0
16	16	08-Oct-1995	31-Dec-2002	5	2641	0	39	0
17	17	17-Oct-1995	12-May-2000	6	1669	1	66	0
18	18	30-Oct-1995	05-Jan-2003	9	2624	1	61	0
19	19	10-Dec-1995	31-Dec-2002	6	2578	0	49	0
20	20	23-Nov-1995	31-Dec-2002	5	2595	0	53	1
21	21	05-Oct-1995	05-Feb-1996	6	123	1	85	0

圖 2-21 「whas100.sav」資料檔內容 (N = 100 個肝病人，9 個變數)

三、分析結果與討論

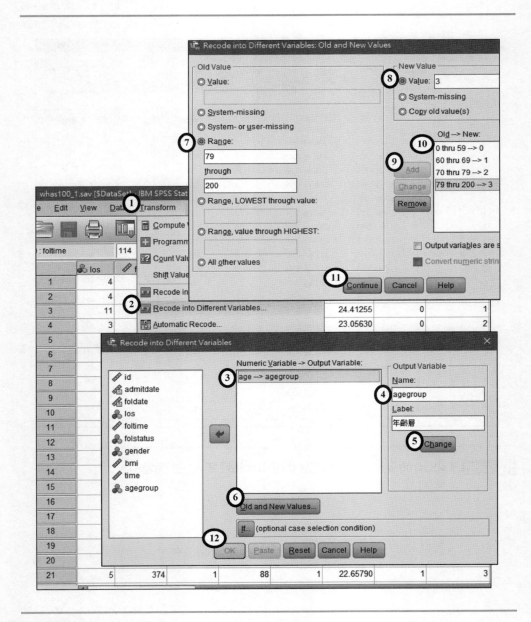

圖 2-22 recode 指令將 age 重編碼為「年齡層 (agegroup)」畫面

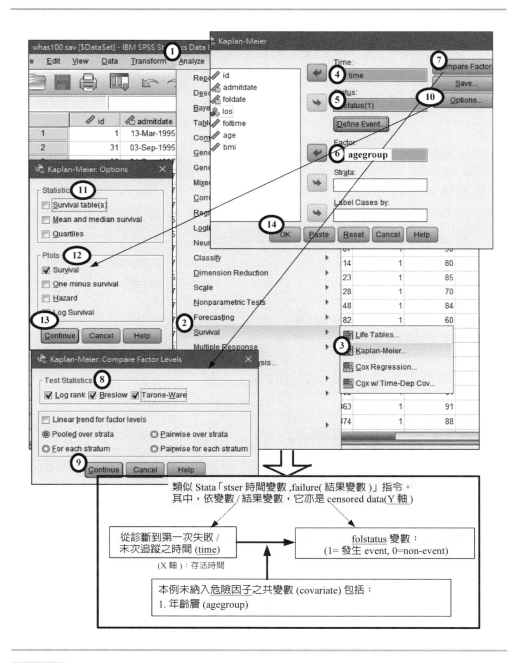

類似 Stata「stser 時間變數,failure(結果變數)」指令。
其中，依變數 / 結果變數，它亦是 censored data(Y 軸)

| 從診斷到第一次失敗 /
末次追蹤之時間 (time) |
| (X 軸)：存活時間 |

folstatus 變數：
(1= 發生 event, 0=non-event)

本例未納入危險因子之共變數 (covariate) 包括：
1. 年齡層 (agegroup)

圖 2-23 「km time by agegroup/status=folstatus(1)/test logrank breslow tarone」

```
title " 不同年齡層存活機率曲線 .sps".
get file='C:\CD\whas100.sav'.

* 時間單位：由日轉成年 .
compute time = foltime／365.25.
  exe.

*age 重編碼為「年齡層」.
recode age
  (0 thru 59=0)(60 thru 69=1)(70 thru 79=2)(80 thru 200=3) into agegroup .
exe.

KM time BY agegroup
 /STATUS=folstatus(1)
  /PRINT NONE
  /PLOT SURVIVAL
  / TEST logrank breslow tarone
  /COMPARE OVERALL POOLED.
```

Overall Comparisons			
	Chi-Square	df	Sig.
Log Rank (Mantel-Cox)	15.572	3	.001
Breslow (Generalized Wilcoxon)	12.298	3	.006
Tarone-Ware	13.520	3	.004

Test of equality of survival distributions for the different levels of agegroup.

1. Log Rank 檢定，$\chi^2 = 15.572$，p < .05，故拒絕「H_0：四組年齡層存活曲線都相同」，表示四組年齡層肝病者的存活 (曲線) 有顯著差異。再從下圖之存活函數亦可看出，年齡層越老，存活機率越低。
2. Breslow 檢定就是廣義的 Wilcoxon 檢定。

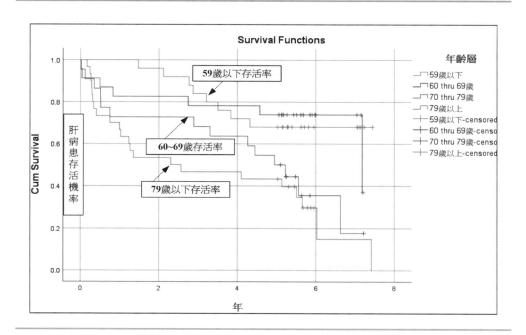

圖 **2-24** 繪出「不同年齡層」四組存活機率曲線

2-3-3 對數等級檢定 (log-rank test)：汽車鍍膜對防鏽有效嗎？

範例：汽車鍍膜 (surfact) 對防鏽有效嗎 (km 指令)

一、問題說明

本例旨在了解某實驗組 (接受介入) 是否有效果，即「發生某 event(死亡、手術後復發、破產、汽車生鏽……) 機率顯著降低」？(分析單位：汽車)

研究者收集數據並整理成下表，此「bpd.sav」資料檔內容之變數如下：

變數名稱	說明	編碼 Codes/Values
結果變數 (Y 軸存活率)：censor	(發生 event 嗎：即 Failure variable)，1= 生鏽，0= 無	0,1「是設限資料 censored data) 」
存活時間變數 (X 軸)：ondays	無生鏽的時間 (日)	
共變數：有無 exposure(有介入處理嗎)	surfact(汽車有鍍膜處理嗎)	0=control 組。 1=case 組。

二、資料檔之內容

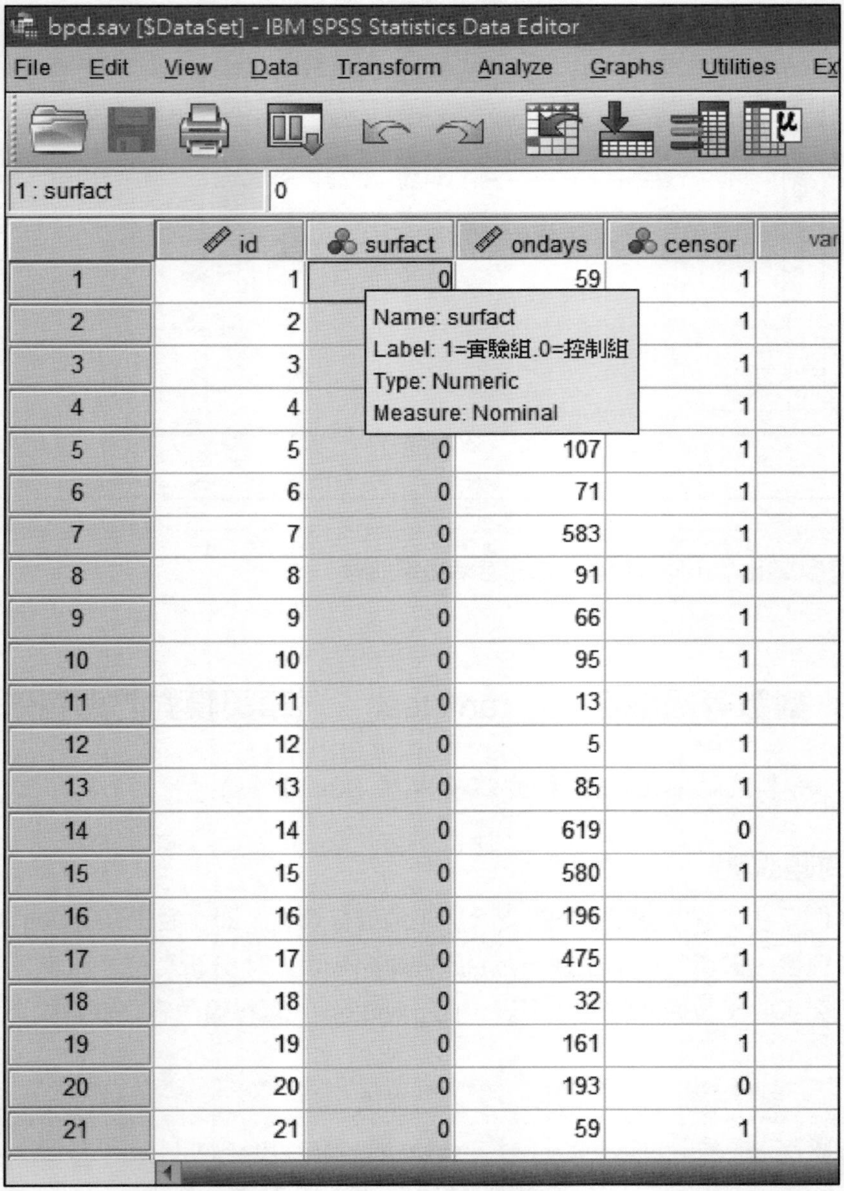

	id	surfact	ondays	censor	var
1	1	0	59	1	
2	2			1	
3	3			1	
4	4			1	
5	5	0	107	1	
6	6	0	71	1	
7	7	0	583	1	
8	8	0	91	1	
9	9	0	66	1	
10	10	0	95	1	
11	11	0	13	1	
12	12	0	5	1	
13	13	0	85	1	
14	14	0	619	0	
15	15	0	580	1	
16	16	0	196	1	
17	17	0	475	1	
18	18	0	32	1	
19	19	0	161	1	
20	20	0	193	0	
21	21	0	59	1	

圖 2-25 「bpd.sav」資料檔內容 (N = 78 汽車，4 個變數)

三、分析結果與討論

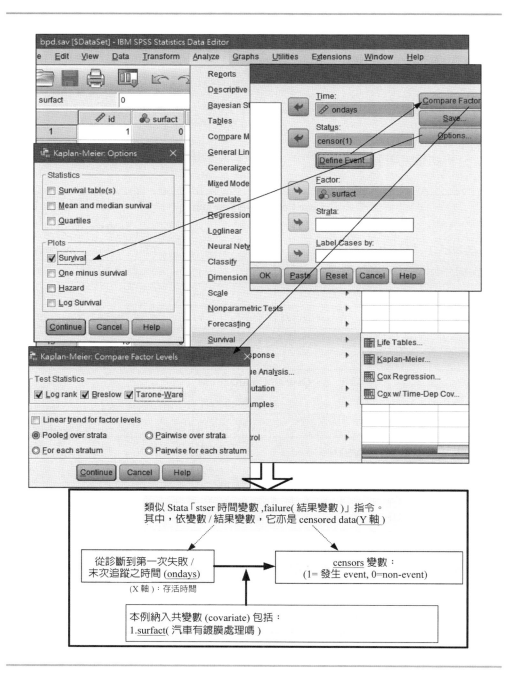

圖 2-26 「KM ondays BY surfact/STATUS= censor(1)/PLOT SURVIVAL/TEST logrank breslow tarone」

```
title " 汽車鍍膜對防鏽有效嗎 .sps".

KM ondays BY surfact
 /STATUS= censor(1)
  /PRINT NONE
  /PLOT SURVIVAL
  /TEST logrank breslow tarone
  /COMPARE OVERALL POOLED.
```

【A. 分析結果說明】

Case Processing Summary

0= 實驗組 .1= 控制組	Total N	N of Events	Censored N	Percent
實驗組	43	40	3	7.0%
對照組	35	33	2	5.7%
Overall	78	73	5	6.4%

Test of equality of survival distributions for the different levels of agegroup.

Overall Comparisons

	Chi-Square	df	Sig.
Log Rank (Mantel-Cox)	5.618	1	.018
Breslow (Generalized Wilcoxon)	2.490	1	.115
Tarone-Ware	3.698	1	.054

Test of equality of survival distributions for the different levels of 0 = 實驗組 .1 = 控制組 .

1. Log Rank 檢定。卡方 = 5.618 (p<.05)，表示實驗組 (汽車有鍍膜處理) 的壽命顯著長於控制組 (汽車無鍍膜處理)。

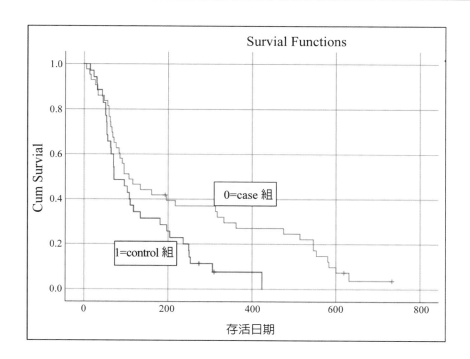

圖 2-27 case 組壽命優於 control 組

小結

　　截至目前為止，你已經學會了 survival 分析大部分方法，不過如果當「自變數是連續變數」時怎麼辦呢？以及「共變數 2 個以上」的時候還能作存活分析嗎？答案是可以用 Cox proportional hazard regression 來處理。

Chapter 03

Cox 存活分析入門：臨床研究最重要統計法

　　數學／統計學，「一般」函數 (function) 都以隨機變數 x 之 f(x)、s(x) 形式來表示。但存活期間改以隨機變數 T(time) 為主，暗指以時間為基礎所構成的函數，故隨機密度函數 (PDF) 改以小寫 f(t) 形式來呈現，小寫 s(t) 代表存活機率函數；相對地，大寫 F(t)、S(t) 形式分別代表「累積」隨機密度函數 (CDF) 及「累積」存活機率函數。

　　存活分析 (survival analysis) 通常用以探討特定危險因子與存活時間之關聯性的技術，主要是發展自醫學、生物科學領域，旨在探討生存機率、預測反映機率、平均壽命以及比較實驗動物或病人的存活分布等方面。近幾年來，在社會、經濟科學中亦廣泛地應用，像是「可靠度」研究電子設備的壽命、首次婚姻的持續時間、重罪犯人的假釋時間；或者應用在人們的就業／失業期間、居住期間、廠商生命以及廠商加入與退出行為、信用卡破產等方面，皆可看到存活分析。

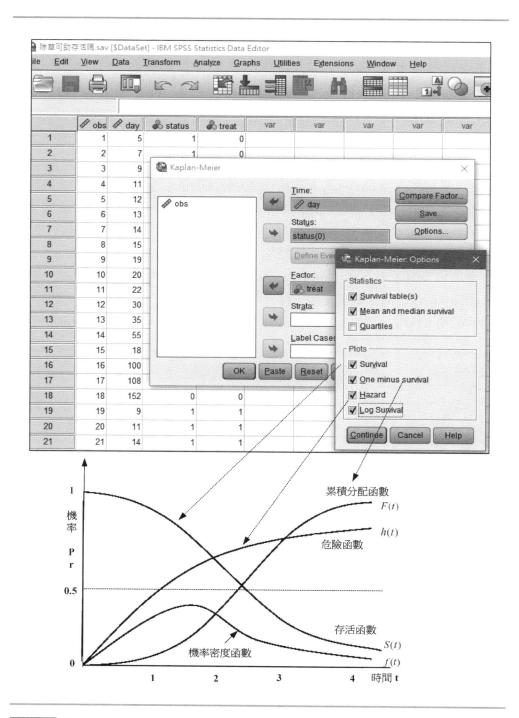

圖 3-1　各機率函數關係圖 (Cox 迴歸) (KM 指令)

135

3-1 存活分析 (survival analysis) 介紹

相較於其他模型 (OLS, Logit, SEM…)，Cox 比例存活模型有較低的 Type I 誤差 (α)。存活分析法又稱「危險模型」(hazard model)，亦稱作「存續期間模型」(duration model)，或簡稱「Cox 模型」。Cox 模型應用，以加速失敗時間模型 (accelerated failure time model, AFT) 及比例危險模型 (proportional hazard model, PHM) 最廣被使用 (Noh et al., 2005)。

1. 加速失敗時間模型 (AFT) 強調的是一個停留狀態下 (例如：人活到 80 歲會加速死亡)，有關 AFT 與存活函數的搭配。請見本書「第 3 章參數存活模型」介紹。

2. Cox 比例危險模型 (PHM)：個體之間的危險函數呈比率關係，此 Cox 比例危險模型是屬半參數 (semi-parameter) 模型，故函數 f(t) 木身並未假定 (assmuption) 存活函數要屬那一種分布 (常態 / 韋伯…)。請見《生物醫學統計：使用 STaTa 分析》一書的介紹。

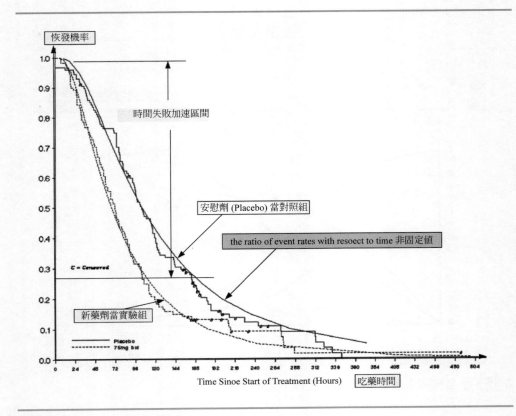

圖 3-2 以加速失敗時間來建構存活曲線

　　存活分析旨在探討事件發生所需的時間 (time to event)，即評估從初始事件到終止事件間經歷的期間。舉例來說，癌症試驗之整體存活期 (overall survival) 常以隨機分派時間點為起點 (STaTa 系統變數為 t_0)，以死亡事件 (STaTa 系統變數為) 為終點之評估指標；相反地，無惡化存活期 (progression-free survival) 是以隨機分派時間點為起點，以疾病惡化或死亡事件發生為終點的評估指標。雖然所評估的依變數值是時間 (t_0 至 t)，但是常用之 t-test、ANOVA 或無母數的 Wilcoxon rank sum test 都不適用，原因是在存活分析係有設限資料 (censored data) 的問題。

　　由於設限資料是不完整資料 (incomplete data)，為省事，有些人在分析時就將設限資料當成是完整資料來分析，這是不恰當的！因為這是會低估整體存活期的。那是不是可以將設限資料直接排除不算呢？這也是不恰當的，因為設限資料即使只提供部分資料，有時也是很重要的。舉例來說：若一組受試者在三個月內都死亡，另一組每位受試者在一年後死亡事件都沒有發生 (即都設限在一年)，很明顯的第二組整體存活期比第一組好，若忽略這部分訊息，很容易做出錯誤的判斷。因此一旦有設限資料出現，宜採用存活分析，存活分析與傳統統計方法不同就是能處理資料中有完整資料與設限資料的統計方法。

　　以臺灣企業赴大陸投資之決策因素為例，在過去的相關研究裡，很少有研究採用含「時間因素」為基礎的比例危險模型 (proportional hazard model, PHM) 來進行分析。事實上，時間在投資決策中扮演相當重要的角色，而且可以提供較多的訊息，進而提升分析之有效性 (Kuo & Li, 2003)。

　　存活分析源自於臨床 (clinical) 和流行病 (epidemiological) 追蹤型 (follow-up) 的研究，後來延伸至其他領域，包括社會學、工程學、經濟學、教育／心理學、行銷學……，不管是哪個領域，存活分析研究中的實驗目標不只是要研究事件是否發生 (what 結果)，而且是何時發生 (when)。舉例來說，實驗對象在手術後 1 年死亡和在手術後 1 個月死亡的，雖然都是「死亡」，但是存活的時間不同，一個存活了「一年」之久，另一個只存活了「一個月」。因此若像區別分析、logit 模型只單純紀錄是否死亡 (binary variable)，則忽略了「存活時間多寡」的重要資訊。

　　除了預測「時間」之事件發生機率外，存活分析也可研究時間以外的結果變數 (outcome variable)。舉例來說，「可靠度」工程師想要計算會使輪胎爆胎的里程數或是引擎需要修理的里程數 (壽命)。這些研究有同樣的重點就是可靠度研究結果都要直到事件 (死亡) 發生，但測量的結果變數未必一定是時間，

在工程師的例子中測量的是「里程數」。範例請見作者《生物醫學統計：使用 STaTa 分析》一書〈3-4-3 配對後 Weibull 存活模型搭配 accelerated failure time：發電機壽命 (streg 指令)〉

3-1-1 存活分析之定義

存活分析是「分析事件發生前的『期間』之統計方法 (the length of time until an event occurs) 」。例如：脫離貧窮前的時間長度。出院發生前的時間長度。倒閉發生前的時間長度。復發發生前的時間長度。結婚發生前的時間長度。

早期某些研究雖然與存活無關，但由於研究中隨訪資料常因失訪等原因而造成某些資料觀察不完全，為了量身定做這種壽命資料的分析，因而統計學家發明了生存分析、存活率分析，又稱存活分析。

存活分析 (survival analysis) 是指根據試驗或調查得到的數據對生物或人的存活時間進行分析和推斷，研究存活時間和結局與眾多影響因素間關係及其程度大小的方法，也稱存活率分析。

存活分析涉及有關疾病的癒合、死亡，或者器官的生長發育等時效性指標。

某些研究雖然與存活無關，但由於研究中隨訪資料常因失訪等原因造成某些數據觀察不完全，要用專門方法進行統計處理，這類方法起源於對壽命資料的統計分析，故也稱為生存分析。

存活分析 (survival analysis) 又稱「事件－時間」分析 (time-to-event analysis)。主要用來探討群體內樣本在某段時間過程中，發生特定事件的機率與影響的危險因子，根據試驗 (trial) 法或調查法來收集設限資料，再對生物 / 人的存活時間進行分析和推斷，研究存活時間 / 結局與影響因素之間關係強度。

存活分析旨在分析「直到我們所想觀察之事件發生的時間」的資料。從觀察樣本開始，到樣本發生事件，這段期間即稱為存活時間 (survival time) 或失敗時間 (failure time)，相對地，事件的發生則稱為死亡 (death)，由於早期應用在醫學領域，觀察病人的死亡率，因而稱之為失敗 (failure)。這些時間變數通常是連續變數而且能以日期、星期、月、年等單位來測量，而事件可能是指死亡、疾病的開始、結婚、逮捕、違約等二元 (binary) 結果變數。存活分析特別的是，即使被觀察的對象沒有發生該事件，被觀察的對象在研究中存活的時間或觀察的時間長度都會被列入計算。

例如：研究不同診所照護下的存活時間，直到事件 (死亡) 發生 (_t)。若到研究時間結束，研究對象的事件 (死亡) 尚未發生，存活時間仍列入計算。

存活函數 S(t) 與危險函數 h(t) 之關係

1. 存活函數是危險函數之表現 (survival as a function of hazard)

$$S(t) = \exp\left[-\int_0^t h(s)ds\right]$$

2. 危險函數是存活函數之表現 (hazard as a function of survival)

$$h(t) = -\frac{d}{dt}\log S(t)$$

3. 下圖範例：constant hazard $h(t) = \lambda$

$$S(t) = \exp[-\lambda \times t]$$

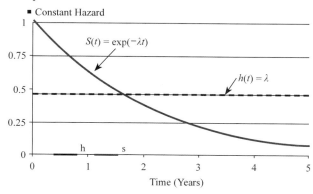

圖 3-3 指數分布之存活函數 S(t) 與危險函數 h(t) 之關係

註：$S(t) = \exp(-\lambda t)$　$\log(S(t)) = -\lambda t$。

存活分析中的幾個函數，都可由 S(t) 函數轉換，如下所示：

定義：存活函數 S(t)

S(t) = Pr(T > t)，t 表示某個時間點，T 表示存活的期間 (壽命)，Pr 表示機率。
存活函數 S(t) 就是壽命 T 大於 t 的機率。

舉例來說，人群中壽命 T 超過 60 歲 (時間 t) 的人在所有人中的機率是多少，就是存活函數要描述的。

假定 t=0 時，也就是壽命超過 0 的機率為 1；t 趨近於無窮大，存活機率為 0，沒有人有永恆的生命。如果不符合這些前提假定，則不適用 survival analysis，而使用其他的方法。

由上式可以推導：存活函數是一個單調 (mono) 非增函數。時間點 t 越大，S(t) 值越小。

衍生函數：F(t)

生命分布函數，lifetime distribution function F(t) = 1-S(t) = Pr(Tt)
F(t) 即壽命 T 小於等於 t 的機率

機率密度函數 (probability density function, pdf)：f(t)

$$f(t) = \frac{d(F(t))}{dt} = \frac{d[1-S(t)]}{dt} = -\frac{dS(t)}{dt}$$

$f(t) = \frac{d(F(t))}{dt}$，又叫 event density，單位時間事件 event t(可以是死亡、機器失效、違約、倒閉) 的機率，是存活函數 S(t) 的導數 (一階微分)。

$$s(t) = \frac{dS(t)}{dt} = -f(t)$$

機率密度函數 f(t) 的性質：
事件密度函數 f(t) 總是非負數 (因為沒有人可以死而復生)。函數曲線下方面積 (從 0 到無窮大積分) 為 1。

危險函數 (hazard function)：如下圖所示。

定義：hazard function, $h(t) = \lim\limits_{\Delta t \to 0} \dfrac{p(t \leq T < t + \Delta t \mid T \geq t)}{\Delta t} = \dfrac{f(t)}{S(t)} = -\dfrac{d \log_e(t)}{dt}$

Hazard function 的分子是條件機率，也就是在存活時間 t 到 △t 間發生事件的機率，為了要調整時間區間，hazard function 的分母是 δt，讓 hazard function 是比率 (rate) 而不是機率 (probability)，最後，為了能精準表示在時間 t 的比率，公式用時間區間趨近於 0 來表示。

Hazard function 與存活函數不同，hazard function $h(t)$ 並不從 1 開始到 0 結束，它可以從任何時間開始，可以隨時間上下任何方向都可以，其他特性如它總是非負的且沒有上限，它也有與存活函數很明確定義的關係，所以你可以根據 hazard function 得到存活函數，反之亦然。

危險函數引入分母 S(t)。其物理意義是，如果 t = 60 歲，λ(t) 就是事件機率 (死亡) 除以 60 歲時的存活函數。因為年齡 t 越大，分母存活函數 S(t) 越小，假定死亡機率密度 f(t) 對任何年齡一樣 (這個不是 survival analysis 的假設)，那麼危險函數 λ(t) 值越大，預期存活時間短。綜合很多因素，賣人身保險的對年齡大的收費越來越高。嬰兒的死亡機率密度相對高一些，雖然分母存活函數 S(t) 大，λ(t) 值還是略微偏高，繳交的人身保險費也略偏高。

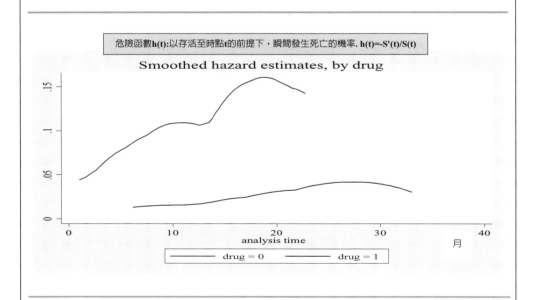

圖 3-4　危險函數 (hazard function) 之示意圖

```
* 存活函數之示範例子
. webuse stan3

* Suppress showing of st settings，指令語法：：「stset timevar failure failvar」指令
. stset, noshow


** 印出存活函數 S(t)，survivor function
. sts list

        failure _d: died
  analysis time _t: t1
              id: id
```

Time	Beg. Total	Fail	Net Lost	Survivor Function	Std. Error	[95% Conf. Int.]	
1	103	1	0	0.9903	0.0097	0.9331	0.9986
2	102	3	0	0.9612	0.0190	0.8998	0.9852
3	99	3	0	0.9320	0.0248	0.8627	0.9670
5	96	1	0	0.9223	0.0264	0.8507	0.9604
5.1	95	1	0	0.9126	0.0278	0.8388	0.9535
6	94	2	0	0.8932	0.0304	0.8155	0.9394
8	92	1	0	0.8835	0.0316	0.8040	0.9321
9	91	1	0	0.8738	0.0327	0.7926	0.9247
11	90	0	1	0.8738	0.0327	0.7926	0.9247
12	89	1	0	0.8640	0.0338	0.7811	0.9171
16	88	3	0	0.8345	0.0367	0.7474	0.8937
17	85	1	0	0.8247	0.0375	0.7363	0.8857
18	84	1	0	0.8149	0.0383	0.7253	0.8777
21	83	2	0	0.7952	0.0399	0.7034	0.8614
28	81	1	0	0.7854	0.0406	0.6926	0.8531
30	80	1	0	0.7756	0.0412	0.6819	0.8448
31	79	0	1	0.7756	0.0412	0.6819	0.8448
32	78	1	0	0.7657	0.0419	0.6710	0.8363
35	77	1	0	0.7557	0.0425	0.6603	0.8278
36	76	1	0	0.7458	0.0431	0.6495	0.8192
37	75	1	0	0.7358	0.0436	0.6388	0.8106
39	74	1	1	0.7259	0.0442	0.6282	0.8019

(略………)

733	16	1	0	0.2699	0.0485	0.1802	0.3676
841	15	0	1	0.2699	0.0485	0.1802	0.3676
852	14	1	0	0.2507	0.0487	0.1616	0.3497
915	13	0	1	0.2507	0.0487	0.1616	0.3497
941	12	0	1	0.2507	0.0487	0.1616	0.3497
979	11	1	0	0.2279	0.0493	0.1394	0.3295
995	10	1	0	0.2051	0.0494	0.1183	0.3085
1032	9	1	0	0.1823	0.0489	0.0985	0.2865
1141	8	0	1	0.1823	0.0489	0.0985	0.2865
1321	7	0	1	0.1823	0.0489	0.0985	0.2865
1386	6	1	0	0.1519	0.0493	0.0713	0.2606
1400	5	0	1	0.1519	0.0493	0.0713	0.2606
1407	4	0	1	0.1519	0.0493	0.0713	0.2606
1571	3	0	1	0.1519	0.0493	0.0713	0.2606
1586	2	0	1	0.1519	0.0493	0.0713	0.2606
1799	1	0	1	0.1519	0.0493	0.0713	0.2606

```
--------------------------------------------------------------

* Graph the survivor function
. sts graph

* Create survf containing the survivor function
. sts gen survf = s

* Sort on the time variable
. sort t1

* List part of the data
. list t1 survf in 1/10

    +----------------+
    | t1      survf |
    |----------------|
 1. | 1   .99029126 |
 2. | 1   .99029126 |
 3. | 1   .99029126 |
 4. | 1   .99029126 |
 5. | 2   .96116505 |
    |----------------|
```

```
  6. |   2   .96116505 |
  7. |   2   .96116505 |
  8. |   2   .96116505 |
  9. |   2   .96116505 |
 10. |   2   .96116505 |
     +------------------+
```

註：存活分析設定 (「stset *timevar* failure *failvar*」指令) 之後，會新產生 3 個系統變數 (_t0; _t; _d)，其中：

1. _t0 是觀察的開始時間，_t0 ≥ 0。

2. _t 是觀察的結束時間，_t ≥ _t0。

3. _d 是失敗指標 (indicator for failure)，_d ∈ {0, 1}。

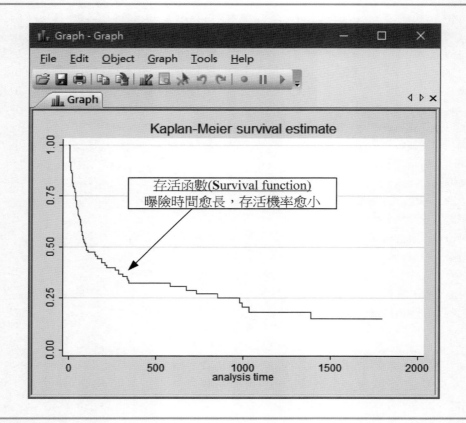

圖 3-5 存活函數 (Survival function) 之示意圖，「sts graph」指令

註：Statistics > Survival analysis > Graphs > Survivor and cumulative hazard functions

處理組及控制組，兩組「life tables」範例如下：

```
* Setup
. webuse rat, clear

* List some of the data
. list in 1/5
* Display separate life tables for each group and aggregate into 30-day intervals
. ltable t died, by(group) interval(30)
```

| | Beg. | | | | Std. | | |
Interval	Total	Deaths	Lost	Survival	Error	[95% Conf. Int.]	
group = 1（控制組生命表）							
120 150	19	1	0	0.9474	0.0512	0.6812	0.9924
150 180	18	1	0	0.8947	0.0704	0.6408	0.9726
180 210	17	6	0	0.5789	0.1133	0.3321	0.7626
210 240	11	6	1	0.2481	0.1009	0.0847	0.4552
240 270	4	2	1	0.1063	0.0786	0.0139	0.3090
300 330	1	1	0	0.0000	.	.	.
group = 2（處理組生命表）							
120 150	21	1	0	0.9524	0.0465	0.7072	0.9932
150 180	20	2	0	0.8571	0.0764	0.6197	0.9516
180 210	18	2	1	0.7592	0.0939	0.5146	0.8920
210 240	15	7	0	0.4049	0.1099	0.1963	0.6053
240 270	8	2	0	0.3037	0.1031	0.1245	0.5057
270 300	6	4	0	0.1012	0.0678	0.0172	0.2749
300 330	2	1	0	0.0506	0.0493	0.0035	0.2073
330 360	1	0	1	0.0506	0.0493	0.0035	0.2073

一、存活分析的特性 (characteristic)

研究某一樣本的存活經驗通常是有價值，若研究樣本是某一龐大母體的代表，則這樣的存活經驗特別有用，因為研究樣本的存活經驗就是龐大母體存活經驗的估計值。存活分析法是為了充分運用時間相依變數中獨有的特徵，以及研究特別的個體因子及環境因子是否顯著地危險性。概括來說，存活分析的特性如下：

1. 存活資料與其他型態資料的最大差異，在於設限 (censored) 的現象，設限資料是指我們無法完全得到事件發生時間的觀測值，而妨礙我們使用標準的統計方法及推論，尤其是右設限資料描述了實際未觀測事件時間的下界，若依變數或結果變數是事件的時間，你要如何處理這樣的實例？
2. 母體的存活時間通常是偏態分配，在大多的統計推論中異於高斯 (常態) 分配，許多標準或近似統計方法，就無法精確描述這樣的資料。
3. 咱們通常對於整體存活時間的分配有興趣，許多標準的統計方法以平均存活時間 μ 和標準差 s 作為推論的方向。但是「事件—時間」在分配之極端處的百分位值表現，通常是存活分析中令人較感興趣的，舉例而言，許多人希望自己能夠活到第 95 百分位以上，而不是只活到第 50 個百分位之上的存活時間。存活分析中，關注於每個個體在治療或手術後單位時間事件的發生率。
4. 研究過程中某些解釋變數 (regressors)，例如膽固醇、血糖、血壓值、年齡，都會隨著時間改變，你如何利用迴歸分析中的概念，處理這些解釋變數與其他的時間相依的共變數 (time-dependent covariates) 呢？

　　以上問題的最佳解法，就是存活分析。

二、為何不可用 t 檢定 (ANOVA) 或迴歸，而須改用存活分析的理由？

1. 發生事件前的時間都是非負值隨機變數。
2. 發生某事件前的時間多呈右偏分配。
3. 有部分樣本無法完整觀察到發生事件前的時間長度 (設限資料 censored data)：例如：痊癒病患不知何時死亡、企業永續經營不知何時會倒閉、死亡病患不知何時出院等。

3-1-2　為何存活分析是臨床研究最重要的統計法？

存活時間 (survival times) 分析之三種方法

　　探討樣本事件的再發生 (疾病復發、假釋犯再被捕……) 狀況，常用統計有三種分析：存活迴歸模型 (survival regression model) 與 logistic 迴歸、Poisson 模型。三者的功能看似相似，但這三種統計分析方法仍有所區別。首要之處必須避免 Type 0 錯誤：「無法辨別出研究問題本身的型態」。也要避免 Type III 錯誤：「正確的答案回答錯誤的研究問題」。更要避免 Type IV 錯誤：「錯誤的答案回答錯誤的研究問題」。你若想要研究事件的發生率 (incidence)，資料包含個

體追蹤以及紀錄事件的發生與否時，可有三種選擇：

1. 存活迴歸分析，旨在產生存活曲線的估計值及每單位時間事件發生率。故 logistic 迴歸 (logistic 指令) 旨在估計勝算比 (odds ratio)；Cox 迴歸 (stcox、svy: stcox 指令) 及參數存活模型 (streg、svy: streg、stcrreg、xtstreg、mestreg 指令) 旨在估計危險比 (hazard ratio)。

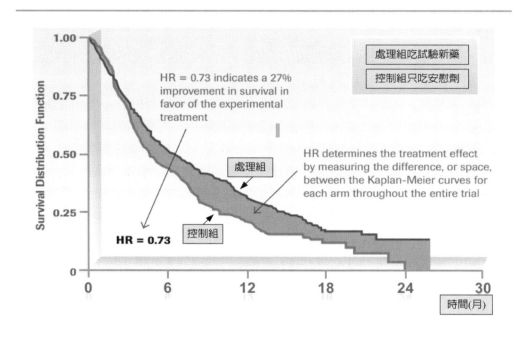

圖 3-6 hazard ratio(HR) 之示意圖

例如：糖尿病比健康組患失明機率高出 20 倍 (HR=20)。又如：喝酒易臉紅，因缺「酶」，故其中風比率是健康組的 2 倍 (HR=2)。

2. logistic 迴歸分析，旨在發生或是未發生的事件分率 (event proportion) 之估計值。logistic 範例請見「Logistic Regression with Categorical Predictors.do」執行檔。

3. Poisson 迴歸，旨在產生每單位時間事件發生比率 (event rate) 的估計值。範例請見「poisson.do」、「Zero-inflated Poisson Regression.do」執行檔。

Poisson 迴歸範例

主題：1997 至 2006 年香港子宮頸癌患者的發病率、死亡率和癌症分期存活率：以人口爲基礎的研究。

目的：透過涵蓋全港人口爲本的癌症登記資料庫數據，檢視 1997 至 2006 年期間確診子宮頸癌患者的發病率和死亡率的趨勢，並描述患者的分期存活率。

設計：回顧性、以人口爲基礎的研究。

安排：香港。

患者：患者 1997 至 2006 年期間所有確診子宮頸癌患者，並跟進合乎存活分析的患者至 2007 年 12 月 31 日。

主要結果測量：年齡標準化發病率和死亡率，及利用卜瓦松 (Poisson) 迴歸模型計算年度平均百分比變化。患者存活率則按癌症分期的相對存活率顯示。部分變數的死亡率風險比及其 95% 置信區間則以 Cox 比例風險模型估計。

結果：在進行研究的十年期間，整體年度發病率和死亡率分別減低 4.2% 和 6.0%。除 45 歲以下的年齡組別，其他組別的上述比率均顯著減低。鱗狀細胞癌發病率減低的幅度 (每年 3.6%) 不及腺癌 (5.2%) 和其他類型癌腫 (6.8%)。研究共爲 3807 名 (86.4%) 患者進行存活分析。整體五年的相對存活率爲 71.3%(95% 信賴區間：69.5-73.1%)，而各階段的存活率如下：第 I 期 90.9%、第 II 期 71.0%、第 III 期 41.7%、第 IV 期 7.8%。年齡、癌症分期和癌腫類型是獨立預後因素。第 IA 期患者存活率理想，跟一般人口相若。

結論：香港子宮頸癌的發病率和死亡率正逐漸改善，情況跟其他工業化國家相若。這是首個以全港人口爲基礎及按癌症分期的存活率研究，並可視作癌症控制的指標。公營和私營機構的合作可進一步強化隨訪期數據，提供更加全面的監測信息。

註：所謂預後 (prognosis) 是指根據經驗預測的疾病發展情況。

以上三種統計，我們該挑選哪一個迴歸呢？就應考量你研究問題的本質：

1. 使用存活迴歸的條件爲：每位個體追蹤不同的一段時間，且每位個體的時間原點可能並沒有明確定義，且事件發生比率 (HR) 在追蹤期間會隨著時間而改變，通常會有失去追蹤或是設限的線索。故長期追蹤適合使用存活分析，因爲事件發生比率 (HR) 可能會在一個長期的時間區段變化。

2. 使用 logistic 迴歸的條件爲：每位個體追蹤一段相同的時間，並且對於時間原

點有明確定義，僅對事件第一次發生感到興趣，當事件在時間原點之後，很快就發生時 (例如：腎臟病發生後五年內死亡 vs. 仍活著)，通常使用此方法 (見第 1 章)。

3. 使用 Poisson 迴歸的條件為：每位個體的追蹤週期不同，追蹤過程中事件率 (HR) 是一常數 (因此時間原點不是問題)。例如：估計疾病死亡率或發生率、細菌數 (count) 或病毒的菌落數及了解與其他相關危險因子之間的關係等，通常是建立在 Poisson 分析之上。範例請見「poisson.do」、「Zero-inflated Poisson Regression.do」兩個指令批次檔的解說 (如下圖)。

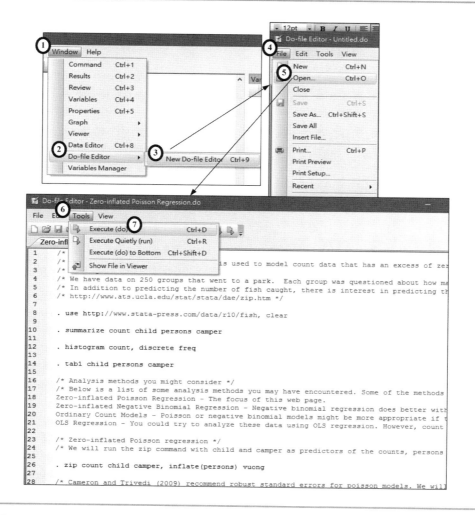

圖 3-7 「Zero-inflated Poisson Regression.do」指令檔內容

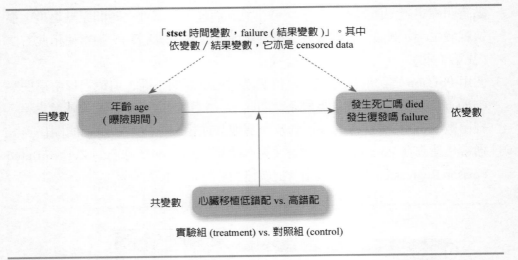

"**stset** 時間變數，failure (結果變數)」。其中
依變數 / 結果變數，它亦是 censored data

自變數　年齡 age
(曝險期間)　　　　發生死亡嗎 died
發生復發嗎 failure　依變數

共變數　心臟移植低錯配 vs. 高錯配

實驗組 (treatment) vs. 對照組 (control)

圖 3-8 心臟移植存活分析之研究架構

註：*stcox, streg, stcrreg* 指令都將「Failure variable:」中你指定變數當作依變數。

　　在臨床療效評估中我們常用死亡率或復發率等指標來比較療效。例如史丹佛大學醫學中心針對心臟移植手術 65 位病人的存活情況作統計分析，資料蒐集包括：存活狀態 (死 vs. 活)，手術時的年齡、「供者－受者」的組織錯配分數 (T5) 和存活時間等。這些數據再檢驗其假設 (hypothesis)：是否具有低錯配分數 (低組，T5 < 1.1) 的案例比高錯配分數者 (高組，T5 > 1.1) 有較佳的存活率？

　　若單純使用傳統的「相對風險 (relative risk, RR)」(stcox 指令) 或「勝算比 (odds ratio)」(logistic 指令) 來分析這類問題。只會求得到二組死亡率的相對危險比很低 (HR 只有 1.18 倍)。因為這種傳統分析無法提供足夠證據來支持本例之相關性假設。因此，若我們再深入檢查資料這二個族群，會發現其平均存活時間卻有顯著差異 (低 T5 = 477 天；高 T5 = 286 天)。這時可考慮用「人－年」方法 (person-time approach)，「人－年」方法的計算是個案追蹤時間的和 [xtstreg, shared(panel 變數) 指令] 或對族群來說是族群大小乘以平均觀察時間 (「svy: streg」指令)。

　　相對地，若將存活時間 (觀察時間) 的平均差異也納入考慮 (「svy: streg」指令)，卻求得二組相對危險性 HR 為 2.21 倍 (傳統相對危險性分析只得到 1.18 倍)，此法提供相當的證據去支持假設：具有低錯配分數的個案比高錯配分數者有較好的存活率。

　　由此可見，只看結果好壞 (死亡率高低)，不計算出現結果前所歷經的存活時間長短，其比較的結果常常是會扭曲真相的。故存活時間的長短在許多臨床研究中是必須考慮的一個重要因素。換言之，雖然同是死亡病例，但存活時間長短不一樣，病人的預後或療效就有差別。

　　概括來說，常見臨床資料不宜單純使用死亡率 (HR) 來計算，更不能單純只計算存活時間的平均值。例如「人－年」分析法，只單純地計算兩組病人的平均存活期，這樣的計算結果並不恰當。因平均存活期與資料何時被分析有關，它會隨分析時的時間點而變化，一直到當全部個案死亡之時刻為止。亦即，只有當全部個案死亡時計算平均存活期才有價值，然而當今研究者欲分析他們的資料都在那時間點之前。因此若不慎使用這些方法都會扭曲結果的原貌。故唯有正確的存活分析 (Cox proportional hazards model, stcox 指令)，才能結合兩者 (死亡率、存活時間的平均值) 優點，準確地反映預後的好壞程度，所謂預後 (prognosis) 是指根據經驗預測的疾病發展情況；亦即必須使用存活率分析方法做為臨床醫師評估病人預後之用。

3-1-3　存活分析之三種研究目標

1. 存活率的估算

　　存活率的計算主要是用來描述一群病人經過一段時間的追蹤之後，尚有多少人存活 (如一年存活率或五年存活率)，臨床醫師可選用 Kaplan-Meier 法；但如果所研究的病人數大於 30 例，則考慮使用生命表法 (life table method) 來計算存活率較方便。

2. 存活曲線的比較法

(1) 二種不同治療方式下 (如新療法與傳統標準療法) 存活曲線差異的統計檢定，在 SPSS 可使用 stmh 指令 (Tabulate Mantel-Haenszel rate ratios)、strate 指令 (Tabulate failure rates and rate ratios)、stmc 指令 (Tabulate Mantel-Cox rate ratios)。

(2) 存活曲線的繪製，在 SPSS 可使用 sts graph 指令 (Graph the survivor and cumulative hazard functions)、ltable(繪生命表) 或 sts list 指令 (List the survivor or cumulative hazard function)。

(3) 多群組之間存活時間的中位數 / 平均數，其 95% 信賴區間，則可用 stci 指令 (Confidence intervals for means and percentiles of survival time)。

3. 多種預後因子的存活分析

　　為了解每一個預後因子對存活率的影響力，存活資料的蒐集，除了存活時間外，尚須包括許多預後因子如個案的特性(年齡、性別、種族)及疾病狀況(疾病嚴重等級、腫瘤大小及轉移範圍)等時間相依之共變數，然後採用 Cox 比例危險型 (stcox 指令) 分析來處理這些預後因子。

3-1-4　存活分析之研究議題

　　存活分析旨在對生命時間 (失敗時間) (life time，failure time) 的分布做研究。存活分析是一個籠統定義的統計名詞，此名詞包含分析各種正的隨機變數 (positive random variable) 的統計技巧。通常，此隨機變數的數值是一個初始事件到某些終止事件的期間 T，如從出生之時間點 t_0(或治療開始的時間點) 到死亡 t (或疾病復發的時間點 t)。

　　這類事件發生時間 (time-to-event) 的資料常出現在不同領域中。譬如醫學中的存活率 (survival rate)、公共衛生中的死亡率 (mortality)、流行病學中的生命量表 (life table)、保險統計學及人口統計學中的生命統計資料 (vital statistics)、工程學中的可靠度分析 (reliability)、社會學中的事件歷史分析 (event history analysis)、市場中的消費者對特定商品購買時間、公司企業的存活時間、以及經濟學中的失業率等。

　　近年存活分析已在統計學上發展成為一支重要學問，成為臨床研究分析資料時不可或缺的主要工具之一。其應用十分廣泛，舉凡慢性病，如癌症、心血管疾病、高血壓等治療效果的分析。迄今，存活分析已被其他領域廣泛應用，包括社會科學、工程學、經濟學、行銷學、教育 / 心理學等。在我們周圍，「時間－事件 (time-to-event)」的二維平面之資料常出現在不同領域中，包括：

(1) 公共衛生中的死亡率。

(2) 生物醫藥領域中的癌症存活率。

(3) 流行病學中的生命量表。

(4) 商業研究中，市場研究之消費者對特定商品購買時間，客戶忠誠度的時間。或者商業上客戶資料管理、行銷、企業倒閉、員工離職。

(5) 公司企業的存活時間。

(6) 保險統計學及人口統計學中的生命統計資料。

(7) 社會學中的事件歷史分析，研究結婚時間到離婚時間，到再婚時間，人口居住時間與流動時間。

(8) 法學研究中，犯罪嫌疑人從犯罪時間到被捕時間，犯罪嫌疑人從被捕時間到起訴時間，從起訴時間到定罪時間，從假釋時間到再犯時間等。

(9) 工程學中的可靠度分析、工業製成、產品 cycle。

(10) 經濟研究中的失業，從就業時間到失業時間，到再就業時間等。

(11) 教育領域，老師離職、學生休退學／吸毒等。

　　具體來說，使用存活分析之研究議題範圍很廣，包括下列領域：

─────── 教育／心理類 ───────

1. 學生的攻擊行為與其初次使用菸和酒時間之關係。

國外研究兒童及青少年初次使用菸酒「時間」有關之危險因子之統計法，已從邏輯斯迴歸或線性迴歸分析，改成存活分析來探討初次使用菸酒的時間，如：Chilcoat 及 Anthony(1996) 即利用存活分析來探討父母監督程度的高低是否能延後兒童初次使用非法藥物的時間；Kosterman (2000) 亦利用存活分析來探討影響青少年初次飲酒及使用大麻時間之因素。

目標：臺灣兒童與青少年，5-14 歲的人，吸菸和飲酒更是常見的健康危害行為。本文旨在了解學生的攻擊行為與其初次使用菸和酒時間之關係。

方法：應用兒童與青少年行為之長期發展研究 (Child and Adolescent Behaviors in Long-term Evolution 計畫) 的資料進行分析。樣本選取於 2001 年就讀國小四年級之世代且完整追蹤至 2006 年者為分析樣本，共 1,486 人。主要變數為攻擊行為 (分成口語攻擊、肢體攻擊和破壞物品) 與初次使用菸和酒之時間。利用統計軟體，執行存活分析。

結果：(1) 研究樣本自陳初次吸菸與初次飲酒的時間，平均為 8.34 年級和 6.65 年級。(2) 研究樣本初次使用菸和酒的可能性在國中階段有明顯上升的情況。(3) 以攻擊行為隨時間變化 (time-varying) 的變數值分析後，自陳有口語攻擊行為者相對於無此行為者，於往後年度發生初次吸菸 (相對風險為 1.86) 或初次飲酒 (相對風險為 1.44) 的可能性較高；自陳有破壞物品行為者，於次年出現初次飲酒的風險為無此行為者的 1.39 倍。

結論：攻擊行為中的「口語攻擊」與「破壞物品」兩種類型是預測學生初次使用菸酒時間之顯著因子。建議相關單位及人員重視國小學生中有攻擊行為者，且相關之預防教育及介入計畫宜在國小階段開始，除降低攻擊行為的發生外，也可預防或延遲兒童與青少年初次使用菸和酒的時間。(*臺灣衛誌 2008；27(6), 530-542*)

---

2. 貧窮持續時間的動態分析。

影響脫離貧窮的因素：

什麼樣的家戶或個人特質會影響其停止貧窮的時段？針對這樣的問題，除了檢視固定時間內，計算貧窮家戶或人口數以及這些貧窮人口特質的討論之外，最常被用以分析持續貧窮的模型，是以貧窮時間為依變數進行存活分析 (survival analysis)，或稱事件歷史分析 (event-history analysis)。

有關影響脫離貧窮的研究部分，Hutchens(1981) 曾經使用 PSID 的資料，選擇 20 個州的女性家戶為樣本，估計所得等相關因素對於進入與脫離福利方案的影響。Plotnick(1983) 則是使用事件歷史的分析技術分析影響使用福利方案的動態。

Hutchens(1981) 利用 logistic 模型的分析，發現進入福利方案時的所得有很重要的影響，也支持經由提高工資可以降低對福利方案的依賴。所以在政策面上，政府可致力於工資的提高時，將有助於人們福利的依賴。高期望的薪資會提高福利依賴人口的脫離機率。但家庭規模和種族對於進入與脫離倡利方案並沒重要的作用。其他影響脫離貧窮的變數尚包括年齡、身心障礙地位、過去的福利依賴經驗與非幸存資所得等。

---

3. 以存活分析法分析學生離退率之相關因素

例如比較有學貸與無學貸者之存活率。有人發現：男生第一年離退風險比女生高，女生離退現象較緩和。但在第二或第三年女生離退現象比男生高，尤其甲班最為明顯。以入學方式來說，申請入學的學生在第一年離退風險比其他入學方式較高，技藝優良甄試入學的學生離退現象較其他入學方式入學的學生穩定。

---

4. 運用存活分析探討護理人員離職之相關因素，來比較已婚與未婚者之存活率。

有人發現，護理人員存活率為 53.78%，其中存活之 50 百分位為 12 個月，離職人員之存活時間平均為 2 個月，離職高風險時期為 1-3 個月之組織契合時期。

---

5. 教育組織的存活分析：以師資培育中心的創設和退場為例，來比公私立學校存活率。有人發現制度正當性是決定教育組織群體增長的主要因素。

6. 家戶購屋與生育行為關係：資源排擠與動機刺激。

   有人發現生育後家戶之購屋機率以遞減方式在增加，購屋後家戶之生育機率則隨著時間遞減，說明資源排擠與動機刺激隨時間改變作用，且對於購屋與生育行為發生次序及事件發生於高房價時期之作用力亦不同，進而影響家庭行為。

——— 行銷類 ———

7. 上市櫃公司首次出現繼續經營疑慮之後動態分析。

8. 先前租買經驗對自住者購屋搜尋行為之影響——存活分析之應用。

9. 遊客參與節慶活動擁擠成本與滿意度之市場區隔分析。

10. 公車動態資訊服務對乘客使用公車習慣之影響以及使用者特性分析。

11. 實質選擇權對土地開發時機及其價值影響。

    本文探討不確定性對於未開發土地價值及開發時機之影響。唯土地開發為一動態過程，因而改採等比例危險模型 (proportional hazard model, PHM)。

——— 交通／工科／警政類 ———

12. 國道高速公路交通事故持續時間分析與推估：脆弱性存活模型之應用。

13. 應用存活分析法於機車紅燈怠速熄火行為之研究。

14. 機車紅燈怠速熄火節能減碳效果評估。

15. 對被釋放的假釋者，測量他們從被釋放到又被逮捕的時間。

——— 商業類 ———

16. 存活分析模型應用在信用卡使用者之違約風險研究。

17. 房屋交易市場上銷售期間：存活分析之應用。

18. 由工商普查時間數列資料探討企業存活及產業變遷。

19. 營建產業景氣指標與營建公司存活機率關係。

20. 銀行購併及存活研究。

21. 應用存活分析於企業財務危機之預測——以臺灣地區上市櫃公司為例。

22. 臺灣紡織廠商退出與轉業行為。

    影響廠商存活的時間模型，若以半參數模型方法比參數模型方法為佳，而且利用員工人數、廠齡、資本總額建立的指數迴歸模型可以有效地估計廠商存活的狀況。

23. 公司可能破產的時間。

──────── 醫學類 ────────

24. 臺灣的存活曲線矩型化與壽命延長。

25. 影響臺灣不同世代老人存活相關因子探討。

26. 醫院對急性白血病人保護隔離之成本效益研究。

27. 加速失敗時間模型分析新發乳癌病患併發血栓栓塞對其存活的影響。

28. 醫師的遵循行為可促進病患的存活嗎？以臺灣非小細胞肺癌病患為例。

29. 對手術後的病人進行追蹤，測量這些病人在手術後可存活多久？

30. 新治療方法，對白血病病人追蹤他們疾病徵候減少的時間。

31. 得到卵巢癌的存活率。

32. 到院前心臟停止病患之存活分析。有人研究連續三年追蹤消防隊 1,122 位 OHCA 個案，存活分析發現反應時間以及急救時間與存活率有明顯的相關性。

33. 外掛程式對玩家線上娛樂行為的影響。可使用存活分析方法，來了解不公平因素對玩家遊戲持續的影響。

34. 細胞存活率分析，即是一種用於測量細胞的活性之試驗。

35. 探討膀胱尿路上皮癌的預後因子。

36. 長期吃胃藥 (treatment) 會導致骨質疏鬆 (failure)。

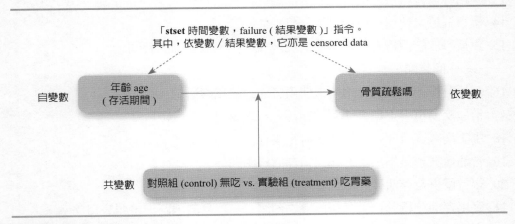

圖 3-9 吃胃藥是否導致骨質疏鬆之研究架構

37. 胃癌序貫篩查實施現場胃癌患者術後存活分析：11 年隨訪。

38. 常吃咖哩可以降低罹患老人痴呆症的風險：因為咖哩含有薑黃成分。

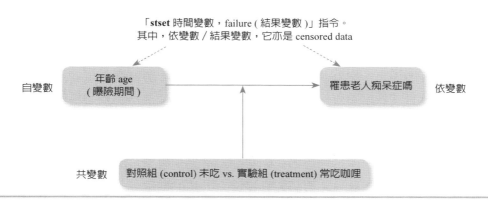

「**stset** 時間變數，failure（結果變數）」指令。
其中，依變數／結果變數，它亦是 censored data

自變數　年齡 age（曝險期間）　罹患老人痴呆症嗎　依變數

共變數　對照組 (control) 未吃 vs. 實驗組 (treatment) 常吃咖哩

圖 3-10　常吃咖哩是否可降低罹患老人痴呆症之研究架構

──── 政治類 ────

39. 制度因素與非制度因素對民主崩潰的影響：46 個半總統制國家的經驗研究。

40. 菁英輪廓與黨國體制的存續：中共與國民黨的比較。

──── 財經／其他類 ────

41. 臺灣製造業廠商對外投資時機。

42. 臺灣農業部門就業期間之研究 1980－2002。

43. 油煙空氣汙染 (PM2.5) 會提升肺癌發生率。

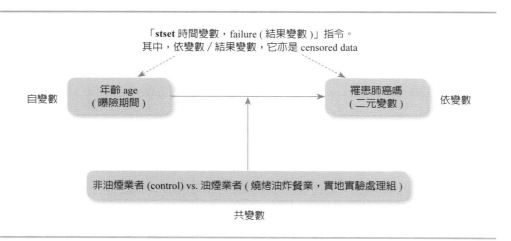

「**stset** 時間變數，failure（結果變數）」指令。
其中，依變數／結果變數，它亦是 censored data

自變數　年齡 age（曝險期間）　罹患肺癌嗎（二元變數）　依變數

非油煙業者 (control) vs. 油煙業者（燒烤油炸餐業，實地實驗處理組）

共變數

圖 3-11　油煙空氣汙染會提升肺癌發生率之研究架構

44. 輪胎爆胎的里程數或是引擎需要修理的里程數。

3-1-5 設限資料 (censored data)

　　臨床 (clinical) 研究常以人爲對象，不是像在做動物實驗那麼簡單，爲了顧及醫學倫理前提下，研究計畫執行過程會出現某些無法完全掌控的情況，譬如研究開始時有一萬個人，現在到底在那裡？是死是活？因人會到處跑來跑去，很難追蹤、也經常有人會失去聯絡 (如病人搬家或死於與研究之疾病無關的原因)、或因服藥產生副作用不願容忍而中途退出研究、又因每個案例 (case) 的發病時間不一，每一案例往往以不同的時間點被納入研究，因此每位個案被觀察時間長短亦會不同；此外，因研究計畫常有一定的期限，若在研究終了時，用來估算存活率的事件 (如死亡或疾病復發) 尚未發生，因此這些人正確的存活期無法得知，進而導致追蹤資料不完整，這些數據稱爲「設限數據」(censored data)。

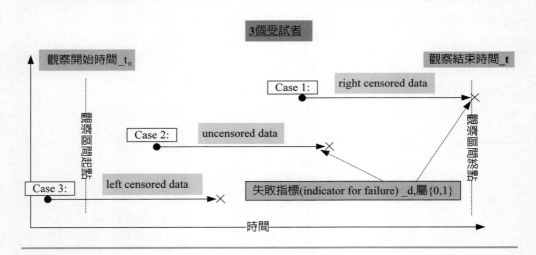

圖 3-12 censored data 之示意圖

註：存活分析設定 (「stset *timevar* failure *failvar*」指令) 之後，會新產生 3 個系統變數 (_t$_0$; _t; _d)，其中：
　　1. _t$_0$ 是觀察的開始時間，_t$_0 \geq 0$；
　　2. _t 是觀察的結束時間，_t$\geq$ _t$_0$；
　　3. _d 是失敗指標，_d$\in\{0, 1\}$。

　　存活分析又稱為「時間－事件分析」(time-event analysis)，是利用統計方法研究族群中的個體在經過「特定期間」後，會發生某種「特定事件」(event) 的機率。然而於實際研究情況當中，往往因為觀察期間或技術上的限制，而無法觀察研究樣本之確切存活時間。存活分析資料因事件的發生與否被分為二類，一是完整資料 (complete data)，指在觀察期間提供了事件發生的時間點；另一是設限資料 (censored data)，指在觀察期間失去聯絡或者在觀察結束時仍未發生事件。例如在醫學或流行病學常以死亡、疾病發生、疾病復發代表「特定事件」；反之若在「特定時間」上並未發生「特定事件」則稱為設限 (censored)。這些設限資料於統計上仍有其貢獻存在，若忽略設限資料，則可能造成統計上之偏誤。

　　以「公車即時資訊服務對乘客使用公車行為之影響」為例。研究定義的分析年期 (duration) 係自臺北市公車資訊服務啟用開始 (2005 年) 至問卷調查日期 (2015 年) 為止，共計十年期間。故受訪者以公車為主要交通工具的期間 (duration) 代表「存活時間 T」，而「特定事件」則是指受訪者不再以公車為主要交通工具。

　　在研究期間，乘客使用公車年期 (duration) 將受到「開始使用公車的時間」以及「不再以公車為主要交通工具的時間」兩項因素影響，共計有 4 種不同型態及計算方式，如下圖所示：

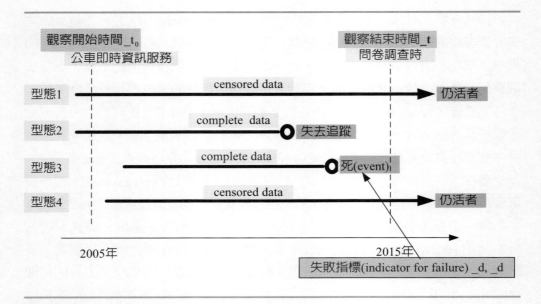

圖 3-13 乘客使用公車年期 (duration) 之不同型態示意圖

註：存活分析設定（「stset *timevar* failure *failvar*」指令）之後，會新產生 3 個系統變數（_t₀; _t; _d），其中：
1. _t₀ 是觀察的開始時間，_t₀ ≥ 0；
2. _t 是觀察的結束時間，_t ≥ _t₀；
3. _d 是失敗指標，_d ∈ {0, 1}。

型態 1：受訪者在系統服務啟用前即開始搭乘公車，且在問卷調查時仍持續以公車為主要交通工具。該受訪者使用公車之年期 =（問卷調查時間）-（系統啟用時間），由於特定事件並未出現，因此這些樣本屬於「右設限」資料，它又屬左設限。

型態 2：受訪者在系統服務啟用前即開始使用公車，但在問卷調查時間前已不再以公車為主要交通工具。特定事件出現在該受訪者使用公車之年期 =（不再以公車為主要交通工具之時間）-（系統啟用時間），故該樣本屬於「失敗」資料，它亦屬左設限。

型態 3：系統服務啟用後才開始使用公車，但在問卷調查前已不再以公車為主要交通工具。該受訪者使用公車之年期 =（不再以公車為主要交通工具之時間）-（開始使用公車之時間），這些樣本屬於「失敗」資料，它亦屬完全資料 (complete data)。

型態 4：系統服務啟用後才開始使用公車，且在問卷調查時仍持續以公車為主要

交通工具。該受訪者使用公車之年期＝(問卷調查時間)－(開始使用公車之時間)，這些樣本屬於「右設限」資料。

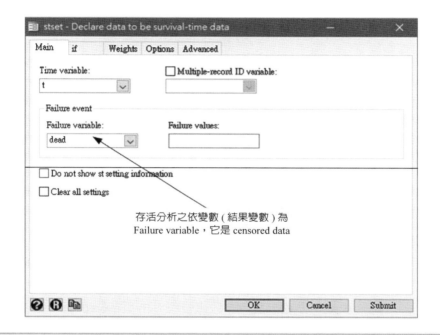

圖 3-14 存活分析之依變數 (結果變數) 為「Failure event」(它是 censored data)

註：存活分析設定 (「stset *timevar* failure *failvar*」指令) 之後，會新產生 3 個系統變數 (_t$_0$; _t; _d)，其中：

1. _t$_0$ 是觀察的開始時間，_t$_0 \geq 0$；
2. _t 是觀察的結束時間，_t $\geq$ _t$_0$；
3. _d 是失敗指標，_d $\in \{0, 1\}$。

一、右設限 vs. 左設限資料

　　一般而言，資料的設限型態有兩種情況：左設限 (left censoring) 及右設限 (right censoring)。左設限指的是樣本於觀察期間開始時即已存在可能發生事件之風險，也就是說左設限之樣本之實際存活時間要比觀察到之存活時間較長。而右設限即觀察個體於觀察期間結束時仍然存活，因而研究者無法得知其事件發生時間。

1. 右設限資料 (right censored data)

　　右設限資料相對於左設限資料，是對於失敗時間點的「未知」，樣本實際存活時間亦大於研究所能得之的存活時間。當我們只知道某個研究對象的存活時間會比某個 t 時間多時，這筆資料就是右設限資料。也就是該研究對象因為失聯、退出而停止追蹤時間時，我們無法看到該研究對象實際發生事件的時間，只能確定真正發生的時間一定超過停止追蹤的時間。換句話說，我們只知道所要觀察的事件一定是在未來的某段時間發生。

　　例如：病人在手術後，因為轉院關係而導致失去追蹤，又或者病人因為交通意外事故，而導致死亡等；又或者受限於研究經費的限制，因此研究時間有限，倘若有病人沒有在研究時間內發生我們感興趣的事件，亦稱為右設限資料。

2. 左設限資料 (left censored data)

　　所觀察的樣本在觀察時間起點開始之前，即「已存在」，謂之左設限資料。此類資料由於起始點在研究觀察起點之前，因此其實際存活時間必大於對此樣本的可觀察到存活時間，但由於起始時間未知，或觀察期間開始前對此樣本存續狀態相關資訊亦無從了解，因此左設限資料的研究存活時間，是從觀察期間起點到此樣本失敗事件發生的經過時間。

　　如下圖，對於 Case 5 個體來說，左設限資料 (left censored data) 就是，我們知道他們在研究截止前發生了事件，但是不知道確切的事件時間。例如 Case 5 HIV 陽性的病人，我們可能會記錄個案檢測出陽性的時間，卻無法正確的知道第一次暴露 HIV 病毒的時間。

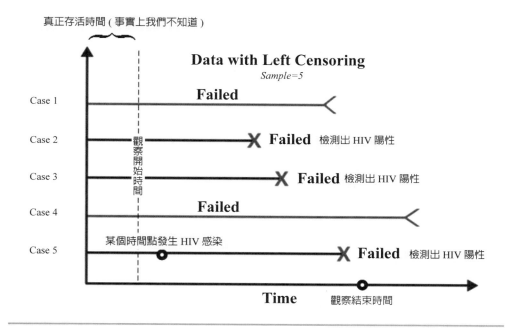

圖 3-15 left censored data 之示意圖

二、如何界定存活模型的存活期間 T？

　　當人們想探討，個人貧窮持續時間的存活分析，若採用 Cox 存活分析的模型，即可解決兩個問題：(1) 個人在貧窮時段內的某一年脫離貧窮的條件機率，這樣的問題可能經由貧窮家戶停留在貧窮狀態的分布加以估計。(2) 這些貧窮家戶中，何種因素會影響他們停留在貧窮的時間？是戶長個人特質、家戶的因素、外在經濟因素、或者是國家的福利政策呢？

　　以「貧窮持續時間」分析為例，其計算「貧窮時段」持續貧窮時間的方法，有三種：

1. Duncan 等人 (1984) 的估計法，係觀察時間內的貧窮年數，而未修正樣本截斷後產生的誤差。這種處理時間的方法有很大的問題，由於有些貧窮家戶在開始觀察之前就已經是貧窮，產生所謂 left censoring 的情形，而且在觀察結束時，有一些人尚未脫離貧窮，而有所謂 right censoring，以致其觀察的部分貧窮的歷程並未完成。這樣結果對於研究者在其觀察的期間，所認定的持續貧窮者而言是較不客觀的，因為他們可能低估實際持續貧窮的真正人口規模。

2. Levy(1977) 的估計法，係以某一年的貧窮人口爲觀察對象，追蹤人民脫離貧窮的情況。他以 PSID 第一年的貧窮人口爲觀察的對象，追蹤 (panel-data) 他們往後各年脫離貧窮的狀況 (他觀察了七年)，這種處理貧窮時間的方法雖然也會面臨左邊截斷的問題，但是對政策目的而言是較爲有用的，此存活分析法可了解在補求政策實施之後，當前的貧窮人口中未來會持續貧窮的比率爲多少。

3. Bane & Ellwood(1986) 的估計法，係以「貧窮時段」爲分析單位，對於 left censoring 的家戶，其處理的方式是去除左邊設限的個案，如此不管觀察的對象在觀察期間的哪一年落入貧窮，其貧窮時段均以他們在觀察期間落入貧窮的第一年開始計算，所以每個貧窮者至少都可以觀察得到他們開啓貧窮時段的起點。此法考慮到無法觀察到所有貧窮者的時段，故他們在進行貧窮持續時間的計算時，利用生命表 (ltable 指令) 的方式計算各年的脫離貧窮機率與貧窮年數。Bane & Ellwood 的方法同時免除左邊與右邊設限的問題，往後多數相關研究也採用法。

3-1-6 存活時間 T 之機率函數

存活函數的表達與失敗機率函數的表達有一定的關係。所謂存活函數 S(t) 是個體可以存活的時間大於時間點 t 的機率，另 T 代表個體存活時間之隨機變數，且 S(t) = P(T > t) 代表存活函數，可說明如下：

$$S(t) = \Pr(T \le t) = \int_0^t f(X)dx = 1 - F(t)$$

其中 $S(0) = 1$；$S(\infty) = 0$。

任何樣本資料在失敗事件發生前的存活時間 T，假設 T 爲非負值的隨機變數，並有其對應的機率分布。存活時間 T，不管適用何種模型對應何種機率分布，基本上依定義方式，機率函數可分爲兩種型態，分別爲連續型態 (continuous) 和離散型態 (discrete)，分述如下：

一、連續型態

令 T 爲樣本個體存活時間，T 之累積分布函數 F(t) (cumulative distribution function, cdf)，表示樣本存活時間 T 小於或等於特定時間點 t 之累積機率，定義如下：

$$F(t) = \Pr(T \le t), \quad \forall t \ge 0$$

而個體存活時間 T 超過時間點 t 的機率函數 S(t)，稱為存活函數 (survival function)，定義如以下所述：

$$S(t) = P(T > t) = 1 - F(t), \quad \forall t \ge 0$$

由於存活時間 T 必為非負值，因此 S(0) = 1，表示存活時間超過 0 的機率為 1；$S(\infty) = \lim_{t \to \infty} S(t) = 0$，表示存活時間無限大的機率為 0。

對 $F(t)$ 作一階微分，可以得到存活時間 T 的機率密度函數 (probability density function, pdf)，可定義為：

$$f(t) = \frac{dF(t)}{dt} = -\frac{dS(t)}{dt} = \lim_{\Delta t \to 0} \frac{\Pr(t \le T < t + \Delta t)}{\Delta t}, \quad \forall t \ge 0$$

然而，存活分析中，機率密度函數係很重要，它描述樣本在 t 時點仍存活，因此在之後極小時間單位瞬間失敗的機率函數，稱為危險函數 (hazard function) 或危險率 (hazard rate) 以 $h(t)$ 表示如下：

$$h(t) = \lim_{\Delta t \to 0} \frac{\Pr(t \le T < t + \Delta t \mid T \ge t)}{\Delta t} = \frac{f(t)}{S(t)}$$

由上式得知，$f(t) = -S'(t)$，因此上式可轉換為：

$$h(t) = \frac{f(t)}{S(t)} = -\frac{dS(t)/dt}{S(t)} = \frac{d \log S(t)}{dt}, \quad \forall t \ge 0$$

將上式兩邊同時積分並取指數形式，可將存活函數轉換如下：

$$\int_0^t h(x)dx = -\log S(t)$$
$$\Rightarrow S(t) = \exp\left(\int_0^t h(x)dx\right)$$

另外，$f(t)$ 可整理成

$$f(t) = h(t)S(t) = h(t)\exp\left(-\int_0^t h(x)dx\right), \quad \forall t \ge 0$$

二、離散型態

令 T 為某樣本個體存活時間隨機變數，以 $t_1, t_2, t_3...$ 表示，其中，$0 \le t_1 \le t_2 \le t_3 \le ...$，其機率密度函數如下所示：

$$P(t_j) = \mathrm{Pr}(T = t_j), \quad j = 1, 2, 3, \ldots$$

樣本存活時間超過時間存活函數為 t 之存活函數 S(t) 可表示如下：

$$S(t) = \mathrm{Pr}(T \geq t) = \sum_{j:t_j \geq t} P(t_j)$$

由於存活時間 T 必為非負值，因此 S(0) = 1，表示存活時間超過 0 的機率為 1；
$S(\infty) = \lim_{t \to \infty} S(t) = 0$，表示存活時間無限大的機率為 0。

危險函數 $h(t)$ 則可定義如下：

$$h(t) = \mathrm{Pr}(T = t_j | T \geq t_j) = \frac{P(t_j)}{S(t_j)}, \quad j = 1, 2, 3, \ldots$$

由於 $P(t_j) = S(t_j) - S(t_{j+1})$

則上式可改寫為以下公式：

$$h(t_j) = 1 - \frac{S(t_{j+1})}{S(t_j)}, \quad j = 1, 2, 3, \ldots$$

即存活函數 $S(t) = \prod_{j:t_j < t} [1 - h(t_j)], j = 1, 2, 3, \ldots$

3-1-7 Cox 存活分析 vs. logit 模型 / probit 模型的差異

一、Cox 存活分析 vs. logit 模型 / probit 模型

(一) 存活分析如何應用在財金業

存活分析法在財務金融研究亦有實務應用的價值。因為往昔信用卡使用者之違約風險評估，多數研究皆在固定時點判定未來一段特定期間內是否會發生違約 (如區別分析) 或發生違約的機率 (如 logit 模型以及 probit 模型)，無法提供持卡人在未來不同時點的違約機率 (或存活率)。應用在醫學及精算領域廣為使用的存活分析，透過與信用卡使用者違約相關的可能因素，來建立預警模型及或存活率表，銀行即能以更長期客觀的方式來預估客戶未來各時點發生違約的機率，進而降低後續處理違約的成本。

有鑑於區別分析法必須假定 (assumption) 自變數為常態分布。對銀行業而言，其結果看不出程度上的差別 (只有違約或不違約)，而 logit 模型以及 probit 模型之信用評分方法，就改進了區別分析法對於處理名目變數和分布假定上

的缺點，但仍無法提供金融檢查主管單位在未來不同時點的違約機率 (或存活率)。若能以醫學領域的存活分析法，來建立一完整之銀行之客戶危機模型、存活率表 (survival table)，存活分析法即能應用於金融監理與風險的預測。

　　故銀行業，若能用醫學、財金、會計及行銷領域使用的存活分析 (survival analysis)，透過違約相關的可能因素，建立預警模型及或存活率表，即能使銀行以更客觀的方式，來預估客戶未來各時點發生違約的機率，即可降低處理違約的後續成本。

(二) 二元依變數 (binary variable) 的統計法

　　對二元 (binary) 依變數而言，其常用統計法的優缺點如下表。

研究方法	基本假定 (assumption)	優點	缺點
多變量區別分析	1. 自變數符合常態性 2. 依變數與自變數間具線性關係 3. 自變數不能有共線性存在 4. 變異數同質性	1. 同時考慮多項變數，對整體績效衡量較單變量客觀 2. 可了解哪些財務變數最具區別能力	1. 較無法滿足假定 2. 無法有效處理虛擬變數 3. 模型設立無法處理非線性情形 4. 樣本選擇偏差，對模型區別能力影響很大 5. 使用該模型時，變數須標準化，而標準化使用之平均數和變異數，係建立模型時以原始樣本求得，使用上麻煩且不合理
存活分析：比例危險模型 (PHM)	1. 假定時間分布函數與影響變數之間沒有關係 2. 假定各資料間彼此獨立	1. 模型估計不須假定樣本資料之分布型態 2. 同時提供危險機率與存續時間預測	模型中的基準危險函數為樣本估計得出，樣本資料須具有代表性
Probit 模型	1. 殘差項須為常態分布 2. 累積機率分布函數為標準常態分布 3. 自變數間無共線性問題	1. 可解決區別分析中自變數非常態之分類問題 2. 求得之機率值介於 0 與 1 之間，符合機率論之基本假定 3. 模型適用於非線性情形	1. 模型使用時，必須經由轉換步驟才能求得機率 2. 計算程序較複雜

研究方法	基本假定 (assumption)	優點	缺點
	4. 樣本個數必須大於迴歸參數個數 5. 各群預測變數之共變數矩陣為對角化矩陣	4. 可解決區別分析中非常態自變數之分類問題。 5. 機率值介於 0 與 1 之間，符合機率假定之前提模型適用於非線性狀況	
Logit 模型	1. 殘差項須為韋伯分布 2. 累積機率分布函數為 logistic 分布 3. 自變數間無共線性問題 4. 樣本必須大於迴歸參數個數 5. 各群預測變數之共變數矩陣為對角化矩陣	同 Probit 模型	同 Probit 模型
類神經網路	無	1. 具有平行處理的能力，處理大量資料時的速率較快 2. 具有自我學習與歸納判斷能力 3. 無須任何機率分析的假定 4. 可作多層等級判斷問題	1. 較無完整理論架構設定其運作 2. 其處理過程有如黑箱，無法明確了解其運作過程 3. 可能產生模型不易收斂的問題
CUSUM 模型	不同群體間其共變數矩陣假定為相同	1. 考慮前後期的相關性 2. 採用累積概念，增加模型的敏感度 3. 不須作不同時點外在條件仍相同的不合理假定	計算上較複雜

註：本書第 3 章～第 6 章，專門介紹「Cox 比例危險模型 (proportional hazards model)」

二、線性迴歸 (linear regression) 的侷限性

1. 無法處理設限資料

例如：研究不同診所照護下的存活情形，若病人轉診或失去追蹤，就會把這筆資料當作遺漏 (missing) 值。

2. 無法處理和時間相依的共變數 (個人 / 家族之危險因子、環境之危險因子)。

3. 因為事件發生的時間多數屬非常態分布情形，例如：韋伯 / Gamma/ 對數常態，或脆弱模型、加速失敗時間模型，故並不適合以下線性模型：OLS、線性機率迴歸 (probit regression)、廣義線性模型 (generalized linear models)、限制式線性迴歸 (constrained linear regression)、廣義動差法 [generalized method of moments estimation(GMM)]、多變量迴歸 (multivariate regression)、Zellner's seemingly unrelated regression、線性動態追蹤資料 (linear dynamic panel-data estimation) 等。

三、logistic 迴歸的原理

(一) logistic 迴歸的侷限性

1. 忽略事件發生時間的資訊

例如：研究不同診所照護下的是否存活或死亡，無法看到存活期間多長？

2. 無法處理「時間相依的共變數」，由於邏輯斯迴歸都是假設變數不隨時間變動。

例如：研究心臟病移植存活情形，等待心臟病移植時間 (變數) 是心臟病移植存活情形的共變數，若要考慮等待心臟病移植的時間 (變數)，來看心臟病移植存活 (censored data) 情形，那 logistic 迴歸無法處理這樣的時間相依的共變數。

(二) logistic 迴歸的原理：勝算比 (odds ratio) 或稱為相對風險 (relative risk, RR)

以「受訪者是否 (0,1) 使用公車資訊服務」之二元 (binary) 依變數為例。logistic 迴歸係假設解釋變數 (χ_1) 與乘客是否使用公車資訊服務 (y) 之間必須符合下列 logistic 函數：

$$P(y|x) = \frac{1}{1 + e^{-\sum b_i \times x_i}}$$

其中代表對應解釋變數的參數，y 屬二元變數 (binary variable)。若 y = 1，表示該乘客有使用公車資訊服務；反之，若 y=0，則表示該乘客未使用公車資訊服務。因此 P(y=1|x) 表示當自變數 x 已知時，該乘客使用公車資訊服務的機率；P(y=0|x) 表示當自變數 x 已知時，該乘客不使用公車資訊服務的機率。

logistic 函數之分子分母同時乘以 $e^{\sum b_i \times x_i}$ 後，上式變為：

$$P(y|x) = \frac{1}{1 + e^{-\sum b_i \times x_i}} = \frac{e^{\sum b_i \times x_i}}{1 + e^{\sum b_i \times x_i}}$$

將上式之左右兩側均以 1 減去，可以得到：

$$1 - P(y|x) = \frac{1}{1 + e^{\sum b_i \times x_i}}$$

再將上面二式相除，則可以得到

$$\frac{P(y|x)}{1 - P(y|x)} = e^{\sum b_i \times x_i}$$

針對上式，兩邊同時取自然對數，可以得到：

$$Ln\left(\frac{P(y|x)}{1 - P(y|x)}\right) = Ln\left(e^{\sum b_i \times x_i}\right) = \sum b_i \times x_i$$

經由上述公式推導可將原自變數非線性的關係，轉換成以線性關係來表達。其中 $\frac{P(y|x)}{1 - P(y|x)}$ 可代表乘客使用公車資訊服務的勝算比 (odds ratio, OR) 或稱為相對風險 (relative risk, RR)。

(三) 醫學期刊常見的風險測量 (risk measure in medical journal)

在醫學領域裡常常將依變數 (dependent variable / outcome) 定義為二元的變數 (binary / dichotomous)，有一些是天生的二元變數，例如病人死亡與否、病人洗腎與否；有些則是人為定義為二元變數，例如心臟科常將病人的左心室射血分數 (left ventricular ejection fraction, LVEF) 小於 40% (or 35%) 為異常，或腎臟科將病人的腎絲球過濾率 (estimated Glomerular filtration rate, eGFR) 定義為小於 60% 為異常。

醫學領域之所以會如此將 outcome 作二分化的動作，有個主要原因是可以簡化結果的闡釋，例如可直接得到以下結論：「糖尿病病人比較容易會有 eGFR 異常，其相對風險 (relative risk, RR) 為 3.7 倍」或是：「飯前血糖每高 1 單位，則病人的 eGFR 異常的勝算比 (odds ratio, OR) 會低 1.5%」，因此可針對其他可能的影響因子作探討，並且得到一個「風險測量」。

定義：相對風險 (relative risk, RR)，又稱相對危險性

在流行病統計學中，相對風險 (relative risk) 是指暴露在某條件下，一個 (產生疾病的) 事件的發生風險。相對風險概念即是指一暴露群體與未暴露群體發生某事件的比值。

相對風險，其計算方式請見下表，簡單來說一開始就先把受試者分成暴露組 (exposed group) 與非暴露組 (unexposed group)，然後向前追蹤一段時間，直到人數達到原先規劃的條件。

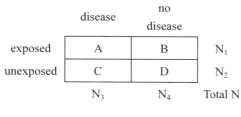

$$RR = \frac{\text{Incidence}_{\text{Exposed}}}{\text{Incidence}_{\text{Unexposed}}} = \frac{A / N_1}{C / N_2}$$

此時暴露組發生事件的比例為 A/N_1，非暴露組發生事件的比例為 C/N_2，此時兩者相除即為相對風險 (RR)，假使相對風險顯著地大於 1 就代表暴露組的風險顯著地比非暴露組更高，例如之前舉的抽菸與肺癌的世代研究，抽菸組發生肺癌的比例為 3% 而未抽菸組罹患肺癌比例為 1%，此時相對風險即為 $\frac{3\%}{1\%}$ = 3，代表抽菸罹患肺癌的風險是沒有抽菸者的 3 倍之多，也可說抽菸罹患肺癌的風險相較於沒有抽菸者多出 2 倍 (3-1=2)。

定義：勝算比 (odds ratio, OR)

勝算比，其計算方式如下表。首先要先了解何謂「勝算」(odds)，勝算定義是「兩個機率相除的比值」，以下表的疾病組 (disease group) 為例，A/N_3 表示疾病組中有暴露的機率，C/N_3 指的是健康組中有暴露的機率，因此此兩者相除即為疾病組中有暴露的勝算 (A/C)；同樣地，B/D 即為健康組中有暴露的勝算，此時將 A/C 再除以 B/D 即為「疾病組相對於健康組，其暴露的勝算比」，也就是說兩個勝算相除就叫做勝算比。

	disease	no disease	
exposed	A	B	N_1
unexposed	C	D	N_2
	N_3	N_4	Total N

$$OR = \frac{[(A/N_3)/(C/N_3)]}{[(B/N_4)/(D/N_4)]} = \frac{A/C}{B/D} = \frac{A \times D}{B \times C}$$

很多人在解釋勝算比的時候都會有錯誤，最常見的錯誤就是誤把勝算比當成相對風險來解釋，以之前舉的抽菸跟肺癌的病例對照研究為例，50 位肺癌組中有 70% 曾經抽菸而 150 位健康組中 (即對照組) 僅有 40% 曾經抽過菸，此時勝算比即為 $\frac{70\%}{40\%}$ = 1.75。這個 1.75 的意義其實不是很容易解釋，它並非表示抽菸組罹患肺癌的風險是未抽菸組的 1.75 倍，而是肺癌組有抽菸的勝算 (但它不是機率) 是健康組的 1.75 倍，而這個勝算指的又是「有抽菸的機率除以，沒有抽菸的機率」。總而言之，我們還是可以說肺癌跟抽菸具有相關性，也可以說抽菸的人比較容易會有肺癌罹患風險，但是不要提到多出多少倍的風險或機率就是了。

一般而言在醫學期刊勝算比出現的機會比相對風險多，一部分原因當然是大家較少採用耗時又耗力的前瞻性研究 (只能用相對風險)，另外一個原因是勝算比可用在前瞻性研究也可用在回溯性研究，而且它的統計性質 (property) 比較良好，因此統計學家喜歡用勝算比來發展統計方法。

小結

勝算比是試驗組的勝算 (odds) 除以對照組的勝算 (odds)。各組的 odds 為研究過程中各組發生某一事件 (event) 之人數除以沒有發生某一事件之人數。通常被使用於 case-control study 之中。當發生此一事件之可能性極低時，則 relative risk 幾近於勝算比 (odds ratio)。

3-2 SPSS 存活分析／繪圖表之對應指令

一、存活分析的分類

1. 非參數 (又稱半參數) 的存活分析之程序

存活一般較常用的都是半參數 Cox 比例危險模型，亦稱無母數的統計；因為當我們要進行存活函數估計時，常常被研究事件並沒有很好的參數模型可以適配，這時我們會利用無母數方法來分析它的存活特徵。以 Stata 指令為例：Kalpan-Meier 法、生命表 (life table) (ltable 指令)、或計算平均存活期 (stci 指令)。進一步要「**比較**處理組 (treatment)vs. 對照組 (control)」存活機率曲線的差別時，也可利用 failure rates(strate、stmh、stmc 指令) and rate ratios((ir、cs、cc、mcc、tabodds) 指令)、Mantel-Haenszel rate ratios(stmh 指令)、Mantel-Cox rate ratios(stmc 指令) 等各種檢定／繪圖法 (ltable 等指令)。複雜點的話，例如要調整其他變數效應，再求取預後因子的效應，那就可以用 Cox proportional hazards model(stcox 指令)。

2. 參數存活分析之程序 (streg 指令)

參數存活分析之自變數，又分成六種分布搭二種脆弱模型。詳情請見作者《生物醫學統計：使用 STaTa 分析》一書。

二、SPSS 存活分析的選擇表之對應指令

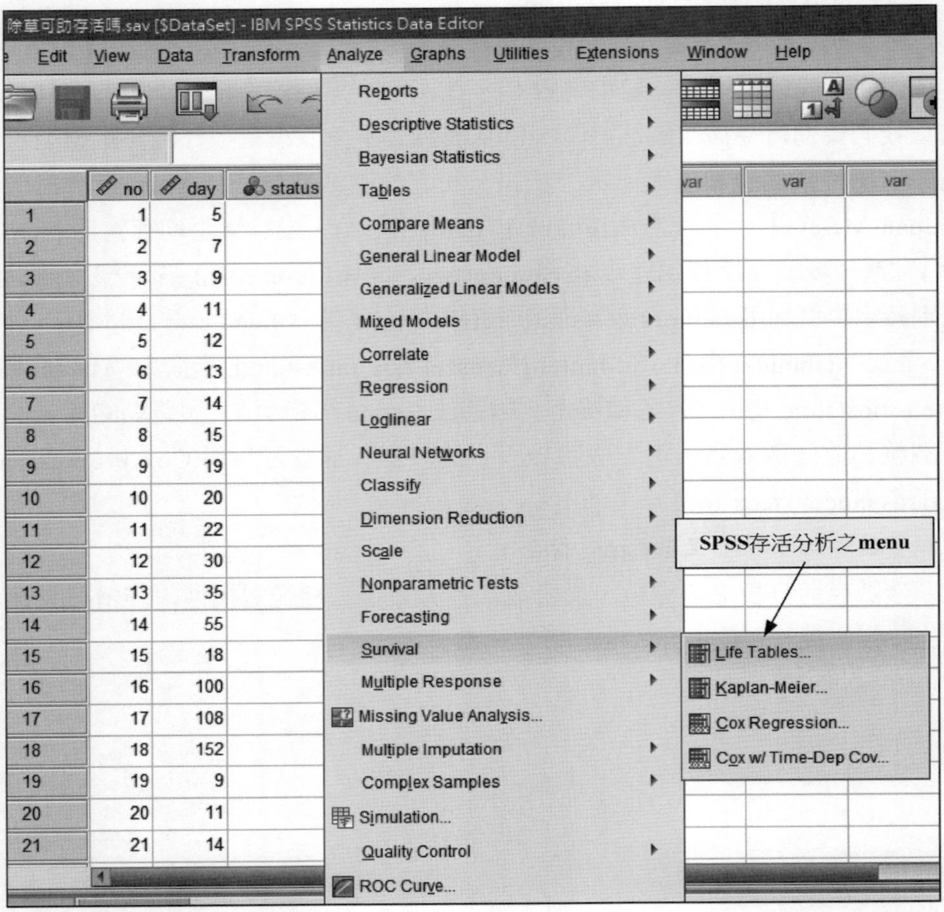

圖 3-16 SPSS 存活分析之 menu

　　Stata 存活分析的指令比 SPSS 多很多，常見指令包括：Cox 模型 (Stata 已用 stcox 指令取代)、Cox 比例危險模型 (proportional hazards model, PHM) (stcox、streg 指令)、Kaplen-Meier 存活模型 (stcoxkm 指令)、競爭風險存活模型 (stcrreg 指令)、參數存活模型 (streg 指令)、panel-data 存活模型 (xtstreg 指令)、多層次存活模型 (mestreg 指令)、調查法之 Cox 比例危險模型 ((svy:stcox, strata() 指令)、調查法之參數存活模型 (svy:streg, dist(離散分布) 指令)。

補充說明：

在醫學研究中，常需要對某種特定疾病 (例如：心血管方面疾病，代謝症候群等) 找出其顯著的影響因子，再進一步地以這些影響因子來預測是否有得病。就常用的邏輯斯迴歸 (logistic regression) 而言，它先算出各因子組合 (factor analysis) 而成的危險分數 (risk score)，再以危險分數來區分其有得病或是沒得病，此時用來評估其區分精確度的數量，就是「estat concordance」事後指令所印出之一致性統計量 (concordance statistics)。

存活分析 (有病與否和時間長短有關；time to event data) 所使用的 Cox 比例危險模型，其 stcox 指令之事後指令「estat concordance」一致性統計量 c 的用途很廣，它可以算出一致性 c 統計量，並將敵對模型一一來比較不同 Cox 迴歸模型 (影響因子選擇不同)，何者的預測能力更佳。在統計軟體部分，目前較常見用來進行一致性統計量分析的軟體為 Stata, SAS, R。

3-3 存活分析範例：除草有助幼苗存活率嗎？

存活分析 Cox 模型所採用半參數迴歸的統計法，它可解決生態學上相關領域存活資料 (例如：病蟲害林木、植物開花與結實、苗木等存活時間) 的分析與研究。存活資料 (Survival data) 係蒐集一段時間長度的資料，由起點 $\_t_0$ 到某個「事件」(event) 發生 $\_t$ 時間長短 (例如：種子萌芽到幼苗死亡的時間)，這類研究的主要特徵包括：

1. 資料多呈非常態的分布 (non-normal distribution)。
2. 正偏態 (positively skewed)，分布的尾巴向右。
3. 具有設限現象 (censoring)，因此傳統的統計方法，假設資料為常態性分布，估算平均值與標準差作為推論方向，容易產生估算的誤差。

3-3-1a 生命表 (life table)

存活分析又叫精準分析或生命表分析，早在 17 世紀天文學家 Halley 應用生命表方法來估計小鎮居民的存活時間。之後，生命表就被廣泛地應用，例如壽險公司採用生命表來估計保戶的保險金等。因為每個人都一樣生，而不一樣死，在生和死的中間存活時間，就是每個人的生命，雖然有長有短，但都是一

樣的，可以以時間的長短就可以表示出來。生命表有關的統計就是著眼在這一樣的情況下，而發展出來的存活分析。

族群在時間上的變異 (生命表)

(一) 生命表 (life table) 介紹：兔子為例

年齡	存活隻數	存活比率	死亡率	年比死亡率	平均存活率	累積平均存活率
age	n_x	I_x	d_x	q_x	L_x	T_x
0～1	530	1.0	0.7	0.7	0.650	1.090
1～2	159	0.3	0.15	0.5	0.225	0.440
2～3	80	0.15	0.06	0.4	0.120	0.215
3～4	48	0.09	0.05	0.55	0.065	0.095
4～5	21	0.04	0.03	0.75	0.025	0.030
5～6	5	0.01	0.01	1.0	0.005	0.005

> 死亡率 (mortality rate, q_x)：族群在時間上的死亡率

> 存活率 (survival rate, I_x)：存活隻數 / 開始隻數

　　在 1-2 年 $I_x = 159/530 = 0.3$

　　在 2-3 年 $I_x = 80/530 = 0.15$

> 死亡率 (mortality rate, d_x)：該期間死亡率 $d_x = I_x - I_{x+1}$

　　在 0-1 年 $d_x = 1.0 - 0.3 = 0.7$

　　在 1-2 年 $d_x = 0.3 - 0.15 = 0.15$

　　在 2-3 年 $d_x = 0.15 - 0.09 = 0.06$

> 年比死亡率 (age-specific mortality rate, $q_x = d_x/I_x$)

　　在 0-1 年 $q_x = 0.7/1.0 = 0.7$

　　在 1-2 年 $q_x = 0.15/0.3 = 0.5$

　　在 2-3 年 $q_x = 0.06/0.15 = 0.4$

> 平均存活率 (average survival rate, $L_x = (I_x + I_{x+1})/2$)

　　在 0-1 年 $L_x = \dfrac{1.0 + 0.3}{2} = 0.65$

　　在 1-2 年 $L_x = \dfrac{0.3 + 0.15}{2} = 0.225$

　　在 2-3 年 $L_x = \dfrac{0.15 + 0.09}{2} = 0.12$

- 累積平均存活率 (Sum averaged survival rate, $T_x = \sum L_x$)

  在 0-1 年 $T_x = 0.65 + 0.225 + 0.12 + 0.065 + 0.025 + 0.005 = 1.09$

  在 1-2 年 $T_x = 0.225 + 0.12 + 0.065 + 0.025 + 0.005 = 0.44$

- 期待存活率 (life expectancy, $e = T_x / I_x$)

  在 0-1 年 $e_x = 1.09/1 = 1.09$

  在 1-2 年 $e_x = 0.44/0.3 = 1.47$

  在 2-3 年 $e_x = 0.125/0.15 = 1.43$

（二）繁殖表 (fecundity table)

- 每年能夠繁殖的隻數 (birth rate, b_x)
  $\sum b_x$：1 隻母松鼠最高在一生繁殖 10 隻
- 年比出生率 (age-specific schedule of births, $I_x b_x$)

0-1 年 $b_x I_x = 1.0 \cdot 0 = 0$

1-2 年 $b_x I_x = 0.3 \cdot 2 = 0.6$

2-3 年 $b_x I_x = 0.15 \cdot 3 = 0.45$

$R_o = \sum b_x I_x = 1.40 > 1$，族群具有繁殖增加能力

$R_o = 1$，族群數目在六年後不增不減

$R_o < 1$，族群數目在六年後減少

年齡	存活比率 (I_x)	繁殖率 (b_x)	年比出生率 ($I_x b_x$)
0～1	1	0	0
1～2	0.3	2	0.6
2～3	0.15	3	0.45
3～4	0.09	3	0.27
4～5	0.04	2	0.08
5～6	0.01	0	0
sum		10.0	1.40

（三）存活表 (survival table)

- 存活率 (survival rate, s_x) = 1- q_x

0-1 年 $s_x = 1 - 0.7 = 0.3$

1-2 年 $s_x = 1 - 0.5 = 0.5$

2-3 年 $s_x = 1 - 0.4 = 0.6$

年齡	存活比率 (I_x)	年比死亡率 (q_x)	存活率 (s_x)	繁殖率 (b_x)
0～1	1	0.7	0.3	0
1～2	0.3	0.5	0.5	2
2～3	0.15	0.4	0.6	3
3～4	0.09	0.55	0.45	3
4～5	0.04	0.75	0.25	2
5～6	0.01	1	0	0

（四）族群在時間之預測變化表 (population projection table)

- 族群在時間上的變化由存活率 (s_x) 與繁殖率 (b_x) 兩個因子決定。

〔例題〕年齡結構表
有一森林有若干隻公兔子與 10 隻一歲母兔子移入

兔子年齡	年 (族群數目)		
	0	1	2
0	20	27	34.2
1	10	6	8.1
2	0	5	3
3	0	0	3
4	0	0	0
5	0	0	0
Total	30	38	48.3
λ	1	1.27	1.27
0	20	27	34.2

0 年→剛移入 10 隻一歲母兔子，一歲的母兔子每隻一年生 2 隻，所以在 0～1 歲的兔子 10×2 = 20 隻，總數將為 10 + 20 = 30 隻。

1 年→ 20 隻 0-1 歲的兔子，在第一年存活率為 0.3，所以 1-2 歲為 20×0.3 = 6 隻，10 隻 1-2 歲的兔子，在第二年存活率 0.5，所以 2-3 歲為 10×0.5 = 5 隻。
新出生為 6 隻 ×2 + 5 隻 ×3 = 27 隻，總數 6 + 5 + 27 = 38 隻數年變化 (Lambda) = 38/30 = 1.27。

2 年→ 1-2 歲的隻數 27×0.3 = 8.1
2-3 歲的隻數 6×0.5 = 3.0
3-4 歲的隻數 5×0.6 = 3.0
0-1 歲的隻數 8.1×2 + 3×3 + 3×3 = 34.2

3-3-1b 生命表 (life table)：肝病死亡 (survival table 指令)

範例：存活表、生命表 (survival table 指令)

一、問題說明

本例旨在了解「event(肝病死亡)之危險因子」有那些？(分析單位：肝病人)
研究者收集數據並整理成下表，此「whas100.sav」資料檔內容之變數如下：

變數名稱	說明	編碼 Codes/Values
結果變數 (Y 軸存活率)：folstatus	(發生 event 嗎：即 Failure variable)，1= 是，0= 否	0,1「是設限資料censored data)」
存活時間變數 (X 軸)：time	存活多長時間 (年)	
危險因子／共變數：有無 case-control(有介入處理嗎)、家族病史嗎、不良習慣嗎…	本例無納入 age、gender、bmi、抽菸	

二、資料檔之內容

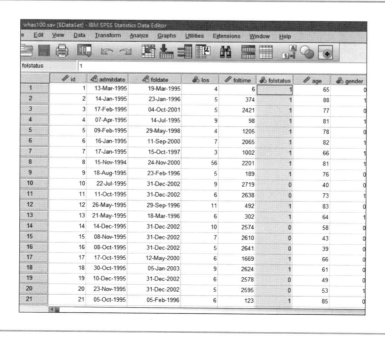

圖 3-17 「whas100.sav」資料檔內容 (N=100 個肝病人，9 個變數)

三、分析結果與討論

Step 1　用 graph 指令繪存活機率圖，(Y 軸用新變數 surv)

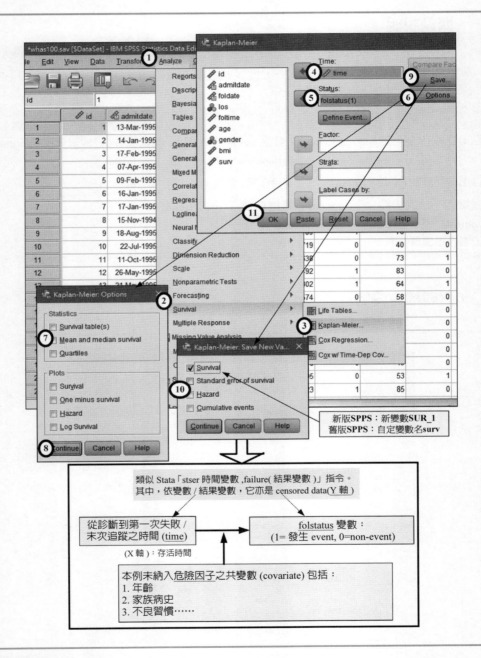

新版SPPS：新變數SUR_1
舊版SPPS：自定變數名surv

類似 Stata「stser 時間變數 ,failure(結果變數)」指令。
其中，依變數 / 結果變數，它亦是 censored data(Y 軸)

從診斷到第一次失敗 /
末次追蹤之時間 (time)
　　(X 軸)：存活時間

folstatus 變數：
(1= 發生 event, 0=non-event)

本例未納入危險因子之共變數 (covariate) 包括：
1. 年齡
2. 家族病史
3. 不良習慣……

圖 3-18　指令「km time/status=folstatus(1)/print = none/save survival(surv)」畫面

對應的指令語法：

```
title " 先KM再 graph 繪存活機率曲線 .sps".
subtitle "Step1：用 graph 指令繪存活機率圖，(Y 軸用新變數 surv)".
get file='C:\CD\whas100.sav'.

*時間單位：由日轉成年 .
compute time = foltime/365.25.
exe.
km time
/status=folstatus(1)
/print = none
/save survival(surv).

variable labels surv 'Survival Probability估計 '.
variable labels time ' 存活年數 '.
graph /scatterplot(bivar)=time with surv by folstatus.
```

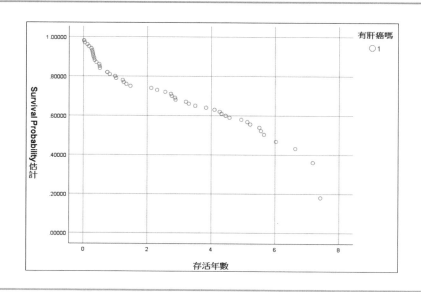

圖 3-19 肝病存活年數 (KM 機率曲線圖)

1. 得肝病後，病人要存活時間越長，其機率越低 (斜率為負的)。

Step 2 存活表 (Y 軸用 km 內定「survival 機率」變數)

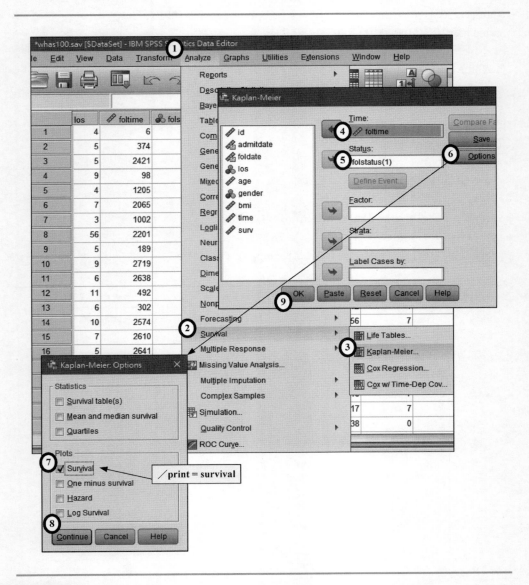

圖 3-20 指令「km foltime ／ status=folstatus(1) ／ print = survival」畫面

```
title "先 KM 再 graph 繪存活機率曲線 .sps".
subtitle "Step2 繪存活表、生命表 (Y 軸用 km 內定「survival 機率」變數 )".

km foltime
/status=folstatus(1)
/print = survival.
```

【A. 分析結果說明】存活表

<table>
<tr><th colspan="7" style="text-align:center">Survival Table</th></tr>
<tr><th></th><th></th><th></th><th colspan="2">Cumulative Proportion Surviving at the Time</th><th rowspan="2">N of Cumulative Events</th><th rowspan="2">N of Remaining Cases</th></tr>
<tr><th></th><th>Time</th><th>Status</th><th>Estimate</th><th>Std. Error</th></tr>
<tr><td>1</td><td>6.000</td><td>1</td><td>.</td><td>.</td><td>1</td><td>99</td></tr>
<tr><td>2</td><td>6.000</td><td>1</td><td>.980</td><td>.014</td><td>2</td><td>98</td></tr>
<tr><td>3</td><td>14.000</td><td>1</td><td>.970</td><td>.017</td><td>3</td><td>97</td></tr>
<tr><td>4</td><td>44.000</td><td>1</td><td>.960</td><td>.020</td><td>4</td><td>96</td></tr>
<tr><td>5</td><td>62.000</td><td>1</td><td>.950</td><td>.022</td><td>5</td><td>95</td></tr>
<tr><td>6</td><td>89.000</td><td>1</td><td>.940</td><td>.024</td><td>6</td><td>94</td></tr>
<tr><td>7</td><td>98.000</td><td>1</td><td>.930</td><td>.026</td><td>7</td><td>93</td></tr>
<tr><td>8</td><td>104.000</td><td>1</td><td>.920</td><td>.027</td><td>8</td><td>92</td></tr>
<tr><td>9</td><td>107.000</td><td>1</td><td>.910</td><td>.029</td><td>9</td><td>91</td></tr>
<tr><td>10</td><td>114.000</td><td>1</td><td>.900</td><td>.030</td><td>10</td><td>90</td></tr>
<tr><td>11</td><td>123.000</td><td>1</td><td>.890</td><td>.031</td><td>11</td><td>89</td></tr>
<tr><td>12</td><td>128.000</td><td>1</td><td>.880</td><td>.032</td><td>12</td><td>88</td></tr>
<tr><td>13</td><td>148.000</td><td>1</td><td>.870</td><td>.034</td><td>13</td><td>87</td></tr>
<tr><td>14</td><td>182.000</td><td>1</td><td>.860</td><td>.035</td><td>14</td><td>86</td></tr>
<tr><td>15</td><td>187.000</td><td>1</td><td>.850</td><td>.036</td><td>15</td><td>85</td></tr>
<tr><td>16</td><td>189.000</td><td>1</td><td>.840</td><td>.037</td><td>16</td><td>84</td></tr>
<tr><td>17</td><td>274.000</td><td>1</td><td></td><td>.</td><td>17</td><td>83</td></tr>
<tr><td>18</td><td>274.000</td><td>1</td><td>.820</td><td>.038</td><td>18</td><td>82</td></tr>
<tr><td>19</td><td>302.000</td><td>1</td><td>.810</td><td>.039</td><td>19</td><td>81</td></tr>
<tr><td>20</td><td>363.000</td><td>1</td><td>.800</td><td>.040</td><td>20</td><td>80</td></tr>
</table>

（續前表）

21	374.000	1	.790	.041	21	79
22	451.000	1	.780	.041	22	78
23	461.000	1	.770	.042	23	77
24	492.000	1	.760	.043	24	76
25	538.000	1	.750	.043	25	75
26	774.000	1	.740	.044	26	74
27	841.000	1	.730	.044	27	73
28	936.000	1	.720	.045	28	72
29	1002.000	1	.710	.045	29	71
30	1011.000	1	.700	.046	30	70
31	1048.000	1	.690	.046	31	69
32	1054.000	1	.680	.047	32	68
33	1172.000	1	.670	.047	33	67
34	1205.000	1	.660	.047	34	66
35	1278.000	1	.650	.048	35	65
36	1401.000	1	.640	.048	36	64
37	1497.000	1	.630	.048	37	63
38	1557.000	1	.620	.049	38	62
39	1577.000	1	.610	.049	39	61
40	1624.000	1	.600	.049	40	60
41	1669.000	1	.590	.049	41	59
42	1806.000	1	.580	.049	42	58
43	1836.000	0		.	42	57
44	1836.000	0		.	42	56
45	1846.000	0		.	42	55
46	1859.000	0		.	42	54
47	1860.000	0		.	42	53
48	1870.000	0			42	52
49	1874.000	1	.569	.050	43	51
50	1876.000	0		.	43	50
51	1879.000	0		.	43	49
52	1883.000	0		.	43	48

（續前表）

53	1889.000	0		.	43	47
54	1907.000	1	.557	.050	44	46
55	1912.000	0		.	44	45
56	1916.000	0		.	44	44
57	1922.000	0		.	44	43
58	1923.000	0		.	44	42
59	1929.000	0		.	44	41
60	1934.000	0		.	44	40
61	1939.000	0		.	44	39
62	1939.000	0		.	44	38
63	1969.000	0		.	44	37
64	1984.000	0		.	44	36
65	1993.000	0		.	44	35
66	2003.000	0		.	44	34
67	2012.000	1	.540	.051	45	33
68	2013.000	0		.	45	32
69	2031.000	1	.523	.052	46	31
70	2052.000	0		.	46	30
71	2054.000	0		.	46	29
72	2061.000	0		.	46	28
73	2065.000	1	.505	.054	47	27
74	2072.000	0		.	47	26
75	2074.000	0		.	47	25
76	2084.000	0		.	47	24
77	2114.000	0		.	47	23
78	2124.000	0		.	47	22
79	2137.000	0		.	47	21
80	2137.000	0		.	47	20
81	2145.000	0		.	47	19
82	2157.000	0		.	47	18
83	2173.000	0		.	47	17
84	2174.000	0		.	47	16

（續前表）

85	2183.000	0		.	47	15
86	2190.000	0		.	47	14
87	2201.000	1	.469	.061	48	13
88	2421.000	1	.433	.066	49	12
89	2573.000	0		.	49	11
90	2574.000	0		.	49	10
91	2578.000	0		.	49	9
92	2595.000	0		.	49	8
93	2610.000	0		.	49	7
94	2613.000	0		.	49	6
95	2624.000	1	.361	.086	50	5
96	2631.000	0		.	50	4
97	2638.000	0		.	50	3
98	2641.000	0		.	50	2
99	2710.000	1	.180	.134	51	1
100	2719.000	0	.	.	51	0

Step 3　繪生命表

```
subtitle "Step3: 繪生命表".
survival table =time
/interval = thru 8 by 1
/status  = folstatus(1)
/print = table.
```

【B. 分析結果說明】存活表

Life Table[a]

Interval Start Time	Number Entering Interval	Number Withdrawing during Interval	Number Exposed to Risk	Number of Terminal Events	Proportion Terminating	Proportion Surviving	Cumulative Proportion Surviving at End of Interval	Std. Error of Cumulative Proportion Surviving at End of Interval	Probability Density	Std. Error of Probability Density	Hazard Rate	Std. Error of Hazard Rate
0	100	0	100.000	20	.20	.80	.80	.04	.200	.040	.22	.05
1	80	0	80.000	5	.06	.94	.75	.04	.050	.022	.06	.03
2	75	0	75.000	7	.09	.91	.68	.05	.070	.026	.10	.04
3	68	0	68.000	4	.06	.94	.64	.05	.040	.020	.06	.03
4	64	0	64.000	6	.09	.91	.58	.05	.060	.024	.10	.04
5	58	39	38.500	5	.13	.87	.50	.05	.075	.032	.14	.06
6	14	0	14.000	2	.14	.86	.43	.07	.072	.048	.15	.11
7	12	10	7.000	2	.29	.71	.31	.09	.124	.076	.33	.23

a. The median survival time is 6.06

1. 肝病平均存活壽命 (中位數) 為 6.06 年。

2. 得肝病後，病人要存活時間越長，其機率越低 (斜率為負的)。

Step 4　存活函數

```
subtitle "Step4: 存活函數".

survival table =time
/interval = thru 8 by 1
/status  = folstatus(1)
/plots (survival) = time.
```

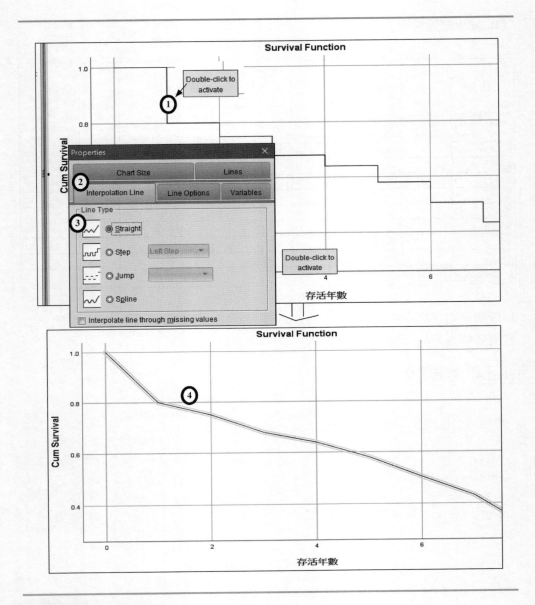

圖 3-21　肝病存活函數 (time-event) 圖

1. 得肝病後，病人要存活時間越長，其機率越低 (斜率爲負的)。

3-3-2 Cox 迴歸假定：Mantel-Haenszel 檢定

　　存活分析具有設限資料現象的特徵，所謂右設限爲在觀測時間內，研究對象因某些因素失去追蹤、損毀或觀測時間內「事件」未發生，主要是因爲追蹤觀測資料不完整而產生。一般設限現象主要爲右設限 (Right censored)，即在最後一次的觀測中觀測體仍「存活」的個體。

　　存活分析的目標包括：

1. 從存活資料中預估和解釋存活情形和危險函數 (hazard function)。

2. 比較不同群體存活和危險函數 (hazard function) 的情形。

3. 評估對於存活時間而言，時間和解釋變數爲相互獨立 (time-independent) 或相依 (time-dependent) 的關係。

　　執行相關之存活分析指令，依序爲：主觀的 Kaplan Meier graphic (「km」指令)、描述性之 Life tables for survival data (survival table 指令)、客觀的 Mantel-Haenszel rate ratios 檢定、客觀的 Cox proportional hazards model (coxreg 指令) 等步驟。

4. Cochran-Mantel-Haenszel: Conditional independence of a dichotomous categorical outcome

Cochran-Mantel-Haenszel 檢定旨在評估與類別型結果相關的類別型預測因子的「條件」獨立性。這意味著，在不同的「條件」下，獨立群組 (independent groups) 與二分類結果 (dichotomous categorical outcome) 關聯會有所不同。Cochran-Mantel-Haenszel 檢定是卡方 (Chi-square) 檢定的延伸，例如：兩個二分類變數在不同的治療「條件」下進行評估。該檢定會產生 conditional independence 符合度的 p 值、主要效果的 odds ratio 以及 95% 信賴區間與主效果相關聯 (The test yields a primary p-value testing for the meeting of conditional independence as well as an odds ratio with 95% confidence interval associated with the main effect.)。Cochran-Mantel-Haenszel 檢定之步驟如下圖：

---

1. 選「Analyze → Descriptive Statistics → Crosstabs」.

2. 將 "grouping" variable 或 categorical predictor variable 選入「Row(s): box」.

3. 將 dichotomous categorical outcome 選入「Column(s): box」.

4. 將「代表條件 levels 的類別變數 (categorical variable that denotes the different values or "levels" of the condition)」選入「Layer 1 of 1」box。

---

5. 按「Statistics」，再勾選「Cochran's and Mantel-Haenszel statistics box」，
再按「Continue」。
6. 最後按「OK」。

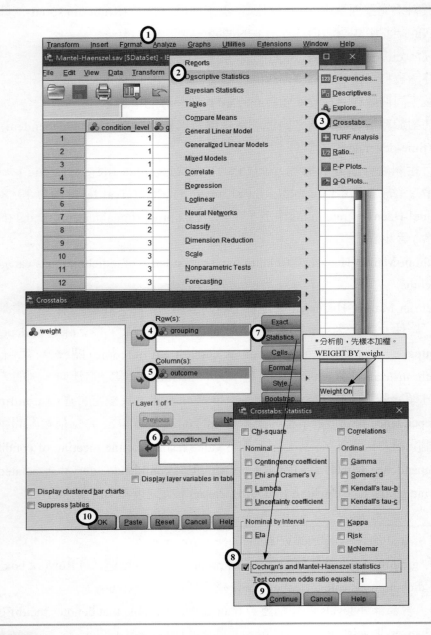

圖 3-22 Cochran-Mantel-Haenszel 檢定步驟 (Mantel-Haenszel.sav 資料檔)

對應的指令語法：

```
title "Mantel-Haenszel test.sps".
GET
  FILE='D:\CD 資料檔 \Mantel-Haenszel.sav'.

* 分析前，先樣本加權 .
WEIGHT BY weight.

CROSSTABS
  /TABLES=grouping BY outcome BY condition_level
  /FORMAT=AVALUE TABLES
  /STATISTICS=CMH(1)
  /CELLS=COUNT
  /COUNT ROUND CELL.
```

【A. 分析結果說明】**Mantel-Haenszel 檢定**

Mantel-Haenszel Common Odds Ratio Estimate			
Estimate			7.180
ln(Estimate)			1.971
Standard Error of ln(Estimate)			.472
Asymptotic Significance (2-sided)			.000
Asymptotic 95% Confidence Interval	Common Odds Ratio	Lower Bound	2.849
		Upper Bound	18.094
	ln(Common Odds Ratio)	Lower Bound	1.047
		Upper Bound	2.896

The Mantel-Haenszel common odds ratio estimate is asymptotically normally distributed under the common odds ratio of 1.000 assumption. So is the natural log of the estimate.

1. Mantel-Haenszel 檢定 odds ratio 結果，estimate=7.18(p<.05)，表示不同條件 (levels) 之下，「grouping 變數 (case-control) 對 outcome 變數 (censored data) 的效果」有顯著的勝算比，故符合「Cox 迴歸」假定，因此你可放心做 Cox 迴歸。

3-3-3 Cox proportional hazard 迴歸：除草有助幼苗存活率嗎？(coxreg 指令)

Cox proportional hazard regression

Cox 迴歸模型 (Cox's regression model) 又稱爲對比涉險模型 (proportional hazard model)，屬於無母數分析方法的一種，不需要對依變數作統計機率分布的假定 (assumption)，以危險函數 [hazard function：$\lambda(t)$ 或 h(t)] 建立預後因子和存活率之關係，預測個體失敗時間點的機率，並探討特定的因子或變數與存活時間之關聯性。

以 Cox regression 檢定連續型變數在存活時間及風險上的預測情形是否達顯著差異，此爲存活分析之單變量分析 (univariate Cox regression)；針對於單變量存活分析達顯著者 (p < 0.05)，你可將達顯著的自變數一併納入 Cox 模型中，以 Cox proportional hazard model 來檢驗在控制 (adjust/control) 其他變數的影響效果之下，建立某症候群之存活預測模型，此爲多變量存活分析 (multivariate Cox regression)。

例如：藥物反應研究中，爲了探討某一種藥物的效果，經常進行數個不同的治療方式當作處理組 (treatment group) 和一個對照組 (control group) 來做比較。醫學上所蒐集到的資料經常出現右設限資料，導致分析的困難，針對右設限存活資料，當兩組存活函數呈現交叉時，通常不會檢定兩組的存活函數有無差異，而是針對特定的時間點下兩組存活函數是否有差異。此外，藥物的藥效可能隨時間而改變，具相同條件的病人，其療效也不相同。

[範例]：處理組 (treatment group) 和對照組 (control group) 的存活函數之危險率比較：除草 vs. 無除草對幼苗存活率的比較

一、問題說明

下表分析的資料爲植物幼苗在有沒有除草的處理 (treat 變數；除草：YES，沒除草：NO) 下，存活的天數 (day)，其中狀態 (status) 爲幼苗是否在觀察期間發生死亡 (死亡：1，存活 0)。

事件 (event) 變數是用來表示觀察時間是否爲存活時間的指標 (又稱設限變數)。若「是」的話，事件變數值定義爲「1」，表示觀察時間資料是完整的存活資料；若「不是」的話，則定義爲「0」，表示觀察到的時間資料是不完整的設限資料。通常事件變數值爲「1」時，又稱爲一個事件 (e.g. 死亡)，「0」時

稱爲設限 (censored)，即未發生事件 (e.g. 仍活著)。

幼苗 no	day 存活 的天數	Status 發生死亡嗎	Treat 除 草否？	幼苗 no	day 存活 的天數	Status 發生死亡嗎	Treat 除草否？
1	5	1	NO	19	9	1	YES
2	7	1	NO	20	11	1	YES
3	9	1	NO	21	14	1	YES
4	11	1	NO	22	14	1	YES
5	12	1	NO	23	15	1	YES
6	13	1	NO	24	22	1	YES
7	14	1	NO	25	36	1	YES
8	15	1	NO	26	59	0	YES
9	19	1	NO	27	62	0	YES
10	20	1	NO	28	76	0	YES
11	22	1	NO	29	88	0	YES
12	30	1	NO	30	35	0	YES
13	35	1	NO	31	55	0	YES
14	55	1	NO	32	18	0	YES
15	18	0	NO	33	100	0	YES
16	100	0	NO	34	125	0	YES
17	108	0	NO	35	163	0	YES
18	152	0	NO	36	152	0	YES

存在 CD 檔中：「除草可助存活嗎 .xls」或「除草可助存活嗎 .dta」

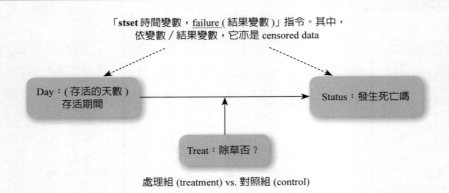

「**stset** 時間變數，failure (結果變數)」指令。其中，
依變數 / 結果變數，它亦是 censored data

Day：(存活的天數)
存活期間

Treat：除草否 ?

Status：發生死亡嗎

處理組 (treatment) vs. 對照組 (control)

圖 3-23 存活分析之研究架構

註 1：Stata 「*stcox, streg, stcrreg*」指令都將「Failure variable:」中你指定變數當作依變數。SPSS 結果變數也要比照這樣的 consored data 編碼。

註 2：Stata 存活分析設定 (「stset *timevar* failure *failvar*」指令) 之後，會新產生 3 個系統變數 ($\_t_0$; $\_t$; $\_d$)，其中：

1. $\_t_0$ 是觀察的開始時間，$\_t_0 \geq 0$。

2. $\_t$ 是觀察的結束時間，$\_t \geq \_t_0$。

3. $\_d$ 是失敗指標 (indicator for failure)，$\_d \in \{0, 1\}$。

二、建資料檔

將上述表格，依下圖程序來建資料檔。

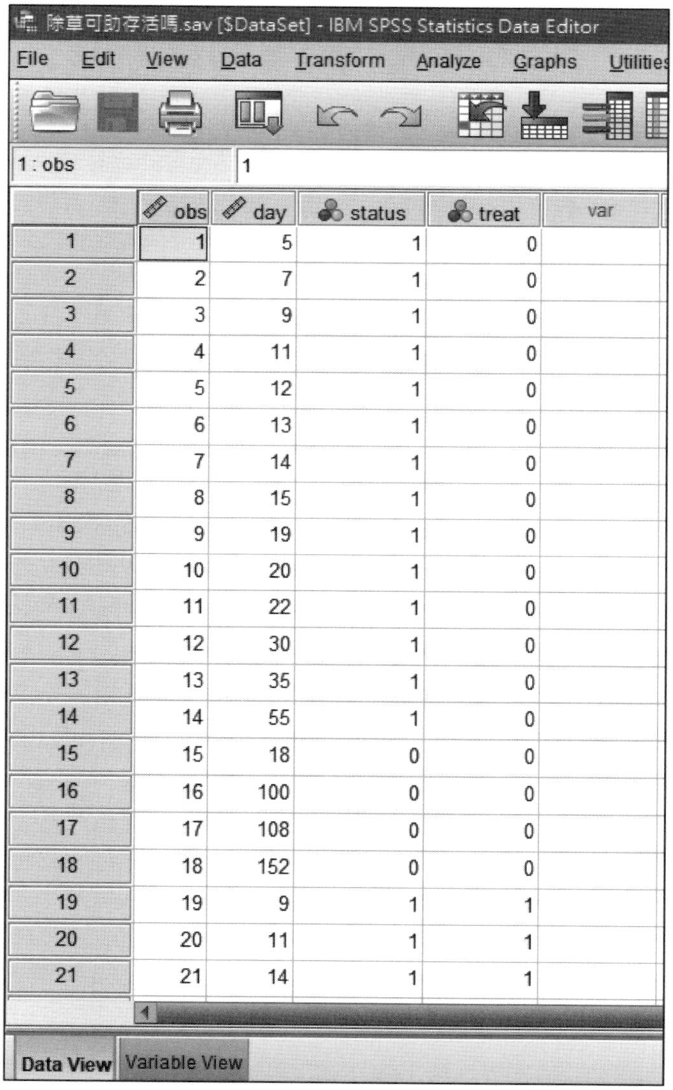

	obs	day	status	treat	var
1	1	5	1	0	
2	2	7	1	0	
3	3	9	1	0	
4	4	11	1	0	
5	5	12	1	0	
6	6	13	1	0	
7	7	14	1	0	
8	8	15	1	0	
9	9	19	1	0	
10	10	20	1	0	
11	11	22	1	0	
12	12	30	1	0	
13	13	35	1	0	
14	14	55	1	0	
15	15	18	0	0	
16	16	100	0	0	
17	17	108	0	0	
18	18	152	0	0	
19	19	9	1	1	
20	20	11	1	1	
21	21	14	1	1	

圖 3-24 「除草可助存活嗎 .dta」資料檔

195

三、SPSS 存活分析

Step 1   Kaplen-Meier 來描述「存活－時間」資料 (stset 指令)

1. 宣告 survival-time data：

> 存活時間變數 (survival time variable) 應選存活時間 (day)，故在「Time」
> variable 選入 day.
> 失敗變數「Failure variable」選入 status;「Failure value」填入 1，因為狀態
> (Status；死亡：1，存活 0)。
> 設定完畢，則按下「OK」確定

2. 兩組危險比例同質時選「Factor」vs. 異質時選「Strata」

> 自變數 (Factor variable)：「處理組 (有除草)vs. 控制組 (沒除草)」treat 變數

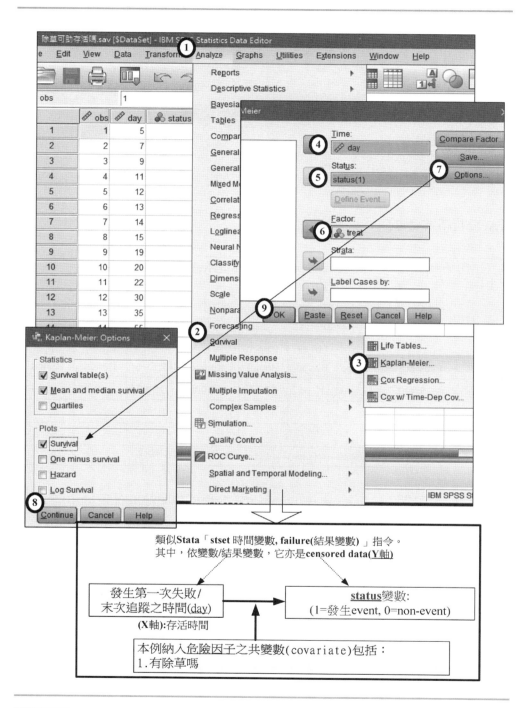

圖 3-25　Kaplen-Meier 估計存活函數

197

SPSS 新版對應的指令語法如下：

```
title "K-M 及 Cox 迴歸 .sps".
subtitle "Step1 K-M 繪存活機率圖 ".

KM day BY treat
  /STATUS=status(1)
  /PRINT TABLE MEAN
  /PLOT SURVIVAL.
```

【A. 分析結果說明】

	Mean[a]		Mean[a] 95% Confidence Interval		Median		Median 95% Confidence Interval	
有除草嗎	Estimate	Std. Error	Lower Bound	Upper Bound	Estimate	Std. Error	Lower Bound	Upper Bound
沒除草	35.800	11.810	12.652	58.948	44.000	23.875	.000	90.794
有除草								
Overall								

Means and Medians for Survival Time

a. Estimation is limited to the largest survival time if it is censored.

1. 中位數存活時間 (median survival time)，係 X 軸的中間點 100(時間單位)。顯示本例，有除草 (treat=1, 紅線) 的幼苗存活曲線，中位數為 0.625 存活機率。沒除草 (treat=0, 藍線) 的幼苗存活曲線，中位數為 0.21 存活機率。

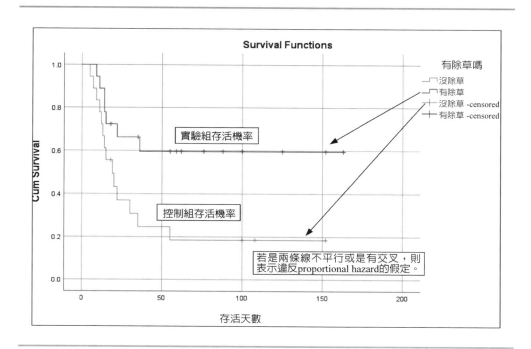

圖 3-26 Kaplen-Meier 繪出「實驗組 vs. 控制組」存活機率

註 1：二條線未交叉，表示未違 Cox 迴歸的假定，故你可放心執行 Cox 迴歸。
註 2：ln-ln(x)=0.65，無除草之存活時間 =2.6 個月；有除草存活時間 =5 個月。

　　如上圖之存活率曲線圖，曲線圖中分別顯示除草 (treat=1, 紅線) 與沒除草
(treat=0, 藍線) 的幼苗存活曲線。故在存活率曲線圖中可以看到在不同時間點的
存活機率與存活率的下降速度。

Step 2 Cox 迴歸假定 (assmption)：**對數等級 (log-rank) 檢定、Breslow/
Wilcoxon 檢定**

　　之前文章介紹存活分析 (survival analysis) 的意義以及如何繪製存活曲線圖
(Kaplan-Meier curve)，但實務上只畫出一組的 Kaplan-Meier curve 似乎不夠，
因為我們通常都想比較不同組別的存活狀況是否具有差異，例如實驗組 (case
group) 與控制組 (control group) 是否有差異，我們意圖想證明實驗組相較於控制
組有「較長的存活時間&較低的死亡機率」。

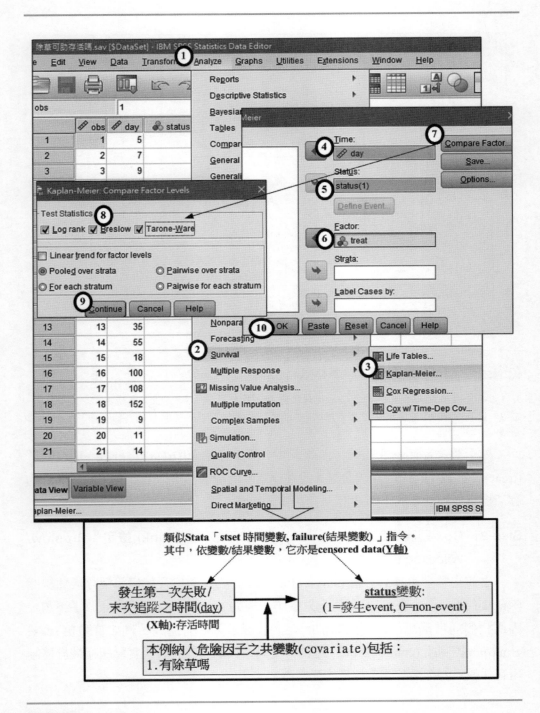

圖 3-27 「對數等級 (log-rank) 檢定、Breslow/Wilcoxon 檢定」畫面

SPSS 對應的指令語法如下：

```
subtitle "Step2 對數等級 (log-rank) 檢定、Breslow／Wilcoxon 檢定 ".
KM day BY treat
  /STATUS=status(1)
  /PRINT TABLE MEAN
  /PLOT SURVIVAL
  /TEST LOGRANK BRESLOW TARONE
  /COMPARE OVERALL POOLED.
```

【A. 分析結果說明】Log Rank (Mantel-Cox)、Breslow (Generalized Wilcoxon)、Tarone-Ware 來檢定 Cox 迴歸的假定

Overall Comparisons

	Chi-Square	df	Sig.
Log Rank (Mantel-Cox)	5.585	1	.018
Breslow (Generalized Wilcoxon)	4.320	1	.038
Tarone-Ware	4.953	1	.026

Test of equality of survival distributions for the different levels of 有除草嗎 .

1. Log Rank (Mantel-Cox)、Breslow (Generalized Wilcoxon)、Tarone-Ware，三者卡方檢定，p 都 < 0.05，故拒絕「H_0：兩組存活曲線趨勢都相同」，表示「實驗組有除草 vs. 控制組未除草」之幼苗的存活 (曲線趨勢) 有顯著差異。再從上圖之「Kaplen-Meier 繪出「實驗組 vs. 控制組」存活機率」，亦可看出，有除草幼苗的存活機率高於未除草。

【B. 分析結果說明】生命表分析 (同質性檢定)

　　存活分析又叫精準分析或生命表分析，早在 17 世紀天文學家 Halley 應用生命表方法來估計小鎮居民的存活時間。之後，生命表就被廣泛地應用，例如壽險公司採用生命表來估計保戶的保險金等。因為每個人都一樣生，而不一樣死，在生和死的中間存活時間，就是每個人的生命，雖然有長有短，其生活內容卻千變萬化，有人人生是彩色的，有人是黑白的，但均是一樣地可以時間的長短就可以表示出來。生命表有關的統計就是著眼在這一樣的情況下，而發展出來的存活分析。

生命表可以檢查群組之間存活機率是否有差異存在，但不能提供差異的大小或信賴區間，故仍須搭配：實驗組與對照組之差異及 95% 信賴區間。

值得一提的是，當存活曲線相互交錯時 (Survival curves cross)，就須再採用 Mantel-Haenszel 檢定來檢定群組間的差異。

Survival Table

有除草嗎		Time	Status	Cumulative Proportion Surviving at the Time		N of Cumulative Events	N of Remaining Cases
				Estimate	Std. Error		
沒除草	1	5.000	1	.944	.054	1	17
	2	7.000	1	.889	.074	2	16
	3	9.000	1	.833	.088	3	15
	4	11.000	1	.778	.098	4	14
	5	12.000	1	.722	.106	5	13
	6	13.000	1	.667	.111	6	12
	7	14.000	1	.611	.115	7	11
	8	15.000	1	.556	.117	8	10
	9	18.000	0	.	.	8	9
	10	19.000	1	.494	.119	9	8
	11	20.000	1	.432	.119	10	7
	12	22.000	1	.370	.117	11	6
	13	30.000	1	.309	.113	12	5
	14	35.000	1	.247	.106	13	4
	15	55.000	1	.185	.096	14	3
	16	100.000	0	.	.	14	2
	17	108.000	0	.	.	14	1
	18	152.000	0	.	.	14	0

有除草	1	9.000	1	.944	.054	1	17
	2	11.000	1	.889	.074	2	16
	3	14.000	1	.	.	3	15
	4	14.000	1	.778	.098	4	14
	5	15.000	1	.722	.106	5	13
	6	18.000	0	.	.	5	12
	7	22.000	1	.662	.113	6	11
	8	35.000	0	.	.	6	10
	9	36.000	1	.596	.119	7	9
	10	55.000	0	.	.	7	8
	11	59.000	0	.	.	7	7
	12	62.000	0	.	.	7	6
	13	76.000	0	.	.	7	5
	14	88.000	0	.	.	7	4
	15	100.000	0	.	.	7	3
	16	125.000	0	.	.	7	2
	17	152.000	0	.	.	7	1
	18	163.000	0	.	.	7	0

1. 上述生命表 (life table)，不同研究期間都顯示有除草 (treat=1) 比無除草 (treat=1)，更能延長幼苗的存活天數 Interval (變數 day)。

Step 3　Cox proportional hazards model (coxreg 指令)

　　存活分析，除了期望了解不同的干擾因子 (有沒有除草之處理 treat) 對於兩個或多個群體的存活結果有何種影響外，另外研究者有興趣的部分是預測「這一組變數值」之下的時間分布，在存活分析中最常使用的迴歸分析，就是 Cox 比例風險模型 (Cox proportional hazards model)。

存活分析及 ROC：應用 SPSS

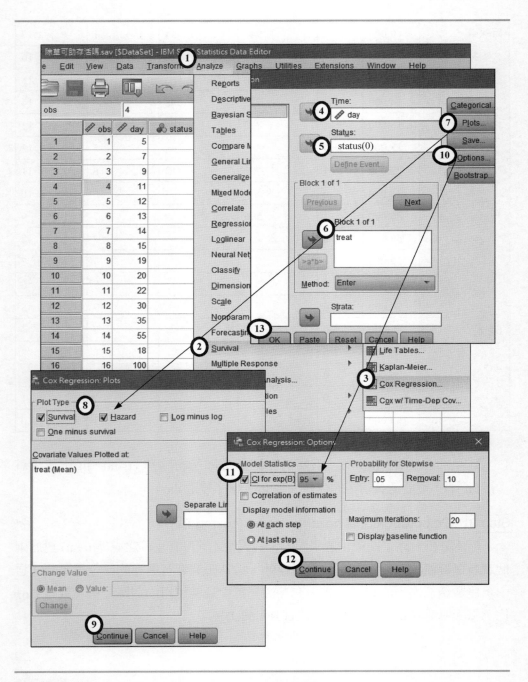

圖 3-28 「Cox Proportional Hazards Model」的選擇表 (coxreg 指令)

204

對應的指令語法：

```
subtitle "Step3 Cox Proportional Hazards Model".
COXREG day
  /STATUS=status(0)
  /METHOD=ENTER treat
  /PLOT SURVIVAL HAZARDS
  /PRINT=CI(95)
  /CRITERIA=PIN(.05) POUT(.10) ITERATE(20).
```

【**A. 分析結果說明**】**Cox 迴歸分析結果**

Block 1: Method = Enter

Omnibus Tests of Model Coefficients[a]

-2 Log Likelihood	Overall (score)			Change From Previous Step			Change From Previous Block		
	Chi-square	df	Sig.	Chi-square	df	Sig.	Chi-square	df	Sig.
128.759	5.439	1	.020	5.371	1	.020	5.371	1	.020

a. Beginning Block Number 1. Method = Enter

1. 「Omnibus Tests of Model Coefficients」表格印出，模型中所有變數的迴歸係數，其整體適配度 Overall (score) 卡方檢定的虛擬假設 H_0：「所有變數的迴歸係數全為 0」。本例檢定結果，(1)overall(Score) $\chi_{(1)}^2 = 5.439(P < 0.05)$；(2) 對數概似比 =128.759。故拒絕虛擬假設 H_0，表示本 Cox 模型中至少有一個自變數 (即共變數) 的 HR 值不為 1(Coef. 不為 0)，模型整體檢定具有統計學顯著意義。

1. **風險比 (hazard ratio, HR)** 的定義：

「在某個時間點之下給定 X 值的 event 風險比」，取自然對數函數 ln(x) 後，得：

$$\ln[HR(x)] = \ln\left(\frac{h(t\mid x)}{h_0(t)}\right) = \beta_1 x_1 + \beta_2 x_2 + \cdots + \beta_p x_p$$

其中

$h_0(t)$：在第 t 個時間點時，當所有預測變數 (predictors) 為 0 時之基線危險 (baseline hazard，無研究意義)。

$h(t \mid x)$：在第 t 個時間點時，給定 x 值時的危險 (hazard)。

$\log\left(\dfrac{h(t \mid x)}{h_0(t)}\right)$：「在某個時間點之下，當所有預測變數 (predictors) 為 0 時的危險比」。

$\text{Exp}(\beta_1)$：連續自變數 X_1 每增加一單位時，所增加的危險比 (hazard ratio)，它是發生危險的「比率」，而非機率。

$\text{Exp}(\beta_2)$：假設虛擬變數，假設「$X_2 = 1$ 代表男性」，「$X_2 = 0$ 代表女性」，則 $\text{Exp}(\beta_2)$ 代表男性相對於女性的危險比 (HR 值)。

2. 上面「**Variables in the Equation**」表：

B 欄：是比例危險 Cox 迴歸式中，自變數 (共變數) 對依變數的預測值，在 Cox 迴歸式是以 log-hazard 為單位，「B」值愈大，表示該自變數對依變數的攸關性 (relevance) 愈高。

3. Exp(B)：是這預測因子 (predictors) 的危險比率 (hazard ratios)。係數 B 值取自然對數，即 e^β(或 $\exp(\beta)$) 稱做 risk ratio 或 hazard ratio(RR)。一般在解讀 Cox 迴歸分析之報表時，係以解釋 RR 或 HR 為主。

本例「treat」變數的 HR = 0.353，表示實驗處理 (幼苗有除草) 可有效改善 64.7% 的存活率。

4. S.E. 欄：Cox 迴歸係數的標準誤 (standard errors associated with the coefficients)：

5. Wald 及 Sig 二欄：分別是 Wald chi-square 檢定及其雙尾 p-value，它的虛無假設「H_0：the coefficient (parameter) is 0」。若 p 值小於 ($\alpha = 0.05$) 則 Cox 迴歸係數達統計學上的顯著。

							95.0% CI for Exp(B)	
Variables in the Equation								
	B	SE	Wald	df	Sig.	Exp(B)	Lower	Upper
有除草嗎	.316	.596	.281	1	.596	1.372	.427	4.411

6. 本例「**treat**」虛擬變數，排除其他共變數的干擾之下，僅觀察「有除草 vs. 未除草」對幼苗存活時間有無差異。本例求得危險比 Hazard ratio = 1.372 (p < 0.05)，顯示：有除草 (**treat** =1) 的幼苗相對有較高的存活比率，大約是未除草 (**treat** = 0) 組別的 1.372 倍 (= $\exp^{coef}$)，或是將 β_1 取 exp，亦可求得 risk ratio 值為 $\exp(\beta_1) = \exp(0.316) = 1.372$

7. 此外，若 Cox 模型另有解釋變數「age 壓力憂慮」這類**連續**變數，迴歸係數 B 值解釋是，每當它增加一單位，相對的風險比率。例如 age 的係數 Exp(B) = .028，表示病患年齡每增加一歲，其死亡的風險為正向提高 $\boxed{1.029}$ 倍 (= $e^{0.028}$)。如此類推，「壓力憂慮」連續變數之危險因子。

8. 若共變數是次序 (order) 或等級 (rank) 變數，它類似 OLS 迴歸式：

$$\ln[HR(x)] = \ln\left(\frac{h(t \mid x)}{h_0(t)}\right) = \log(\frac{p(某等級)}{p(等級的比較基準點)}) = \beta_1 x_1 + \beta_2 x_2 + \cdots + \beta_p x_p$$

9. Hazard Ratio(HR) 意義說明：自變數係虛擬變數 (1 = 實驗處理組：0 = 控制組)

要估計 $\frac{實驗處理組(case)}{控制組(control)}$ 的效果 (treatment effect)，常用的 Cox 比例危險模型，其主要假定 (assumption) 為「處理組 vs. 對照組 (control)」兩組間危險函數比 (值) 與時間無關，它是常數且固定 (constant) 的。這個常數謂之危險 (Hazard Ratio, HR)。HR 值大小有下表所列三種情況。基本上，Cox 模型檢定是 H_0：HR=1 vs. $H_1 : HR \neq 1$；或是 H_0：係數 $\beta = 0$ vs. $H_1 : \beta \neq 0$。

Hazard ratio (HR)	log(HR) = β	說明
HR = 1	$\beta = 0$	兩組存活經驗相同 (Two groups have the same survival experience)
HR > 1	$\beta > 0$	控制組存活較優 (Survival is better in the control group)
HR < 1	$\beta < 0$	處理組存活較優 (Survival is better in the treatment group)

10. 當二個以上觀察值同分時 (tied values)，Stata 提供 stcox 指令共有 4 個處理法，公式如下：

$$(1)\ \log L_{\text{breslow}} = \sum_{j=1}^{D} \sum_{i \in D_j} \left[w_i(x_i\beta + \text{offset}_i) - w_i \log\left\{ \sum_{\ell \in R_j} w_\ell \exp(x_\ell\beta + \text{offset}_\ell) \right\} \right]$$

$$(2) \log L_{\text{efrom}} = \sum_{j=1}^{D} \sum_{i \in D_j} \left[x_i\beta + \text{offset}_i - d_j^{-1} \sum_{k=0}^{d_j-1} \log \left\{ \sum_{\ell \in R_j} \exp(x_\ell\beta + \text{offset}_\ell) - kA_j \right\} \right]$$

$$A_j = d_j^{-1} \sum_{\ell \in D_j} \exp(x_\ell\beta + \text{offset}_\ell)$$

$$(3) \log L_{\text{exactm}} = \sum_{j=1}^{D} \log \int_0^\infty \prod_{\ell \in D_j} \left\{ 1 - \exp\left(-\frac{e_\ell}{s}t\right) \right\}^{wt} \exp(-t)dt$$

$$e_\ell = \exp(x_\ell\beta + \text{offset}_\ell)$$

$$s = \sum_{\substack{k \in R_j \\ k \notin D_j}} w_k \exp(x_k\beta + \text{offset}_k) = \text{sum of weighted nondeath risk scores}$$

$$(4) \log L_{\text{exactp}} = \sum_{j=1}^{D} \left\{ \sum_{i \in R_2} \delta_{ij}(x_i\beta + \text{offset}_i) - \log f(r_j, d_j) \right\}$$

$$f(r, d) = f(r-1, d) + f(r-1, d-1) \exp(x_k\beta + \text{offset}_k)$$

$k = r^{\text{th}}$ observation in the set R_j

$r_j =$ cardinality of the set R_j

$$f(r, d) = \begin{cases} 0 & \text{if } r < d \\ 1 & \text{if } d = 0 \end{cases}$$

其中，δ_{ij} is an indicator for failure of observation i at time $t_{(j)}$.

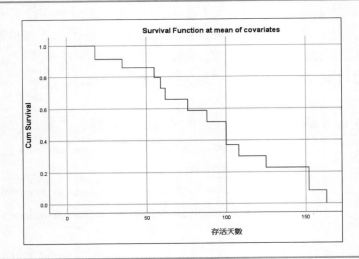

圖 3-29 「實驗組（有除草）合併控制組（未除草）」Cox 分析的存活率圖

註：可用 km 指令，分別繪出「實驗組（有除草）vs. 控制組（未除草）」Cox 分析的存活率比較圖

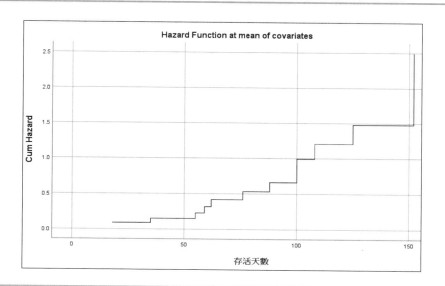

圖 3-30 「實驗組 (有除草) 合併控制組 (未除草)」Cox 分析的危險率圖

註：可用 km 指令，分別繪出「實驗組 (有除草)vs. 控制組 (未除草)」Cox 分析的危險率比較圖

3-4 Cox 比例危險模型 (proportional hazards model) (coxreg 指令)

危險 (proportional hazards) 之意涵如下圖。

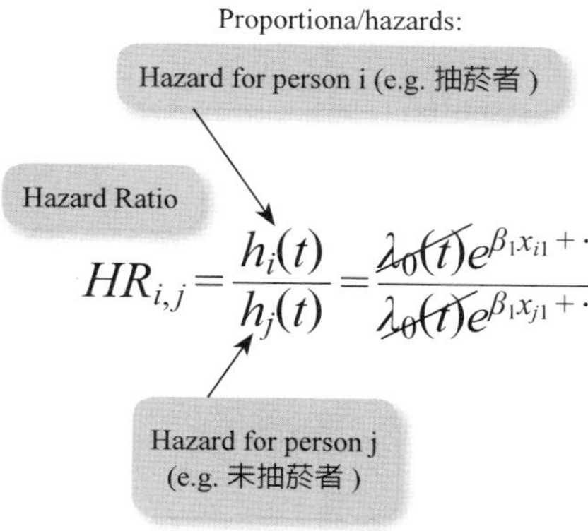

Proportiona/hazards:

Hazard for person i (e.g. 抽菸者)

Hazard Ratio

$$HR_{i,j} = \frac{h_i(t)}{h_j(t)} = \frac{\lambda_0(t)e^{\beta_1 x_{i1} + \cdots + \beta_k x_{ik}}}{\lambda_0(t)e^{\beta_1 x_{j1} + \cdots + \beta_k x_{jk}}} = e^{\beta_1(x_{i1} - x_{j1}) + \cdots + \beta_1(x_{ik} - x_{jk})}$$

Hazard for person j
(e.g. 未抽菸者)

圖 3-31 比例危險 (proportional hazards) 之示意圖

209

假定：hazard functions 必須嚴格平行 (strictly parallel)

上圖顯示「抽菸是肺癌的危險率」為：

$$HR_{肺癌|有抽菸} = \frac{h_i(t)}{h_j(t)} = \frac{\lambda_0(t)e^{\beta_{smoking}(1)+\beta_{age}(70)}}{\lambda_0(t)e^{\beta_{smoking}(0)+\beta_{age}(70)}} = e^{\beta_{smoking}(1-0)}$$

$$HR_{肺癌|有抽菸} = e^{\beta_{smoking}}$$

抽菸是肺癌的危險因子之外；假設共變數 (age) 也是危險因子之一，那麼菸齡每增加十年，其增加肺癌的危險率為：

$$HR_{lung\ cancer\,/\,10-years\ increase\ in\ age} = \frac{h_i(t)}{h_j(t)} = \frac{\lambda_0(t)e^{\beta_{smoking}(0)+\beta_{age}(70)}}{\lambda_0(t)e^{\beta_{smoking}(0)+\beta_{age}(60)}} = e^{\beta_{age}(70-60)}$$

$$HR_{lung\ cancer\,/\,10-years\ increase\ in\ age} = e^{\beta_{age}(10)}$$

3-4-1 f(t) 機率密度函數、S(t) 存活函數、h(t) 危險函數、H(t) 累積危險函數

數學 / 統計學，「一般」函數 (function) 都以 f(x)、s(x) 形式來表示。但存活期間之隨機變數 T(Time)，暗指以時間為基礎所構成的函數，故隨機密度函數 (PDF) 改以小寫 f(t) 形式來呈現，小寫 s(t) 代表存活機率函數；相對地，大寫 F(t)、S(t) 形式分別代表「累積」隨機密度函數 (CDF) 及「累積」存活機率函數。

一、前言

Cox(1972) 首先提出存活分析是一種無母數分析方法，不需對自變數作統計機率分布假設，也不需對母數做假定 (assumption) 檢定，即可預測個體失敗時點的機率，以幫助個體的「醫者 / 經營者」能及早對危險因子設法予以降低或消除。其研究方法是觀察某一個體在連續時間過程中，存活、死亡或轉移狀態的情形，因此是一種動態分析方法，利用存活函數 (survival function) 和危險函數 (hazard function) 來估計存活的機率以及死亡的機率。為了定義存活函數與危險函數，令 T 為存活的期間，T 為一非負數之隨機變數，個體在 T 時段發生事件的機率密度函數為 f(t)，累積密度函數為 F(t)，關係如下：

1. 令 T 為一段時間，其測量從一個明確的定義的時間零點，到一個明確定義特殊事件的發生點。令 T ≥ 0 且 f(t) 為一個機率密度函數。

f(t) 密度函數：超過任一時刻之瞬間內狀態發生變化物件的百分比或機率。

$$f(T=t) = \lim_{\Delta t \to 0} \frac{P(t \le T \le t + \Delta t)}{\Delta t} = \frac{dF(t)}{dt}$$

2. S(t) 存活函數：一個個體的存活時間超過時間 t 的機率，也就是在時間 t 之後發生事件的機率。

$$S(t) = P(T > t) = \int_{t}^{\infty} f(t) dt$$

存活函數是一個單調遞減函數，其在時間 0 等於 1，S(0)=1，在無窮大時會近似於 0，故 S(∞) = 0，所以當 $t_1 < t_2$ 則 S(t_1) > S(t_2)，若母體的一些成員最後都會發生事件則 S(∞) = 0，若母體的一些成員絕不會發生某事件，則存活曲線可能不會隨時間增加而趨近於 0。實務上，一個實用的存活曲線估計式 (e.g. 存活率) 並不需要求到達 0 值，當 T 為一連續隨機變數，則存活函數為累積機率分布函數 (cumulative distribution function) 的餘集 (complement)，存活曲線通常以離散的時間點或年齡來繪製。

3. h(t) 危險函數：當給定存活時間 T 大於或等於 t 為條件時，在 T=t 的狀態發生改變機率。

$$h(t) = \lim_{\Delta t \to 0} \frac{P(t \le T < t + \Delta t \mid T \ge t)}{\Delta t} = \frac{f(t)}{S(t)}$$

即 $f(t) = h(t)S(t)$

4. 累積危險函數 $H(t) = \int_{0}^{t} h(u) du$

危險函數是描述失敗過程中性質的資訊，放在決定適當的失敗分布時特別有用。當事件發生經歷跟隨時間改變時，此危險函數是有用的，危險率唯一的限制就是它是非負值的 (nonnegative)，即 h(t)0 當追蹤一位觀察對象到時間 t，並不再計算他的死亡，則累積危險函數 H(t) 是事件的期望次數 (expected event counts)，使用累積危險函數讓我們容易估計 S(t)，使用圖表可以簡單的檢查累積危險函數的形狀，可告訴我們累積危險函數資訊，例如斜率。

分析存活時間資料時，除了時間的變數外，常伴隨與存活時間相關的解釋因子，影響事故存活或排除的因素有許多，將這些「解釋變數／共變數」因素 (x) 放入存活函數或危險函數中，存活函數則由 S(t) 變為 S(t; x)，危險函數由 h(t) 變為 h(t; x)。

函數之符號解說：

假設某一 pdf 函數，係由一個以上參數 (parameters) 來描述其特性 (characterized)，則其符號記為：

$$f(x;\theta) = \frac{1}{\theta}e^{-x/\theta}$$

random variable   parameter

假如 $P(x \mid \theta)$ 是參數 θ 的函數，則概似 (likelihood) 記為：

$L(\theta) = P(x \mid \theta)$　（表示資料 x 為固定值 (Data x fixed)；視 L 為 θ 的函數 (treat L as function of θ))

Cox(1972) 比例危險模型，主要優點為：(1) 不用假設存活時間 t 屬於何種參數型分布，及能估算個體行為對存活時間的影響；(2) 可處理具有設限觀察值資料的模型與參數估計；(3) 共變數向量可以是連續、間斷、時間相關或虛擬變數；(4) 模型考慮到存活時間與設限之資料，避免與 logit 迴歸只有使用 (0,1) 忽略時間與設限資料的缺點。

Cox(1972) 將危險率定義為：$h(t \mid x) = h_0(t)\exp(\beta X_T)$

其中，$h_0(t)$ 為基準危險函數 (base line hazard function)，β 為解釋變數估計值之矩陣。Cox 認為 $h_0(t)$ 並非 T 的平滑函數，換言之，$h_0(t)$ 是被允許任意值屬於無母數形式，Cox 認為基準危險函數可以有任何形式，可不對其做假設，亦即不需對基準危險函數作任何設定就可以估計參數，因為 Cox 認為任何樣本的危險率與其他樣本成固定比例的關係，所以 Cox 的危險函數，稱為比例危險函數 (proportional hazard function)，Cox 建議模型參數值可採用偏概似函數，即：

$$L(\beta) = \prod_{j=1}^{k} \frac{e^{x_{(j)}\beta}}{\sum_{l \in R_j} e^{x_l \beta}}$$

相對風險 (relative risk, RR) 或稱危險比 (hazard ratio)，用以表示死亡風險或危險之預期改變量，即解釋變數 X 值改變時，對事故排除時間之影響大小，其定義如下：

$$HR = \frac{h(t \mid X^*, \beta)}{h(t \mid X, \beta)} = \frac{h_0(t)e^{X\beta}}{h_0(t)e^{X^*\beta}} = e^{(X^*-X)\beta} = e^{\sum_{i=1}^{k} \beta_i (X_i^* - X_i)}$$

其中，$X(j)$ 是事故發生排除之解釋變數向量，β 為所對應之待校估參數向量。危險比 (hazard ratio)，用以表示死亡風險或危險之預期改變量，於本研究中則表示解釋變數值改變時，對事故排除風險之影響大小。若危險比大於 1 時則表示每增加 1 單位的變數值其事故發生排除的機率上升也就是事故排除時間會減短。若危險比等於 1 時，事故發生排除的機率不變，事故排除時間不變。若危險比小於 1 時則事故發生排除的機率下降，事故排除時間會增長。

二、函數之定義

> **定義：存活函數 (survival function)**
>
> S(t) = Pr(T > t)，t 表示某個時間，T 表示存活的時間 (壽命)，Pr 表示機率。
>
> 存活函數 S(t) 就是壽命 T 大於 t 的機率。
>
> 舉例來說，人群中壽命 T 超過 60 歲 (時間 t) 的人在所有人中的機率是多少，就是存活函數要描述的。
>
> 假定 t = 0 時，也就是壽命超過 0 的機率為 1；t 趨近於無窮大，存活機率為 0，沒有人有永恆的生命。如果不符合這些前提假定，則不適用 Survival analysis，而使用其他的方法。
>
> 由上可以推導：存活函數是一個單調 (mono) 非增函數。t 越大，S(t) 值越小。

> **危險函數 (hazard function)：符號 $\lambda(t)$ 或 $h(t)$**
>
> **定義：hazard function,** $h(t) = \lim\limits_{\Delta t \to 0} \dfrac{p(t \leq T < t + \Delta t \mid T \geq t)}{\Delta t}$
>
> hazard function 的分子是條件機率，也就是在存活時間 t 到 Δt 間發生事件的機率，為了要調整時間區間，hazard function 的分母是 Δt，讓 hazard function 是比率 (rate) 而不是機率 (probability)，最後，為了能精準表示在時間 t 的比率，公式用時間區間趨近於 0 來表示。
>
> **定義：存活函數，** $S(t) = \mathbf{Pr}(T > t)$
>
> hazard function 與存活函數不同，hazard function 並不從 1 開始到 0 結束，它可以從任何時間開始，可以隨時間上下任何方向都可以，其他特性如它總是

非負的且沒有上限，它也有與存活函數很明確定義的關係，所以你可以根據 hazard function 得到存活函數，反之亦然。

$$h(t) \text{ 或 } \lambda(t) = \frac{f(t)}{S(t)} = \frac{\text{事件密度函數}}{\text{存活函數}} = -\left[\frac{\frac{d(F(t))}{dt}}{S(t)}\right]$$

危險函數引入分母 S(t)。其物理意義是，如果 t = 60 歲，λ(t) 就是事件機率 (死亡) 除以 60 歲時的存活函數。因為年齡 t 越大，分母存活函數 S(t) 越小，假定死亡機率密度 f(t) 對任何年齡一樣 (這個不是 survival analysis 的假設)，那麼危險函數 λ(t) 值越大，預期存活時間短。

綜合很多因素，賣人身保險的對年齡大的收費越來越高。嬰兒的死亡機率密度相對高一些，雖然分母存活函數 S(t) 大，λ(t) 值還是略微偏高，交的人身保險費也略偏高。

上式 hazard function，h(x) 等於負存活函數 S(t) 對時間作一次微分，並除以存活函數。

以 exp() 與互為反函數來看，hazard function 來表示存活函數的公式為：

$$S(t) = e^{-\int_0^t h(u)du}$$

公式顯示存活函數等於指數的負 hazard function 對時間作積分，積分的範圍從 0 到 t。

Cox 危險 (hazard) 模型適配度之概似比 (likehood ratio, LR)：
Cox 模型之適配度是以概似比 LR-test 來檢定：

$$\chi_{LR}^2 = -2\log\left(\frac{\max.likehood \text{ without the variable}}{\max.likehood \text{ with the variable}}\right)$$

若 $\chi_{LR}^2 > \chi_\alpha^2(v)$，則拒絕 H_0：迴歸係數 $\beta = 0$，其中 v 為自由度。此外，LR 亦可適用於敵對二個模型的優劣比較、或某一模型的整體適配度 (overall fitness)、個別迴歸係數 β 的顯著性檢定。

比例危險模型 (proportional hazards model, PHM) 是 Cox(1972) 所提出，在統計學領域尤其是存活分析研究，最被廣泛應用。

因此，透過 cox-regression 的方式校正研究中的干擾因子，以 hazard ratio 報告干擾因子的影響程度。

相對於其他模型 (如 logit model、probit model、生命表法、加速失敗時間模型)，比例危險模型由於不必對資料或殘差項假設服從某機率分布，限制較少；另一方面，比例危險模型除了可以涵蓋不會因時間經過而改變其值的變數，同時也相當適合處理會隨時間改變變數值的共變數 (time-dependent covariates)、時變共變數 (time-varying covariates)。

三、舉例：Cox 比例危險迴歸

研究控制其他預後因子 (或共變數) 後，血管內皮生長因素 (vascular endothelial growth factor, VEGF) 是否是大腸癌的預後因子。

此研究假設切片的腫瘤上有過度表現的 VEGF 時，表示腫瘤增生的活動力很強，由此可以預估預後情形會不理想。樣本是在成大醫院做過治療大腸癌的病人，並用回溯性方法回顧這些人的醫療紀錄。預後情形分為下列兩種：無病存活 (disease-free survival) 時間定義為手術治療後到第一次復發的時間；整體存活 (overall survival) 時間定義為手術治療後到死亡的時間。人口學資料包括年齡、性別以及腫瘤特性 (包括 location, differentiation, and Dukes staging)，在此研究皆為控制變數。此研究樣本有些人在終止觀察之前並未死於大腸癌，但卻因為失去追蹤或死於其他原因而結束觀察這些樣本，在估計存活函數時必須考慮到上述所提的 censored data，因此可以用 Kaplan Meier method 來估計。

四、偏概似估計法 (partial likelihood, PL)：Kaplan-Meier 估計

假設有 m 個 event times(如 Kaplan-Meier 法)，第 i 個 event times 之偏概似 L_i 為：

$$L_p(\beta) = \prod_{i=1}^{m} L_i$$

假設有六位男性 (subjects j=1-6) 菸齡資料為：1, 3, 4, 10, 12, 18，則

對每一事件的概似

$$L_p(\beta) = \prod_{i=1}^{m} L_i = \left(\frac{h_1(1)}{h_1(1) + h_2(1) + h_3(1) + h_4(1) + h_5(1) + h_6(1)} \right) \times$$

$$\boxed{\left(\frac{h_2(3)}{h_2(3) + h_3(3) + h_4(3) + h_5(3) + h_6(3)} \right)} \times \left(\frac{h_3(4)}{h_3(4) + \cdots + h_6(4)} \right)$$

$$\times \left(\frac{h_5(12)}{h_5(12) + h_6(12)} \right) \times \left(\frac{h_6(18)}{h_6(18)} \right)$$

已知 time=3 時發生死亡，此機率發生在 subject 2 高於其他的個體身上。

偏概似 (PL) 為

$$L_p(\beta) = \prod_{i=1}^{m} L_i =$$

$$\left(\frac{\lambda_0(t=1)e^{\beta x_1}}{\lambda_0(1)e^{\beta x_1} + \lambda_0(1)e^{\beta x_2} + \lambda_0(1)e^{\beta x_3} + \lambda_0(1)e^{\beta x_4} + \lambda_0(1)e^{\beta x_5} + \lambda_0(1)^{\beta x_6}} \right) \times \cdots \times \left(\frac{\lambda_0(18)e^{\beta x_6}}{\lambda_0(18)e^{\beta x_6}} \right)$$

$$\therefore L_p(\beta) = \prod_{i=1}^{m} L_i = \left(\frac{e^{\beta x_1}}{e^{\beta x_1} + e^{\beta x_2} + e^{\beta x_3} + e^{\beta x_4} + e^{\beta x_5} + e^{\beta x_6}} \right) \times \cdots \times \left(\frac{e^{\beta x_6}}{e^{\beta x_6}} \right)$$

$$\therefore L_p(\beta) = \prod_{i=1}^{m} \left(\frac{e^{\beta x_j}}{\sum_{j \in R(t_i)} e^{\beta x_j}} \right)^{\delta_j}$$

其中，δ_j 為 censoring 變數 (1=if event, 0 if censored)，$R(t_i)$ 是時間點 t_i 的風險集合 (risk set)。

$$\therefore \log L_p(\beta) = \sum_{i=1}^{m} \delta_j [\beta x_j - \log(\sum_{j \in R(t_i)} e^{\beta x_j})]$$

將上式 log PL 取一階微分，並令其值為 0，所求的 β 係數值，即最大概似估計 (maximum likelihood estimation)。

(一) 虛無假設檢定：H_0：係數 $\beta = 0$

1. Wald 檢定：

$$Z = \frac{\hat{\beta} - 0}{\text{asymptotic standard error}(\hat{\beta})}$$

2. 概似比檢定 (likelihood ratio test)：

$$-2\ln \frac{L_p(reduced)}{L(full)} = -2\ln \frac{L_p(縮減模型)}{L(完整模型)}$$

$$= 2\ln(L_p(reduced)) - [-2\ln(L_p(full))] \sim 符合 \chi_r^2 分布$$

五、存活函數以 Kaplan-Meier 方式估計

Kaplan-Meier 估計方式是先將所有觀察的時間由小排到大，若有資料重複 (ties) 的情形發生，uncensored data 要放在前面，censored data 排在後面。

為此，SPSS 提供 4 種資料重複 (ties) 處理方式：Breslow 法、精確偏概似 (exact partial likelihood)、精確邊際概似 (exact marginal likelihood) 及 Efron 法。

排序之後，每個死亡時間 (uncensored data) 有 $t_{(i)}$ 代表第 i 個死亡時間，n_i 代表尚處在風險的樣本數，d_i 代表死亡數。

存活函數以 Kaplan-Meier 方式估計為：

$$\hat{S}_{KM}(t) = \prod_{t:t_{(i)} \leq t} \frac{n_i - d_i}{n_i}$$

$\hat{S}_{KM}(t)$ 代表存活函數的 Kaplan-Meier 估計式

$$S(t) = \Pr(T > t).$$

$\hat{S}_{KM}(t)$ 的樣本變異數為

$$\mathrm{Var}(\hat{S}_{KM}(t)) = \left[\hat{S}_{KM}(t)\right]^2 \sum_{t:t_{(i)} \leq t} \frac{d_i}{n_i(n_i - d_i)}$$

3-4-2 Cox 比例危險模型之迴歸式解說

一般較常用的都是非參數的分析，也就是無母數的統計；因為當我們要進行存活函數估計時，常常被研究事件並沒有很好的參數模型可以適配，這時我們會利用無母數方法來分析它的存活特徵，例如 Kalpan-Meier 法、生命表 (life table) (ltable 指令)、或計算平均存活期 (stci 指令)。進一步要比較存活機率曲線的差別時，我們也可利用 failure rates and rate ratios(strate 指令)、Mantel-Haenszel rate ratios(stmh 指令)、Mantel-Cox rate ratios(stmc 指令) 等各種檢定 / 繪圖法。複雜點的話，例如要調整其他變數效應，再求取預後因子的效應，那就可以用 Cox proportional hazards model(stcox 指令)。

要認識 Cox 比例危險模型 (Cox proportional hazard model)，就必須把它的統計式 (也可說為迴歸方程式) 列出來，下列公式「HR」就是「**H**azard **R**atio」，表示在某個時間點之下會發生事件 (event) 的風險比。因此 HR(x) 就是表示在給定 x 值的情況之下會發生某事件的風險比，所謂的 x 值指的就是自變數

(independent variable/covariate) 的數值，例如年齡 50 歲就是一個 x。不過我們可以從最右側的公式發現，其實它跟 linear regression 的迴歸方程式很相近，只是左邊的所要求的數值有差別。

下式還不是我們所要的迴歸方程式，因此我們繼續使用 log() 轉換公式，經過一系列的轉換，即可發現現在迴歸方程式已經很好解釋了。

不過它跟所有的迴歸模型一樣，這就是截距項 (Intercept)，一般我們是不解釋截距項的，重點是右邊的迴歸方程式就跟 linear / logistic 迴歸一樣。

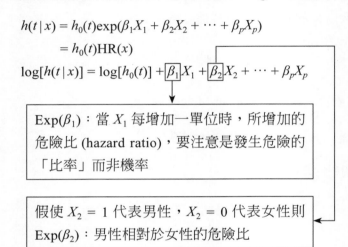

$$h(t\,|\,x) = h_0(t)\exp(\beta_1 X_1 + \beta_2 X_2 + \cdots + \beta_p X_p)$$
$$= h_0(t)\mathrm{HR}(x)$$
$$\log[h(t\,|\,x)] = \log[h_0(t)] + \boxed{\beta_1} X_1 + \boxed{\beta_2} X_2 + \cdots + \beta_p X_p$$

Exp(β_1)：當 X_1 每增加一單位時，所增加的危險比 (hazard ratio)，要注意是發生危險的「比率」而非機率

假使 $X_2 = 1$ 代表男性，$X_2 = 0$ 代表女性則 Exp(β_2)：男性相對於女性的危險比

那麼迴歸係數數值如何解釋呢，假使說是連續變數 (年齡)，那麼年齡增加 1 歲時則危險比會變成 exp(β_1) 單位，因此也可以說增加 1 歲則危險比會增加 exp(β_1) − 1 倍，不過需注意，如果年齡增加 10 歲那麼危險比會如何變化呢？這邊很容易會有同學搞錯，假設迴歸係數 $\beta = 0.35$，那麼 exp(0.35)=1.42，也就是說當年齡增加 1 歲時則風險比為原本的 1.42 倍 (或者是說當年齡增加 1 歲時風險比增加了 1.42 − 1 = 0.42 倍)。不過年齡增加 10 歲時的風險比可不是直接將 10×1.42 = 14.2 喔！而是 exp(10×β_1)，也就是 exp(10×0.35) = 33.1 倍，而這個數字會剛好等於原本的 exp(0.35) 的 10 次方。

也就是說在 Cox model 裡，增加 1 歲時的危險比為 exp(β_1)，但增加 n 歲時的危險比是 exp(β_1)×n。這種風險比呈現加乘性 (multiplicative) 的效應，是跟 logit model 一樣的。

預測的自變數若再加 X_2(性別)，$X_2 = 1$ 代表男性，$X_2 = 0$ 代表女性，此時的 exp(β_2) 就代表男性相對於女性的風險比，若 HR 顯著超過 1 則表示男性的風險比較高。

小結

此時，「在某個時間點之下給定 X 值的 event 風險比」，取 log(x) 後，得：

$$\log_e[HR(x)] = \ln\left(\frac{h(t\,|\,x)}{h_0(t)}\right) = \beta_1 x_1 + \beta_2 x_2 + \cdots + \beta_p x_p$$

其中，

$h_0(t)$：在第 t 個時間點時，當所有預測變數 (predictors) 為 0 時之基線危險 (baseline hazard, 無研究意義)。

$h(t\,|\,x)$：在第 t 個時間點時，給定 x 值時的危險。

$\log_e\left(\dfrac{h(t\,|\,x)}{h_0(t)}\right)$：「在某個時間點之下，當所有 predictors 為 0 時的危險比」。

補充說明：

假設 $S_0(t)$ 是女性肺癌病人存活時間的曲線，$S_1(t)$ 是男性肺癌病人存活時間的曲線，Cox 迴歸的模型假設 $S_1(t) = S_0^{\lambda}(t)$，而 λ 就是肺癌病人中男性相對於女性的風險比 (RR)。

若風險比 λ 值大於 1 的話，表示男性在任何時間點上的存活率都比女性低；反之，λ 值小於 1 的話，表示男性在任何時間點上的存活率都比女性高。值等於 1 的話，表示男性在任何時間點上的存活率都和女性一樣。

「風險比」的意義和 logistic 迴歸中的「勝算比」意義相似但不相同。我們都用 β 來表示 $\log_e\lambda$，即 $\lambda = e^{\beta}$，或用 $\log_e HR(x) = \beta \times x$，x = gender 來表示不同 gender 相對於女性的 log- 風險比。

Case 1：當 gender = 1 時，$\log_e HR(x = 1) = \beta \times 1$，表示男性相對於女性的 log-風險比為 β 或風險比為 e^{β}。

Case 2：當 gender = 0 時，$\log_e HR(x = 0) = 0$，即是說女性相對於女性的 log-風險比為 0 或是說風險比為 $e^0 = 1$。

以上的風險比是以女性存活為比較基線 (baseline，定義為 x = 0) 而定義的，我們稱 x = 0 為基線條件。

3-4-3 危險函數的估計 (hazard function)

一、模型建立

首先，Cox 將危險函數定義如下：

$$h_i(t) = \lambda_0(t)\psi(z)$$

危險函數 $h_i(t)$，除了代表死亡率外，亦可能是倒閉、提前清償或違約危險率，以條件機率來衡量在給定某一房貸樣本在尚未發生提前清償或違約的條件下，瞬間發生提前清償或違約的機率，所表達出的就是一種風險概念。

$\lambda_0(t)$ 為基準危險函數 (baseline hazard function)，亦可用符號「$h_0(t)$」表示。

$\psi(z)$ 為共變數函數。

共變數函數中 $\psi(z)$，z 為觀察樣本危險因子 (或解釋變數) 向量。

所謂 $\lambda_0(t)$ 基準危險函數是指當危險因子 $z = 0$ 時，觀察樣本的基準危險。Cox 認為 $\lambda_0(t)$ 並非 t 的平滑函數，意即 $\lambda_0(t)$ 被允許為任意值，屬於無母數形式。而共變數 $\psi(z)$ 是一個 $\psi(0) = 1$ 的函數。因為 $\psi(z; \beta) \geq 0$，$\psi(z; \beta)$ 為非負形式，且 $\psi(0; \beta) = 1$，所以 Cox 設定 $\psi(z; \beta) = \exp(\sum_{k=1}^{n}\beta_k x_k) = \exp(\beta_1 x_1 + \beta_2 x_2 + \cdots \beta_n x_n)$。危險函數則變為：

$$h_i(t) = \lambda_0(t)\exp(\beta_1 x_{i1} + \beta_2 x_{i2} + \cdots\cdots + \beta_k x_{ik})$$

再根據下式，

$$S(t) = \exp\left(-\int_0^t h(x)dx\right)$$

存活函數則可改寫為：

$$
\begin{aligned}
S(t) &= \exp\left(-\int_0^t h(x)dx\right) \\
&= \exp\left(-\int_0^t \lambda_0(x)\psi(z)dx\right) \\
&= [S_0(t)]^{\psi(z)} \\
&= [S_0(t)]^{\exp\left(\sum_{k=1}^{n}\beta_k x_k\right)}
\end{aligned}
$$

其中，

$$S_0(t) = \exp\left(-\int_0^t \lambda_0(x)dx\right)$$

是相對於 $\lambda_0(t)$ 的基準存活函數，而 $-\int_0^t \lambda_0(x)dx$ 之數值必小於或等於 0，所以基準存活率 $S_0(t)$ 必然小於或等於 1。因此當 $\exp(\sum_{k=1}^{n} \beta_k x_k)$ 越大時，造成存活機率越小，也就是 β 值為正的條件下，變數值越大，存活機率越小。

另外，為什麼這模型稱為比例危險模型，主要是因為任何樣本的危險率與其他樣本成固定比例關係，例如樣本 i 和樣本 j 關係如下：

$$\frac{h_i(t)}{h_j(t)} = \exp[\beta_1(x_{i1} - x_{j1}) + \cdots + \beta_k(x_{ik} - x_{jk})]$$

基準危險函數在兩樣本間的危險比率中都被消掉了，因此，在觀察期間內兩樣本的危險比率固定不變，如下圖所示：

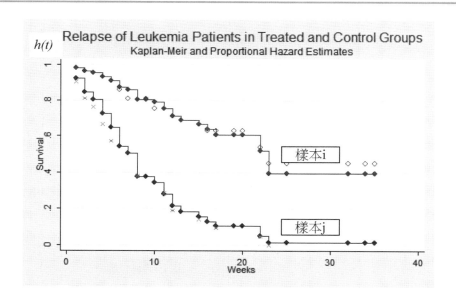

圖 **3-32**　比例危險之示意圖

Cox 認為基準危險函數可以有任何形式，因此不對其做任何假設，在下一部分介紹的偏概似估計 (partial likelihood) 中即不需要對基準危險函數做任何設定就可以估計參數，描述危險率和解釋變數之間的關係。因為基準危險函數可以是任意分布，所以 Cox 的比例危險模型屬於非參數模型 (nonparametric model)，但在模型中要估計解釋變數（自變數）的參數值，亦屬於參數模型 (parametric model)，綜合兩種性質，Cox 比例危險模型一般被學者歸為半參數模型 (semi-parametric model)。

二、偏概似函數 (partial likelihood)

假設有資料如下：

表 3-1 概似估計之範例

subject	失敗順序 （事件發生即為失敗）	存活時間（天）	失敗為 1 censored data 為 0
1	1	5	1
2	2	9	1
3	3	12	1
4	.	16	0
5	.	17	0
6	4	18	1
7	5	19	1
8	5	19	1
9	5	19	1
10	8	22	1
11	9	24	1
12	10	30	1
13	11	36	1
14	12	55	1
15	13	62	1

第一位失敗事件發生者為 1 號樣本，存活時間為 5 天，則在樣本群中有多個至少活到第 5 天的樣本條件下，1 號樣本或首先發生失敗事件者，發生失敗的機率為：

$$L_1 = \frac{h_1(5)}{h_1(5) + h_2(5) + \cdots + h_{15}(5)}$$

第二位失敗者為 2 號樣本，存活時間 9 天，在樣本群中有多個至少活到第 9 天的樣本條件下，1 號樣本已不在條件內，因此 2 號樣本事件發生的機率為：

$$L_2 = \frac{h_2(9)}{h_2(9) + h_3(9) + \cdots + h_{15}(9)}$$

　　從上面二式可以明顯看出，這兩個方程式都是條件機率的概念，分子是發生事件樣本尚存活到時間 t 但隨即瞬間發生失敗事件的危險率，而分母是群體中其他 (含分子部分) 至少存活到時間 t 的樣本集合，同樣也是以瞬間發生事件的危險率來表示，而分母的樣本組合即稱爲風險集合 (risk set)。此條件機率的意義即表示，在所有至少存活到時間點 t 且瞬間可能發生失敗事件的樣本風險集合中，某樣本眞正在時間點 t 發生失敗事件的機率。

　　然而，在群體中，可能會有兩個以上的樣本存活時間相同如表 2-1 所示，7 至 9 號三個樣本的存活時間相同，這些樣本，即爲重複值 (tied data)。在大部分的情況，由於資料取得的限制以及時間單位的衡量方式，無法很確切地知道三者發生失敗事件的實際順序，而在偏概似估計中，基本上這三個樣本所有可能排列的順序都要考慮，三個樣本就有六種排列順序 (3!=6, $A_1 \sim A_6$)：

A_1: {7, 8, 9}

$$\Pr(A_1) = \left(\frac{h_7(19)}{h_7(19) + h_8(19) + \cdots + h_{15}(19)} \right) \left(\frac{h_8(19)}{h_8(19) + h_9(19) + \cdots + h_{15}(19)} \right)$$
$$\left(\frac{h_9(19)}{h_9(19) + h_{10}(19) + \cdots + h_{15}(19)} \right)$$

A_2: {8, 7, 9}

$$\Pr(A_2) = \left(\frac{h_8(19)}{h_7(19) + h_8(19) + \cdots + h_{15}(19)} \right) \left(\frac{h_7(19)}{h_7(19) + h_9(19) + \cdots + h_{15}(19)} \right)$$
$$\left(\frac{h_9(19)}{h_9(19) + h_{10}(19) + \cdots + h_{15}(19)} \right)$$

類推計算出 $A_1 \sim A_6$ 得到

$$L_5 = \sum_{i=1}^{6} \Pr(A_i)$$

而 L_1 可改寫爲：

$$L_1 = \frac{\lambda_0(5)e^{\beta x_1}}{\lambda_0(5)e^{\beta x_1} + \lambda_0(5)e^{\beta x_2} + \cdots + \lambda_0(5)e^{\beta x_{15}}}$$
$$= \frac{e^{\beta x_1}}{e^{\beta x_1} + e^{\beta x_2} + \cdots + e^{\beta x_{15}}}$$

根據上式，在轉換過程中基準危險函數被消除掉，呼應 Cox 估計 β 係數不

必預先設定基準危險函數的方式。

由上式類推導出其他不同存活時間的機率方程式，可將比例危險模型的部分概似函數一般化如下：

$$PL = \prod_{i=1}^{n} \left[\frac{e^{\beta x_i}}{\sum_{j=1}^{n} Y_{ij} e^{\beta x_j}} \right]^{\delta_i}$$

當 $t_j \geq t_i$，$Y_{ij} = 1$；反之，當 $t_j < t_i$，$Y_{ij} = 0$。

此則若群體中某樣本 j 的存活時間 t_j 小於所計算樣本 i 特定時間 t_i，則樣本 i 不再出現於函數分母的風險集合中，會被剔除掉。至於 δ_i 則在所計算樣本 i 非為受限資料時，也就是有觀察到失敗事件何時發生，那麼 $\delta_i = 1$，會計算出條件機率，若樣本 i 為受限資料，則不知有無發生失敗事件，$\delta_i = 0$，不會算出條件機率。

三、參數估計

首先將部分概似函數 (上式) 取對數，可求得：

$$\log PL = \sum_{i=1}^{n} x_i \beta - \sum_{i=1}^{n} \delta_i \log \left[\sum_{j=1}^{n} e^{\beta x_j} \right]$$

為估計 β 值，將上式取一階偏微分，可得：

$$U(\beta) = \frac{\partial \log PL}{\partial \beta}$$

$$= \sum_{i=1}^{n} x_i - \sum_{i=1}^{n} \delta_i \frac{\sum_{i=1}^{n} x_i e^{\beta x_j}}{\sum_{i=1}^{n} e^{\beta x_j}}$$

$$= \sum_{i=1}^{n} \left[x_i - \delta_i \frac{\sum_{i=1}^{n} x_i e^{\beta x_j}}{\sum_{i=1}^{n} e^{\beta x_j}} \right]$$

再取 log PL 的二階偏微分矩陣，可得：

$$I(\beta) = \frac{\partial^2 \log PL}{\partial \beta \partial \beta'}$$

欲估計 β 值，則必須使部分概似函數最大化，令上式等於 0。由於部分概似估計為非線性函數，因此可以數值方法 (numerical method) 來求解，如牛頓―

拉弗森演算法 (Newton-Raphson algorithm)：

$$\beta_{j+1} = \beta_j - I^{-1}(\beta_j)U(\beta_j)$$

任意選取起始參數值 β_0 代入上式，得出第一個結果 β_1，然後再將 β_1 代入，得到 β_2，如此不斷地重複，直到所得出的參數值幾乎等於上一個代入的參數值，重複的步驟就可以停止，表示已達收斂狀態，得到最佳估計參數值 β。

3-4-4 Cox 模型之相對風險 (relative risk, RR)

以機車紅燈怠速熄火行為之研究為例，相對風險 (relative risk, RR) 或稱危險比 (hazard ratio)，用以表示死亡風險或危險之預期改變量，於本例中則表示解釋變數值改變時，對紅燈怠速熄火風險之影響大小，其定義如下：

$$RR = \frac{h(t|X^*, \beta)}{h(t|X, \beta)} = \frac{h_0(t)e^{X^*\beta}}{h_0(t)e^{X\beta}} = e^{(X^*-X)\beta} = e^{\sum_{i=1}^{k}\beta_i(X_i^*-X_i)}$$

其中 $X = [X_1, X_2, ..., X_k]$，$X^* = [X_1^*, X_2^*, ..., X_k^*]$，分別表示解釋變數值改變前後之向量，而 $\beta^* = [\beta_1, \beta_2, ..., \beta_k]$ 則為模式參數向量。

實際應用時，通常會在其他變數值不改變之假設下，針對某一解釋變數分析其值改變時對死亡風險或危險之影響。例如針對第 j 個變數 X_j 再進行相對風險分析，因其他變數值不變，故：

$$RR_j = e^{\sum_{j=1}^{k}\beta_i(X_i^*-X_i)} = e^{\beta_j(X_j^*-X_j)} = e^{\beta_j X_j^* - \beta_j X_j} = \frac{e^{\beta_j X_j^*}}{e^{\beta_j X_j}}$$

就數值僅為 0 或 1 之二元變數 (dichotomous variable) 而言，若再值由 0 改變為 1，則：

$$RR_j = \frac{e^{\beta_j \cdot 1}}{e^{\beta_j \cdot 0}} = e^{\beta_j}$$

另解釋變數雖非二元，但其改變量為 1 時，則仍適合使用上式計算相對風險。此種應用常見於分類型資料 (categorical data)。例如將配合意願變數可分為非常不願意、不願意、普通、願意以及非常願意 5 種程度，並分別定義其值為 1 至 5。若由原先之不願意改變為普通，即變數值由 2 改變為 3。則其相對風險仍為 e^{β_j}。

相對風險可作為不同變數值之間，死亡風險或危險之相對差異比較。若 RR=1，表示解釋變數不影響事件的存活。若 RR < 1，表示解釋變數與事件存活增加相關，即死亡風險降低，增加事件存活的機率。反之，若 RR > 1，表示解釋變數與事件存活減少相關，會增加死亡的風險。舉例而言，當機車騎士對全球暖化的認知由不嚴重晉升一級至普通時，相對而言，會有較高的配合意願於紅燈時熄火等待。換言之，死亡風險相對提高，故 RR > 1。

Cox 時間相依模型

在研究中，某些共變數可能會因時間而改變，如年齡、血壓等，通常共變數可分為固定型 (fixed) 和時間相依型 (time dependent)，後者係指共變數因時間變化之差異，例如性別是固定型，而有無配偶則會隨時間改變而有不同的狀況。因此，考慮到共變數對存活狀況所帶來的影響，將時間相依變數引入模型中，則 Cox 比例風險模型在時間 t 的風險可修正為：

$$h(t) = h_0 t(t) \exp\left(\sum_{i=1}^{k} \beta_i Z_i + \sum_{j=k+1}^{m} \gamma_j Z_j(t) \right)$$

其中，$h_0 t(t)$ 為基準風險函數 (baseline hazard formula)，Z 為固定型變數，$Z(t)$ 為時間相依變數，β 與 γ 分別為固定型變數與時間相依變數之迴歸係數。

3-5 Kaplan-Meier 存活模型

藥物反應研究中，為了探討某一種藥物的效果，經常進行數個不同的治療方式當作處理組 (treatment group) 和一個對照組 (control group) 來做比較。醫學上所蒐集到的資料經常出現右設限資料，導致分析的困難，針對右設限存活資料，當兩組存活函數呈現交叉時，通常不會檢定兩組的存活函數有無差異，而是針對特定的時間點下兩組存活函數是否有差異。此外，藥物的藥效可能隨時間而改變，具相同條件的病人，其療效也不相同。

3-5-1 Kaplan-Meier 估計法 (product-limit estimate)

在心理學應用上，試圖以科學的證據來證明心理影響健康，包括心理會影響癌症病人的存活時間。對流行病理學基礎而言，寂寞心理因素會影響人類的存活時間，故值得鼓勵以基因體為基礎來研究心理面對存活長短的影響力。

一、Kaplan-Meier「存活曲線」介紹

追蹤範圍	追蹤人數	發生事件個數	設限人數	條件機率	存活函數
1	21	0	0	21/21=1.00	1.00
2	21	0	0	21/21=1.00	1.00×1.00=1.00
3	21	0	0	21/21=1.00	1.00×1.00=1.00
4	21	0	0	21/21=1.00	1.00×1.00=1.00
5	21	0	0	21/21=1.00	1.00×1.00=1.00
6	21	3	1	18/21=0.86	0.86×1.00=0.86
7	17	1	0	16/17=0.94	0.94×0.86=0.81
8	16	0	0	16/16=1.00	1.00×0.81=0.81
9	16	0	0	16/16=1.00	1.00×0.81=0.81
10	16	0	1	16/16=1.00	1.00×0.81=0.81

$S(t=1)$ ... $S(t=10)$

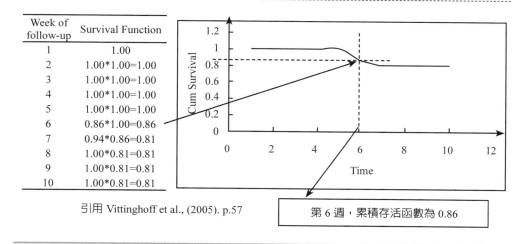

引用 Vittinghoff et al., (2005). p.57

第 6 週，累積存活函數為 0.86

圖 3-33 Kaplan-Meier「存活曲線」之示意圖

上圖爲例：

第 1 欄追蹤範圍 (week of follow-up) 是 duration time 亦即病人之存活期間 T。

第 2 欄追蹤人數 (number of followed) 則是在某一時間點 t 時，剩餘的有效樣本，亦即所有樣本扣除已經死亡 (或發生 event) 或者設限 (censor，例如中途

轉院) 者。

第 3 欄發生事件數 (number of event occurs) 則是代表在某一時間點時有多少人死亡。

第 4 欄設限人數 (number of censored) 則是代表在某一時間點時有多少 censor，表示在那個時間點這位病人尚未發生事情，這時間代表他至少存活了這麼久的時間。

第 5 欄條件機率 (conditional probability) 是在某一時間點的條件存活機率，等於這時間點死亡人數除以這時間點剩餘的樣本數。

第 6 欄存活函數 (survival function) 則是累積到這個時間點為止的存活機率，上一個時間點存活機率乘以這一個時間點的條件存活機率 (conditional probability) 就剛好等於這一個時間點的存活機率，因此亦稱為累積存活機率 (cumulative survival probability)。

那麼我們可以看到，一直到第 5 週時，既沒有人發生 event(死亡) 也沒有人退出研究 (censor)，因此條件存活機率與存活機率都是 100%。在第 6 週的時候同時發生了 event 及 censor 兩件事情，有 3 個病人不幸地在第 6 週死亡了，以及有一位病人在第 6 週的時候轉院了 (或者這位病人進入研究的時間比較晚，因此第 6 週的時候我們的研究剛好終止了，但是這位病人當時還是存活的)，此時我們可觀察到條件存活機率是 $\frac{18}{21}$ = 0.86，亦即這時間點的條件存活機率是 86%。可注意到 censor 的人既沒有在分子扣除也沒有在分母扣除，因此根據定義則第 6 週的累積存活機率是 0.86(第 6 週的條件存活機率)×1.00(第 5 週的累積存活機率)=86%，也就是說累積至第 6 週為止的生存機率是 86%。

在第 7 週的時候又有一位病人死亡了，此時需注意到因為第 6 週時有一位病人是 censor 的狀態，因此在這一個時間點必須先將這個病人從這個研究移除，所以待會計算的分子與分母都必須扣除 1，原先有效樣本為 21 人，但因為第 6 週同時有 4 個人退出研究 (3 個人死亡，1 個人 censor)，因此在第 7 週的有效樣本只剩下 17 個人。又由於這一週有一個病人死亡，因此第 7 週的條件存活機率是 16/17=94%，根據定義第 7 週的累積存活機率為 0.94(第 7 週的條件存活機率)×0.86(第 6 週的累積存活機率)=81%，也就是說累積至第 7 週為止的生存機率是 81%。

二、Kaplan-Meier 的原理

像這類似研究，我們可用統計方法先找高寂寞的群體相對於低寂寞的群體

之心理相關差異基因，再應用這些與心理相關的基因，代入醫學的 *Cox 危險比例迴歸法* 來證實心理相關基因係會影響癌症病人的存活時間。往昔文獻證實高危險分數的癌症病人比低危險分數的癌症病人之平均存活時間較短，像此類問題即可再使用 *Kaplan-Meier 存活曲線*，來驗證三個腦癌病人資料庫 (樣本數分別為 77、85 和 191 人)，高危險分數的腦癌病人與低危險分數的腦癌病人之存活曲線明顯地分開，而三個腦癌病人資料庫的高危險分數的腦癌病人比低危險分數的腦癌病人之統計誤差值 p-value 都小於 0.0001。

在存活分析中假設受訪者之存活時間 T 是一非負的連續型隨機值，則 T 之累積分布函數 (cumulative distribution function, CDF)F(t) 代表受訪者之存活時間 (T) 小於特定時間 (t) 的累積機率。

$$F(t) = P(T \le t) = \int_0^t f(x)dx, \quad \forall t \ge 0$$

而存活函數 (survival function)S(t) 是指「特定事件存活時間大於某特定時間 (t) 的機率」。因此依據上述定義，存活函數 S(t) 可以下列函數表示：

$$S(t) = P(T \le t) = 1 - F(t) = \int_t^\infty f(x)dx, \quad \forall t \ge 0$$

而存活函數下的面積則代表特定事件的平均壽命 (mean lifetime)。

$$\mu = E(T) = \int_0^\infty S(t)dt$$

由於現實問題之機率密度函數 (pdf)f(x) 不易估算，因此 Kaplan-Meier 在 1957 年提出無母數 (nonparametric) 的統計分析方法 product-limit estimate(或稱為 Kaplan-Meier estimate) 來推估存活函數。

$$\hat{S}(t) = \prod_{i=1}^n \left[1 - \frac{\sum_{i=1}^n I(x_i = u, \sigma_i = 1)}{\sum_{i=1}^n I(x_i \ge u)} \right]$$

其中 σ_i 為指標變數，若 $\sigma_i = 1$ 則表示該樣本為「失敗」資料。因此 $\sum_{i=1}^n I(x_i = u, \sigma_i = 1)$ 即公車即時資訊服務對乘客使用公車行為之影響分析表示在 u 時間已不再存活 (e.g. 將公車不再當成主要交通工具) 的樣本總數；反之，$\sum_{i=1}^n I(x_i \ge u)$ 則代表在 u 時間仍存活 (e.g. 持續以公車為主要交通工具) 的樣本總數。

在存活分析中，另一個重要的觀念為風險函數 (hazard function)。

相對於存活函數觀念，風險函數係指存活時間至少有 t(T ≥ t)，但在下一瞬間 (t + Δt) 立即失敗的風險。風險函數可以下列函數表示：

$$h(t) = \lim_{\Delta t \to 0} \frac{P(t \leq T \leq t + \Delta t \mid T \geq t)}{\Delta t}$$

較常見的風險函數推估方法是由 Cox 於 1972 年所提出的 Cox model 又稱為 Cox regression。

$$h(t \mid x) = h_0 \times e^{\beta_0 + \beta_1 x_1 + \cdots + \beta_i x_i}$$

其中 x_i 代表解釋變數；β_i 代表對應解釋變數的參數。整體 Cox model 可區分為兩大部分，h_0 以及 $e^{\beta_0 + \beta_1 x_1 + \cdots + \beta_i x_i}$。其中 h_0 稱為基準風險率 (baseline hazard rate)，通常在模型中並未指定 h_0 為何種分布，由於此一部分具有母數性質，因此 Cox model 具有準參數 (Semi-parametric) 性質。

此外，透過風險函數比例 (hazard ratio, HR) 可發現，風險函數之比值與存活時間 (t) 無關，意即風險函數之比例關係不會因為時間的變化而有所改變，此一特性又稱為等比例風險假定 (proportional hazard assumption, PH assumption)。

$$HR = \frac{h(t \mid x_i = a + 1)}{h(t \mid x_i = a)} = \frac{h_0 \times e^{\beta_0 + \beta_1(a+1)}}{h_0 \times e^{\beta_0 + \beta_1 a}} = e^{\beta_1}$$

其中 e^{β_1} 表示當 x 變數增加 1 單位時，失敗風險增加的比例。表示 HR 值大於 1，表示 x 變數增加 1 單位時，會增加失敗風險；反之，若 HR 值小於 1，則表示當 x 變數增加 1 單位時，失敗風險反而會降低。

由於 Cox model 具有比例風險假定特性，也就是說，針對某一危險因子而言，其風險函數之比值，不能隨著時間而有所改變，必須要固定。因此當風險函數之比值與存活時間有關時，傳統 Cox model 必須加以修正。因此 Grambsch and Therneau 在 1994 年提出時間相依共變數之 Cox 模型 (Cox regression with time-dependent covariates)。

$$h(t \mid x) = h_0 \times e^{(x'\beta(t))}$$
$$\beta_j(T) = \beta_j + \gamma_j g_j(T), \quad j = 1, ..., p$$

存活模型，在醫學上，病患可能因為某些因素上的差異，而造成手術後的存活時間不同，造成存活時間不同的因素稱為解釋變數，解釋變數可分為：(1)

時間獨立解釋變數、(2) 時間相依解釋變數。時間獨立解釋變數如：性別、職業、是否喝酒…等。時間相依解釋變數如：每次回診時所量測到的膽固醇、血壓、血糖、三酸甘油酯…等，各種量測值會隨著時間，而有所改變的生醫指標。

3-5-2 存活分析法：Kaplan-Meier vs. 韋伯分布 (參數存活模型)

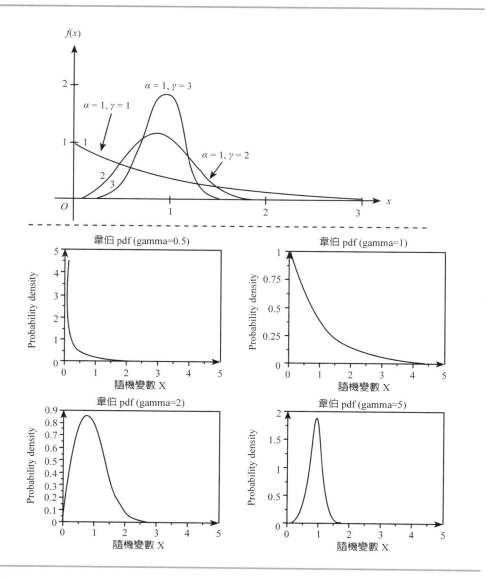

圖 3-34　韋伯分布之示意圖

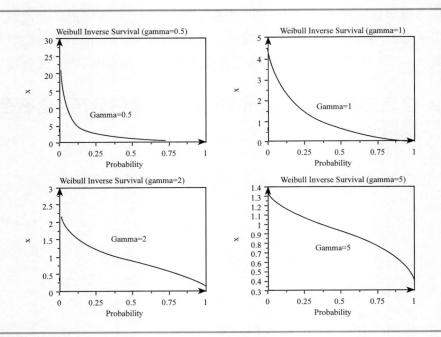

圖 3-35 韋伯分布之反存活函數 (Inverse Survival Function)

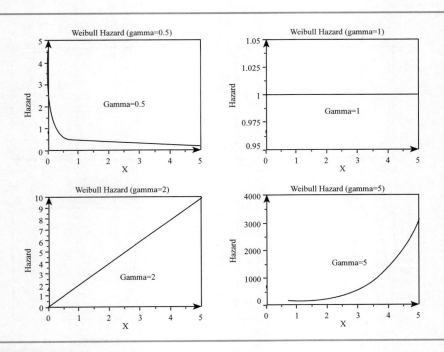

圖 3-36 韋伯分布之危險函數

　　存活分析方法是用來分析樣本觀察值在一段期間內的分布，例如：觀察一群體在某一特定期間內肺炎發生的機率，追蹤一群中老年人在某一段期間內的死亡機率。在實際的研究中，並非所有的觀察對象在觀察期間內皆有完整的存活紀錄，這樣的資料稱為設限資料 (censored data)，樣本設限的特性也是存活資料與其他型態資料主要的差異。若觀察期間開始之前，觀察樣本已開始的情形，為右設限資料；若觀察期間結束後，樣本觀察值仍存在，則稱為右設限資料。

　　Kaplan 與 Meier(1958) 藉由保留每一個觀察時段的資訊 (不論是設限或是非設限觀察值)，成為時間函數，估計式中觀察值的時間區間可以是很短的，或是僅包含一種類型的資料觀察值 (例如：該筆觀察資料死亡)，估計式在觀察時段的估計值是依據每個事件時間觀測到的事件數，以及依據在觀察時段之前的設限型態。存活估計函數的估計式設定如下：

　　假設個人存活的時間為 t，在一個 N 個觀察值的樣本中，個人的存活函數為：

$$S(t) = \prod_{j=1}^{t} \left[(N_j - E_j)/N_j \right] = \prod_{j=1}^{t} \left[1 - p_j \right]$$

其中，$S(0) = 1$，$S(\infty) = 0$，N_j 為在第 j 個時段之前仍存活的觀察值個數，E_j 為 j 時段死亡的個數，p_j 為個人在 j 段期間死亡的機率。而我們估計到 $\hat{S}(t)$，即為 Kaplan-Meier 估計值。

　　上述 Kaplan-Meier 存活機率估計法是一種無母數 (無參數，nonparametric) 的估計方法，並未考慮受試者其他的特性，只是單就樣本中觀察值的死亡時點和該時點前存活數進行存活率的估算。其實個人的特性如教育和所得是會影響死亡率 (mortality)，也可能與健康危害行為有重要關係，為準確估計健康危害行為對死亡率 (mortality) 的效果，我們運用 Cox 比例危險模型，藉由迴歸分析來控制影響死亡率的其他變數，以確認健康危害行為是否提高死亡危險機率之效果。比例危險模型的設定如下：接續上述假設個人的存活時間為 t 的假設，S(t) 為個人存活函數，表示個人的存活時間超過時間 t 的機率，也就是在時間之後發生死亡事件的機率，$S(0) = 1$，$S(\infty) = 0$，而 T 代表個人存活時間的隨機變數，假設個人存活至 t 期後，爾後瞬間死亡的機率為 $\lambda(t)$：

$$\lambda(t) = \lim_{\Delta \to 0} \frac{\text{Prob}(t \le T \le t + \Delta \mid T \ge t)}{\Delta} = \lim_{\Delta \to 0} \frac{F(t + \Delta) - F(t)}{\Delta S(t)} = \frac{f(t)}{S(t)}$$

其中 $f(t)$ 是存活的機率密度函數，$\lambda(t)$ 代表個人存活至 t 期後死亡的危險函數 (hazard function)，比例危險模型中設定不同觀察個體之死亡危險函數是成比例的，而且危險比例值 (即 $\lambda(t \mid X_1) / \lambda(t \mid X_0)$) 不隨時間而變化，因此個人的危險函數可寫成是 $\lambda(t \mid X) = \lambda_0(t)\exp(X\beta)$，其中 $\exp(X\beta)$ 是影響死亡危險率的函數，其爲個人可觀察之變數向量 X 的函數，β 爲模型中待估計的參數。另外，$\lambda_0(t)$ 是基準危險函數 (base-line hazard function)，其與時間 (t) 有關，但與個人的變數 (X) 無關，然而 $\lambda_0(t)$ 可能隨不同樣本世代而有變化，如 1989 年、1996 年和 2003 年三個世代應有不同的基準危險函數。個人的變數除基本的特性和社經變數外，亦包含健康危害行爲狀態的變數。我們利用最大概似法估計 β 值，並計算出不同狀態變數的死亡危險率比值，以及受試者不同時點 (年齡) 之下，戒除不良的健康危害行爲對降低死亡危險率的效果。

最後，考量我們觀察的資料爲長時間的觀察資料，樣本觀察值的危險函數可能會隨著時間而改變 (例如年紀越大者，死亡的危險率越高)。韋伯分布 (Weibull distribution) 適合作爲一段較長時間的存活函數模型，因此上述危險模型改爲：$f(t) = \theta\alpha(\theta t)^{\alpha-1}\exp[-(\theta t)^\alpha]$，$\lambda(t) = \theta\alpha(\theta t)^{\alpha-1}$，韋伯分配爲雙參數分配，若 $\alpha > 1$，$\lambda'(t) > 0$，則韋伯分配的危險函數爲隨存活時間遞增的函數；若 $\alpha < 1$，$\lambda'(t) < 0$，則韋伯分配的危險函數爲隨存活時間遞減的函數。

3-5-3 Kaplan-Meier 存活函數 (km 指令)

Kaplan-Meier 存活曲線是一個無母數的估計法，運用 product-limit 的方式，計算出其累積存活機率，再以存活時間點爲橫軸，對應累乘存活機率爲縱軸，即可得 Kaplan-Meier 存活曲線圖。

一、非參數 (又稱無母數) 的存活分析之程序

一般較常用的都是非參數的分析，也就是無母數的統計；因爲當我們要進行存活函數估計時，常常被研究的事件並沒有很好的參數模型可以適配，這時我們會利用無母數方法來分析它的存活特徵，例如 Kalpan-Meier 法、生命表 (life table) (ltable 指令)、或計算平均存活期。進一步要比較存活機率曲線的差別時，我們也可利用 failure rates and rate ratios、Mantel-Haenszel rate ratios、Mantel-Cox rate ratios(stmc 指令) 等各種檢定／繪圖法。複雜點的話，例如要調整其他變數效應，再求取預後因子的效應，那就可以用 Cox proportional hazards model。

二、參數存活分析之程序 (streg 指令)

參數存活分析之自變數 (共變數)，又分成六種分布搭二種脆弱模型，詳情請見作者《生物醫學統計：使用 STaTa 分析》一書。

以下表爲例：

第 1 欄 (Week of follow-up) 是 duration time，亦即病人存活的時間。

第 2 欄 (Number of followed) 則是在某一時間點時本研究剩餘的有效樣本，亦即所有樣本扣除已經死亡 (或發生 event) 或者設限 (censor，例如中途轉院) 者。

第 3 欄 (Number of Event occurs) 則是代表在某一時間點時有多少人死亡。

第 4 欄 (Number of Censored) 則是代表在某一時間點時有多少 censor，表示在那個時間點這位病人尚未發生事情，這時間代表他至少存活了這麼久的時間。

第 5 欄 (Conditional Probability) 是在某一時間點的條件存活機率，等於這時間點死亡人數除以這時間點剩餘的樣本數。

第 6 欄 (Survival Function) 則是累積到這個時間點爲止的存活機率，上一個時間點存活機率乘以這一個時間點的條件存活機率 (conditional probability) 就剛好等於這一個時間點的存活機率，因此亦稱爲累積存活機率 (cumulative survival probability)。

	Week of follow-up	Number of followed	Number of Event occures	Number of Censored	Conditional Probability	Survival Function
S(t = 1)	1	21	0	0	21/21=1.00	1.00
	2	21	0	0	21/21=1.00	1.00×1.00=1.00
	3	21	0	0	21/21=1.00	1.00×1.00=1.00
	4	21	0	0	21/21=1.00	1.00×1.00=1.00
	5	21	0	0	21/21=1.00	1.00×1.00=1.00
	6	21	3	1	18/21=0.86	0.86×1.00=0.86
	7	17	1	0	16/17=0.94	0.94×0.86=0.81
	8	16	0	0	16/16=1.00	1.00×0.81=0.81
	9	16	0	0	16/16=1.00	1.00×0.81=0.81
S(t = 10)	10	16	0	1	16/16=1.00	1.00×0.81=0.81

引用 Vittinghoff et al., (2005). p57。

那麼我們可以看到，一直到第 5 週時，既沒有人發生 event(死亡) 也沒有人退出研究 (censor)，因此條件存活機率與存活機率都是 100%。

在第 6 週的時候同時發生了 event 及 censor 兩件事情，有 3 個病人不幸地在第 6 週死亡了，以及有一位病人在第 6 週的時候轉院了 (或者這位病人進入研究的時間比較晚，因此第 6 週的時候我們的研究剛好終止了，但是這位病人當時還是存活的)，此時我們可觀察到條件存活機率是 18/21=0.86，亦即這時間點的條件存活機率是 86%。可注意到 censor 的人既沒有在分子扣除也沒有在分母扣除，因此根據定義則第 6 週的累積存活機率是 0.86，即 (第 6 週的條件存活機率)×1.00(第 5 週的累積存活機率)=0.86×1.00=86%，也就是說累積至第 6 週為止的存活機率是 86%。

在第 7 週的時候又有一位病人死亡了，此時需注意到因為第 6 週時有一位病人是 censor 的狀態，因此在這一個時間點必須先將這個病人從這個研究移除，所以待會計算的分子與分母都必須扣除 1，原先有效樣本為 21 人，但因為第 6 週同時有 4 個人退出研究 (3 個人死亡，1 個人 censor)，因此在第 7 週的有效樣本只剩下 17 個人。又由於這一週有一個病人死亡，因此第 7 週的條件存活機率是 16/17=94%，根據定義第 7 週的累積存活機率為 0.94，即 (第 7 週的條件存活機率)×0.86(第 6 週的累積存活機率)=0.94×0.86=81%，也就是說累積至第 7 週為止的存活機率是 81%。

此時我們可將第 1 欄位存活時間 (Week of follow-up) 以及第 6 欄累積存活機率 (Survival Function) 在 Excel 畫圖，就是存活曲線了。例如下圖，我在 Time=6 往上畫一條線會與存活曲線交叉，再往左可以對到累積存活機率 (Cumulative Survival) 為 0.86，因此可以知道每一個時間點的累積存活機率是多少。

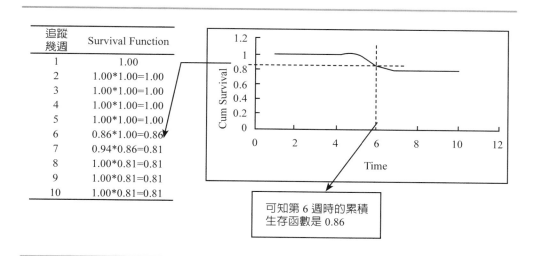

追蹤幾週	Survival Function
1	1.00
2	1.00*1.00=1.00
3	1.00*1.00=1.00
4	1.00*1.00=1.00
5	1.00*1.00=1.00
6	0.86*1.00=0.86
7	0.94*0.86=0.81
8	1.00*0.81=0.81
9	1.00*0.81=0.81
10	1.00*0.81=0.81

可知第 6 週時的累積生存函數是 0.86

圖 3-37 累積存活機率的計算

三、Kaplan-Meier 存活函數 (半參數函數)

　　了解存活分析的基本原理及介紹，使我們能夠應用人時的概念，加入時間的因素作考量，評估在不同因素 (exposure) 介入之下兩組之間的存活率或事件發生率是否會隨時間的變化而有所差異。

　　當我們想觀察樣本的存活狀況時，即可使用『Kaplan-Meier 存活函數估計』。此方法的概念是在考量設限資料的狀況下，估計每個時間點的存活率，將各個時間的存活率同時於一張圖表示，將形成一階梯狀的函數圖形。

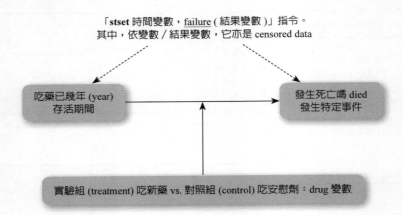

「**stset** 時間變數，<u>failure</u>(結果變數)」指令。
其中，依變數／結果變數，它亦是 censored data

吃藥已幾年 (year)
存活期間

發生死亡嗎 died
發生特定事件

實驗組 (treatment) 吃新藥 vs. 對照組 (control) 吃安慰劑：drug 變數

圖 3-38 新藥 vs. 安慰劑對死亡率的研究架構

註：存活分析設定 (「stset *timevar* failure *failvar*」指令) 之後，會新產生 3 個系統變數
($\_t_0$; $\_t$; $\_d$)，其中：
1. $\_t_0$ 是觀察的開始時間，$\_t_0 \geq 0$；
2. $\_t$ 是觀察的結束時間，$\_t \geq \_t_0$；
3. $\_d$ 是失敗指標 (indicator for failure)，$\_d \in \{0, 1\}$

　　下表 Kaplan-Meier 的計算方式與生命表法差不多，不同的點在於生命表法
乃以固定的間隔來進行計算，而 Kaplan-Meier 法是以事件或是設限點的發生來
進行估計。

表 3-2　生命表

未解盲新藥	治療起點	治療終點	區間初存活人數	區間內死亡人數	區間內censored人數	危險率：區間初存活人數，區間內死亡人數的比例	存活率：利用條件機率來計算，適用於censored 資料	死亡率
	$t-1$	t	l_{t-1}	d_t	c_t	$H(t) = \dfrac{d_t}{l_{t-1}}$	$S_t = S_{t-1}(1 - H_t)$ 令 $S(0)=1$	$D_t = S_{t-1} - S_t$ 令 $S(0)=1$
	0.00	0.07	5	1	0	0.2	0.8	0.2
	0.07	0.13	4	1	0	0.25	0.6	0.2
對照組安慰劑	0.13	0.83	3	1	0	0.33	0.4	0.2
	0.83	1.53	2	1	0	0.5	0.2	0.2
	1.53	2.44	1	1	0	1	0	0.2
	2.44	—						
	0.00	0.82	5	1	0	0.2	0.8	0.2
	0.82	1.10	4	1	0	0.25	0.6	0.2
實驗組吃新藥	1.10	3.57	3	0	1	0	0.6	0
	3.57	4.66	2	1	0	0.5	0.3	0.3
	4.66	5.00	1	0	1	0	0.3	0

　　上表為生命表 (ltable 指令) 輸出的結果，對應上述生命表的存活率，在最左欄為分組組別，第二欄為事件或設限點發生的時間。

　　表格上半部為 Drug=0 即為對照組 (吃安慰劑)，S(0)=1 在上表中並沒有列出表示在時間起始點的存活率為 1，S(0.07)=0.8 表示在 0.07 年有一事件發生，在 0.07 年的累積存活率為 0.8，S(0.13)=0.6 表示在 0.13 年有事件發生，其累積存活率為 0.6，S(0.83)=0.4 表示在 0.83 年有一事件發生，其累積存活率為 0.4，S(1.53)=0.2 表示在 1.53 年有一事件發生，其累積存活率為 0.2，S(2.44)=0 表示在 2.44 年，其累積存活率為 0；表格下半部為 Drug=1，即為實驗組 (吃新藥)，S(0.82)=0.8 表示在 0.82 年有一事件發生，其累積存活率為 0.8，S(1.1)=0.6 表示在 1.1 年有一事件發生，其累積存活率為 0.6，S(3.57)=0.6 表示在 3.57 年有一設限點，此時間點並沒有事件發生，故其累積存活率仍為 0.6，S(4.66)=0.3 表示在 4.66 年有一事件發生，其累積存活率為 0.3，S(5)=0.3 表示在 5 年有一設限點，故其累積存活率仍為 0.3。

四、資料建檔

上述生命表可用 KM 來繪製，其對應的原始資料檔如下：

Subject_id	sex	drug	day	year	died
1	1	0	25	0.07	1
2	0	0	890	2.44	1
3	0	0	560	1.53	1
4	1	0	302	0.83	1
5	1	0	48	0.13	1
6	0	1	1304	3.57	0
7	0	1	1701	4.66	1
8	0	1	300	0.82	1
9	1	1	400	1.1	1
10	0	1	1826	5	0

上述原始資料檔 key in 至 SPSS「drug3.dta」資料檔，內容如下：

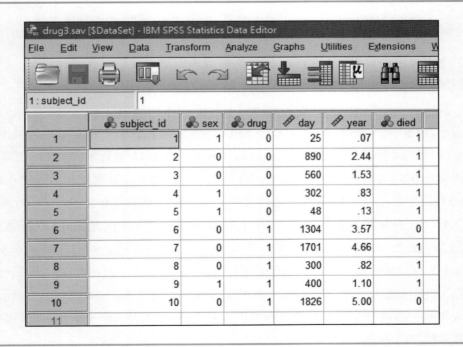

圖 3-39 「drug3.dta」資料檔內容

指令繪「Kaplan-Meier 存活曲線」，並製作生命表 (km 指令) 及中位數 /
95% 信賴區，最後再執行 Cox 比例危險模型 (coxreg 指令)。

五、存活分析之繪圖表法：**Kaplan-Meier 曲線 (km 指令)**

Step 1　**執行繪圖之 (km) 指令**——Graph the survivor and cumulative hazard
functions

存活資料分析的第一步是檢視存活時間的分布，這能利用做存活圖和hazard
function 來完成。另一步是做能形容存活時間分布和解釋變數關係的模型，在分
析存活資料時，評估模型的適合度和計算調整的存活分析也是很重要的步驟。

執行 SPSS 繪圖之 (km 指令) 指令，即會跳出 Kaplan-Meier graphic 視窗
(Graph the survivor and cumulative hazard functions)，再依下圖之操作程序，
將每一個欄位填入相對應的變數：

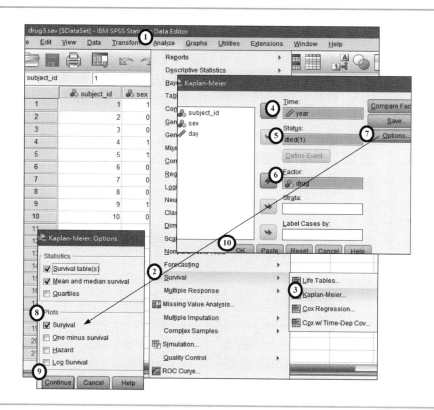

圖 3-40　「KM year BY drug/STATUS=died(1)/PRINT TABLE MEAN/PLOT
SURVIVAL」畫面

對應的指令語法：

```
KM year BY drug
  /STATUS=died(1)
  /PRINT TABLE MEAN
  /PLOT SURVIVAL.
```

【A. 分析結果說明】「Kaplen-Meier 存活函數」

如下圖之存活率曲線圖，曲線圖中分別顯示受試者吃新藥 (drug=1, 紅線) 與吃安慰劑 (drug =0, 藍線) 對病人存活曲線。故在存活率曲線圖中可以看到在不同時間點的存活機率與存活率的下降速度。

	Means and Medians for Survival Time							
	Meana				Median			
			95% Confidence Interval				95% Confidence Interval	
吃新藥嗎 ,0= 安慰劑	Estimate	Std. Error	Lower Bound	Upper Bound	Estimate	Std. Error	Lower Bound	Upper Bound
控制組安慰劑	1.000	.448	.123	1.877	.830	.767	.000	2.333
實驗組新藥	3.282	.852	1.612	4.952	4.660	2.833	.000	10.213
Overall	2.141	.593	.979	3.303	1.100	.553	.015	2.185

a. Estimation is limited to the largest survival time if it is censored.

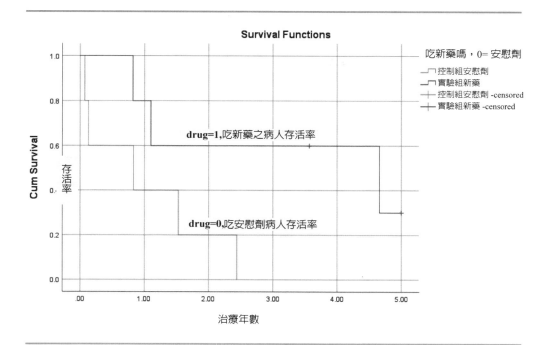

圖 3-41 求得 Kaplen-Meier 存活曲線圖「sts graph, by(drug)」指令

註 1：二條線未交叉，表示未違 Cox 迴歸的假定，故你可放心執行 Cox 迴歸。

註 2：中位數存活時間 (無用藥)=0.85 個月；中位數存活時間 (用藥)=4.6 個月。

註 3：無用藥的病患，50% 無轉移、復發、死亡的存活期為 0.85 個月。

Step 2　生命表：SURVIVAL TABLE 指令

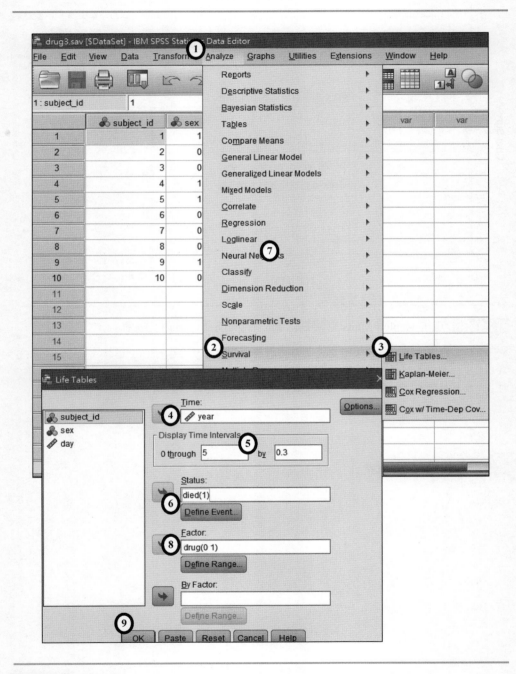

圖 3-42　繪生命表：「SURVIVAL TABLE=year BY drug(0 1)」畫面

SPSS 對應的指令語法如下：

```
subtitle "Step2 繪生命表 ".
SURVIVAL TABLE=year BY drug(0 1)
  /INTERVAL=THRU 5 BY 0.3
  /STATUS=died(1)
  /PRINT=TABLE.
```

【**B.** 分析結果說明】：生命表 **(Life Table)**

Life Table

First-order Controls		Interval Start Time	Number Entering Interval	Number Withdrawing during Interval	Number Exposed to Risk	Number of Terminal Events	Proportion Terminating	Proportion Surviving	Proportion Surviving at End of Interval
吃新藥嗎	控制組安慰劑	.0	5	0	5.000	2	.40	.60	.60
		.3	3	0	3.000	0	.00	1.00	.60
		.6	3	0	3.000	1	.33	.67	.40
		.9	2	0	2.000	0	.00	1.00	.40
		1.2	2	0	2.000	0	.00	1.00	.40
		1.5	2	0	2.000	1	.50	.50	.20
		1.8	1	0	1.000	0	.00	1.00	.20
		2.1	1	0	1.000	0	.00	1.00	.20
		2.4	1	0	1.000	1	1.00	.00	.00
	實驗組新藥	.0	5	0	5.000	0	.00	1.00	1.00
		.3	5	0	5.000	0	.00	1.00	1.00
		.6	5	0	5.000	1	.20	.80	.80
		.9	4	0	4.000	1	.25	.75	.60
		1.2	3	0	3.000	0	.00	1.00	.60
		1.5	3	0	3.000	0	.00	1.00	.60
		1.8	3	0	3.000	0	.00	1.00	.60
		2.1	3	0	3.000	0	.00	1.00	.60
		2.4	3	0	3.000	0	.00	1.00	.60
		2.7	3	0	3.000	0	.00	1.00	.60
		3.0	3	0	3.000	0	.00	1.00	.60
		3.3	3	1	2.500	0	.00	1.00	.60
		3.6	2	0	2.000	0	.00	1.00	.60
		3.9	2	0	2.000	0	.00	1.00	.60

Step 3   Cox 迴歸分析：Coxreg 指令

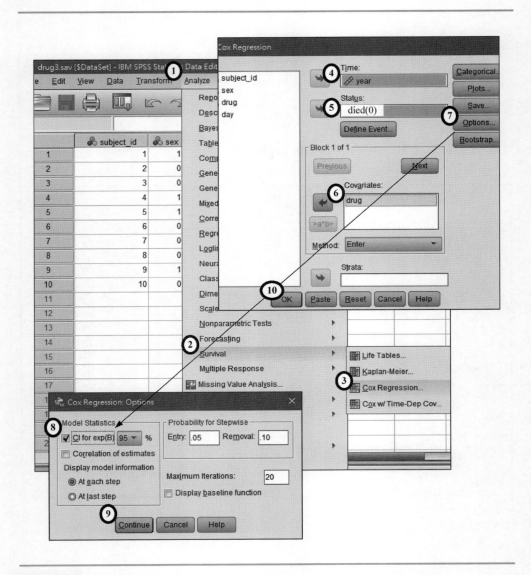

圖 3-43   「COXREG year/STATUS=died(0)/METHOD=ENTER drug」畫面

SPSS 對應的指令語法如下：

```
subtitle "Step3 Cox Proportional Hazards Model".
COXREG year
  /STATUS=died(0)
  /METHOD=ENTER drug
  /PRINT=CI(95)
  /CRITERIA=PIN(.05) POUT(.10) ITERATE(20).
```

【C. 分析結果說明】Cox 迴歸分析結果

因本例「吃新藥 vs. 吃安慰劑」的細格人數太少，導致 Cox 迴歸分析無法估計係數。故報表解釋從略。

1. **風險比 (hazard ratio, HR)** 的定義：

「在某個時間點之下給定 X 值的 event 風險比」，取自然對數函數 ln(x) 後，得：

$$\ln[HR(x)] = \ln\left(\frac{h(t \mid x)}{h_0(t)}\right) = \beta_1 x_1 + \beta_2 x_2 + \cdots + \beta_p x_p$$

其中

$h_0(t)$：在第 t 個時間點時，當所有預測變數 (predictors) 為 0 時之基線危險 (baseline hazard，無研究意義)。

$h(t \mid x)$：在第 t 個時間點時，給定 x 值時的危險 (hazard)。

$\log\left(\dfrac{h(t \mid x)}{h_0(t)}\right)$：「在某個時間點之下，當所有預測變數 (predictors) 為 0 時的危險比」。

$\mathrm{Exp}(\beta_1)$：連續自變數 X_1 每增加一單位時，所增加的危險比 (hazard ratio)，它是發生危險的「比率」，而非機率。

$\mathrm{Exp}(\beta_2)$：假設虛擬變數，假設「$X_2 = 1$ 代表男性」，「$X_2 = 0$ 代表女性」，則 $\mathrm{Exp}(\beta_2)$ 代表男性相對於女性的危險比 (HR 值)。

---

2. 「Variables in the Equation」表：

B 欄：是比例危險 Cox 迴歸式中，自變數 (共變數) 對依變數的預測值，在

Cox 迴歸式是以 log-hazard 為單位，「B」值愈大，表示該自變數對依變數的收關性 (relevance) 愈高。

3. Exp(B)：是這預測因子 (predictors) 的危險比率 (hazard ratios)。係數 B 值取自然對數，即 e^β (或 exp(β)) 稱做 risk ratio 或 hazard ratio(HR)。一般在解讀 Cox 迴歸分析之報表時，係以解釋 RR 或 HR 為主。

本例「case-control」變數的 HR = -0.659，表示實驗處理 (吃新試驗藥) 可有效改善 31.6% 的存活率。

4. S.E. 欄：Cox 迴歸係數的標準誤 (standard errors associated with the coefficients).

5. Wald 及 Sig 二欄：分別是 Wald chi-square 檢定及其雙尾 p-value，它的虛無假設「H_0：the coefficient (parameter) is 0」。若 p 值小於 ($\alpha = 0.05$) 則 Cox 迴歸係數達統計學上的顯著。

6. 本例「**drug**」**虛擬**變數，排除其他共變數的干擾之下，僅觀察吃「新藥 vs. 安慰劑」對存活時間有無差異。本例求得危險比 hazard ratio = 1.379 (p < 0.05)，顯示：吃新藥 (**drug** =1) 的病人相對有較高的存活比率，大約是吃「安慰劑」(**drug** = 0) 組別的 1.379 倍 (= $\exp^{coef}$)，或是將 β_1 取 exp，亦可求得 risk ratio 值為 $\exp(\beta_1) = \exp(0.321) = 1.379$。

3-6 參數存活分析 (偏態之依變數有六種分布可搭二種脆弱模型)

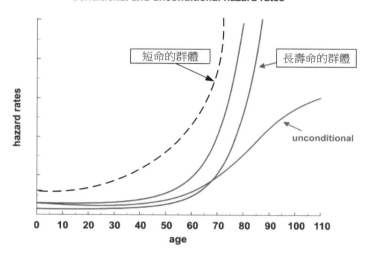

圖 3-44 脆弱模型之示意圖

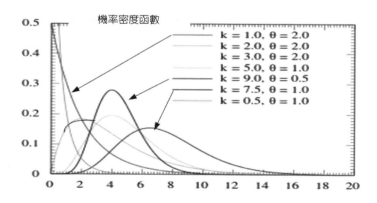

圖 3-45 脆弱 (frailty) 模型：gamma 分配之示意圖

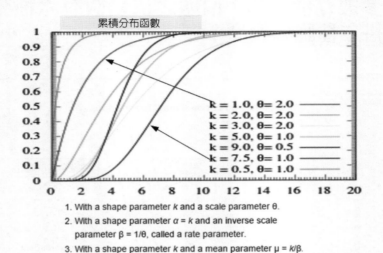

1. With a shape parameter *k* and a scale parameter θ.
2. With a shape parameter α = *k* and an inverse scale parameter β = 1/θ, called a rate parameter.
3. With a shape parameter *k* and a mean parameter μ = *k*/β.

圖 3-45 脆弱 (frailty) 模型：gamma 分配之示意圖（續）

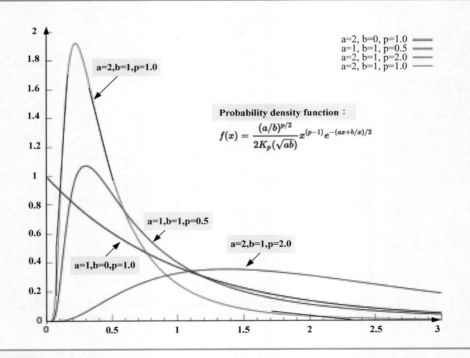

Probability density function：

$$f(x) = \frac{(a/b)^{p/2}}{2K_p(\sqrt{ab})} x^{(p-1)} e^{-(ax+b/x)/2}$$

圖 3-46 脆弱 (frailty) 模型：Generalized inverse Gaussian 分配之示意圖

註：脆弱 (frailty) 模型分析，請見作者《生物醫學統計：使用 STaTa 分析》一書。

存活分析方法是用來研究或分析樣本所觀察到的某一段時間長度之分布。一段時間長度通常是從一特定事件起始之時間原點 (起始時間點 t_0) (starting event time point, zero time point) 直到某一特定事件發生的時間點 (觀察之結束時間 t)。例如：從進入研究時間點，確認診斷出癌症的時間點，或手術日期等，通常觀察直到死亡事件爲止。換言之，在醫學研究中，並非所有進入此研究的觀察對象 (通常是病人)，其被追蹤 (follow-up) 的時間都足夠長，所以研究者並不能夠觀察到所有研究對象最後的結果，及所有的特定事件發生時間點。這樣的資料通常稱爲設限資料 (censored data)。此外，這樣的時間資料通常有高度的偏態分布 (skewed distribution)，必須要改用參數存活分析這樣的資料。爲此，Stata 共提供六種分布讓你選擇符合的參數模型，可惜 SPSS 並無對應的指令。故你可參考《生物醫學統計：使用 STaTa 分析》一書，該書內容包括：類別資料分析 (無母數統計)、logistic 迴歸、存活分析、流行病學、配對與非配對病例對照研究資料、盛行率、發生率、相對危險率比、勝算比 (odds ratio) 的計算、篩檢工具與 ROC 曲線、工具變數 (2SLS)…Cox 比例危險模型、Kaplan-Meier 存活模型、脆弱性之 Cox 模型、參數存活分析有六種模型、加速失敗時間模型、panel-data 存活模型、多層次存活模型……。

參數存活分析 (parametric survival analysis) 有六種模型

從臨床醫學研究者的角度，比較存活曲線 (survival curves) 就是究竟甲治療方式的存活時間分布與乙治療方式的存活時間分布，在統計上有無顯著的差異。

存活曲線又可分類爲無參數型 (無母數，nonparametric)、參數型 (parametric) 及半參數型 (semi-parametric) 來討論。其中：

1. **無參數**型基本上並不需要注意「存活期間資料」(the distribution of survival time data) 的假定 (assumptions)。此種 Cox 模型最常見的指令依序爲：sts graph、ltable 或 sts list、stci、stmh、stcox 指令，其中 stmh 就是 Cochran- Mantel-Haenszel Test 的應用，而其最基本及重要的假定條件必須是「處理組與控制組這兩組存活函數危險比」(the ratio of event rates) 爲一常數 (constant with respect to time)，反之則改採用加速失敗時間 (accelerated failure time) 模型。

   例如：人類到了接近 85 歲時，存活率快速隨年齡而下降，存活曲線趨於垂直。而存活曲線矩型化 (rectangularization of the survival curve) 之演算過程，就靠「加速失敗時間」模型來調整。

   所謂「the ratio of event rates is constant」的例子：甲治療方式的死亡率是乙治

療方式的死亡率之 2.5 倍，這個 2.5 倍的差異存在於治療後的任一時間，亦即治療後一個月，甲方式的死亡率是乙方式的 2.5 倍，而治療後三年，甲方式的死亡率仍是乙方式的 2.5 倍。而此一基本假定條件和半參數 Cox proportional hazards model 的基本假定條件是完全相同的。

2. **參數模型** (parametric method) 處理 survival time data 時，首先其假定條件為 data 是哪一種分布 (distribution)? 在此常見到的是 exponential distribution, log-normal distribution, Weibull distribution, gamma distribution 和 log-logistic distribution 等。確認 data 的分布求出迴歸係數 (或 HR) 之後，再進行下列 2 種檢定：

(1) **概似比檢定** (likelihood ratio test) 來檢定模型適配度，概似比檢定有時也稱為 log likelihood ratio test。一般而言，參數型模型的 power(統計力) 較之於非參數型模型的 power 則會大些，所以若假定 (assumptions) 正確的話，likelihood ratio test 比 log-rank test 或 generalized Wilcoxon test 更容易拒絕 (reject) 虛無假設 (null hypothesis)。在應用概似比檢定時，也應該注意，其 data 必須為特殊的分布外，同時其 event probabilities are constant over time，易言之，不論治療後一個月、二個月或者一年，其死亡率是固定不變的。

(2) **模型準確性檢定**：Stata 提供三個檢定法

方法 1. 圖示法：若 proportional hazard 假定 (assumption) 成立下，log [-log(K-M 曲線)] versus log(survival time) 會呈現近似兩條平行線，若是兩條線不平行或是有交叉，則表示違反 proportional hazard 的假定。Stata 提供了 **stphplot** 指令來檢定。

方法 2. 在 Cox 模型中加入一個時間相依 (time-dependent) 變數，即「treatment×log(survival time)」，再檢定這個變數是否顯著 (即 p-value 是不是很小)，p-value 若越小，顯示 HR 越會隨時間變動，而不是一個常數。但 Stata 另外提供了「estat concordance」指令之一致性 C 值來替代，此值越大，代表該模型越準確性。

方法 3. 根據 Schoenfeld 殘差 (residual) 來判斷 (Grambsch & Therneau, 1994)。Stata 提供「**estat phtest**」卡方檢定。χ^2 檢定之 p-value 若越小，顯示 HR 越會隨時間變動，而不是一個常數。

3. 半參數 (semi-parametric)method 中，最常見的方法是 Cox proportional hazards model，簡稱為 Cox model。Cox model 在臨床醫學期刊中，被十分廣泛地使

用，主要在於其假定 (assumptions) 較參數 (parametric) 模型的假定來得寬鬆。Cox 又有類似最小平方法迴歸的方便，也就是說 Cox model 不需要假定生存時間數據的任何特定分布 (assume any particular distribution of survival time data)，而且可以將多個風險因子 (risk factors)(例如病人的治療方式、吸菸與否、嚼檳榔與否、年紀、環境因子等等) 同時以共變數 (covariate) 角色來納入存活模型中，來探討這些風險因素和生存時間數據之間的關聯，藉以求得「調整後之處理效果的風險比 (adjusted risk ratio for the treatment effect)」。換句話說，在 Cox 模型中，經調整過 (adjusted) 其他風險因子 (risk factors) 後，甲治療方法比乙治療方法增加 XX% 的死亡機會。雖然 Cox 模型是很好的統計方法，但請注意其假設條件和 log-rank test 的假設條件是一樣的，亦就是風險比 (risk ratio)(或者 the ratio of event rates) 為一常數，不會變動的。因此不論是治療後一個月，還是治療後一年、二年，此一比率 (ratio) 乃維持固定 (fixed)。

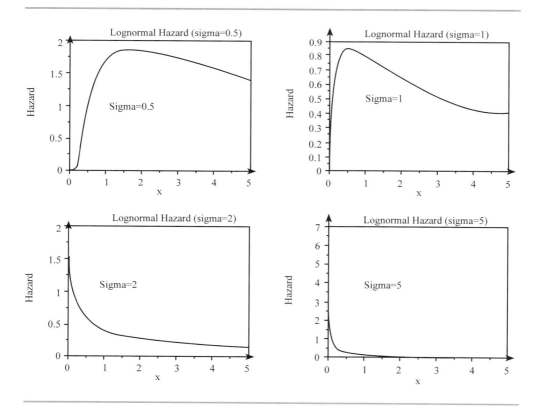

圖 3-47 lognormal hazard function 之示意圖

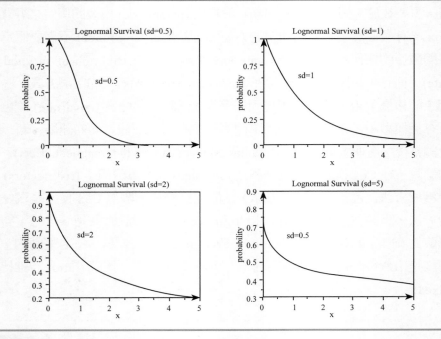

圖 3-48　lognormal survival function 之示意圖

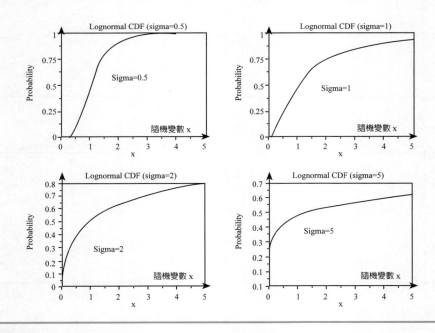

圖 3-49　lognormal 之 cumulative distribution function 示意圖

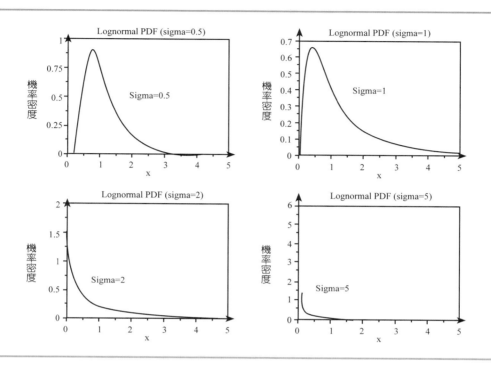

圖 3-50　lognormal 之 pdf 示意圖

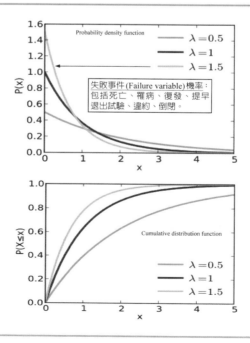

圖 3-51　Parametric survival models：Exponential 分配之示意圖

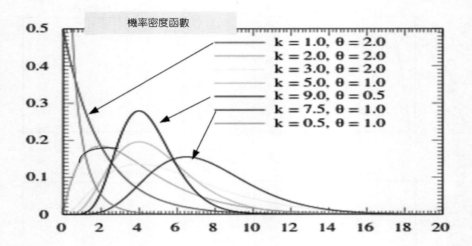

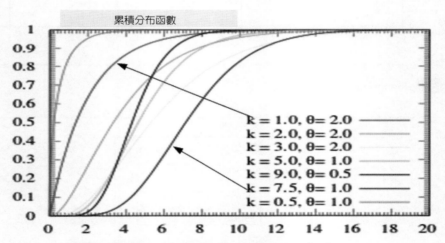

1. With a shape parameter *k* and a scale parameter θ.
2. With a shape parameter *α* = *k* and an inverse scale
   parameter β = 1/θ, called a rate parameter.
3. With a shape parameter *k* and a mean parameter μ = *k*/β.

圖 3-52　Parametric survival models：Generalized gamma 分配之示意圖

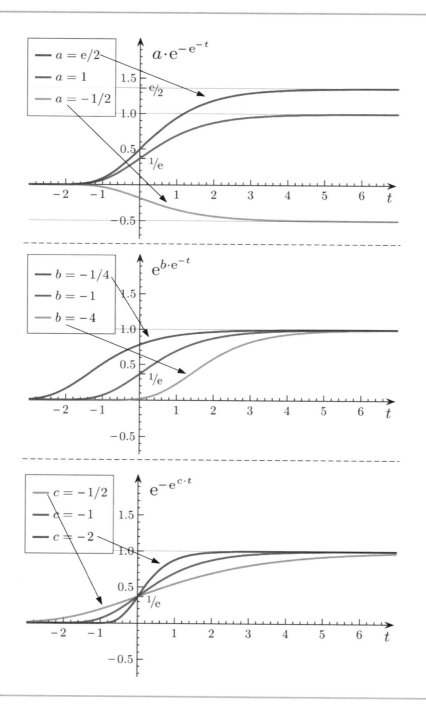

圖 3-53 Parametric survival models：gompertz 分配之示意圖

257

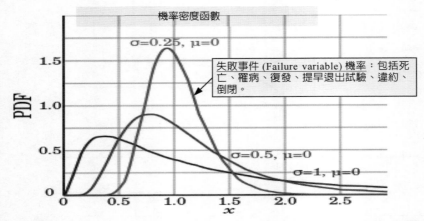

Some log-normal density functions with identical location parameter μ but differing scale parameters σ

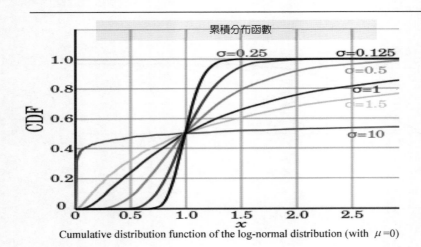

Cumulative distribution function of the log-normal distribution (with $\mu=0$)

圖 3-54 Parametric survival models：Log-normal 之示意圖

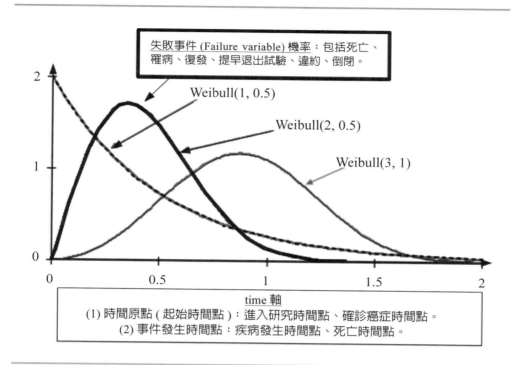

失敗事件 (Failure variable) 機率：包括死亡、罹病、復發、提早退出試驗、違約、倒閉。

Weibull(1, 0.5)

Weibull(2, 0.5)

Weibull(3, 1)

time 軸
(1) 時間原點 (起始時間點)：進入研究時間點、確診癌症時間點。
(2) 事件發生時間點：疾病發生時間點、死亡時間點。

圖 3-55 Parametric survival models：Weibull 分配之示意圖

(半參數)Cox 迴歸:
臨床研究最重要統計法
(coxreg 指令)

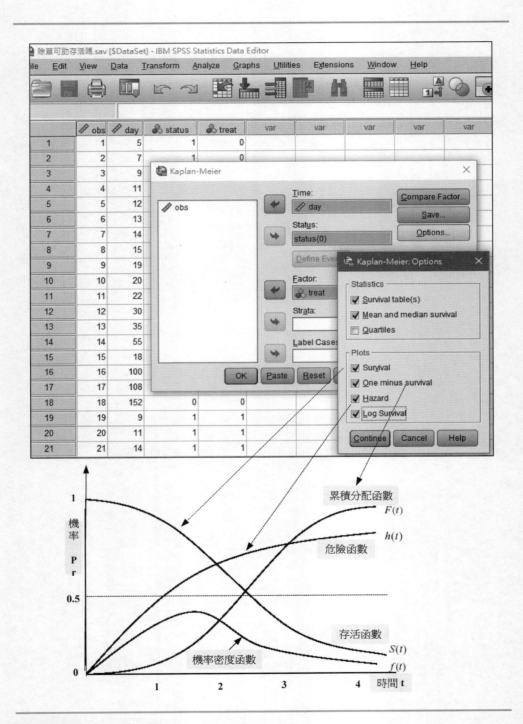

圖 4-1 各機率函數關係圖 (Cox 迴歸) (KM 指令)

　　臨床研究係以死亡爲結果，治療方式爲主要研究因素，每個研究對象都有生存時間 (隨訪開始到死亡、失訪或隨訪結束的時間)，同時考慮調整年齡和性別的影響。欲了解兩種療法對肺癌患者生存的影響是否有差異，可以用 Cox 比例風險模型 (Cox proportional-hazards model，也稱爲 Cox 迴歸) 進行分析。

　　實際上，Cox 迴歸的結局不一定是死亡，也可以是發病、妊娠、再入院等。其共同特點是，不僅考察結局是否發生，還考察結局發生的時間。

　　HR 的數學式，如下：

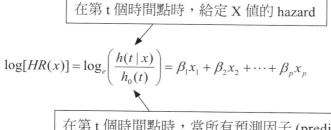

在第 t 個時間點時，給定 X 值的 hazard

$$\log[HR(x)] = \log_e\left(\frac{h(t\,|\,x)}{h_0(t)}\right) = \beta_1 x_1 + \beta_2 x_2 + \cdots + \beta_p x_p$$

在第 t 個時間點時，當所有預測因子 (predictors) 爲 0 時之 baseline hazard (對照之無意義研究)

1. 風險比 (hazard ratio, HR) 的定義：

「在某個時間點之下給定 X 值的 event 風險比」，取自然對數函數 ln(x) 後，得：

$$\ln[HR(x)] = \ln\left(\frac{h(t\,|\,x)}{h_0(t)}\right) = \beta_1 x_1 + \beta_2 x_2 + \cdots + \beta_p x_p$$

其中

$h_0(t)$：在第 t 個時間點時，當所有預測變數 (predictors) 爲 0 時之基線危險 (baseline hazard，無研究意義)。

$h(t\,|\,x)$：在第 t 個時間點時，給定 x 值時的危險 (hazard)。

$\log\left(\frac{h(t\,|\,x)}{h_0(t)}\right)$：「在某個時間點之下，當所有預測變數 (predictors) 爲 0 時的危險比」。

$\mathrm{Exp}(\beta_1)$：連續自變數 X_1 每增加一單位時，所增加的危險比 (hazard ratio)，它是發生危險的「比率」，而非機率。

$\mathrm{Exp}(\beta_2)$：假設虛擬變數，假設「$X_2 = 1$ 代表男性」，「$X_2 = 0$ 代表女性」，則 $\mathrm{Exp}(\beta_2)$ 代表男性相對於女性的危險比 (HR 值)。

263

2. SPSS 之 Cox 迴歸分析結果「**Variables in the Equation**」表：

B 欄：是比例危險 Cox 迴歸式中，自變數 (共變數) 對依變數的預測值，在 Cox 迴歸式是以 log-hazard 為單位，「B」值愈大，表示該自變數對依變數的依關性 (relevance) 愈高。

假設 Cox 分析結果顯示，最後強迫進入「Enter」的模型包含「group(分 case-control 二組)」自變數，(1) 若 P=Sig.=0.029，表示治療方式為影響癌病患者預後的獨立因素。(2) 相對危險度 HR=Exp(B)=0.410，表示使用新藥的患者死亡風險為使用常規藥物患者的 0.410 倍，(3) HR 的 95% 信賴區間 (95% CI) 為 [0.184-0.914]，因不含 0 值，故達到統計顯著水準 (Type I 誤差，α=0.05)。

3. Exp(B)：是這預測因子 (predictors) 的危險比率 (hazard ratios)。係數 B 值取自然對數，即 e^{β}(或 exp(β)) 稱做 risk ratio 或 hazard ratio(HR)。一般在解讀 Cox 迴歸分析之報表時，係以解釋 RR 或 HR 為主。

假設「case-control」變數的 HR = -0.659，表示實驗處理 (吃新試驗藥) 可有效改善 31.6% 的存活率。

4. S.E. 欄：Cox 迴歸係數的標準誤 (standard errors associated with the coefficients).

5. Wald 及 Sig 二欄：分別是 Wald chi-square 檢定及其雙尾 p-value，它的虛無假設「H_0：the coefficient (parameter) is 0」。若 p 值小於 (α=0.05) 則 Cox 迴歸係數達統計學上的顯著。

6. 此外，假設解釋變數「age cd4 priorzdv」，都是**連續變數**，其係數 B 值解釋是，每當它增加一單位，相對的風險比率。例如 age 的係數 Exp(B) = .028，表示病患年齡每增加一歲，其死亡的風險為正向提高 1.029 倍 (= $e^{0.028}$)。如此類推，「cd4 priorzdv」連續變數之危險因子。

7. 若共變數是次序 (order) 或等級 (rank) 變數，它類似 OLS 迴歸式：

$$\ln[HR(x)] = \ln\left(\frac{h(t \mid x)}{h_0(t)}\right) = \log(\frac{p(某等級)}{p(等級的比較基準點)}) = \beta_1 x_1 + \beta_2 x_2 + \cdots + \beta_p x_p$$

8. hazard ratio(HR) 意義說明：自變數係虛擬變數 (1= 實驗處理組；0= 控制組) 要估計 $\frac{實驗處理組(case)}{控制組(control)}$ 的效果 (treatment effect)，常用的 Cox 比例危險模型，其主要假定 (assumption) 為「處理組 vs. 對照組 (control)」兩組間危險函數比 (值) 與時間無關，它是常數且固定 (constant) 的。這個常數謂之危險比率 (hazard ratio, HR)。HR 值大小有下表所列三種情況。基本上，Cox 模型檢

定是 $H_0 : HR = 1$ vs. $H_1 : HR \neq 1$；或是 H_0：係數 $\beta = 0$ vs. $H_1 : \beta \neq 0$。

hazard ratio (HR)	log(HR) = β	說明
HR = 1	$\beta = 0$	兩組存活經驗相同 (Two groups have the same survival experience)
HR > 1	$\beta > 0$	控制組存活較優 (Survival is better in the control group)
HR < 1	$\beta < 0$	處理組存活較優 (Survival is better in the treatment group)

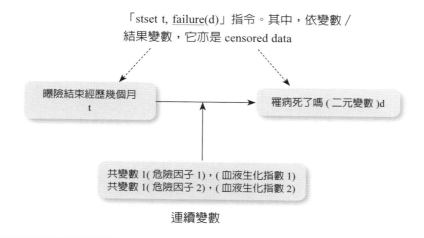

圖 4-2 多種危險因子 (多個自變數) 來預測病人會死亡嗎之研究架構

4-1 Cox 比例危險模型 (proportional hazard model, PHM)(coxreg 指令)

Cox 迴歸分析

從 Kaplan-Meier 和壽命法的文章中可以知道，「case-control」這兩種存活分析得到的結果其實是存活時間的概率分布，即不同存活時間點，事件發生的概率。例如：存活分析應用於醫學領域，分析結果就是不同時間點，患者疾病復發或死亡 (事件發生) 的概率分布。這些概率分布情況可以用存活函數、風險函數等來表示。

存活函數和風險函數在存活分析中往往不是一定需要求得的，很多情況只需輸出存活曲線和比較不同類型群體存活曲線的差異即可，因此 SPSS 存活分析 menu 並沒有這些函數輸出選項，因此這些 menu 被稱為非參數法 (Kaplan-Meier 法和壽命表法) 和半參數法 (Cox 迴歸)。

Cox 迴歸是一種半參數方法，它的基本思想是將風險函數與研究自變數之間創建函數關聯，這樣就可以直接考察研究自變數對風險函數的影響效果。

4-1-1 Cox 迴歸：實驗處理有療效嗎 + 四個共變數 (危險因子) (coxreg 指令)

範例：case-control 組之療效有差異嗎，另加四個危險因子(coxreg 指令)

COXREG 指令：將 Cox 比例風險迴歸應用於生存時間分析 — 即事件發生前的時間長度。

COXREG 指令語法如下表所示：

```
COXREG VARIABLES = survival varname [WITH varlist]
   / STATUS = varname [EVENT] (vallist) [LOST (vallist)]
[/STRATA  = varname]
[/CATEGORICAL = varname]
[/CONTRAST (varname) = {DEVIATION (refcat)}]
                      {SIMPLE (refcat)  }
                      {DIFFERENCE       }
                      {HELMERT          }
                      {REPEATED         }
                      {POLYNOMIAL(metric)}
                      {SPECIAL (matrix) }
                      {INDICATOR (refcat)}


[/METHOD = {ENTER**       }   [{varlist}]]
          {BSTEP [{COND}]}    {ALL    }
                {LR  }
                {WALD}
          {FSTEP [{COND}]}
                {LR  }
                {WALD}
```

```
[/MISSING = {EXCLUDE**}]
            {INCLUDE  }

[/PRINT = [{DEFAULT**}]  [CI ({95})]]
          {SUMMARY  }           {n  }
          {BASELINE }
          {CORR     }
          {ALL      }

[/CRITERIA = [{BCON}({1E-4**})]   [LCON({1E-5**})]
              {PCON} { n    }           { n    }
              [ITERATE({20**})]
                      { n  }
              [PIN({0.05**})]     [POUT({0.1**})]]
                  { n    }            { n   }

[/PLOT = [NONE**] [SURVIVAL] [HAZARD] [LML] [OMS]]
[/PATTERN = [varname(value)...] [BY varname]]
[/OUTFILE = [COEFF('savfile' | 'dataset')] [TABLE('savfile' | 'dataset')]
            [PARAMETER('file')]]
[/SAVE = tempvar [(newvarname)],tempvar ...]
[/EXTERNAL]
```

上表，如果省略副命令或關鍵字，則「**」為 SPSS 內定值。

一、問題說明

　　本例旨在了解某實驗組 (接受癌症治療介入) 是否有效果，即「發生某 event(死亡、癌症復發……) 機率顯著降低」？(分析單位：病人)

　　研究者收集數據並整理成下表，此「**actg320.sav**」資料檔內容之變數如下：

變數名稱	說明	編碼 Codes/Values
結果變數 (Y 軸存活率)：censor	(發生 event 嗎：即 failure variable)，1= 是，0= 否	0,1「是設限資料 censored data) 」
存活時間變數 (X 軸)：time	存活多長時間 (月)	1～36(月)
共變數：有無 exposure(有介入處理嗎)	tx (虛擬變數)	0=control 組 1=case 組

存活分析及 ROC：應用 SPSS

變數名稱	說明	編碼 Codes/Values
共變數：age	年齡	15〜73
共變數：sex	性別	2= 女，1= 男
共變數：cd4	cd4 血清值	0〜392
共變數：priorzdv	癌症指數	3〜312

二、資料檔之內容

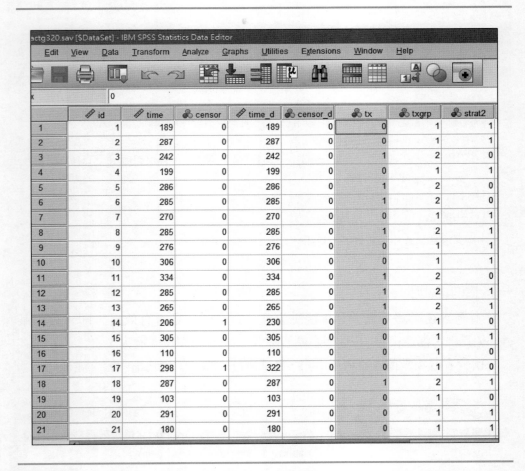

圖 4-3 「actg320.sav」資料檔內容 (N = 1156 個病人，16 個變數)

三、分析結果與討論

在進行 Cox 迴歸分析前，如果樣本不多而變數較多，建議先通過單變量分析 (KM 法繪製生存曲線、logrank 檢定等) 考察所有自變數與因變數之間的關係，篩掉一些可能無意義的變數，再進行多因素分析，這樣可以保證結果更加可靠。即使樣本足夠大，也不建議把所有的變數放入方程直接分析，一定要先弄清楚各個變數之間的相互關係，確定自變數進入方程的形式，這樣才能有效的進行分析。

單因素 (單一共變數) 分析後，尚應考慮應該將哪些自變數納入 Cox 迴歸模型。一般情況下，建議納入的變數有：(1) 單因素分析差異有統計學意義的變數 (此時，最好將 p 值放寬一些，比如 0.1 或 0.15 等，避免漏掉一些重要因素)。(2) 單因素分析時，沒有發現差異有統計學意義，但是臨床上認爲與因變數關係密切的自變數。

Step 1-1 實驗組 (接受某介入治療) 優於控制組 (吃安慰劑) 嗎

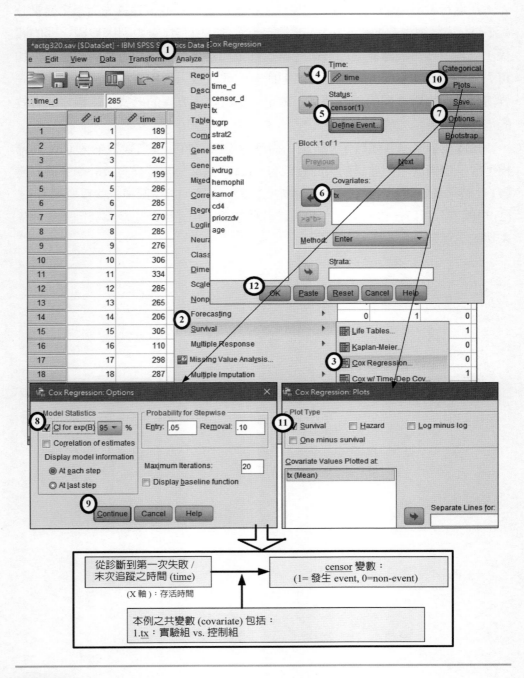

圖 4-4 「coxreg time/status = censor(1)/method = enter tx.」畫面

　　Cox 迴歸使用的前提是滿足比例風險假定 (PH 假定)，即主要研究因素 (包括 Covariates 框中放入的其他共變數) 的各層間均應滿足 PH 假定。如果不滿足，則應當將變數放入 Strata 框中進行分層變數控制。

　　對應的指令語法：

```
title "Cox 迴歸 .sps".
subtitle "Step 1-1 實驗組 ( 接受某介入治療 ) 優於控制組 ( 吃安慰劑 ) 嗎 ".
get file ='C:\CD\actg320.sav'.

COXREG time
  /STATUS=censor(1)
  /METHOD=ENTER tx
  /PLOT SURVIVAL
  /PRINT=CI(95)
  /CRITERIA=PIN(.05) POUT(.10) ITERATE(20).
```

【A. 分析結果說明】

Case Processing Summary

		N	Percent
Cases available in analysis	Event[a]	96	8.3%
	Censored	1055	91.7%
	Total	1151	100.0%
Cases dropped	Cases with missing values	0	0.0%
	Cases with negative time	0	0.0%
	Censored cases before the earliest event in a stratum	0	0.0%
	Total	0	0.0%
Total		1151	100.0%

a. Dependent Variable: 存活時間 (年)

Omnibus Tests of Model Coefficients[a]									
-2 Log Likelihood	Overall (score)			Change From Previous Step			Change From Previous Block		
	Chi-square	df	Sig.	Chi-square	df	Sig.	Chi-square	df	Sig.
1306.236	10.540	1	.001	10.695	1	.001	10.695	1	.001
a. Beginning Block Number 1. Method = Enter									

1. 「Omnibus Tests of Model Coefficients」表格印出，模型中所有變數的迴歸係數，其整體適配度 Overall (score) 卡方檢定的虛擬假設 H_0：「所有變數的迴歸係數全爲 0」。本例檢定結果，(1)overall(Score) $\chi_{(1)}^2 = 10.540$(p<0.05)；(2)對數概似比 = 1306.236。故拒絕虛擬假設 H_0，表示本 Cox 模型中至少有一個自變數 (即共變數) 的 HR 值不爲 1(Coef. 不爲 0)，模型整體檢定具有統計學顯著意義。

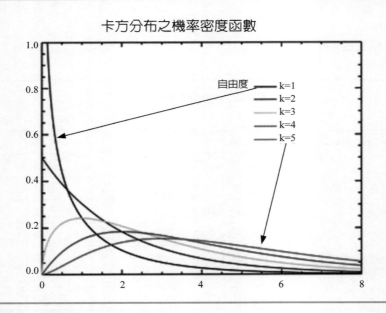

圖 4-5 卡方分布之機率密度函數

Variables in the Equation

	B	SE	Wald	df	Sig.	Exp(B)	95.0% CI for Exp(B)	
							Lower	Upper
case-control 組	-.684	.215	10.138	1	.001	.504	.331	.769

1. **風險比 (hazard ratio, HR)** 的定義：
   「在某個時間點之下給定 X 值的 event 風險比」，取自然對數函數 ln(x) 後，得：

$$\ln[HR(x)] = \ln\left(\frac{h(t\,|\,x)}{h_0(t)}\right) = \beta_1 x_1 + \beta_2 x_2 + \cdots + \beta_p x_p$$

2. 上面「**Variables in the Equation**」表，B 欄：是比例危險 Cox 迴歸式中，自變數 (共變數) 對依變數的預測值，在 Cox 迴歸式是以 log-hazard 為單位，「B」值愈大，表示該自變數對依變數的攸關性 (relevance) 愈高。
   本例分析結果顯示，最後強迫進入「Enter」的模型包含「tx」自變數，(1) P=Sig.=0.001，表示治療方式為影響癌病患者預後的獨立因素。(2) 相對危險度 HR=Exp(B)=0.504，表示使用新藥的患者死亡風險為使用常規藥物患者的 0.504 倍，(3) HR 的 95% 信賴區間 (95% CI) 為 [0.331,0.769]，因不含 0 值，故達到統計顯著水準 (Type I 誤差，$\alpha = 0.05$)。

3. Exp(B)：是這預測因子 (predictors) 的危險比率 (hazard ratios)。係數 B 值取自然對數，即 e^β (或 exp(β)) 稱做 risk ratio 或 hazard ratio(HR)。一般在解讀 Cox 迴歸分析之報表時，係以解釋 RR 或 HR 為主。

4. 本例「case-control」**虛擬**變數，排除其他共變數的干擾之下，僅觀察吃新藥對存活時間有無影響。本例求得危險比 hazard ratio = -0.684 (p<0.05)，顯示：吃新藥 (drug=1) 的病人相對有較低的死亡風險，大約是吃安慰劑 (drug=0) 組別的 0.504 倍 (= exp^{coef})，或是將 β_1 取 exp，亦可求得 risk ratio 值為 exp(β_1)=exp(-0.684)= 0.504。

5. hazard ratio(HR) 意義說明：自變數係虛擬變數 (1= 實驗處理組；0= 控制組) 要估計 $\frac{實驗處理組(case)}{控制組(control)}$ 的效果 (treatment effect)，常用的 Cox 比例危險模型，其主要假定 (assumption) 為「處理組 vs. 對照組 (control)」兩組間危險函數比 (值) 與時間無關，它是常數且固定 (constant) 的。這個常數謂之危險

(hazard ratio, HR)。HR 值大小有下表所列三種情況。基本上，Cox 模型檢定是 $H_0 : \text{HR} = 1$ vs. $H_1 : HR \neq 1$；或是 H_0：係數 $\beta = 0$ vs. $H_1 : \beta \neq 0$。

hazard ratio (HR)	log(HR) = β	說明
HR = 1	$\beta = 0$	兩組存活經驗相同 (Two groups have the same survival experience)
HR > 1	$\beta > 0$	控制組存活較優 (Survival is better in the control group)
HR < 1	$\beta < 0$	處理組存活較優 (Survival is better in the treatment group)

6. S.E. 欄：Cox 迴歸係數的標準誤 (standard errors associated with the coefficients)。

7. Wald 及 Sig 二欄：分別是 Wald chi-square 檢定及其雙尾 p-value，它的虛無假設「H_0：the coefficient (parameter) is 0」。若 p 值小於 (α=0.05) 則 Cox 迴歸係數達統計學上的顯著。

8. 若共變數是次序 (order) 或等級 (rank) 變數 (即 factor 爲「Compare factor......」變數)，它類似 OLS 迴歸式：

$$\ln[HR(x)] = \ln\left(\frac{h(t \mid x)}{h_0(t)}\right) = \log\left(\frac{p(某等級)}{p(等級的比較基準點)}\right) = \beta_1 x_1 + \beta_2 x_2 + \cdots + \beta_p x_p$$

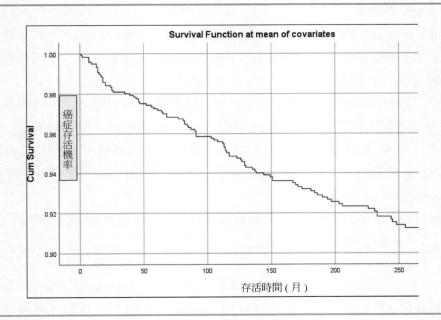

圖 4-6 「實驗組合併控制組」之存活函數 (共變數保持在平均值)

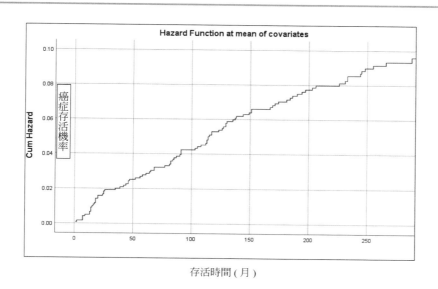

圖 4-7 「實驗組合併控制組」之危險函數 (共變數保持在平均值)

Step 1-2 Kaplan-Meier 存活機率：分「case-control」組

```
subtitle "Step 1-2 Kaplan-Meier 存活機率：分「case-control」組 ".
get file='C:\CD\C:\CD\actg320.sav'.'.

km time
/strata tx
/status=censor(1)
/save survival(surv_km).

graph
/scatterplot(bivar)=time with surv_km by tx.
```

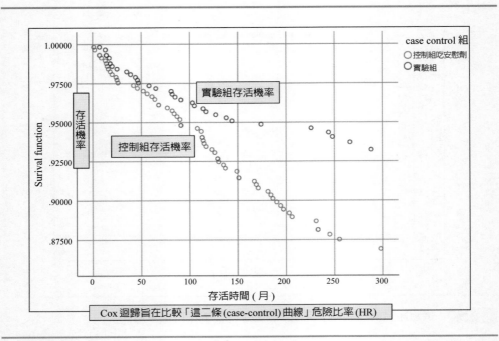

圖 4-8 「實驗組 vs. 控制組」存活函數 S(t)

1. 因「實驗組 vs. 控制組」二條存活曲線未交叉，符合 Cox 迴歸假定，表示本例沒有「脆弱性」問題，即「實驗組 vs. 控制組」二組存活機率是同質性。
2. SPSS 無「Cox 脆弱模型」指令；Stata 才有「Cox 脆弱模型 (Cox regression with shared frailty)」指令。詳情請見作者《生物醫學統計：使用 STaTa 分析》一書〈2-6 脆弱性之 Cox 模型〉。

Step 2 除「實驗組 vs. 控制組」外,再加四個共變數 (危險因子)

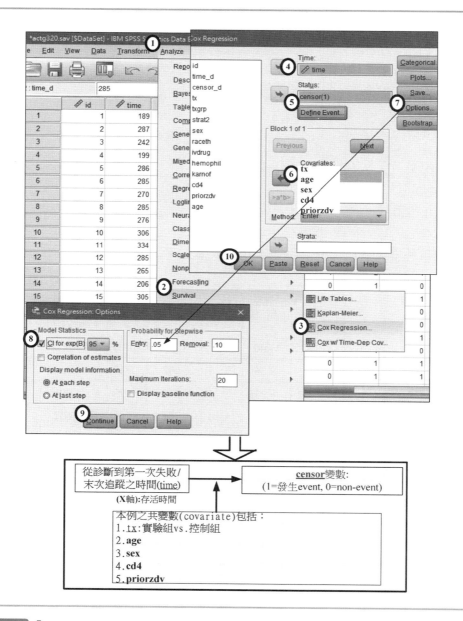

圖 4-9 「coxreg time/status = censor(1)/method = enter tx age sex cd4 priorzdv」畫面

　　Cox 迴歸使用的前提是滿足比例風險假定 (PH 假定)，即主要研究因素 (包括 Covariates 框中放入的其他共變數) 的各層間均應滿足 PH 假定。如果不滿足，則應當將變數放入 Strata 框中進行分層變數控制。

　　對應的指令語法：

```
subtitle "Step 2 除「實驗組 vs. 控制組」外，再加 4 個共變數 ".

COXREG time
  /STATUS=censor(1)
  /METHOD=ENTER tx age sex cd4 priorzdv
  /PRINT=CI(95)
  /CRITERIA=PIN(.05) POUT(.10) ITERATE(20).
```

【A. 分析結果說明】

Variables in the Equation

	B	SE	Wald	df	Sig.	Exp(B)	95.0% CI for Exp(B)	
							Lower	Upper
case-control 組	-.659	.215	9.369	1	.002	.517	.339	.789
年齡	.028	.011	6.335	1	.012	1.029	1.006	1.052
性別	.097	.284	.117	1	.732	1.102	.632	1.923
血清 CD4	-.017	.003	42.414	1	.000	.984	.979	.988
癌症指數	.000	.004	.006	1	.937	1.000	.993	1.007

1. 上面「Variables in the Equation」表，其中，e^{β}(或 exp(β)) 稱做 risk ratio 或 hazard ratio(HR)。一般在解讀 Cox 迴歸分析之報表時，係以解釋 RR 或 HR 為主。

   本例分析結果顯示，最後強迫進入「Enter」的模型包含「tx」自變數，(1) P=Sig.=0.002，表示治療方式為影響癌病患者預後的獨立因素。(2) 相對危險度 HR=Exp(B)=0.517，表示使用新藥的患者死亡風險為使用常規藥物患者的 0.517 倍，(3) HR 的 95% 信賴區間 (95% CI) 為 [0.339,0.789]，因不含 0 值，故達到統計顯著水準 (Type I 誤差，α=0.05)。

2. 本例「case-control」**虛擬**變數，排除其他共變數的干擾之下，僅觀察吃新藥對存活時間有無影響。本例求得危險比 hazard ratio = 0.517(p<0.05)，顯示：吃新藥 (drug=1) 的病人相對有較低的死亡風險，大約是吃安慰劑 (drug=0) 組別的 0.517 倍 (=exp^{coef})，或是將 β_1 取 exp，亦可求得 risk ratio 值為 exp(β_1)=exp(-0.659)= 0.517。

3. 此外，三個解釋變數「age cd4 priorzdv」，都是**連續變數**，其係數 B 值解釋是，每當它增加一單位，相對的風險比率。例如 age 的係數 Exp(B) = 0.028，表示病患年齡每增加一歲，其死亡的風險為正向提高 1.029 倍 (=$e^{0.028}$)。如此類推，「cd4 priorzdv」連續變數之危險因子。

Step 3　除「實驗組 vs. 控制組」外，只保留有顯著的二個共變數

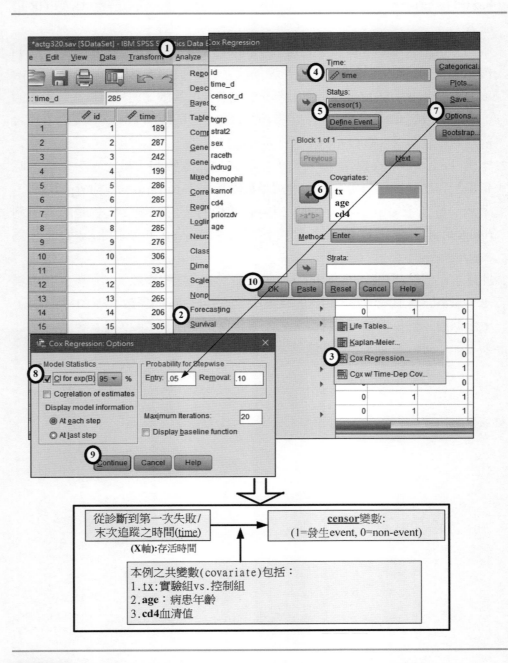

圖 4-10　「coxreg time/status = censor(1)/method = enter tx age cd4」畫面

對應的指令語法：

```
subtitle "Step 3 除「實驗組 vs. 控制組」外，只保留有顯著的 2 個共變數 ".

COXREG time
  /STATUS=censor(1)
  /METHOD=ENTER tx age cd4
  /PRINT=CI(95)
  /CRITERIA=PIN(.05) POUT(.10) ITERATE(20).
```

【A. 分析結果說明】

	Omnibus Tests of Model Coefficients[a]								
-2 Log Likelihood	Overall (score)			Change From Previous Step			Change From Previous Block		
	Chi-square	df	Sig.	Chi-square	df	Sig.	Chi-square	df	Sig.
1237.771	63.040	3	.000	79.160	3	.000	10.695	1	.001
a. Beginning Block Number 1. Method = Enter									

1. 「Omnibus Tests of Model Coefficients」表格印出，模型中所有變數的迴歸係數，其整體適配度 Overall (score) 卡方檢定的虛擬假設 H_0：「所有變數的迴歸係數全為 0」。本例檢定結果，(1)overall(Score) $\chi_{(3)}^2$ = 63.040(p<0.05)；(2) 對數概似比 = 1237.771。故拒絕虛擬假設，表示本 Cox 模型中至少有一個自變數 (即共變數) 的 HR 值不為 1(Coef. 不為 0)，模型整體檢定具有統計學顯著意義。

			Variables in the Equation				95.0% CI for Exp(B)	
	B	SE	Wald	df	Sig.	Exp(B)	Lower	Upper
case-control 組	-.659	.215	9.383	1	.002	.518	.340	.789
年齡	.028	.011	6.207	1	.013	1.028	1.006	1.051
血清 CD4	-.017	.003	42.539	1	.000	.984	.979	.988

1. 在存活分析中，Cox 迴歸係數 Exp(B) 是指風險比 (hazard ratio, HR)，HR 是解釋變數 (explanatory variable) 兩個水平 (two levels) 所具備條件之下，相對應的風險率的比率。

2. 上面「Variables in the Equation」表，其中，e^{β}(或 exp(β)) 稱做 risk ratio 或 hazard ratio(HR)。一般在解讀 Cox 迴歸分析之報表時，係以解釋 RR 或 HR 為主。

   本例「case-control」變數的 HR = 0.518，表示實驗處理 (吃新試驗藥) 可有效改善 49.2% 的存活率。

3. 本例「tx(即 case-control)」虛擬變數，排除其他共變數的干擾之下，僅觀察吃新藥對存活時間有無影響。本例求得危險比 hazard ratio = 0.518 (p<0.05)，顯示：吃新藥 (drug=1) 的病人相對有較低的死亡風險，大約是吃安慰劑 (drug=0) 組別的 0.518 倍 (=exp^{coef})，或是將 β_1 取 exp，亦可求得 risk ratio 值為 exp(β_1)=exp(-0.659)= 0.518。

4. 此外，2 個解釋變數「age cd4」，都是連續變數，其係數 B 值解釋是，每當它增加一單位，相對的風險比率。例如 age 的係數 Exp(B) = 1.028，表示病患年齡每增加一歲，其死亡的風險為正向提高 1.028 倍 (=$e^{0.028}$)。如此類推，「cd4 priorzdv」連續變數之危險因子。

4-1-2 Cox 迴歸：(無實驗處理) 肝癌有二個危險因子 (coxreg 指令)

COXREG 指令：將 Cox 比例風險迴歸應用於生存時間分析－即事件發生前的時間長度。

範例：(無實驗處理) 肝癌有二個共變數 (危險因子)(coxreg 指令)

一、問題說明

本例旨在了解「event(肝病死亡) 之危險因子」有那些？(分析單位：肝病人) 研究者收集數據並整理成下表，此「whas100.sav」資料檔內容之變數如下：

變數名稱	說明	編碼 Codes/Values
結果變數 (Y 軸存活率)：folstatus	(發生 event 嗎：即 failure variable)，1= 是，0= 否	0,1「是設限資料 censored data) 」
存活時間變數 (X 軸)：time	存活多長時間 (年)	
危險因子／共變數：有無 case-control(有介入處理嗎)、家族病史嗎、不良習慣嗎……	本例無納入 age、gender、bmi、抽菸	

二、資料檔之內容

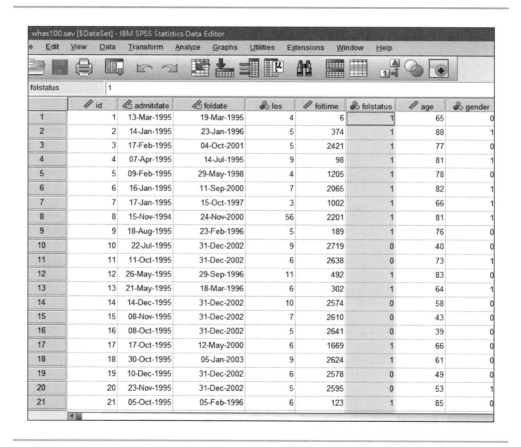

圖 4-11 「whas100.sav」資料檔內容 (N=100 個肝病人，9 個變數)

三、分析結果與討論

Step 1　（無實驗處理）肝癌有二個共變數（危險因子）

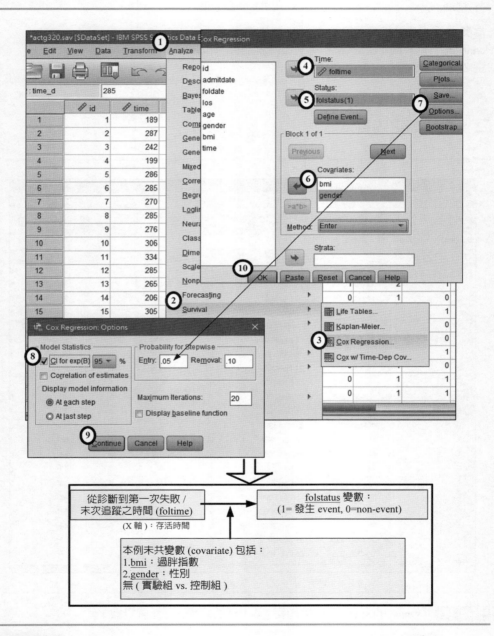

從診斷到第一次失敗 /
末次追蹤之時間 (foltime)
(X 軸)：存活時間

folstatus 變數：
(1= 發生 event, 0=non-event)

本例未共變數 (covariate) 包括：
1.bmi：過胖指數
2.gender：性別
無 (實驗組 vs. 控制組)

圖 4-12　「coxreg foltime/status=folstatus(1)/method = enter bmi gender」畫面

對應的指令語法：

```
title "Cox 迴歸：肝癌危險因子 .sps".
subtitle "The only available method for breaking the ties in SPSS is the Bre-
slow method".

COXREG foltime
  /STATUS=folstatus(1)
  /METHOD=ENTER bmi gender
  /PRINT=CI(95)
  /CRITERIA=PIN(.05) POUT(.10) ITERATE(20).
```

【A. 分析結果說明】

Variables in the Equation

	B	SE	Wald	df	Sig.	Exp(B)	95.0% CI for Exp(B) Lower	95.0% CI for Exp(B) Upper
身高體重指數	-.095	.034	7.782	1	.005	.910	.851	.972
性別	.539	.283	3.634	1	.057	1.714	.985	2.982

1. 在存活分析中，Cox 迴歸係數 Exp(B) 是指風險比 (hazard ratio, HR)，HR 是解釋變數 (explanatory variable) 兩個水平 (two levels) 所具備條件之下，相對應的風險率的比率。

2. 上面「**Variables in the Equation**」表，其中，e^β(或 $\exp(\beta)$) 稱做 risk ratio 或 hazard ratio(HR)。一般在解讀 Cox 迴歸分析之報表時，係以解釋 RR 或 HR 為主。

   本例「gender」**虛擬**變數，排除其他共變數的干擾之下，僅觀察男性對比女性的存活時間有無影響。本例求得危險比 hazard ratio=1.714 (p>0.05)，顯示：男性 (gender=1) 的病人相對有較高的死亡風險，大約是女性 (gender =0) 組別的 1.714 倍 (=$\exp^{coef}$)，或是將 β_2 取 exp，亦可求得 risk ratio 值為 $\exp(\beta_2)=\exp(0.539)= 1.714$。

4. 此外，解釋變數「bmi」，是**連續**變數，其係數 B 值解釋是，每當它增加一單位，相對的風險比率。例如 bmi 的係數 Exp(B)= 0.910，表示 bmi 每增加一單位，其死亡的風險減為 0.910 倍 (=$e^{0.028}$)。

層次 (hierarchical) 迴
歸：Cox 模型 (coxreg
指令)

5-1 層次 (hierarchical) 迴歸：比例危險 Cox 迴歸 (proportional hazards)

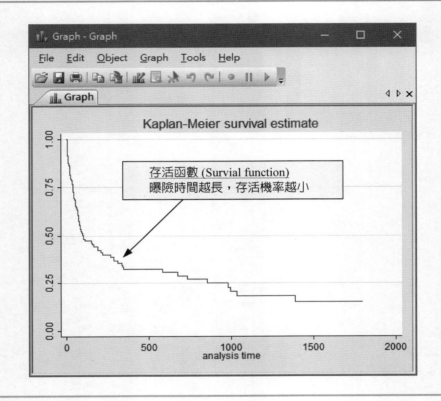

圖 5-1 存活函數 (Survival function) 之示意圖

5-1-1 proportional hazards 之 Cox 迴歸：解釋變數分虛擬變數 (gender、case-control) 及連續變數 age 有三個方式 (coxreg 指令)

在面對「time-event」的資料，Cox 迴歸是運用最廣的統計法，特別是在生物統計、醫學與流行病學的研究方面，Cox 迴歸有其優勢存在，因為存活 model 所得到的自變數的係數值透過簡單的換算，就可以得到生物醫學上常用到的一個指標值——「危險比」(harzar ratio)。在存活 model 中，如果我們使用的自變

數也是二元變數 (虛擬變數，dummy variable)，更能夠凸顯在結果解讀上的便利性。

範例一：解釋變數分虛擬變數 (gender) 及連續變數 age 有三個方式 (coxreg 指令)

一、問題說明

　　本例旨在了解慢性病的危險因子有那些，即「event(病死危險率) 之因子」有那些？(分析單位：肝病人)

　　研究者收集數據並整理成下表，此「whas100.sav」資料檔內容之變數如下：

變數名稱	說明	編碼 Codes/Values
結果變數 (Y 軸存活率)：folstatus	(發生 event 嗎：即 failure variable)，1= 是，0= 否	0,1「是設限資料 censored data) 」
存活時間變數 (X 軸)：time	存活多長時間 (年)	
危險因子 / 共變數：有無 case-control(有介入處理嗎)、家族病史嗎、不良習慣嗎……	本例無納入 age、gender、bmi、抽菸	

二、資料檔之內容

	id	admitdate	foldate	los	foltime	folstatus	age	gender
1	1	13-Mar-1995	19-Mar-1995	4	6	1	65	0
2	2	14-Jan-1995	23-Jan-1996	5	374	1	88	1
3	3	17-Feb-1995	04-Oct-2001	5	2421	1	77	0
4	4	07-Apr-1995	14-Jul-1995	9	98	1	81	1
5	5	09-Feb-1995	29-May-1998	4	1205	1	78	0
6	6	16-Jan-1995	11-Sep-2000	7	2065	1	82	1
7	7	17-Jan-1995	15-Oct-1997	3	1002	1	66	1
8	8	15-Nov-1994	24-Nov-2000	56	2201	1	81	1
9	9	18-Aug-1995	23-Feb-1996	5	189	1	76	0
10	10	22-Jul-1995	31-Dec-2002	9	2719	0	40	0
11	11	11-Oct-1995	31-Dec-2002	6	2638	0	73	1
12	12	26-May-1995	29-Sep-1996	11	492	1	83	0
13	13	21-May-1995	18-Mar-1996	6	302	1	64	1
14	14	14-Dec-1995	31-Dec-2002	10	2574	0	58	0
15	15	08-Nov-1995	31-Dec-2002	7	2610	0	43	0
16	16	08-Oct-1995	31-Dec-2002	5	2641	0	39	0
17	17	17-Oct-1995	12-May-2000	6	1669	1	66	0
18	18	30-Oct-1995	05-Jan-2003	9	2624	1	61	0
19	19	10-Dec-1995	31-Dec-2002	6	2578	0	49	0
20	20	23-Nov-1995	31-Dec-2002	5	2595	0	53	1
21	21	05-Oct-1995	05-Feb-1996	6	123	1	85	0

圖 5-2 「whas100.sav」資料檔內容 (N=100 個肝病人，9 個變數)

三、分析結果與討論

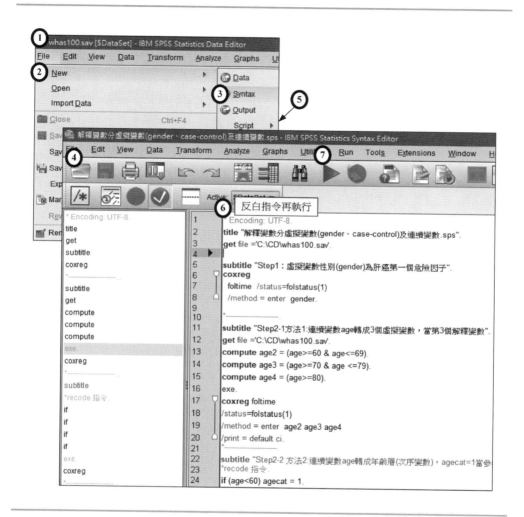

圖 5-3 完整「解釋變數分虛擬變數 (gender、case-control) 及連續變數 .sps」指令檔

Step1 用 coxreg 指令做存活迴歸，(Y 軸：變數 folstatus)

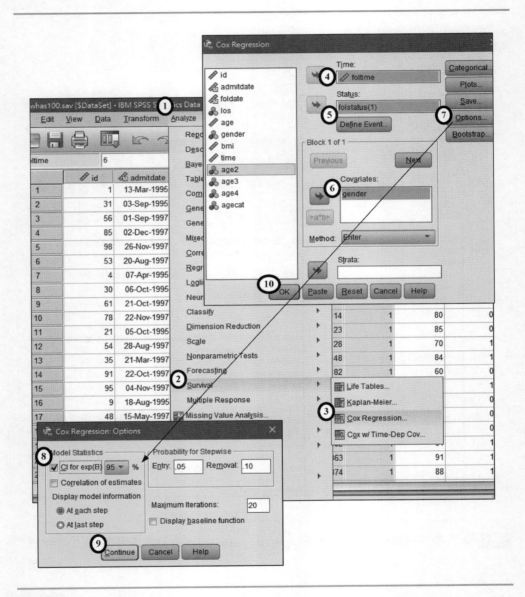

圖 5-4 「coxreg foltime/status=folstatus(1)/method = enter gender」畫面

層次 (hierarchical) 迴歸：Cox 模型 (coxreg 指令)

　　Cox 迴歸使用的前提是滿足比例風險假定 (PH 假定)，即主要研究因素 (包括 Covariates 框中放入的其他共變數) 的各層間均應滿足 PH 假定。如果不滿足，則應當將變數放入 Strata 框中進行分層變數控制。

```
title " 解釋變數分虛擬變數 (gender、case-control) 及連續變數 .sps".
get file ='C:\CD\whas100.sav'.

subtitle "Step1：虛擬變數性別 (gender) 為肝癌第一個危險因子 ".
COXREG foltime
  /STATUS=folstatus(1)
  /METHOD=ENTER gender
  /PRINT=CI(95)
  /CRITERIA=PIN(.05) POUT(.10) ITERATE(20).
```

【A. 分析結果說明】

Block 1: Method = Enter

Omnibus Tests of Model Coefficients[a]

-2 Log Likelihood	Overall (score)			Change From Previous Step			Change From Previous Block		
	Chi-square	df	Sig.	Chi-square	df	Sig.	Chi-square	df	Sig.
414.485	3.968	1	.046	3.755	1	.053	3.755	1	.53

a. Beginning Block Number 1. Method = Enter

Variables in the Equation

	B	SE	Wald	df	Sig.	Exp(B)
性別	.555	.282	3.869	1	.049	1.743

Step 2-1　方法 1：連續變數 age 轉成年齡層 (虛擬變數)，當第三個解釋變數
　　age 當危險因子 (解釋變數) 有三個方法，如下三段程式所示。

```
subtitle " Step2-1 方法 1: 連續變數 age 轉成 3 個虛擬變數，當第 3 個解釋變數 ".
get file ='C:\CD\whas100.sav'.
compute age2 = (age>=60 & age<=69).
compute age3 = (age>=70 & age <=79).
compute age4 = (age>=80).
exe.
COXREG foltime
  /STATUS=folstatus(1)
  /METHOD=ENTER age2 age3 age4
  /PRINT=CI(95)
  /CRITERIA=PIN(.05) POUT(.10) ITERATE(20).
```

【B. 分析結果說明】

Block 1: Method = Enter

Omnibus Tests of Model Coefficients[a]

-2 Log Likelihood	Overall (score)			Change From Previous Step			Change From Previous Block		
	Chi-square	df	Sig.	Chi-square	df	Sig.	Chi-square	df	Sig.
402.917	15.558	3	.001	15.322	3	.002	15.322	3	.002

a. Beginning Block Number 1. Method = Enter

Variables in the Equation

	B	SE	Wald	df	Sig.	Exp(B)	95.0% CI for Exp(B)	
							Lower	Upper
age2	.047	.519	.008	1	.928	1.048	.379	2.896
age3	.986	.445	4.897	1	.027	2.679	1.119	6.414
age4	1.263	.416	9.238	1	.002	3.536	1.566	7.984

Step 2-2　方法 2：連續變數 age 轉成年齡層（次序變數），contrast 法以 agecat＝1 當 indicator 參考組

或者，改以年齡組來新建分類變數(agecat)，此 SPSS if、contrast 指令如下。

```
subtitle "Step2-2方法2: 連續變數 age 轉成年齡層 ( 次序變數 )，agecat=1 當參考組 ".
*recode 指令 .
if (age<60) agecat = 1.
if (age>=60 & age<=69) agecat = 2.
if (age>=70 & age <=79) agecat = 3.
if (age>=80) agecat = 4.
exe.

coxreg foltime with agecat
/status=folstatus(1)
/categorical = agecat
/contrast(agecat) = indicator(1)
/print = default ci.
```

注意：在數據錄入時，建議將二分類變數賦值為 0 和 1；多分類變數賦值
為 0、1、2、3 或者 1、2、3、4 等，並根據以下情況設置 Categorical
Covariates 選項：

case 1：以下情況，可以不定義 Categorical Covariates 選項：當自變數是二分
類變數，並且賦值的差值為 1，例如賦值為 0 和 1，也不需要繪製該
變數不同組間的生存曲線時。

case 2：case1 以外的情況都必須定義 Categorical Covariates 選項。需特別注意
兩種情況：(1) 當自變數是二分類變數，但要在 Plots 選項中設置，得
到不同組間的生存曲線時。比如本例中，group 為二分類變數，但要
觀察不同用藥組間的生存曲線，就需要在 Categorical Covariates 選項
中定義 group 變數；(2) 多分類變數時。

【C. 分析結果說明】

Categorical Variable Codings[a]		Frequency	(1)	(2)	(3)
agecat[b]	1	25	0	0	0
	2	23	1	0	0
	3	22	0	1	0
	4	30	0	0	1

a. Category variable: agecat
b. Indicator Parameter Coding

1. Categorical Variable Codings 表格給出了 Categorical Covariates 選項中設置的
   變數 (本例中爲 group) 所對應的賦值情況和頻率 (Frequency)。最後一列給出
   了變數編碼的情況。腳註 b. Indicator Parameter Coding 說明了本研究中 agecat
   變數以 First 爲參照組 (Categorical Covariates 選項中的設置)。

Block 1: Method = Enter

Omnibus Tests of Model Coefficients[a]

-2 Log Likelihood	Overall (score)			Change From Previous Step			Change From Previous Block		
	Chi-square	df	Sig.	Chi-square	df	Sig.	Chi-square	df	Sig.
402.917	15.558	3	.001	15.322	3	.002	15.322	3	.002

a. Beginning Block Number 1. Method = Enter

Variables in the Equation

	B	SE	Wald	df	Sig.	Exp(B)	95.0% CI for Exp(B)	
							Lower	Upper
age2	.047	.519	.008	1	.928	1.048	.379	2.896
age3	.986	.445	4.897	1	.027	2.679	1.119	6.414
age4	1.263	.416	9.238	1	.002	3.536	1.566	7.984

Covariate Means

	Mean
agecat(1)	.230
agecat(2)	.230
agecat(3)	.230

2. 年齡層 (次序變數) 越高，肝癌死亡的危險率 (平均數) 越高

Step 2-3 方法 3：連續變數 age 轉成年齡層（次序變數），contrast 以
agecat＝3 當 indicator 參考組

```
subtitle "Step2-3 The difference between age group 3 and age group 2 using
the contrast statement".

coxreg foltime  with agecat
/status=folstatus(1)
/categorical = agecat
/contrast(agecat) = indicator(3)
/print = default ci.
```

【D. 分析結果說明】

Block 1: Method = Enter

Omnibus Tests of Model Coefficients[a]

-2 Log Likelihood	Overall (score)			Change From Previous Step			Change From Previous Block		
	Chi-square	df	Sig.	Chi-square	df	Sig.	Chi-square	df	Sig.
402.917	15.558	3	.001	15.322	3	.002	15.322	3	.002

a. Beginning Block Number 1. Method = Enter

Variables in the Equation

	B	SE	Wald	df	Sig.	Exp(B)	95.0% CI for Exp(B)	
							Lower	Upper
agecat			14.009	3	.003			
agecat(1)	-.986	.445	4.897	1	.027	.373	.156	.893
agecat(2)	-.939	.464	4.092	1	.043	.391	.158	.971
agecat(3)	.277	.345	.647	1	.421	1.320	.671	2.595

Step 2-4　方法 4：連續變數 age 轉成年齡層（次序變數），contrast 以 agecat=3 當 deviation 參考組

```
subtitle "Step2-4 方法 4: 連續變數 age 轉成年齡層（次序變數），contrast 以 age-
    cat=3 當 deviation 參考組".

coxreg foltime  with agecat
  /status=folstatus(1)
  /categorical = agecat
  /contrast(agecat) = deviation(1).
```

【E. 分析結果說明】

Block 1: Method = Enter

Omnibus Tests of Model Coefficients[a]

-2 Log Likelihood	Overall (score)			Change From Previous Step			Change From Previous Block		
	Chi-square	df	Sig.	Chi-square	df	Sig.	Chi-square	df	Sig.
402.917	15.558	3	.001	15.322	3	.002	15.322	3	.002

a. Beginning Block Number 1. Method = Enter

Variables in the Equation

	B	SE	Wald	df	Sig.	Exp(B)
agecat			14.009	3	.003	
agecat(1)	-.527	.310	2.891	1	.089	.590
agecat(2)	.412	.246	2.811	1	.094	1.509
agecat(3)	.689	.219	9.914	1	.002	1.992

5-2 層次 (hierarchical) 線性迴歸

5-2-1 層次迴歸 (hierarchical regression) 重點性

什麼時候需要層次迴歸分析呢？

層次迴歸是一種方法，用於顯示在考慮所有其他變數後，您感興趣的變數是否解釋了依變數 (DV) 中統計上顯著的變異量。這是模型比較的框架，而不是統計方法。在此框架中，您可以通過在每個步驟中將變數添加到以前的模型來構建多個迴歸模型；以後的模型總是包含以前步驟中的較小模型。在很多情況下，我們的興趣是確定**新增加的變數**是否顯示顯著改善 (模型中解釋的 DV 變異數的比例 R^2)。

我們對社交互動 (# of friends) 和幸福感 (happiness) 的關係感興趣。在這一系列的研究中，朋友的數量除了人口特徵 (gender) 外，還是一個已知的預測因子。但是，我們想調查寵物數量 (# of pets) 是否可以成為幸福感的重要預測因子。

第一種模型 (模型 1) 通常人口統計 (age, sex) 包括：年齡 (age)、性別 (gender)。在 Next(模型 2) 中，我們可以在這一研究中添加已知的重要變數 (friends)。在這裡，我們將複製以前的研究變數。在下面的步驟 (模型 3) 中，我們可以添加我們感興趣的變數 (pets)。

Model 1: Happiness = Intercept + Age + Gender (R^2 = .029)

Model 2: Happiness = Intercept + Age + Gender + # of friends (R^2 = .131)

Model 3: Happiness = Intercept + Age + Gender + # of friends + # of pets

(R^2 = .197. ΔR^2 = .066)

我們的興趣是模型 3 是否比模型 2 更好地解釋依變數 (DV)。如果模型 2 和模型 3 之間的差異具有統計顯著性，我們可以說模型 3 中添加的變數解釋了模型 2 中超出的變數。在這個例子中，我們想知道增加的 ΔR^2 = 0.066(0.197 – 0.131 = 0.066) 是否具有統計顯著性。如果是這樣，我們可以說寵物的數量 (# of pets) 解釋了另外 6% 的幸福變異數，這在統計上是顯著的。

概念步驟 (conceptual steps)

1. 每個步驟都新增變數來構建 sequential (nested) 迴歸模型。

2. 執行 ANOVAs (求得) 及迴歸係數 (coefficients)。

3. 比較前後兩個 ANOVA 的平方和 (sum of squares)。

   (1) 計算：difference in sum of squares (SS) at each step。

   (2) 求得：corresponding F-statistics and p-values for the SS differences。

4. 由 SS 差異來算出增加的

$$R^2 = \frac{SS_{exmplained}}{SS_{Total}}$$

範例：影響學童成績 (y) 的預測因子 (x1,x2,x3,x4,x5,x6)

表 5-1　層次迴歸之參數估計值

模型內的變數		區組 1 (block 1)			區組 2 (block 2)			區組 3 (block 3)		
		Beta	t	p	Beta	t	p	Beta	t	p
	D_1 性別 sex	-.278	-2.96	.005	-.088	-1.26	.214	-.074	-1.17	.247
	D_2 種族 race	.610	6.49	.000	.167	1.94	.058	.101	1.24	.220
自變數	X_1 IQ				.251	2.49	.016	.172	1.84	.072
	X_2 學習態度				.472	3.89	.000	.298	2.48	.017
	X_3 自我交通				.063	.83	.412	-.053	-.71	.480
	X_4 讀名校				.077	1.14	.261	.084	1.37	.177
	X_5 父母 SES							.113	.56	.578
	X_6 校長領導							.310	1.65	.105
模型摘要	R^2	.517			.797			.841		
	F	30.55			34.588			33.628		
	P	.000			.000			.000		
	ΔR^2	.517			.279			.044		
	ΔF	30.55			18.186			7.051		
	ΔP	.000			.000			.002		

$Y'_{block1} = -8.951D_1 + 7.081D_2 - 63.642$

$Y'_{block2} = -2.821D_1 + 1.935D_2 + .215X_1 + .407X_2 + .086X_3 + .102X_4 - 34.433$

$Y'_{block3} = -2.398D_1 + 1.169D_2 + .146X_1 + .257X_2 - .047X_3 + .111X_4 + .606X_5 + 1.36X_6 - 12.774$

5-2-2 層次迴歸的概念

一、簡單迴歸與多元迴歸 (simple and multiple regression)

(一) 基本定義
(1) 簡單迴歸：以單一自變數去解釋 (預測) 依變數的迴歸分析。

(2) 多元迴歸：同時以多個自變數去解釋 (預測) 依變數的迴歸分析。

(3) 各變數均爲連續性變數，或是可虛擬爲連續性變數者。

(二) 方程式
(1) 簡單迴歸：$Y = b_1x_1 + \varepsilon$。

(2) 多元迴歸：$Y = b_1x_1 + b_2x_2 + b_3x_3 + \cdots + b_nx_n + \varepsilon$。

(三) 多元迴歸的特性
(1) 對於依變數的解釋與預測，可以據以建立一個完整的模型。

(2) 各自變數之間概念上具有獨立性，但是線性數學上可能是非直交 (具有相關)。

(3) 自變數間的相關對於迴歸結果具有關鍵性的影響。

二、預測 (perdition) 與解釋

(一) 預測型迴歸
　　主要目的在實際問題的解決或實務上的應用從一組獨變數中，找出最關鍵與最佳組合的迴歸方程式，產生最理想的預測分數獨變數的選擇所考慮的是要件爲是否具有最大的實務價值，而非基於理論上的適切性最常用的變數選擇方法是逐步迴歸法 (stepwise regression)。

(二) 解釋型迴歸
　　主要目的則在了解現象的本質與理論關係，也就是探討獨變數與依變數的關係檢驗變數的解釋力與變數關係，對於依變數的變異提出一套具有最合理解釋的迴歸模型理論的重要性不僅在於決定獨變數的選擇與安排，也影響研究結果的解釋最常用的變數選擇方法是爲聯立迴歸法 (simultaneous regression) 或層次迴歸法 (hierarchical regression)

三、何謂層次迴歸分析 (hierarchical regression) ？
　　層次迴歸分析 (hierarchical regression，有人翻譯成階層性迴歸) 是心理、教

育、社會學領域常用的一種統計方法。使用這種方法用意是：你有 a, b, c 三個自變數 (independent variables)，你想要看這些變數個別對 Y 的影響。

如果你將預測因子 (自變數)a, b, c 一次放進迴歸分析裡面，你可以得到整體的解釋力及各自變數的效果量 (effect size)，得到 a, b, c 個別對 Y 的影響有多大。然而，有時候研究者有理論或實際依據，認為 a, b, c 必須依照不同的順序放入迴歸分析。

如果將 a, b, c 依序個別放入，那我們就有三個 models，hierarchical 指的就是這些 models 之間有層次性或階層性的關係，才會這麼命名的。這種作法其實就相當於簡單的路徑分析 (path analysis) 了。

常常與 hierarchical regression 搞混的統計方法是 hierarchical linear modeling (階層線性模型)，這部分詳情請見作者《多層次模型 (HLM) 及重複測量：使用 STaTa》「第 3 章、第 4 章」。這兩者的不同是：層次迴歸分析的「層次」指的是 **models** 之間的層次，而 HLM 的層次指的是 (樣本設計)**data** 是有層次性的，比如說學生是 class 的一部分，所以學生是第一層 (個別層)，class 就是第二層 (群組層)。

(一) 目的

將自變數以分層來處理，所進行的多步驟多元迴歸分析。一種整合性的多層次分析策略，兼具統計決定與理論決定的變數選擇程序。

(二) 自變數的分組，依照研究者的需要或理論上的概念區分成不同的區組 (block)，然後依照特定的次序投入模型中

1. 理論組合 (theoretical sets)

各區組的決定，是以理論的觀點進行組合。

2. 功能組合 (functional sets)

各區組的決定，是以自變數的功能與性質進行組合。

例如人口變數的組合、社經地位的指標的組合。

3. 時間序列組合 (time-series sets)

各區組的決定，是以研究設計的觀點，越早進入者，表示是影響他人的「因」，較晚者則為被影響的「果」。

4. 結構組合 (structural sets)

指自變數的組合是基於變數間的組成關係。例如類別變數的虛擬化處理。

(三) 操作方法

各區組內可以僅有一個自變數或多個變數。

多變數的區組內，各變數進入方程式方法則可爲同時法或逐步法。

層級迴歸分析跟迴歸分析有何關係與不同呢？

層級迴歸分析是指將解釋變數對被解釋變數的影響加以控制，使解釋變數對被解釋變數的影響性更精確的統計方法。

多元階層迴歸分析 (multiple hierarchical regression analysis)

1. 使用目的：主要是了解所選出的解釋變數對於某個被解釋變數的聯合預測力。

2. 使用**時機**：當某些解釋變數已被確定對某個被解釋變數有相關時，可將這些解釋變數同時投入迴歸模型中，看其對被解釋變數的變異量可以解釋多少百分比。但投入迴歸模型的順序並不是根據解釋變數和被解釋變數相關的高低，而是建立在理論的基礎上。多元階層迴歸分析亦需注意共線性的判斷。

3. 例子：以**成就動機**、**目標接受**和**目標難度**來預測**後測**分數，由於**成就動機**是屬於**人格特質**的一種，是人類比較穩定的特質，因此就第一個投入迴歸模型裡；**目標接受**是一個人對於所分派的目標接受的程度，是屬於一個人的**態度**，由於態度較會受外界的影響，不是一種穩定的特質，因此第二個投入；**目標難度**是由實驗者所分派給受試者的目標，是屬於實驗者操弄的變數，此爲受試者自己無法控制的變數，因此最後一個投入。多元階層迴歸分析和多元同時迴歸分析在統計方法上非常類似，只是前者必須按解釋變數的特質指定進入的順序。

層級迴歸分析相對於一般迴歸分析較準確，是因爲其對於解釋變數 (自變數) 有**控制**，而一般迴歸分析只是純粹抽樣而已。

5-2-3 層次迴歸分析：寵物越多可增加幸福感嗎？(regression 指令)

範例：寵物數量 (# of pets) 是否可以成為幸福感的重要預測因子？(regression 指令)

一、問題說明

本例旨在了解「幸福感」之影響因素有那些？(分析單位：個體)

研究者收集數據並整理成下表，此「hierarchicalRegressionData.sav」資料檔內容之變數如下：

存活分析及 ROC：應用 SPSS

變數名稱	說明	編碼 Codes/Values
結果變數 / 反應變數：happiness	幸福感	1～9 分
預測因子 / 自變數：age	年齡	20～30 歲
預測因子 / 自變數：gender	性別 (虛無變數)	0,1 (binary data)
預測因子 / 自變數：friends	交朋人數	1～14 人
預測因子 / 自變數：pets	寵物數量	0～5 隻

二、資料檔之內容

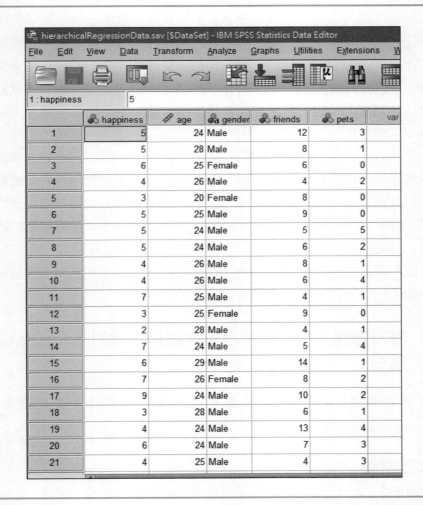

圖 5-5 「hierarchicalRegressionData.sav」 資料檔內容 （N=100 個人，5 個變數)

三、分析結果與討論

1. 模型 1：第一個自變數 [社交互動 (# of friends)] 對依變數 [幸福感 (happiness)] 的關係。在這一系列的研究中，在 Next 模型 2：再加第二個自變數 [人口特徵 (gender)]。在 Next 模型 3：再加第三個自變數 [寵物數量 (# of pets)] 這個預測因子。

2. 第一種模型 (模型 1) 通常人口統計 (age, sex) 包括：年齡 (age)、性別 (gender)。在 Next(模型 2) 中，我們可以在這一研究中添加已知的重要變數 (friends)。在這裡，我們將複製以前的研究變數。在下面的步驟 (模型 3) 中，我們可以添加我們感興趣的變數 (pets)。

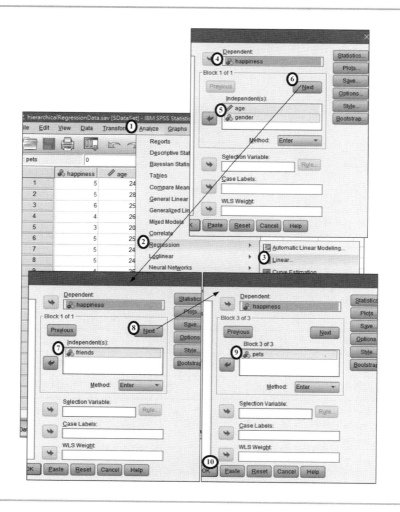

圖 5-6 界定「層次迴歸三個模型」畫面

305

對應的指令語法：

```
title " 層次迴歸三個模型 .sps".

REGRESSION
  /MISSING LISTWISE
  /STATISTICS COEFF OUTS R ANOVA
  /CRITERIA=PIN( .05) POUT( .10)
  /NOORIGIN
  /DEPENDENT happiness
  /METHOD=ENTER age gender
  /METHOD=ENTER friends
  /METHOD=ENTER pets.
```

【A. 分析結果說明】

Variables Entered/Removed[a]

Model	Variables Entered	Variables Removed	Method
1	性別 , 年齡 [b]	.	Enter
2	社交數 [b]	.	Enter
3	寵物數 [b]	.	Enter

a. Dependent Variable: 幸福感
b. All requested variables entered.

Model Summary

Model	R	R Square	Adjusted R Square	Std. Error of the Estimate
1	.169[a]	.029	.009	1.553
2	.362[b]	.131	.104	1.476
3	.444[c]	.197	.163	1.427

a. Predictors: (Constant), 性別 , 年齡
b. Predictors: (Constant), 性別 , 年齡 , 社交數
c. Predictors: (Constant), 性別 , 年齡 , 社交數 , 寵物數

1. 三個模型所增加模型適配度 R^2，如下：

   Model 1: Happiness = Intercept + Age + Gender ($R^2 = .029$)

   Model 2: Happiness = Intercept + Age + Gender + # of friends ($R^2 = .131$)

   Model 3: Happiness = Intercept + Age + Gender + # of friends + # of pets
   ($R^2 = .197. \Delta R^2 = .066$)

2. 我們的興趣是模型 3 是否比模型 2 更好地解釋依變數 (DV)。如果模型 2 和模型 3 之間的差異具有統計顯著性，我們可以說模型 3 中添加的變數解釋了模型 2 中超出的變數。在這個例子中，我們想知道增加的 $\Delta R^2 = 0.066(0.197 - 0.131 = 0.066)$ 是否具有統計顯著性。如果是這樣，我們可以說寵物的數量 (# of pets) 解釋了另外 6% 的幸福變異數，這在統計上是顯著的。

ANOVA[a]

Model		Sum of Squares	df	Mean Square	F	Sig.
1	Regression	6.875	2	3.437	1.425	.245[b]
	Residual	233.965	97	2.412		
	Total	240.840	99			
2	Regression	31.570	3	10.523	4.828	.004[c]
	Residual	209.270	96	2.180		
	Total	240.840	99			
3	Regression	47.417	4	11.854	5.822	.000[d]
	Residual	193.423	95	2.036		
	Total	240.840	99			

a. Dependent Variable: 幸福感
b. Predictors: (Constant), 性別 , 年齡
c. Predictors: (Constant), 性別 , 年齡 , 社交數
d. Predictors: (Constant), 性別 , 年齡 , 社交數 , 寵物數

		Coefficients[a]				
		Unstandardized Coefficients		Standardized Coefficients Beta	t	Sig.
	Model	B	Std. Error			
1	(Constant)	7.668	2.014		3.808	.000
	年齡	-.130	.079	-.165	-1.643	.104
	性別	.164	.319	.052	.514	.608
2	(Constant)	6.217	1.962		3.169	.002
	年齡	-.125	.075	-.158	-1.654	.101
	性別	.149	.304	.047	.492	.624
	社交數	.190	.056	.320	3.366	.001
3	(Constant)	5.785	1.903		3.041	.003
	年齡	-.111	.073	-.141	-1.525	.131
	性別	-.143	.312	-.045	-.458	.648
	社交數	.171	.055	.289	3.120	.002
	寵物數	.364	.130	.274	2.790	.006

a. Dependent Variable: 幸福感

將上述三個模型，彙總成下列之層次迴歸分析摘要表：

模型內的變數		區組 1 (block 1)			區組 2 (block 2)			區組 3 (block 3)		
		Beta	t	p	Beta	t	p	Beta	t	p
自變數	X1:happiness									
	X2:age	-.165	-1.643	.104	-.158	-1.654	.101	-.141	-1.525	.131
	X3:gender	.052	.514	.608	.047	.492	.624	-.045	-.458	.648
	X4:friends				.320	3.366	.001	.289	3.120	.002
	X5:pets							.274	2.790	.006
模型摘要	R^2	0.029			0.131			0.197		
	F	1.425			4.828			5.822		
	p	0.245			0.004			0.000		
	$\triangle R^2$	0.029			0.002			0.066		
	$\triangle F$	1.425			3.403			0.994		
	$\triangle p$	0.245			0.241			0.004		

Excluded Variables[a]

	Model	Beta In	t	Sig.	Partial Correlation	Collinearity Statistics Tolerance
1	社交數	.320b	3.366	.001	.325	.999
	寵物數	.312b	3.054	.003	.298	.886
2	寵物數	.274c	2.790	.006	.275	.873

a. Dependent Variable: 幸福感
b. Predictors in the Model: (Constant), 性別 , 年齡
c. Predictors in the Model: (Constant), 性別 , 年齡 , 社交數

5-3 層次 (hierarchical) 迴歸：比例危險 Cox 迴歸

事實上，層次 (hierarchical)Cox 迴歸亦比照上述「層次線性迴歸」的概念來分析，新增某一共變數之後，它新增的貢獻效果量是多少？

5-3-1 層次 (hierarchical)Cox 迴歸：癌症的危險因子有那些？(coxreg 指令)

範例：一一找出癌症的危險因子有那些？(coxreg 指令)

用樹形結構表示實體之間聯繫的模型叫層次模型 (hierarchical model)。層次模型是最早用於商品資料庫管理系統的數據模型。

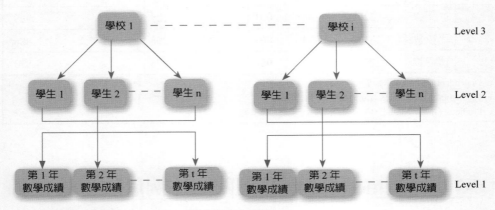

三層 Clustered-Longitudinal 資料
每年追蹤每位考生數學，眾多學生鑲套 (nested) 至學校

Level 1 變數係時變 (time-varying)：考生每年數學成績
Level 2 變數係非時變 (time-invarying)：學生種族特點、性別
Level 3 變數係非時變 (time-invarying)：學校規模大小、在學校層次的介入

圖 5-7 Three-Level Clustered Data 之示意圖

一、問題說明

本例旨在了解「時間對發生某 event(肝病死亡危險率)」之因子？(分析單位：病人)

研究者收集數據並整理成下表，此「**gbcs.sav**」資料檔內容之變數如下：

變數名稱	說明	編碼 Codes/Values
結果變數 (Y 軸：存活嗎)：censrec	(發生 event 嗎：即 failure variable)，1= 是，0= 否	0,1「是設限資料 censored data) 」
反應時間變數 (X 軸)：rectime	存活多長時間 (日、月、年)	8~2659(日)
共變數：hormone	激素一 vs. 激素二	1= 激素一 2= 激素二
共變數：size	腫瘤大小 (mm)	3~120(mm)

二、資料檔之內容

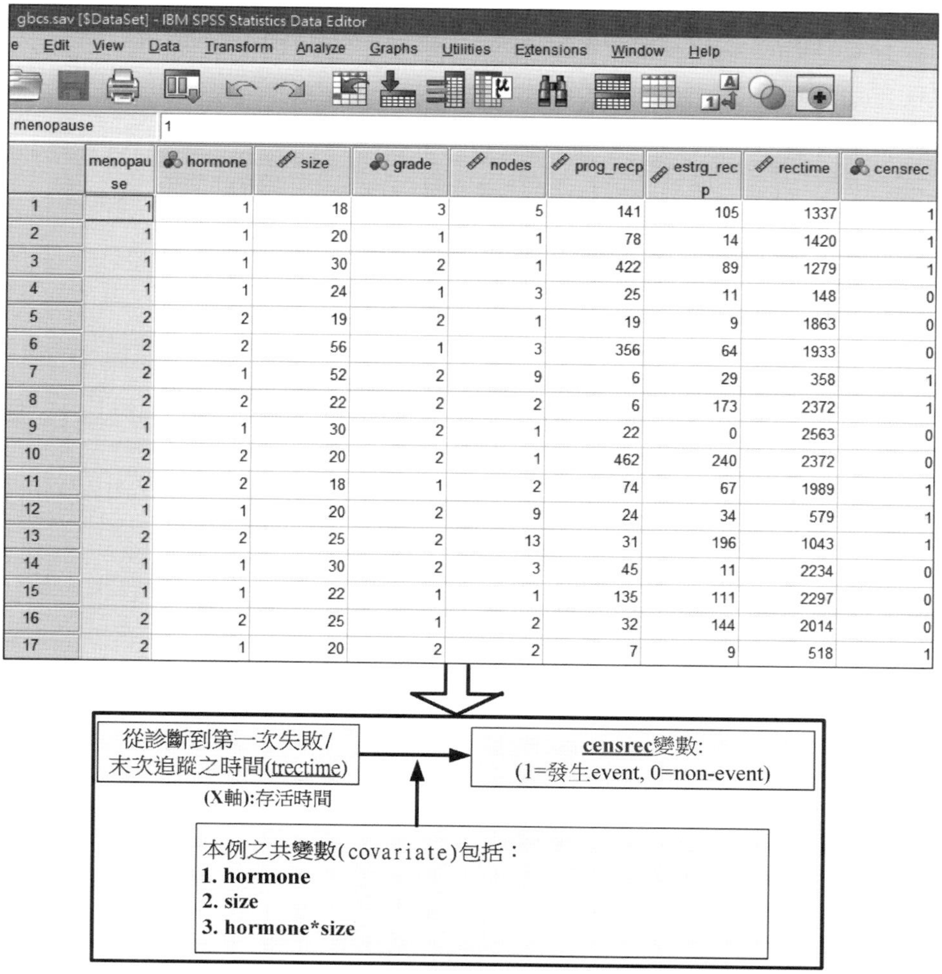

gbcs.sav [$DataSet] - IBM SPSS Statistics Data Editor

	menopause	hormone	size	grade	nodes	prog_recp	estrg_recp	rectime	censrec
1	1	1	18	3	5	141	105	1337	1
2	1	1	20	1	1	78	14	1420	1
3	1	1	30	2	1	422	89	1279	1
4	1	1	24	1	3	25	11	148	0
5	2	2	19	2	1	19	9	1863	0
6	2	2	56	1	3	356	64	1933	0
7	2	1	52	2	9	6	29	358	1
8	2	2	22	2	2	6	173	2372	1
9	1	1	30	2	1	22	0	2563	0
10	2	2	20	2	1	462	240	2372	0
11	2	2	18	1	2	74	67	1989	1
12	1	1	20	2	9	24	34	579	1
13	2	2	25	2	13	31	196	1043	1
14	1	1	30	2	3	45	11	2234	0
15	1	1	22	1	1	135	111	2297	0
16	2	2	25	1	2	32	144	2014	0
17	2	1	20	2	2	7	9	518	1

圖 5-8 「gbcs.sav」資料檔內容 (N=686 病人，16 個變數)

存活分析及 ROC：應用 SPSS

三、分析結果與討論

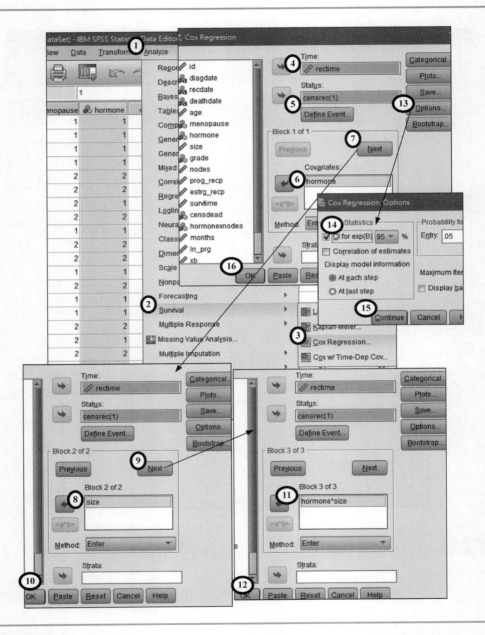

圖 5-9　層次「coxreg rectime/status=censrec(1)/method = enter hormone/method = enter
hormone size/method = enter hormone size hormone×size」畫面（此 SPSS 語
法是舊版）

SPSS 新版對應的指令語法如下：

```
title " 層次 (hierarchical)Cox 迴歸 .sps".
get file ='C:\CD\gbcs.sav'.

COXREG rectime
  /STATUS=censrec(1)
  /METHOD=ENTER hormone
  /METHOD=ENTER size
  /METHOD=ENTER hormone*size
  /PRINT=CI(95)
  /CRITERIA=PIN(.05) POUT(.10) ITERATE(20).
```

【A. 分析結果說明】

<table>
<tr><th colspan="4" style="text-align:center">Case Processing Summary</th></tr>
<tr><th></th><th></th><th>N</th><th>Percent</th></tr>
<tr><td rowspan="3">Cases available in analysis</td><td>Event[a]</td><td>299</td><td>43.6%</td></tr>
<tr><td>Censored</td><td>373</td><td>54.4%</td></tr>
<tr><td>Total</td><td>672</td><td>98.0%</td></tr>
<tr><td rowspan="4">Cases dropped</td><td>Cases with missing values</td><td>0</td><td>0.0%</td></tr>
<tr><td>Cases with negative time</td><td>0</td><td>0.0%</td></tr>
<tr><td>Censored cases before the earliest event in a stratum</td><td>14</td><td>2.0%</td></tr>
<tr><td>Total</td><td>14</td><td>2.0%</td></tr>
<tr><td>Total</td><td></td><td>686</td><td>100.0%</td></tr>
<tr><td colspan="4">a. Dependent Variable: rectime</td></tr>
</table>

1.「Case Processing Summary」表格印出分析數據的基本情況，其中包括事件發生人數 (Event)、設限人數 (Censored) 和總數 (Total) 等。

【B. 分析結果說明】只考慮 hormone 一個單純因子

Block 1: Method = Enter

Omnibus Tests of Model Coefficients[a]

-2 Log Likelihood	Overall (score)			Change From Previous Step			Change From Previous Block		
	Chi-square	df	Sig.	Chi-square	df	Sig.	Chi-square	df	Sig.
3567.530	8.561	1	.003	8.816	1	.003	8.816	1	.003

a. Beginning Block Number 1. Method = Enter

Variables in the Equation

	B	SE	Wald	df	Sig.	Exp(B)	95.0% CI for Exp(B)	
							Lower	Upper
激素一 vs. 激素二	-.364	.125	8.469	1	.004	.695	.544	.888

1. 上面「**Variables in the Equation**」表：

   B 欄：是比例危險 Cox 迴歸式中，自變數 (共變數) 對依變數的預測值，在 Cox 迴歸式是以 log-hazard 為單位，「B」值愈大，表示該自變數對依變數的攸關性 (relevance) 愈高。

2. Exp(B)：是這預測因子 (predictors) 的危險比率 (hazard ratios)。係數 B 值取自然對數，即 e^β(或 exp(β)) 稱做 risk ratio 或 hazard ratio(HR)。一般在解讀 Cox 迴歸分析之報表時，係以解釋 RR 或 HR 為主。

   本例分析結果顯示，「Block 1」強迫進入「Enter」的模型包含「**hormone**」自變數，(1) P=Sig.=0.003，表示「**hormone(二種不同激素)**」為影響癌病患者預後的獨立因素。(2) 相對危險度 HR=Exp(B)=0.695，表示使用新激素的患者死亡風險為使用常規激素患者的 0.695 倍，(3) HR 的 95% 信賴區間 (95% CI) 為 [0.544,0.888]，因不含 0 值，故達到統計顯著水準 (Type I 誤差，α=0.05)。

3. S.E. 欄：Cox 迴歸係數的標準誤 (standard errors associated with the coefficients).

4. Wald 及 Sig 二欄：分別是 Wald chi-square 檢定及其雙尾 p-value，它的虛無假設「H_0：the coefficient (parameter) is 0」。若 p 值小於 (α=0.05) 則 Cox 迴歸係數達統計學上的顯著。

5. 本例「**hormone**」類別變數，排除其他共變數的干擾之下，僅觀察吃「激素

一 vs. 激素二」對存活時間有無差異。本例求得危險比 hazard ratio = 0.695 (p<0.05)，顯示：吃新藥 (**hormone**=1) 的病人相對有較低的危險比率，大約是吃「激素二」(**hormone**=2) 組別的 0.695 倍 (=exp^{coef})。

6. 此外，本例並無解釋變數，**連續變數**的係數 B 值解釋是，每當它增加一單位，相對的風險比率。假設，age 的係數 Exp(B)= .028，表示病患年齡每增加一歲，其死亡的風險為正向提高 1.029 倍 (=$e^{0.028}$)。如此類推，其他連續變數之危險因子。

7. 若共變數是次序 (order) 或等級 (rank) 變數 (即 factor 為「Compare factor⋯」變數)，它類似 OLS 迴歸式：

$$\ln[HR(x)] = \ln\left(\frac{h(t \mid x)}{h_0(t)}\right) = \log\left(\frac{p(某等級)}{p(等級的比較基準點)}\right) = \beta_1 x_1 + \beta_2 x_2 + \cdots + \beta_p x_p$$

【**C. 分析結果說明**】考慮 **hormone size** 二個因子之單純主要效果 (**simple main effect**)

Block 2: Method = Enter

Omnibus Tests of Model Coefficients[a]

-2 Log Likelihood	Overall (score)			Change From Previous Step			Change From Previous Block		
	Chi-square	df	Sig.	Chi-square	df	Sig.	Chi-square	df	Sig.
3531.391	26.599	2	.000	16.139	1	.000	16.139	1	.000

a. Beginning Block Number 2. Method = Enter

Variables in the Equation

	B	SE	Wald	df	Sig.	Exp(B)	95.0% CI for Exp(B)	
							Lower	Upper
激素一 vs. 激素二	-.373	.125	8.902	1	.003	.688	.539	.880
腫瘤大小 (mm)	.015	.004	18.312	1	.000	1.015	1.008	1.022

1. 上面「**Variables in the Equation**」表：

B 欄：是比例危險 Cox 迴歸式中，自變數 (共變數) 對依變數的預測值，在 Cox 迴歸式是以 log-hazard 為單位，「B」值愈大，表示該自變數對依變數的收關性 (relevance) 愈高。

本例分析結果顯示，「Block 2」強迫再進入「Enter」的模型，除 hormone 外再加「**size**」共變數，(1) P=Sig.=0.000，表示「**size**」也是影響癌病患者預後的獨立因素。(2) 相對危險度 HR=Exp(B)=1.015，表示「**size(腫瘤大小)**」每增加一單位，患者死亡風險就增加 1.015 倍，(3) HR 的 95% 信賴區間 (95% CI) 為 [1.008,1.022]，因不含 0 值，故達到統計顯著水準 (Type I 誤差，α=0.05)。

【**D. 分析結果說明**】考慮 hormone size 二個因子及其交互作用項

Block 3: Method = Enter

Omnibus Tests of Model Coefficients[a]

-2 Log Likelihood	Overall (score)			Change From Previous Step			Change From Previous Block		
	Chi-square	df	Sig.	Chi-square	df	Sig.	Chi-square	df	Sig.
3551.382	26.704	3	.000	.008	1	.928	.008	1	.928

a. Beginning Block Number 3. Method = Enter

Variables in the Equation

	B	SE	Wald	df	Sig.	Exp(B)	95.0% CI for Exp(B)	
							Lower	Upper
激素一 vs. 激素二	-.394	.260	2.295	1	.130	.674	.405	1.123
腫瘤大小 (mm)	.014	.011	1.739	1	.187	1.014	.993	1.036
激素一 vs. 激素二 * 腫瘤大小 (mm)	.001	.007	.008	1	.928	1.001	.987	1.015

1. 我們對某二個共變數 (hormone、size) 和結果變數 (outcome variable, 反應變數) 發生不幸 event 的危險率 (HR) 感興趣。在這一系列的研究中，共變數除了人口特徵 (gender、age、家族病史、不良生活習慣、暴露風險……) 外，你還關心這二個共變數交互效果量 (hormone × size) 是否達顯著性，即不同人口特徵 (或病徵) 需不同介入的治療法。

2. 第一種模型 (模型 1) 通常是實驗的介入 (hormone) 或人口變數 [包括：年齡 (age)、性別 (gender) 等]。在 Next (模型 2) 中，我們添加另一共變數 (size)。在 hierarchical 迴歸中，Next 模型將會複製上一個模型的解釋變數 (生醫叫共變數；社科叫第二個因子)。故下面的 (模型 3) 才是這二個共變數交互效果量 (hormone × size)。

3. 本例分析結果顯示，「Block 3」強迫再進入「Enter」的模型，除 hormone

及 size 外再加「**hormone*size**」交互作用項，(1) P=Sig.=0.928，表示交互作用項「**hormone*size**」不是影響癌病患者預後的獨立因素。(2) 相對危險度 HR=Exp(B)=1.001，表示「hormone*size」每增加一單位，患者死亡風險才略增加 1.001 倍。

4. 將上述三個表，彙總成下列之層次 Cox 迴歸分析摘要表：

模型內的變數		區組 1 (block 1)			區組 2 (block 2)			區組 3 (block 3)		
		B	Exp(B)	p	B	Exp(B)	p	B	Exp(B)	p
共變數	X1: hormone	-.364	.695	0.004	-.373	.688	.003	-.394	.674	.130
	X2: size				0.015	1.015	.000	.014	1.014	.187
	X1×X2 交互							.001	1.001	.928
模型摘要	χ^2 適配檢定		8.561			26.599			26.704	
	p		0.003			0.000			0.928	
	$\triangle \chi^2$		8.561			16.139			.008	
	$\triangle p$		0.003			.000			.928	

5-3-2 層次 (hierarchical)Cox 迴歸 (missing value)：二種藥效在年齡的交互作用？(**coxreg** 指令)

數據缺漏 (missing data)

研究人員分析觀察性數據時面臨的許多挑戰之一為數據缺漏。在最極端的情況下，重要分析變數的觀察值可能完全缺漏 (例如醫療給付檔案中的 Hamilton 憂鬱分數)。然而，較常見的缺漏問題，可能是一個或多個變數缺漏一個或多個觀察值。在多變數分析例如迴歸模型中，大部分套裝軟體就直接捨棄一個變數所缺漏的觀察值。結果，即使任何個別變數的「缺漏」程度不大，多個變數高度分散的缺漏觀察值，仍可導致樣本數大幅減少。處理數據缺漏的適當方法，視數據形式而定。最簡單的方式，是以變數觀察值的平均值替代每一個缺漏的觀察值。此方法一種較複雜的改善做法，是以迴歸模型的預測值替代缺漏值。然而，在這兩種方法下，這些過程會用相同數值替代所有患者 (或所有特性類似的患者) 的缺漏值。結果，這些方法會降低數據的變異性 (若缺漏型態似乎是隨機的，且不會影響某特定變數的大量觀察值，則這個問題可能不會特別嚴重)。

有更複雜的方法存在可保留數據的變異程度，這些方法範圍從立即修飾法 (hot deck imputation) 到多重修飾法 (multiple imputation)。這些數據缺漏程度以及處理數據缺漏的方法都應清楚地報導出來。

範例：層次 (hierarchical)Cox 迴歸：不同藥品對年齡的交互作用 (coxreg 指令)

一、問題說明

本例旨在了解「case 組吃新藥，control 組吃安慰劑」兩組藥效有差嗎？而且新藥會對年齡產生不同的交互效果嗎？(分析單位：病人)

研究者收集數據並整理成下表，此「**uis.sav**」資料檔內容之變數如下：

變數名稱	說明	編碼 Codes/Values
結果變數 (Y 軸：存活嗎)：censor	(發生 event 嗎：即 failure variable)，1= 是，0= 否	0,1「是設限資料 censored data)」
存活時間變數 (X 軸)：time	存活多長時間 (日、月、年)	
共變數：drug	0= 實驗介入組，1= 吃安慰劑	0=case 組，1=control 組
共變數：age	年齡	

二、資料檔之內容

本例含缺漏值 (missing value) 共 18 筆資料。

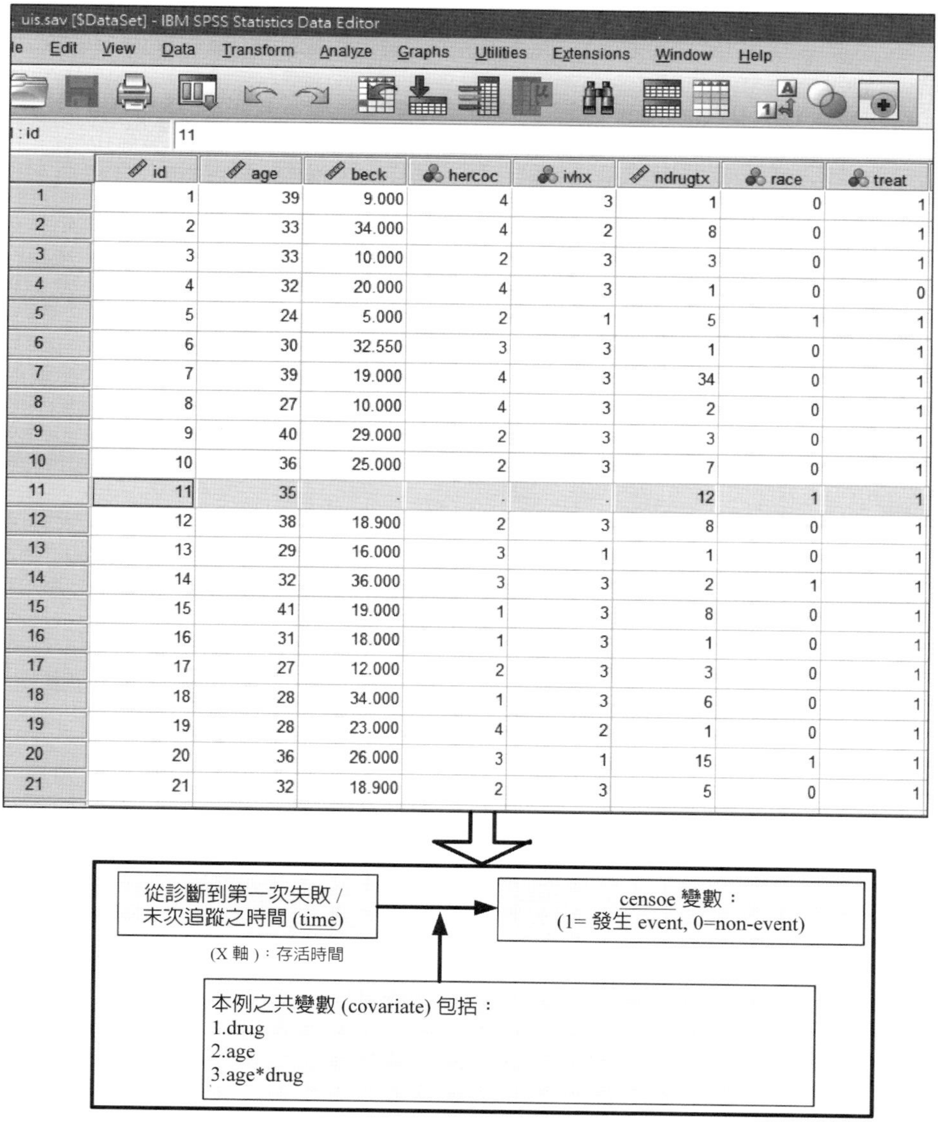

	🖉 id	🖉 age	🖉 beck	🖧 hercoc	🖧 ivhx	🖉 ndrugtx	🖧 race	🖧 treat
1	1	39	9.000	4	3	1	0	1
2	2	33	34.000	4	2	8	0	1
3	3	33	10.000	2	3	3	0	1
4	4	32	20.000	4	3	1	0	0
5	5	24	5.000	2	1	5	1	1
6	6	30	32.550	3	3	1	0	1
7	7	39	19.000	4	3	34	0	1
8	8	27	10.000	4	3	2	0	1
9	9	40	29.000	2	3	3	0	1
10	10	36	25.000	2	3	7	0	1
11	11	35	.	.	.	12	1	1
12	12	38	18.900	2	3	8	0	1
13	13	29	16.000	3	1	1	0	1
14	14	32	36.000	3	3	2	1	1
15	15	41	19.000	1	3	8	0	1
16	16	31	18.000	1	3	1	0	1
17	17	27	12.000	2	3	3	0	1
18	18	28	34.000	1	3	6	0	1
19	19	28	23.000	4	2	1	0	1
20	20	36	26.000	3	1	15	1	1
21	21	32	18.900	2	3	5	0	1

從診斷到第一次失敗 /
末次追蹤之時間 (time)

(X 軸)：存活時間

censoe 變數：
(1= 發生 event, 0=non-event)

本例之共變數 (covariate) 包括：
1.drug
2.age
3.age*drug

圖 5-10 「uis.sav」資料檔內容 (N=628 個人，12 個變數)

三、分析結果與討論

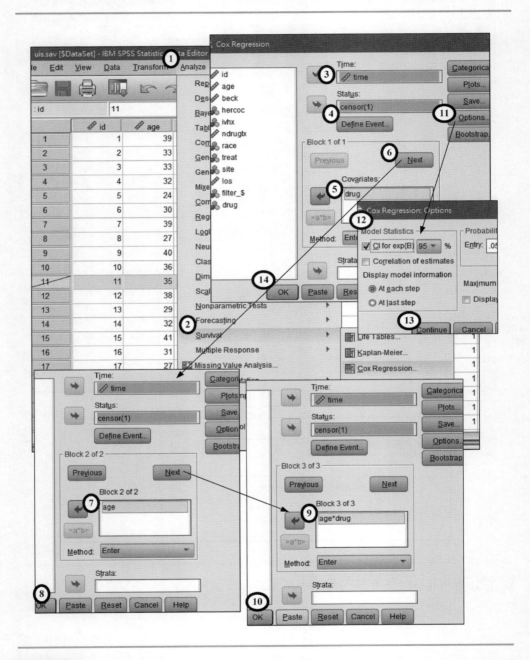

圖 5-11 「coxreg time/status=censor(1)/method =enter drug/method= enter drug age/ method =enter drug age drug×age」畫面 (此 SPSS 語法是舊版)

SPSS 新版對應的指令語法如下：

```
title "case 組吃二種不同新藥，control 組吃安慰劑 .sps".
subtitle "case-control 兩組病人在年齡的交互作用 .sps".
get file='C:\CD\uis.sav'.

use all.
* 排除缺漏之觀察值 .
compute filter_$=( ~ sysmis(age) & ~ sysmis(ivhx)).
filter by filter_$.
  exe.

subtitle "case 組吃「新藥」，control 組吃安慰劑 ".
compute drug =(ivhx=2 | ivhx=3).
  exe.

COXREG time
  /STATUS=censor(1)
  /METHOD=ENTER drug
  /METHOD=ENTER age
  /METHOD=ENTER age*drug
  /PRINT=CI(95)
  /CRITERIA=PIN(.05) POUT(.10) ITERATE(20).
```

【A. 分析結果說明】只考慮 drug

Block 1: Method = Enter

Omnibus Tests of Model Coefficients[a]

-2 Log Likelihood	Overall (score)			Change From Previous Step			Change From Previous Block		
	Chi-square	df	Sig.	Chi-square	df	Sig.	Chi-square	df	Sig.
5651.933	11.561	1	.001	11.781	1	.001	11.781	1	.001

a. Beginning Block Number 1. Method = Enter

Variables in the Equation

	B	SE	Wald	df	Sig.	Exp(B)
drug	.321	.095	11.463	1	.001	.1379

321

1. 上面「**Variables in the Equation**」表：

   B 欄：是比例危險 Cox 迴歸式中，自變數 (共變數) 對依變數的預測值，在 Cox 迴歸式是以 log-hazard 為單位，「B」值愈大，表示該自變數對依變數的攸關性 (relevance) 愈高。本例分析結果顯示，「Block 1」強迫進入「Enter」的模型，只「**drug**」共變數，(1) P=Sig.=0.01，表示「**drug**」是影響癌病患者預後的獨立因素。(2) 相對危險度 HR=Exp(B)=1.379，表示使用吃安慰劑的患者死亡風險為吃新藥物患者的 1.379 倍，且達到統計顯著水準 (Type I 誤差，α=0.05)。

2. Exp(B)：是這預測因子 (predictors) 的危險比率 (hazard ratios)。係數 B 值取自然對數，即 e^β (或 exp(β)) 稱做 risk ratio 或 hazard ratio(HR)。一般在解讀 Cox 迴歸分析之報表時，係以解釋 RR 或 HR 為主。

3. S.E. 欄：Cox 迴歸係數的標準誤 (standard errors associated with the coefficients)。

4. Wald 及 Sig 二欄：分別是 Wald chi-square 檢定及其雙尾 p-value，它的虛無假設「H_0：the coefficient (parameter) is 0」。若 p 值小於 (α=0.05) 則 Cox 迴歸係數達統計學上的顯著。

5. 本例「**drug**」**虛擬變數**，排除其他共變數的干擾之下，僅觀察吃「新藥 vs. 安慰劑」對存活時間有無差異。本例求得危險比 hazard ratio = 1.379 (p<0.05)，顯示：吃新藥 (**drug** =1) 的病人相對有較高的存活比率，大約是吃「安慰劑」(**drug** =0) 組別的 1.379 倍 (=exp^{coef})，或是將 β_1 取 exp，亦可求得 risk ratio 值為 exp(β_1)=exp(0.321)= 1.379。

6. 此外，本例並無解釋變數，**連續變數**的係數 B 值解釋是，每當它增加一單位，相對的風險比率。假設，age 的係數 Exp(B)= .028，表示病患年齡每增加一歲，其死亡的風險為正向提高 1.029 倍 (=$e^{0.028}$)。如此類推，其他連續變數之危險因子。

7. 若共變數是次序 (order) 或等級 (rank) 變數 (即 factor 為「Compare factor… 」變數)，它類似 OLS 迴歸式：

$$\ln[HR(x)] = \ln\left(\frac{h(t \mid x)}{h_0(t)}\right) = \log\left(\frac{p(某等級)}{p(等級的比較基準點)}\right) = \beta_1 x_1 + \beta_2 x_2 + \cdots + \beta_p x_p$$

【B. 分析結果說明】考慮 **drug age** 二個因子之單純主要效果 **(simple main effect)**

Block 2: Method = Enter

Omnibus Tests of Model Coefficients^a

-2 Log Likelihood	Overall (score)			Change From Previous Step			Change From Previous Block		
	Chi-square	df	Sig.	Chi-square	df	Sig.	Chi-square	df	Sig.
5640.398	23.189	2	.000	11.535	1	.001	11.535	1	.001

a. Beginning Block Number 2. Method = Enter

Variables in the Equation

	B	SE	Wald	df	Sig.	Exp(B)
drug	.439	.101	19.038	1	.000	1.552
age	-.026	.008	11.324	1	.001	.974

1. 本例「Block 2」強迫再進入「Enter」的模型，**drug** 再加「age」共變數，(1) P=Sig.=0.01，表示「**age**」是影響癌病患者預後的獨立因素。(2) 相對危險度 HR=Exp(B)=0.974，表示使用患者 age 每增加一歲，死亡風險減為 0.974 倍，且達到統計顯著水準 (Type I 誤差，α=0.05)。

【C. 分析結果說明】考慮 **drug age** 二個因子及其交互作用項

Block 3: Method = Enter

Omnibus Tests of Model Coefficients^a

-2 Log Likelihood	Overall (score)			Change From Previous Step			Change From Previous Block		
	Chi-square	df	Sig.	Chi-square	df	Sig.	Chi-square	df	Sig.
5639.694	23.257	3	.000	.704	1	.402	.704	1	.402

a. Beginning Block Number 3. Method = Enter

Variables in the Equation

	B	SE	Wald	df	Sig.	Exp(B)
drug	-.012	.548	.001	1	.982	.988
age	-.037	.015	5.974	1	.015	.963
drug*age	.015	.018	.699	1	.403	1.015

1. 我們對某二個共變數 (drug、age) 和結果變數 (outcome variable, 反應變數) 發生不幸 event 的危險率 (HR) 感興趣。在這一系列的研究中，共變數除了人口特徵 (gender、age、家族病史、不良生活習慣、暴露風險……) 外，你還關心這二個共變數交互效果量 (drug×age) 是否達顯著性，即不同人口特徵 (或病徵) 需不同介入的治療法。

2. 本例「Block 3」強迫再進入「Enter」的模型，再加「**drug**×**age**」交互作用項，其 (1) P=Sig.=0.403，表示「**age**」是影響癌病患者預後的獨立因素。(2) 相對危險度 HR=Exp(B)=0.974，表示「**drug**×**age**」交互作用項未達到統計顯著水準 (Type I 誤差，α=0.05)。

3. 第一種模型 (模型 1) 通常是實驗的介入 (drug) 或人口變數 [包括：性別 (gender) 等]。在 Next(模型 2) 中，我們添加另一共變數 (age)。在 hierarchical 迴歸中，Next 模型將會複製上一個模型的解釋變數 (生醫叫共變數；社科叫第二個因子)。故下面的 (模型 3) 才是這二個共變數交互效果量 (age×drug)。

4. 將上述三個表，彙總成下列之層次 Cox 迴歸分析摘要表：

模型內的變數		區組 1 (block 1)			區組 2 (block 2)			區組 3 (block 3)		
		B	Exp(B)	p	B	Exp(B)	p	B	Exp(B)	p
共變數	X1: drug	.321	1.379	0.001	.439	1.552	.000	-.012	.988	.982
	X2: age				-.026	.974	.001	-.037	.963	.015
	X1×X2 交互							.015	1.015	.403
模型摘要	χ^2 適配檢定		11.561			23.189			23.257	
	p		0.001			0.000			0.402	
	$\Delta\chi^2$		11.561			11.535			.704	
	Δp		0.001			0.001			.402	

5-3-3 層次 (hierarchical)Cox 迴歸：年齡及性別對肝病的主要效果及交互作用？(coxreg 指令)

範例：肝病二個危險因子：年齡及性別的主要效果及交互效果 (coxreg 指令)

一、問題說明

本例旨在了解「年齡及性別對發生某 event(肝病死亡) 機率」之影響？(分析單位：病人)

研究者收集數據並整理成下表，此「**whas500.sav**」資料檔內容之變數如下：

變數名稱	說明	編碼 Codes/Values
結果變數 (Y 軸：存活嗎)：fstat	(發生 event 嗎：即 failure variable)，1= 是，0= 否	0,1「是設限資料 censored data)」
存活時間變數 (X 軸)：lenfol	存活多長時間 (月)	1～2358 月
共變數：gender	性別 (虛擬變數)	0= 女 1= 男
共變數：age	年齡 (連續變數)	30～104 歲

二、資料檔之內容

	id	age	gender	hr	sysbp	diasbp	bmi	cvd
1	1.00	83.00	.00	89.00	152.00	78.0	25.54	1.0
2	2.00	49.00	.00	84.00	120.00	60.0	24.02	1.0
3	3.00	70.00	1.00	83.00	147.00	88.0	22.14	.0
4	4.00	70.00	.00	65.00	123.00	76.0	26.63	1.0
5	5.00	70.00	.00	63.00	135.00	85.0	24.41	1.0
6	6.00	70.00	.00	76.00	83.00	54.0	23.24	1.0
7	7.00	57.00	.00	73.00	191.00	116.0	39.49	1.0
8	8.00	55.00	.00	91.00	147.00	95.0	27.12	1.0
9	9.00	88.00	1.00	63.00	209.00	100.0	27.44	1.0
10	10.00	54.00	.00	104.00	166.00	106.0	25.54	1.0
11	11.00	48.00	.00	95.00	160.00	110.0	33.45	.0
12	12.00	75.00	.00	154.00	193.00	123.0	28.70	1.0
13	13.00	48.00	.00	85.00	149.00	80.0	35.08	1.0
14	14.00	54.00	1.00	95.00	150.00	65.0	18.56	1.0
15	15.00	67.00	.00	93.00	138.00	84.0	26.31	.0
16	16.00	61.00	.00	63.00	142.00	92.0	24.66	.0
17	17.00	70.00	1.00	95.00	127.00	53.0	23.68	1.0
18	18.00	51.00	1.00	133.00	166.00	134.0	24.37	.0
19	19.00	56.00	.00	105.00	200.00	100.0	25.02	.0
20	20.00	73.00	.00	42.00	142.00	79.0	22.66	1.0
21	21.00	49.00	1.00	119.00	125.00	77.0	35.28	1.0

圖 5-12 「whas500.sav」資料檔內容 (N=500 個人，20 個變數)

三、分析結果與討論

Step 1 年齡及性別對肝癌的主要效果及交互效果

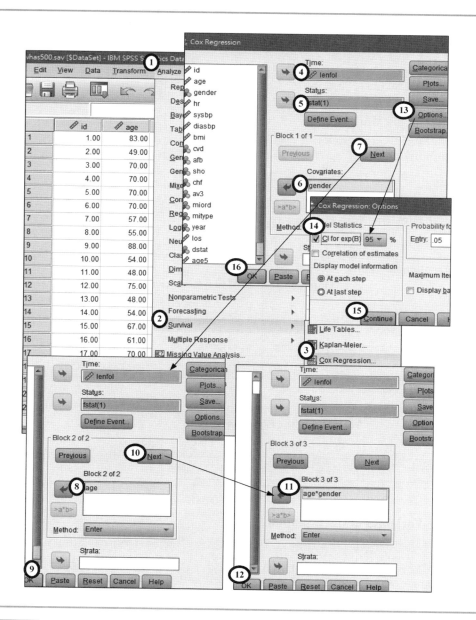

圖 5-13 「coxreg lenfol/status=fstat(1)/method = enter gender/method = enter gender age/ method = enter gender age gender×age」畫面 (此 SPSS 語法是舊版)

SPSS 新版對應的指令語法如下：

```
title " 年齡及性別的主要效果及交互效果 .sps".
subtitle "Step 1 年齡及性別對肝癌的主要效果及交互效果 ".
get file ='C:\CD\whas500.sav'.

COXREG lenfol
  /STATUS=fstat(1)
  /METHOD=ENTER gender
  /METHOD=ENTER age
  /METHOD=ENTER age*gender
  /PRINT=CI(95)
  /CRITERIA=PIN(.05) POUT(.10) ITERATE(20).
```

【A. 分析結果說明】只考慮 gender 一個因子

Block 1: Method = Enter

Omnibus Tests of Model Coefficients[a]

-2 Log Likelihood	Overall (score)			Change From Previous Step			Change From Previous Block		
	Chi-square	df	Sig.	Chi-square	df	Sig.	Chi-square	df	Sig.
2447.570	7.772	1	.005	7.588	1	.006	7.588	1	.006

a. Beginning Block Number 1. Method = Enter

Variables in the Equation

	B	SE	Wald	df	Sig.	Exp(B)
GENDER	.381	.138	7.679	1	.006	1.464

1. 上面「**Variables in the Equation**」表：
   B 欄：是比例危險 Cox 迴歸式中，自變數 (共變數) 對依變數的預測值，在 Cox 迴歸式是以 log-hazard 為單位，「B」值愈大，表示該自變數對依變數的攸關性 (relevance) 愈高。

2. Exp(B)：是這預測因子 (predictors) 的危險比率 (hazard ratios)。係數 B 值取自然對數，即 e^β (或 exp(β)) 稱做 risk ratio 或 hazard ratio(HR)。一般在解讀 Cox 迴歸分析之報表時，係以解釋 RR 或 HR 為主。

3. S.E. 欄：Cox 迴歸係數的標準誤差 (standard errors associated with the coefficients)。

4. Wald 及 Sig 二欄：分別是 Wald chi-square 檢定及其雙尾 p-value，它的虛無假設「H_0：the coefficient (parameter) is 0」。若 p 值小於 (α=0.05) 則 Cox 迴歸係數達統計學上的顯著。

5. 本例「**gender**」虛擬變數，排除其他共變數的干擾之下，僅觀察吃「新藥 vs. 安慰劑」對存活時間有無差異。本例求得危險比 hazard ratio = 1.464 (p<0.05)，顯示：女性 (gender =1) 的病人相對有較高的存活比率，大約是男性 (**gender** =0) 組別的 1.464 倍 (=exp^{coef})，或是將 β_1 取 exp，亦可求得 risk ratio 值爲 exp(β_1)=exp(0.381)= 1.464。

6. 此外，本例並無解釋變數，**連續**變數的係數 B 值解釋是，每當它增加一單位，相對的風險比率。假設，age 的係數 Exp(B)=.028，表示病患年齡每增加一歲，其死亡的風險爲正向提高 1.029 倍 (=$e^{0.028}$)。如此類推，其他連續變數之危險因子。

7. 若共變數是次序 (order) 或等級 (rank) 變數 (即 factor 爲「Compare factor⋯ 」變數)，它類似 OLS 迴歸式：

$$\ln[HR(x)] = \ln\left(\frac{h(t \mid x)}{h_0(t)}\right) = \log(\frac{p(\text{某等級})}{p(\text{等級的比較基準點})}) = \beta_1 x_1 + \beta_2 x_2 + \cdots + \beta_p x_p$$

【B. 分析結果說明】考慮 **gender age** 二個因子之單純主要效果 (simple main effect)

Block 2: Method = Enter

Omnibus Tests of Model Coefficients[a]

-2 Log Likelihood	Overall (score)			Change From Previous Step			Change From Previous Block		
	Chi-square	df	Sig.	Chi-square	df	Sig.	Chi-square	df	Sig.
2313.140	126.638	2	.000	134.430	1	.000	134.430	1	.000

a. Beginning Block Number 2. Method = Enter

Variables in the Equation

	B	SE	Wald	df	Sig.	Exp(B)
GENDER	-.066	.141	.217	1	.641	.937
AGE	.067	.006	116.401	1	.000	1.069

存活分析及 ROC：應用 SPSS

1. 本例分析結果顯示，最後強迫進入「Enter」的模型包含「age」共變數，其
   (1) P=Sig.=0.000，表示 age 也是影響癌病患者預後的獨立因素。(2) 相對危險
   度 HR=Exp(B)=1.069，表示使用患者年齡每增加一歲，死亡風險就增加 1.069
   倍，且達到統計顯著水準 (Type I 誤差，α=0.05)。

【C. 分析結果說明】考慮 gender age 二個因子及其交互作用項

Block 3: Method = Enter

Omnibus Tests of Model Coefficients[a]

-2 Log Likelihood	Overall (score)			Change From Previous Step			Change From Previous Block		
	Chi-square	df	Sig.	Chi-square	df	Sig.	Chi-square	df	Sig.
2307.333	127.358	3	.000	5.808	1	.016	5.808	1	.016

a. Beginning Block Number 3. Method = Enter

Variables in the Equation

	B	SE	Wald	df	Sig.	Exp(B)
GENDER	2.329	.992	5.506	1	.019	10.263
AGE	.078	.008	95.536	1	.000	1.082
GENDER*AGE	-.030	.013	5.891	1	.015	.970

1. 我們對某二個共變數 (gender、age) 和結果變數 (outcome variable, 反應變數)
   發生不幸 event 的危險率 (HR) 感興趣。在這一系列的研究中，共變數除了人
   口特徵 (gender、age、家族病史、不良生活習慣、暴露風險……) 外，你還關
   心這二個共變數交互效果量 (gender×age) 是否達顯著性，即不同人口特徵 (或
   病徵) 需不同介入的治療法。分析結果顯示，(gender×age) 達到統計顯著水
   準 (Type I 誤差，α=0.05)。
2. 第一種模型 (模型 1) 通常是實驗的介入 (gender) 或人口變數 [包括：性別
   (gender) 等]。在 Next(模型 2) 中，我們添加另一共變數 (age)。在 hierarchical
   迴歸中，Next 模型將會複製上一個模型的解釋變數 (生醫叫共變數；社科叫
   第二個因子)。故下面的 (模型 3) 才是這二個共變數交互效果量 (gender×age)。
3. 將上述三個表，彙總成下列之層次 Cox 迴歸分析摘要表：

模型內的變數		區組 1 (block 1)			區組 2 (block 2)			區組 3 (block 3)		
		B	Exp(B)	p	B	Exp(B)	p	B	Exp(B)	p
共變數	X1: gender	.381	1.464	0.006	-.066	.937	.641	2.329	10.263	.019
	X2: age				.067	1.069	.000	.078	1.082	.000
	X1×X2 交互							-.030	.970	.015
模型摘要	χ^2 適配檢定		7.772			126.638			127.358	
	p		0.005			0.000			.000	
	$\triangle\chi^2$		7.772			134.430			5.808	
	$\triangle$ p		0.005			.000			.016	

Step 2-1 繪男女得肝病的存活曲線 (機率)

```
subtitle "Step 2-1 繪男女得肝病的存活曲線 ( 機率 )".
coxreg lenfol
  /status=fstat(1)
  /method = enter gender age gender*age
  /save xbeta(xbeta).


graph
  /scatterplot(bivar)=age with xbeta by gender.
```

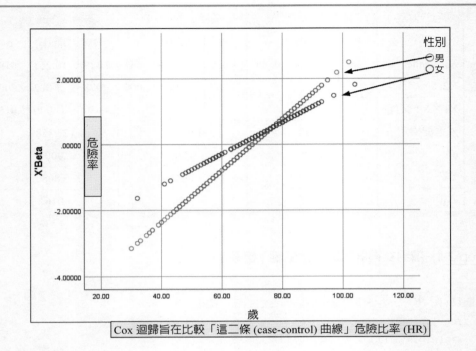

Cox 迴歸旨在比較「這二條 (case-control) 曲線」危險比率 (HR)

圖 5-14 男女得肝病的存活曲線

Step 2-2 **繪男女得肝病的 log(危險率)**

```
subtitle "Step 2-2 繪男女得肝病的 log( 危險率 )".
*without mean adjustment.

* 求危險率.
compute loghz =  2.329*gender + .078*age  - .030*gender*age.
graph /scatterplot(bivar)=age with loghz by gender.
```

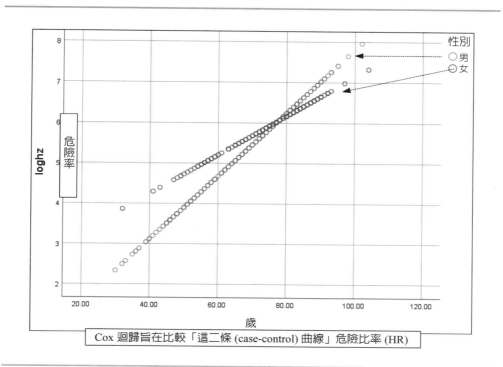

圖 5-15 　男女得肝病的 log(危險率)

5-3-4　層次 (hierarchical) 型 Cox 迴歸：二種激素 (hormone) 及淋巴結 (nodes) 對手術後復發的主要效果及交互作用？(coxreg 指令)

範例：層次模型：Cox 迴歸 (coxreg 指令)

一、問題說明

　　本例旨在了解「手術後多長時間復發 (復發機率)」之危險因子？(分析單位：病人)

　　研究者收集數據並整理成下表，此「**gbcs.sav**」資料檔內容之變數如下：

變數名稱	說明	編碼 Codes/Values
結果變數 (Y 軸：存活嗎)：censrec	(發生 event 嗎：即 failure variable)，1= 是，0= 否	0,1「是設限資料 censored data)」
反應時間變數 (X 軸)：rectime	手術後多長時間復發 (日)	8～2659(日)
共變數：hormone	激素一 vs. 激素二	1= 激素一 2= 激素二
共變數：node	淋巴結	1～51

二、資料檔之內容

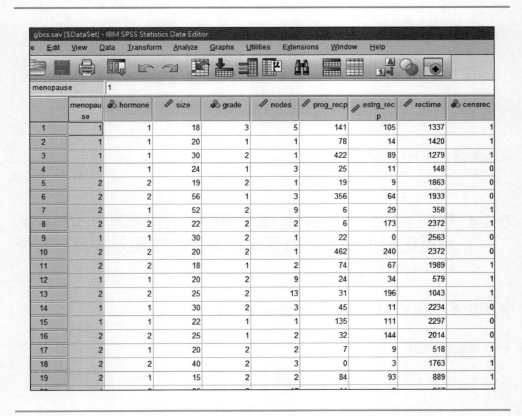

圖 5-16　「gbcs.sav」資料檔內容 (N=686 病人，16 個變數)

三、分析結果與討論

Step 1　二種激素 (hormone) 及淋巴結 (nodes) 對手術後復發的主要效果及交互效果

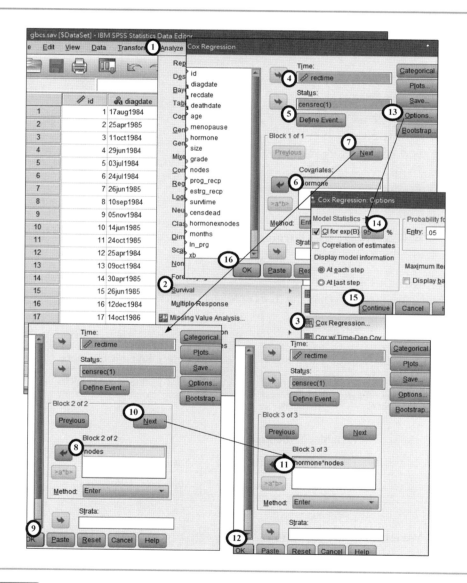

圖 5-17　「coxreg rectime/status=censrec(1)/method = enter hormone/method = enter hormone nodes/method = enter hormone nodes hormone×nodes」畫面 (此 SPSS 語法是舊版)

SPSS 新版對應的指令語法如下：

```
title " 二種激素及淋巴結對手術後復發的主要／交互效果 .sps".
subtitle "Step 1 二種激素 (hormone) 及淋巴結 (nodes) 對手術後復發的主要效果及交
互效果 ".

get file ='C:\CD\gbcs.sav'.

COXREG rectime
  /STATUS=censrec(1)
  /METHOD=ENTER hormone
  /METHOD=ENTER nodes
  /METHOD=ENTER hormone*nodes
  /PRINT=CI(95)
  /CRITERIA=PIN(.05) POUT(.10) ITERATE(20).
```

【A. 分析結果說明】只考慮 hormone 一個因子

Block 1: Method = Enter

Omnibus Tests of Model Coefficients[a]

-2 Log Likelihood	Overall (score)			Change From Previous Step			Change From Previous Block		
	Chi-square	df	Sig.	Chi-square	df	Sig.	Chi-square	df	Sig.
3567.530	8.561	1	.003	8.816	1	.003	8.816	1	.003

a. Beginning Block Number 1. Method = Enter

Variables in the Equation

	B	SE	Wald	df	Sig.	Exp(B)
激素一 vs. 激素二	-.364	.125	8.469	1	.004	.695

1. 上面「**Variables in the Equation**」表：

   B 欄：是比例危險 Cox 迴歸式中，自變數 (共變數) 對依變數的預測值，在 Cox 迴歸式是以 log-hazard 為單位，「B」值愈大，表示該自變數對依變數的 依關性 (relevance) 愈高。

2. Exp(B)：是這預測因子 (predictors) 的危險比率 (hazard ratios)。係數 B 值取自

然對數，即 e^{β} (或 exp(β)) 稱做 risk ratio 或 hazard ratio(HR)。一般在解讀 Cox 迴歸分析之報表時，係以解釋 RR 或 HR 爲主。

3. S.E. 欄：Cox 迴歸係數的標準誤 (standard errors associated with the coefficients).

4. Wald 及 Sig 二欄：分別是 Wald chi-square 檢定及其雙尾 p-value，它的虛無假設「H_0：the coefficient (parameter) is 0」。若 p 值小於 (α=0.05) 則 Cox 迴歸係數達統計學上的顯著。

5. 本例「**hormone**」類別變數，排除其他共變數的干擾之下，僅觀察吃「激素一 vs. 激素二」對存活時間有無差異。本例求得危險比 hazard ratio = 0.695 (p<0.05)，顯示：吃新藥 (**hormone** =1) 的病人相對有較低的危險比率，大約是吃「激素二」(**hormone** =2) 組別的 0.695 倍 (=exp^{coef})，或是將 β_1 取 exp，亦可求得 risk ratio 值爲 exp(β_1)=exp(-0.364)= 0.695。

6. 此外，本例並無解釋變數，**連續**變數的係數 B 值解釋是，每當它增加一單位，相對的風險比率。假設，age 的係數 Exp(B)=.028，表示病患年齡每增加一歲，其死亡的風險爲正向提高 1.029 倍 (=$e^{0.028}$)。如此類推，其他連續變數之危險因子。

7. 若共變數是次序 (order) 或等級 (rank) 變數 (即 factor 爲「Compare factor… 」變數)，它類似 OLS 迴歸式：

$$\ln[HR(x)] = \ln\left(\frac{h(t \mid x)}{h_0(t)}\right) = \log(\frac{p(某等級)}{p(等級的比較基準點)}) = \beta_1 x_1 + \beta_2 x_2 + \cdots + \beta_p x_p$$

【**B.** 分析結果說明】考慮 **hormone nodes** 二個因子之單純主要效果 (**simple main effect**)

Block 2: Method = Enter									
Omnibus Tests of Model Coefficients[a]									
-2 Log Likelihood	Overall (score)			Change From Previous Step			Change From Previous Block		
	Chi-square	df	Sig.	Chi-square	df	Sig.	Chi-square	df	Sig.
3517.881	88.100	2	.000	49.649	1	.000	49.649	1	.000
a. Beginning Block Number 2. Method = Enter									

Variables in the Equation

	B	SE	Wald	df	Sig.	Exp(B)
激素一 vs. 激素二	-.357	.125	8.125	1	.004	.700
淋巴結	.058	.007	75.071	1	.000	1.059

【C. 分析結果說明】考慮 hormone nodes 二個因子及其交互作用項

Block 3: Method = Enter

Omnibus Tests of Model Coefficients[a]

-2 Log Likelihood	Overall (score)			Change From Previous Step			Change From Previous Block		
	Chi-square	df	Sig.	Chi-square	df	Sig.	Chi-square	df	Sig.
3511.942	99.896	3	.000	5.939	1	.015	5.939	1	.015

a. Beginning Block Number 3. Method = Enter

Variables in the Equation

	B	SE	Wald	df	Sig.	Exp(B)
激素一 vs. 激素二	-.606	.164	13.373	1	.000	.546
淋巴結	.001	.021	.290	1	.590	1.011
激素一 vs. 激素二 * 淋巴結	.038	.015	6.505	1	.011	1.039

Step 2　完整二因子「激素 (hormone) 類及淋巴結 (nodes)」對肝病的主要效果及交互效果：繪 95% 信賴區間

```
subtitle "Step 2 完整二因子「激素 (hormone) 類及淋巴結 (nodes)」對肝病的主要效
果及交互效果：繪「95% 信賴區間」曲線".

get file ='C:\CD\gbcs.sav'.
compute hormonexnodes = (hormone-1)*nodes.
exe.
coxreg rectime with nodes hormone  hormonexnodes
/status=censrec(1)
/method = enter hormone nodes hormonexnodes
/print = corr.
```

【A. 分析結果說明】考慮 **hormone nodes** 二個因子及其交互作用項：迴歸係數的相關矩陣

Block 1: Method = Enter

Omnibus Tests of Model Coefficients[a]

-2 Log Likelihood	Overall (score)			Change From Previous Step			Change From Previous Block		
	Chi-square	df	Sig.	Chi-square	df	Sig.	Chi-square	df	Sig.
3511.942	89.896	3	.000	64.404	3	.000	64.404	3	.000

a. Beginning Block Number 1. Method = Enter

Variables in the Equation

	B	SE	Wald	df	Sig.	Exp(B)
淋巴結	.049	.008	36.304	1	.000	1.050
激素一 vs. 激素二	-.606	.164	13.373	1	.000	.546
hormonexnodes	.038	.015	6.505	1	.011	1.039

Correlation Matrix of Regression Coefficients

	淋巴結	激素一 vs. 激素二
激素一 vs. 激素二	.291	
hormonexnodes	-.529	-.643

Step 3-1 比較二種「激素 (hormone)」對肝病的存活曲線函數

對應的指令語法：

```
subtitle "Step 3-1比較二種激素 (hormone) 對發病 (time) 的存活曲線函數 ".
get file='D:\CD\gbcs.sav'.
*X 軸 :time, 由日單位變成月單位 .
compute time = rectime/30.

* 類別變數 hormone 先變成「0,1」虛擬變數，再做 coxreg.
recode hormone (1=0) (2=1).
  exe.
```

```
coxreg time with hormone
  /status=censrec(1)
  /save survival(survival).

SAVE OUTFILE='D:\CD\gbcs2.sav'
  /COMPRESSED.
```

【A. 分析結果說明】

Block 1: Method = Enter

Omnibus Tests of Model Coefficients[a]

-2 Log Likelihood	Overall (score)			Change From Previous Step			Change From Previous Block		
	Chi-square	df	Sig.	Chi-square	df	Sig.	Chi-square	df	Sig.
3567.530	8.561	1	.003	8.816	1	.003	8.816	1	.003

a. Beginning Block Number 1. Method = Enter

Variables in the Equation

	B	SE	Wald	df	Sig.	Exp(B)
激素一 vs. 激素二	-.364	.125	8.469	1	.004	.695

1. 激素一 (hormone) 對肝病療效 (存活時間)，是激素二的 0.695 倍。這二種藥效達顯著差異 (p<.05)。

Step 3-2 繪二種「激素 (hormone)」對肝病的存活曲線圖

```
subtitle "Step 3-2 繪二種「激素 (hormone)」對肝病的存活曲線圖 ".
graph /scatterplot(bivar) = time with survival by hormone.
```

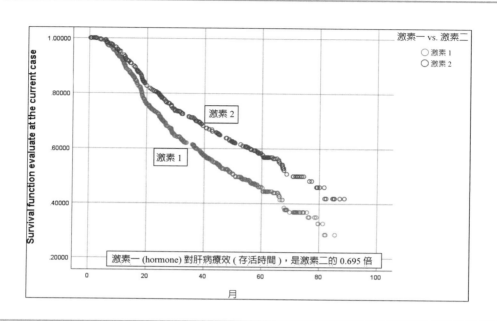

圖 5-18 繪出二種「激素 (hormone)」對肝病的存活曲線圖

Step 4-1 size 調整至中位數 =25，再求「hormone　size_c」對肝病的 hazard ratiot

```
subtitle "Step4-1 size 調整至中位數，再求「hormone　 size_c」對肝病復發時間
  (months) 的 hazard ratio".
subtitle " 求出 size 的中位數 =25".
FREQUENCIES VARIABLES=size
  /STATISTICS=MEDIAN
  /ORDER=ANALYSIS.
```

【A. 分析結果說明】求得 size 的中位數 =25

<table>
<tr><th colspan="3">Statistics</th></tr>
<tr><td colspan="3">腫瘤大小 (mm)</td></tr>
<tr><td>N</td><td>Valid</td><td>686</td></tr>
<tr><td></td><td>Missing</td><td>0</td></tr>
<tr><td colspan="2">Median</td><td>25.00</td></tr>
</table>

```
subtitle " Step 4-1 求「hormone size_c」對肝病復發時間 (months) 的 hazard ratio
值 ".
get file ='d:\gbcs.sav'.
*size 中位數為 25.
compute size_c=size-25.
* 時間單位：復發時間（月）.
compute months=rectime/30.
  exe.

oms select tables
  /if subtypes='Survival Table'
  /destination format=sav
outfile = 'd:\fig4_6.sav'.
coxreg months with  hormone  size_c
  /status=censrec(1)
  /method = enter hormone  size_c
  /print = baseline.
omsend.
```

Variables in the Equation						
	B	SE	Wald	df	Sig.	Exp(B)
激素一 vs. 激素二	-.373	.125	8.902	1	.003	.688
size_c	.015	.004	18.312	1	.000	1.015

【B. 分析結果說明】「hormone size_c」對肝病效果，其中 hormone 係數 B= -.373(hazard ratio)

*fig4_6.sav [$DataSet] - IBM SPSS Statistics Data Editor

Edit View Data Transform Analyze Graphs Utilities Extensions Window Help

Survival .99857564837063

	Command_	Subtype_	Label_	Var1	BaselineCumHazard	Survival	SE
1	Cox Regression	Survival Table	Survival Table	2	.002	.999	.001
2	Cox Regression	Survival Table	Survival Table	3	.004	.997	.002
3	Cox Regression	Survival Table	Survival Table	4	.007	.996	.002
4	Cox Regression	Survival Table	Survival Table	4	.009	.994	.003
5	Cox Regression	Survival Table	Survival Table	5	.011	.993	.003
6	Cox Regression	Survival Table	Survival Table	6	.013	.991	.003
7	Cox Regression	Survival Table	Survival Table	6	.016	.990	.004
8	Cox Regression	Survival Table	Survival Table	6	.018	.989	.004
9	Cox Regression	Survival Table	Survival Table	6	.020	.987	.004
10	Cox Regression	Survival Table	Survival Table	6	.025	.984	.005
11	Cox Regression	Survival Table	Survival Table	6	.027	.983	.005
12	Cox Regression	Survival Table	Survival Table	6	.029	.981	.005
13	Cox Regression	Survival Table	Survival Table	6	.032	.980	.005
14	Cox Regression	Survival Table	Survival Table	6	.034	.978	.006
15	Cox Regression	Survival Table	Survival Table	7	.036	.977	.006
16	Cox Regression	Survival Table	Survival Table	7	.039	.976	.006
17	Cox Regression	Survival Table	Survival Table	7	.041	.974	.006
18	Cox Regression	Survival Table	Survival Table	8	.043	.973	.006
19	Cox Regression	Survival Table	Survival Table	8	.046	.971	.006
20	Cox Regression	Survival Table	Survival Table	8	.048	.970	.007

圖 5-19 「fig4_6.sav」外部資料檔之內容 (新產生 Survival 變數)

Step 4-2 size 調整至中位數，hormone 變換成指數再繪二種藥效的存活曲線

```
*改讀入外部資料檔「fig4_6.sav」.
get file ='d:\fig4_6.sav'.
subtitle "Step 4-2 size 調整至中位數，hormone 變換成指數再繪二種藥效的存活曲線".
*hormone 係數「B=-.373」值，換成再存至 s_h 變數 .
compute s_h = Survival**(exp(-.373)).
  exe.
graph /scatterplot(overlay)=Var1 Var1 with Survival s_h (pair).
```

存活分析及 ROC：應用 SPSS

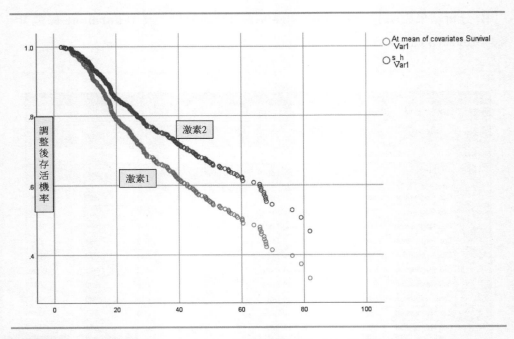

圖 5-20　size 調整至中位數，hormone 變換成指數再繪二種藥效的存活曲線

Step 5-1　擴大納入四個共變數（危險因子），求復發時間的 hazard ratio

對應的指令語法：

```
subtitle " Step 5-1 擴大納入 4 個共變數（危險因子），求復發時間的 hazard ratio".
get file ='C:\CD\gbcs.sav'.
*時間單位，由日改成月 (months) 變數 .
compute months=rectime/30.

*將 prog_recp 尺度單位正規化 (normalization).
compute ln_prg = ln(prog_recp+1).
  exe.

*contrast 副指令界定類別變數的比較基準點，為 level=1.
coxreg months with ln_prg grade hormone size
  /status=censrec(1)
  /categorical = grade
  /contrast (grade) = indicator(1)
/method = enter grade ln_prg hormone size.
```

344

【A. 分析結果說明】四個共變數 (危險因子)，求得 **hazard ratio(係數 B)**

Variables in the Equation

	B	SE	Wald	df	Sig.	Exp(B)
ln_prg	-.181	.031	32.942	1	.000	.835
grade			6.264	2	.044	
grade(1)	.624	.251	6.199	1	.013	1.867
grade(2)	.629	.276	5.199	1	.023	1.876
激素一 vs. 激素二	-.326	.126	6.672	1	.010	.722
腫瘤大小 (mm)	.014	.004	13.724	1	.000	1.014

1. 上面「Variables in the Equation」表：

   B 欄：是比例危險 Cox 迴歸式中，自變數 (共變數) 對依變數的預測值，在 Cox 迴歸式是以 log-hazard 爲單位，「B」值愈大，表示該自變數對依變數的依關性 (relevance) 愈高。

2. Exp(B)：是這預測因子 (predictors) 的危險比率 (hazard ratios)。係數 B 值取自然對數，即 e^β(或 exp(β)) 稱做 risk ratio 或 hazard ratio(HR)。一般在解讀 Cox 迴歸分析之報表時，係以解釋 RR 或 HR 爲主。

3. S.E. 欄：Cox 迴歸係數的標準誤 (standard errors associated with the coefficients).

4. Wald 及 Sig 二欄：分別是 Wald chi-square 檢定及其雙尾 p-value，它的虛無假設「H_0：the coefficient (parameter) is 0」。若 p 值小於 (α=0.05) 則 Cox 迴歸係數達統計學上的顯著。

5. 此外，本例解釋變數，二個**連續**變數「**ln_prg、size**」的係數 B 值解釋是，每當它增加一單位，相對的風險比率。假設，**size**(腫瘤大小) 的係數 Exp(B)= 1.014，表示腫瘤每增加一單位 (mm)，其死亡的風險爲正向提高 1.014 倍 (=$e^{0.014}$)。如此類推，其他連續變數之危險因子。

6. 若共變數是次序 (order) 或等級 (rank) 變數 (即 factor 爲「Compare factor…」變數)，它類似 OLS 迴歸式：

$$\ln[HR(x)] = \ln\left(\frac{h(t \mid x)}{h_0(t)}\right) = \log(\frac{p(某等級)}{p(等級的比較基準點)}) = \beta_1 x_1 + \beta_2 x_2 + \cdots + \beta_p x_p$$

本例：$\ln[HR(x)] = \ln\left(\dfrac{h(t\,|\,x)}{h_0(t)}\right) = \log\left(\dfrac{p(\text{grade2})}{p(\text{grade1})}\right) = 0.624x_1$

本例求得 $\log\left(\dfrac{p(\text{grade2})}{p(\text{grade1})}\right)$ 危險比 hazard ratio = 1.867 (p<0.05)，顯示：grade2 的病人相對有較高的存活比率，大約是 grade1 的 1.867 倍 (=exp^{coef})。

本例：$\ln[HR(x)] = \ln\left(\dfrac{h(t\,|\,x)}{h_0(t)}\right) = \log\left(\dfrac{p(\text{grade3})}{p(\text{grade1})}\right) = 0.629x_2$

本例求得 $\log\left(\dfrac{p(\text{grade3})}{p(\text{grade1})}\right)$ 危險比 hazard ratio = 1.876 (p<0.05)，顯示：grade3 的病人相對有較高的存活比率，大約是 grade1 的 1.876 (=exp^{coef})。

Step 5-2 四個危險因子，復發時間 (months) 的 percentiles(10,25,50,75,90)

```
subtitle "Step 5-2 四個危險因子，復發時間 (months) 的 percentiles(10,25,50,75,90)".
*contrast 副指令界定類別變數的比較基準點，為 level=1.
coxreg months with ln_prg grade hormone size
  /status=censrec(1)
/categorical = grade
  /contrast (grade) = indicator(1)
  /method = enter grade ln_prg hormone size
  /save xbeta(xb) Hazard(H).

* computing the baseline survival function.
compute base_s = exp(-H/exp(xb)).

examine variable = xb
  /percentiles(10,25,50,75,90) .
```

【A. 分析結果說明】四個危險因子，求復發時間 (months) 的 percentiles(10,25,50,75,90)

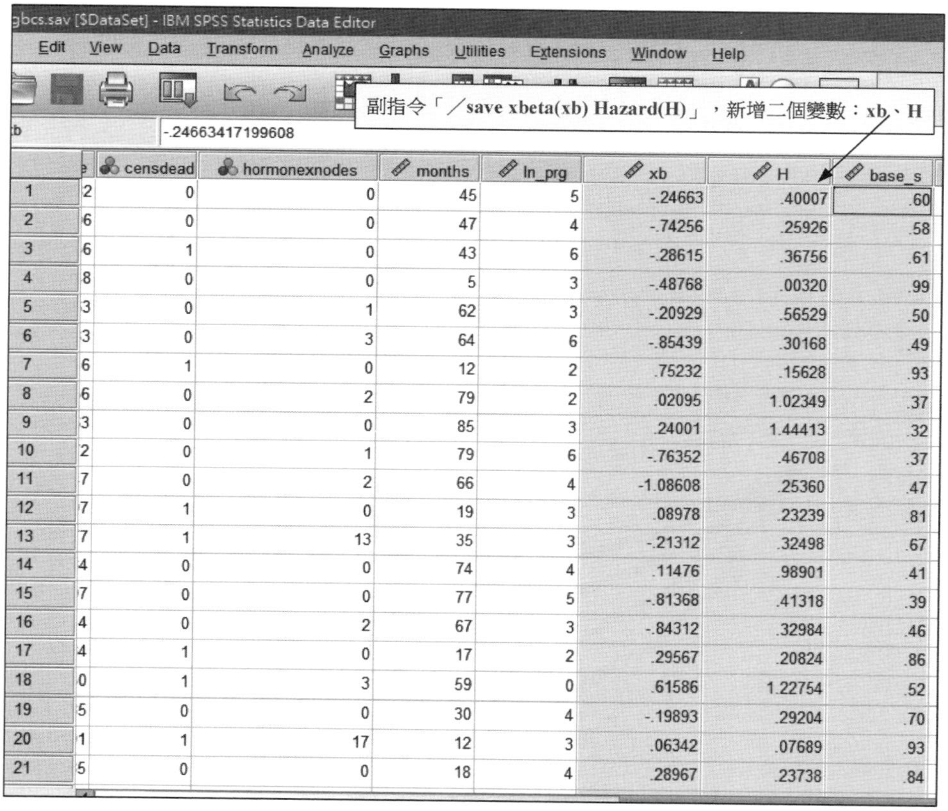

		censdead	hormonexnodes	months	ln_prg	xb	H	base_s
1	2	0	0	45	5	-.24663	.40007	.60
2	6	0	0	47	4	-.74256	.25926	.58
3	6	1	0	43	6	-.28615	.36756	.61
4	8	0	0	5	3	-.48768	.00320	.99
5	3	0	1	62	3	-.20929	.56529	.50
6	3	0	3	64	6	-.85439	.30168	.49
7	6	1	0	12	2	.75232	.15628	.93
8	6	0	2	79	2	.02095	1.02349	.37
9	3	0	0	85	3	.24001	1.44413	.32
10	2	0	1	79	6	-.76352	.46708	.37
11	7	0	2	66	4	-1.08608	.25360	.47
12	7	1	0	19	3	.08978	.23239	.81
13	7	1	13	35	3	-.21312	.32498	.67
14	4	0	0	74	4	.11476	.98901	.41
15	7	0	0	77	5	-.81368	.41318	.39
16	4	0	2	67	3	-.84312	.32984	.46
17	4	1	0	17	2	.29567	.20824	.86
18	0	1	3	59	0	.61586	1.22754	.52
19	5	0	0	30	4	-.19893	.29204	.70
20	1	1	17	12	3	.06342	.07689	.93
21	5	0	0	18	4	.28967	.23738	.84

圖 5-21 副指令「/save xbeta(xb) Hazard(H)」，新增二個變數：xb、H (復發時間 (months))

Percentiles

		Percentiles				
		10	25	50	75	90
Weighted Average (Definition 1)	X'Beta	-.7110843	-.3385827	.0000000	.3552183	.6758839
Tukey's Hinges	X'Beta		-.3383169	.0000000	.3544359	

Step 5-3 繪復發時間 (months) 的 percentiles(10,25,50,75,90) 曲線圖

```
subtitle " Step 5-3 繪復發時間 (months) 的 percentiles(10,25,50,75,90) 曲線圖 ".
compute s10 = base_s**(exp(-.7327497)).
compute s25 = base_s**(exp(-.3457095)).
compute s50 = base_s**(exp(.0150510)).
compute s75 = base_s**(exp(.3671402)).
compute s90 = base_s**(exp(.6788465)).
exe.

graph /scatterplot(overlay)=months months months months months  with  s10 s25
    s50 s75 s90 (pair).
```

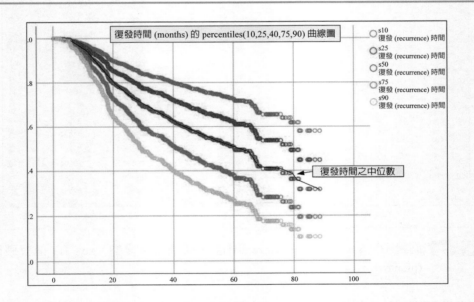

圖 5-22 復發時間 (months) 的 percentiles(10,25,50,75,90) 曲線圖

Step 5-4 比較「有無」激素 (hormone) 治療效果的復發機率圖

```
subtitle "Step 5-4 比較「有無」激素 (hormone) 治療效果的復發機率圖 ".
compute rm = xbeta-(-0.32588)*hormone.
compute s0 = base_s**exp(0.3428946).
compute s1 = base_s**exp(0.3428946+(-0.32588)).
exe.
graph /scatterplot(overlay)=months months with  s0 s1 (pair).
```

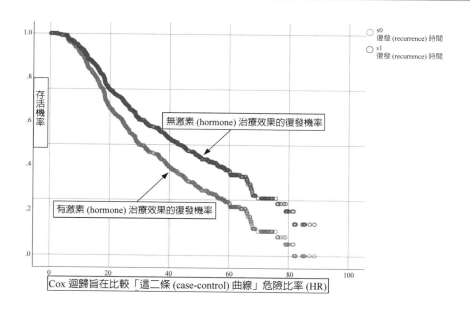

圖 5-23 繪出「有無」激素 (hormone) 治療效果的存活曲線圖

Cox 模型適當性的評估 (assessment of model adequacy)

Cox 模型的基本假定為：不論基線風險如何，在任何時間點上，存在某一暴露的個體相對不存在該暴露的個體發生事件的風險是固定的。亦即兩組人群在任何時間點上發生事件的風險比例是恆定的 (或者解釋為某一個暴露在所有時間裡對發生事件的作用都是相同的)，故 Cox 模型又稱為比例風險模型，相應的共變數的參數估計必須滿足比例風險假定。

但是實際應用 Cox 模型中通常並未對這一假定進行檢驗，導致模型的選擇以及模型的結果可能存在一定偏差。

Cox 模型的診斷

Cox 比例風險模型有幾個假定。因此，評估 Cox 迴歸模型適配是否充分描述數據非常重要。

在這裡，我們將討論 Cox 模型的三種 diagonostics：

1. 測試比例風險假定 (Testing the proportional hazards assumption)。

2. 檢查有影響力的觀察結果 (或 outliers)。

3. 檢測 log 風險與共變量之間關係的非線性 (Detecting nonlinearity in relationship between the log hazard and the covariates)。

為了檢查這些模型假定，可使用 Residuals 方法。Cox 模型的常見殘差法包括：

1. Schoenfeld 殘差來檢查比例風險假定。

2. Martingale 殘差來評估非線性 (Martingale residual to assess nonlinearity)。

3. Deviance 殘差 (symmetric transformation of the Martinguale residuals)，來檢查有影響的觀察結果。

比例風險假定的檢驗方法包括：(1) 繪圖法，包括 Kaplan-Meier 生存曲線圖法、Schoenfeld 殘差圖法、Martingale 殘差圖法等。(2) 分析法，包括 Schoenfeld 殘差的趨勢檢驗法和引入時間依賴變數的 Cox 模型檢驗法。

Schoenfeld residuals 法

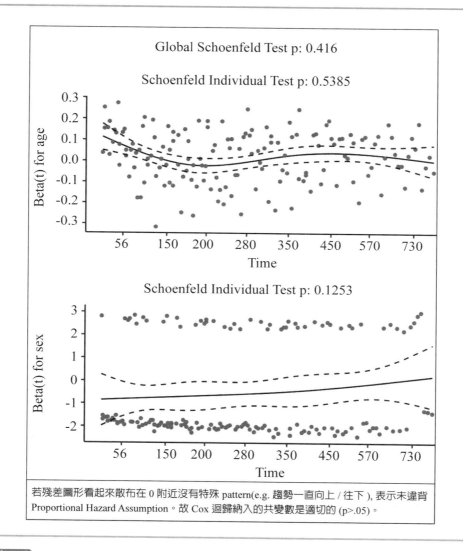

Global Schoenfeld Test p: 0.416

Schoenfeld Individual Test p: 0.5385

Schoenfeld Individual Test p: 0.1253

若殘差圖形看起來散布在 0 附近沒有特殊 pattern(e.g. 趨勢一直向上 / 往下), 表示未違背 Proportional Hazard Assumption。故 Cox 迴歸納入的共變數是適切的 (p>.05)。

圖 6-1 Schoenfeld 殘差來檢查比例風險假定 (示意圖)

　　Schoenfeld 殘差為基於共變數的殘差，而 Martingale 殘差為累計危險率殘差。由於原理不同，不同方法所得的統計量及 P 值均可能存在一定的差異。但是總體趨勢基本保持一致。

　　如果共變數的比例風險假定不成立，則不能構建經典的 Cox 模型。但是仍

然可以利用 Cox 模型的經典理論，構建非比例風險的 Cox 模型，從而估計模型的參數。但在非比例風險 Cox 模型下，對於違背比例風險假定的變數最終估計所得的 HR 不應再視爲一個常數，而更多應解釋爲所有時間點下 HR 的加權平均值。

目前非比例風險 Cox 模型的基本構建思想包括兩種：A. 分層 Cox 模型；B. 時間依存變數的 Cox 模型。

STATA 和 SAS 已提供指令來檢驗各種比例風險假定。可惜 SPSS 並無專門指令。故爲了讓大家更加明白比例風險假定的基本原理、Cox 模型的基本特徵、參數估計的基本原理，Cox 模型可能存在的缺陷進行了簡單的概括。本章節實例介紹如何做「Schoenfeld residuals」法。

6-1 比例風險假定的三種檢定之一：Schoenfeld residuals 法

在選擇模型適配資料時，不能只靠比例風險假定的方法，來選擇資料適合的模型。故 Stata 專門提供「estat phtest」指令來檢驗「proportional-hazard assumption test based on Schoenfeld residuals」。

一般而言，存活資料若通過比例風險假定 (proportional hazards assumption)，Cox 比例風險模型即爲模型適配之最佳選擇，但如此做法是否眞的能保證 Cox 比例風險模型爲最佳適配？是否存在，某資料來自於非 Cox 比例風險模型，但卻也可以通過比例風險假定呢？迄今，比例風險假定的眞僞，有三種方法分別爲：Schoenfeld 殘差檢定 (Schoenfeld residuals test)、資料驅動平滑檢定 (data-driven smooth test) 和分數過程檢定 (score process test)，比較其檢定力 (power) 之差異以及未通過比例風險假定的比例是否有一定的趨勢存在，再藉由擴充風險模型做模型選擇後的結果比較三種比例風險假定的結果是否一致。

其中，Schoenfeld 殘差檢定，係採繪圖法，若殘差圖形看起來散布在 0 附近沒有特殊 pattern，表示未違背 proportional hazard assumption。

本章節，在 SPSS 實例分析的部分，我們使用生物醫學相關的資料來驗證上述所提及的檢定方法所產生的疑問。

在實證研究方面：劉士嘉 (2014)「復發事件區間設限多重狀態模式分析——臺灣老人憂鬱狀態變化貫時性資料之應用」。論文摘要如下：

幾十年來許多國家面臨了有關人口老化的挑戰，其中老人晚年的憂鬱症狀對身體健康及功能的嚴重影響已經引起廣泛的關注。有鑒於此，本研究利用行政院衛生署國民健康局所提供之 1989-2007 年六波「臺灣地區老人保健與生活問題長期追蹤調查」資料針對影響老人憂鬱狀態變化趨勢的相關因素，包括人口特徵、家庭與環境條件及健康狀況進行深入的探討研究。研究方法上，基於憂鬱狀態復發具有區間設限的特性，在同一個體於不同區間之事件復發視為相互獨立的假定下，利用區間設限模式探討影響老人憂鬱變化趨勢相關因子，惟區間設限模式的缺點在於無法處理兩種以上事件同時存在的情形，因此，本研究利用具馬可夫鏈特性之 Cox 及 Aalen 多重狀態事件史模式，探討有關老人憂鬱狀態變化趨勢。有關 Cox 比例風險模式假定之驗證，除利用 Aalen 加成模型進行輔助探討時間相依變數的特性外，亦藉由 Schoenfeld 殘差圖進行交叉驗證。另一方面，老人憂鬱狀態變化趨勢之轉移機率亦經由 Cox 及 Aalen 多重狀態模式適配結果進行估算。本研究結果發現年齡、性別、教育程度、有無配偶、與子女同住、經濟狀況、健康自評、日常生活活動能力 (ADL) 及體能狀況與老人憂鬱狀態變化趨勢有密切的相關；在轉移機率方面，發現初始狀態已有憂鬱之老人，其死亡率相較於無憂鬱之老人有偏高的趨勢。

範例：Cox 比例風險模型的診斷：Schoenfeld residuals 法 (coxreg 指令)

由於 SPSS 並無「test for proportionality hazards」專用指令，故只能用本範例的指令。

之前，本書示範 coxreg 指令，如何分析「肝病二個危險因子：年齡及性別的主要效果及交互效果」，本例將介紹如何再擴充此 Cox 迴歸模型。

一、問題說明

本例旨在了解「多因子對發生某 event(肝病死亡) 機率」之影響？(分析單位：病人)

研究者收集數據並整理成下表，此「**whas500.sav**」資料檔內容之變數如下：

變數名稱	說明	編碼 Codes/Values
結果變數 (Y 軸：存活嗎)：fstat	(發生 event 嗎：即 failure variable)，1= 是，0= 否	0，1「是設限資料 censored data)」
存活時間變數 (X 軸)：time	存活多長時間 (年)	1~2358 月
共變數：gender	性別 (虛擬變數)	0= 女 1= 男
共變數：age	年齡 (連續變數)	30~104 歲

本例，Cox 模型的共變數有 8 個「bmifp1 bmifp2 age hr diasbp gender chf age*gender」。

二、資料檔之內容

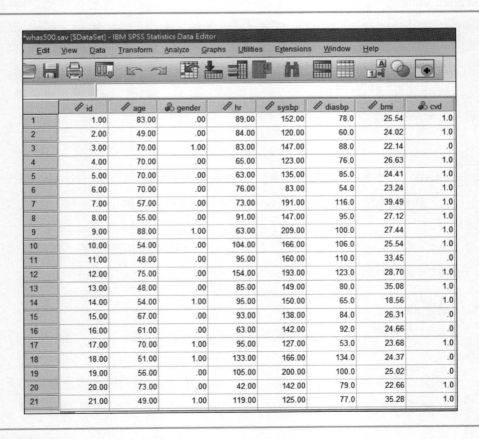

圖 6-2 「whas500_0.sav」資料檔內容 (N=500 個人，20 個變數)

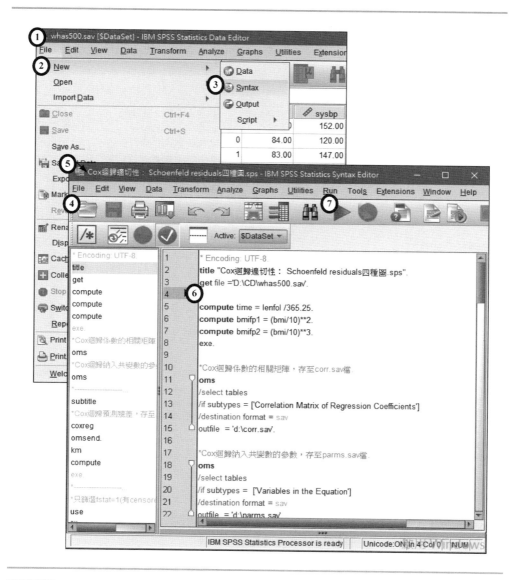

三、分析結果與討論

圖 6-3 「Cox 迴歸適切性：Schoenfeld residuals 四種圖 .sps」指令檔

> **Step 1** 將多變量：Cox 迴歸係數及參數，另存至「corr.sav、parms.sav」檔

```
title "Cox 迴歸適切性： Schoenfeld residuals 四種圖 .sps".
subtitle "Step 1 將多變量:Cox 迴歸係數及參數，另存至「corr.sav、parms.sav」檔".
* 因要產生新檔，故變數名稱保持英文，不要 label.
get file ='D:\CD\whas500_0.sav'.

compute time = lenfol /365.25.
compute bmifp1 = (bmi/10)**2.
compute bmifp2 = (bmi/10)**3.
exe.

*Cox 迴歸係數的相關矩陣，存至 corr.sav 檔 .
oms
/select tables
/if subtypes = ['Correlation Matrix of Regression Coefficients']
/destination format = sav
outfile = 'd:\corr.sav'.

*Cox 迴歸納入共變數的參數，存至 parms.sav 檔 .
oms
/select tables
/if subtypes =  ['Variables in the Equation']
/destination format = sav
outfile = 'd:\parms.sav'.
```

【A. 分析結果說明】產生二個新資料檔「**corr.sav**、**parms.sav**」

Variables in the Equation

	B	SE	Wald	df	Sig.	Exp(B)
bmifp1	-.673	.174	15.033	1	.000	.510
bmifp2	.142	.039	12.985	1	.000	1.153
AGE	.061	.008	52.969	1	.000	1.062
HR	.012	.003	15.733	1	.000	1.012
DIASBP	-.011	.003	9.507	1	.002	.989
GENDER	1.855	.958	3.752	1	.053	6.393
CHF	.824	.147	31.581	1	.000	2.279
AGE*GENDER	-.028	.012	5.271	1	.022	.973

Correlation Matrix of Regression Coefficients

	bmifp1	bmifp2	AGE	HR	DIASBP	GENDER	CHF
bmifp2	-.989						
AGE	.176	-.139					
HR	-.054	.059	.005				
DIASBP	-.016	.006	.178	-.244			
GENDER	.163	-.169	.594	-.023	.011		
CHF	-.129	.128	-.120	-.204	.039	-.029	
AGE*GENDER	-.141	.147	-.600	.008	-.003	-.989	.010

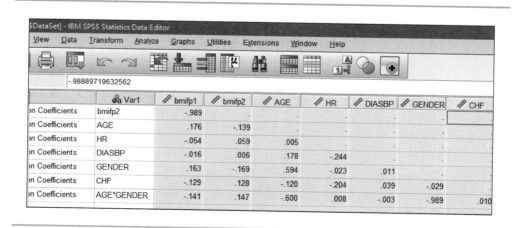

圖 **6-4** Cox 迴歸係數的相關矩陣，另存至「corr.sav」檔

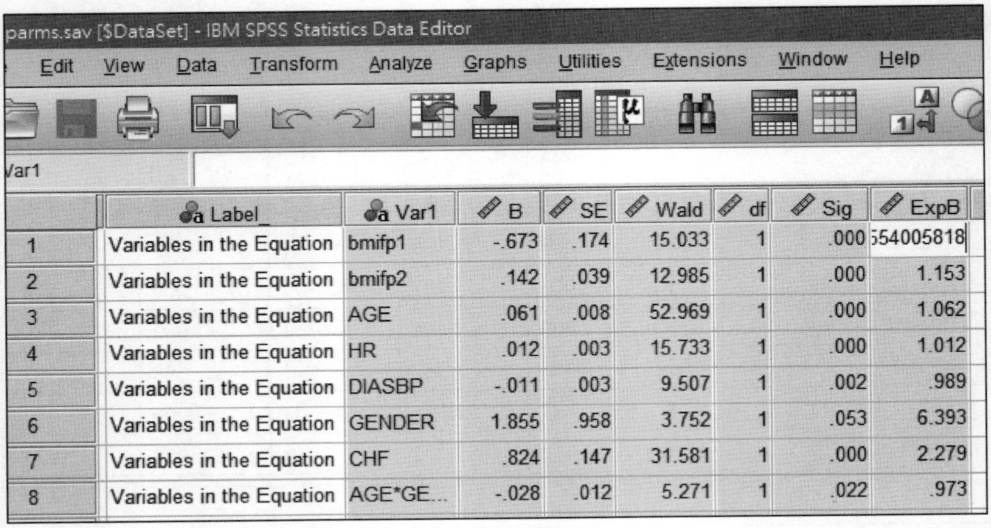

	Label_	Var1	B	SE	Wald	df	Sig	ExpB
1	Variables in the Equation	bmifp1	-.673	.174	15.033	1	.000	554005818
2	Variables in the Equation	bmifp2	.142	.039	12.985	1	.000	1.153
3	Variables in the Equation	AGE	.061	.008	52.969	1	.000	1.062
4	Variables in the Equation	HR	.012	.003	15.733	1	.000	1.012
5	Variables in the Equation	DIASBP	-.011	.003	9.507	1	.002	.989
6	Variables in the Equation	GENDER	1.855	.958	3.752	1	.053	6.393
7	Variables in the Equation	CHF	.824	.147	31.581	1	.000	2.279
8	Variables in the Equation	AGE*GE...	-.028	.012	5.271	1	.022	.973

圖 6-5 Cox 迴歸納入共變數的參數，存至 parms.sav 檔

Step 2 分別求出 Cox 迴歸的：殘差 ssr、存活率 survival、(係數) 矩陣 a、標準差 sigma 值、共變數 cov 值、殘差 sres.

```
subtitle " Step 2-1 將 Cox 迴歸的殘差存至 ssr；存活率存至 survival".
*Cox 迴歸預測殘差，存至 ssr 變數。K-M 估計的存活率存至 survival.
* 限用舊版 SPSS 指令，才能存 ssr.
coxreg time
/method = enter bmifp1 bmifp2 age hr diasbp gender chf age*gender
/status fstat(1)
/print = corr
/save presid (ssr).

omsend.
km time
/status=fstat(1)
/save survival(survival).

compute logtime = ln(time).
exe.
```

```
*------------------------------.
* 只篩選 fstat=1( 有 censored 的觀察值 ) .
use all.
filter by fstat.
exe.
```

【**B. 分析結果說明**】八個共變數的 **schoenfeld** 殘差存至 **scaled_schoenfeld.sav** 檔

	survival	logtime	bmifp1	bmifp2	ssr1	ssr2	ssr3	ssr4	ssr5	ssr6	ssr7	ssr8
1		1.79	7	17								
2		1.78	6	14								
3		1.79	5	11								
4	.74600	-.21	7	19	.62588	1.26426	-8.32531	-29.1689	2.97489	-.49221	.46542	-39.48434
5		1.76	6	15								
6	.98400	-5.90	5	13	-.59046	-3.31199	-10.1395	-18.7822	-15.94968	-.45756	-.61167	-37.27691
7		1.76	16	62								
8	.55554	1.41	7	20	.45979	.79308	-19.5858	.46814	18.74805	-.37097	-.31284	-26.08673
9	.62799	.92	8	21	1.00655	3.06211	10.6553	-25.8570	26.03782	.49826	.64329	48.33618
10		1.78	7	17								
11		1.78	11	37								
12	.49382	1.52	8	24	-.15989	-.99252	1.87431	54.6160	32.76753	-.44035	.54881	-29.31782
13		1.79	12	43								
14	.63614	.86	3	6	-2.95340	-10.69879	-22.6233	5.54596	-8.30948	.48553	.61946	14.18058
15		1.78	7	18								
16		1.78	6	15								
17	.63071	.91	6	13	-.88951	-4.19646	-7.13707	5.96929	-20.36947	.48417	.62510	29.47843
18	.14603	1.86	6	14	-2.80116	-12.67127	.86155	6.03087	24.55425	.00000	.43078	.86155
19		1.77	6	16								
20	.85000	-1.79	5	12	-1.24197	-5.79804	-6.40983	-51.7837	5.88821	-.42515	.43289	-33.93560
21	.00000	1.86	12	44	.00000	.00000	.00000	.00000	.00000	.00000	.00000	.00000

圖 6-6 原「whas500.sav」新增 survival、logtime 及八個殘差,並篩選「fstat=1」資料

```
matrix.
/*main part of this matrix program is for creating the covariance matrix*/
* 開啟：之前 Cox 迴歸係數的相關矩陣 corr.sav 檔 .
get corr /file="D:\corr.sav"
 /variables=bmifp1 bmifp2 age hr diasbp gender chf
/missing = 0.

subtitle "Step 2-2 將 Cox 迴歸的殘差存至 ssr；存活率存至 survival".

* 用 corr.sav 檔求出：新建 ( 係數 ) 矩陣 a 值 .
compute d=nrow(corr).
compute a = make(d+1, d+1, 0).
loop i = 1 to d.
   loop j = i+1 to d+1.
     compute a(i, j) = corr(j-1, i).
     compute a(j,i) =corr(j-1, i).
   end loop.
end loop.
compute c = ident(d+1) + a.

subtitle "Step 2-3 將 Cox 迴歸的標準差 sigma 值、共變數 cov 值、殘差 sres".
* 用 parms.sav 檔求出：係數的標準差 sigma 值、共變數 cov 值、殘差 sres.
* 開啟：之前 Cox 迴歸係數的 se「parms.sav」檔 .
get se /file="D:\parms.sav"
/variables = se.
* 取出：se 矩陣對角線，存至 sigma 變數 .
compute sigma=mdiag(se).
compute cov = sigma*c*sigma.

subtitle "Step 2-4 將所有 schoenfeld 殘差存至 scaled_schoenfeld.sav 檔 ".
* 開啟：之前 Cox 迴歸係數的殘差 res「*.sav」檔 .
get res
   /variables  = ssr1 to ssr8
   /file=* .
compute total = nrow(res).
compute sres = total*res*cov.
* 開啟：之前 Cox 迴歸係數的 others 變數「time survival logtime」，存至 scaled_
schoenfeld.sav 檔 .
```

```
* 將 3 個變數及 Schoenfeld residuals(sr 開頭 )8 個殘差之變數另存至 scaled_schoen-
feld.sav 檔 .
get others
/variables = time survival logtime
/file=*.
save {others, sres}
/outfile = "D:\scaled_schoenfeld.sav"
/variables = time survival logtime sr_bmi1 sr_bmi2 sr_age sr_hr sr_diasbp r_
gender sr_chf sr_axg.
end matrix.
```

註：以上程式是為了你易讀，但「matrix～end matrix」整段程式不可有註解，故你要以「Cox
迴歸適切性：Schoenfeld residuals 四種圖 .sps」指令為主。

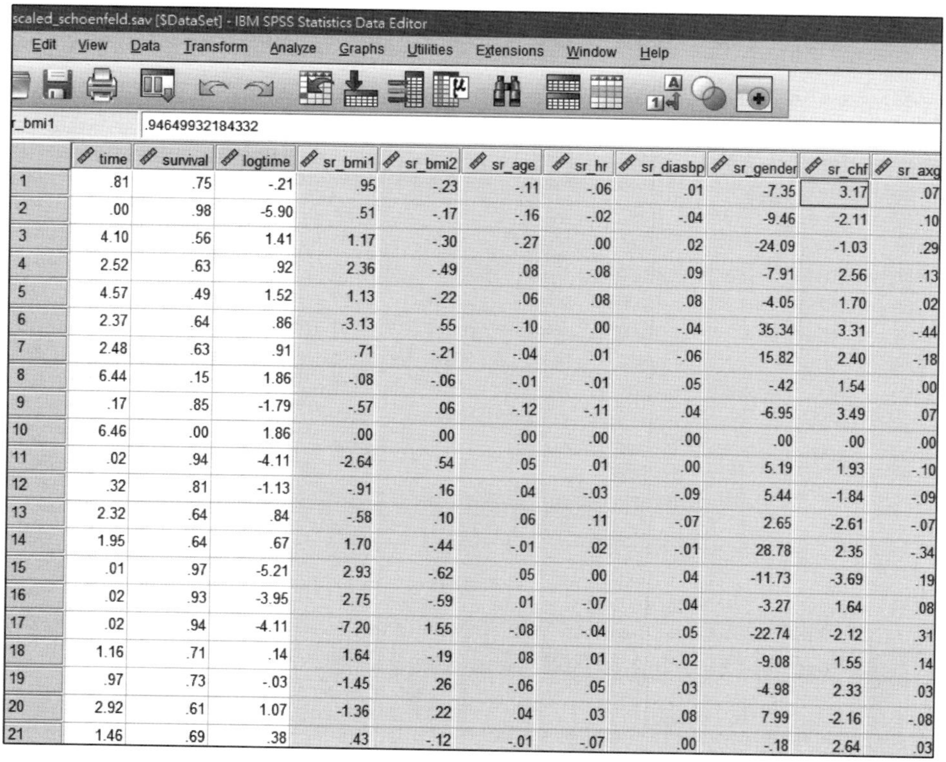

	time	survival	logtime	sr_bmi1	sr_bmi2	sr_age	sr_hr	sr_diasbp	sr_gender	sr_chf	sr_axg
1	.81	.75	-.21	.95	-.23	-.11	-.06	.01	-7.35	3.17	.07
2	.00	.98	-5.90	.51	-.17	-.16	-.02	-.04	-9.46	-2.11	.10
3	4.10	.56	1.41	1.17	-.30	-.27	.00	.02	-24.09	-1.03	.29
4	2.52	.63	.92	2.36	-.49	.08	-.08	.09	-7.91	2.56	.13
5	4.57	.49	1.52	1.13	-.22	.06	.08	.08	-4.05	1.70	.02
6	2.37	.64	.86	-3.13	.55	-.10	.00	-.04	35.34	3.31	-.44
7	2.48	.63	.91	.71	-.21	-.04	.01	-.06	15.82	2.40	-.18
8	6.44	.15	1.86	-.08	-.06	-.01	-.01	.05	-.42	1.54	.00
9	.17	.85	-1.79	-.57	.06	-.12	-.11	.04	-6.95	3.49	.07
10	6.46	.00	1.86	.00	.00	.00	.00	.00	.00	.00	.00
11	.02	.94	-4.11	-2.64	.54	.05	.01	.00	5.19	1.93	-.10
12	.32	.81	-1.13	-.91	.16	.04	-.03	-.09	5.44	-1.84	-.09
13	2.32	.64	.84	-.58	.10	.06	.11	-.07	2.65	-2.61	-.07
14	1.95	.64	.67	1.70	-.44	-.01	.02	-.01	28.78	2.35	-.34
15	.01	.97	-5.21	2.93	-.62	.05	.00	.04	-11.73	-3.69	.19
16	.02	.93	-3.95	2.75	-.59	.01	-.07	.04	-3.27	1.64	.08
17	.02	.94	-4.11	-7.20	1.55	-.08	-.04	.05	-22.74	-2.12	.31
18	1.16	.71	.14	1.64	-.19	.08	.01	-.02	-9.08	1.55	.14
19	.97	.73	-.03	-1.45	.26	-.06	.05	.03	-4.98	2.33	.03
20	2.92	.61	1.07	-1.36	.22	.04	.03	.08	7.99	-2.16	-.08
21	1.46	.69	.38	.43	-.12	-.01	-.07	.00	-.18	2.64	.03

圖 6-7 將所有八個共變數的 schoenfeld 殘差存至 scaled_schoenfeld.sav 檔

Step 3-1 Cox 迴歸納入的共變數 hr 是適切的 (adequacy) 嗎？四種殘差圖

```
* 新開啟：8 個共變數的 schoenfeld 殘差之 scaled_schoenfeld.sav 檔
subtitle "Step3-1 Cox 迴歸納入的共變數 hr 是適切的 (adequacy) 嗎？4 種殘差圖 ".
get file ='D:\scaled_schoenfeld.sav'.
rank varaibles = time (A)
/rank into Rtime
/print = no
/ties= mean.
```

```
graph /scatterplot(bivar) = logtime with sr_hr.
```

【C. 分析結果說明】hr 的三種 Schoenfeld residuals 圖

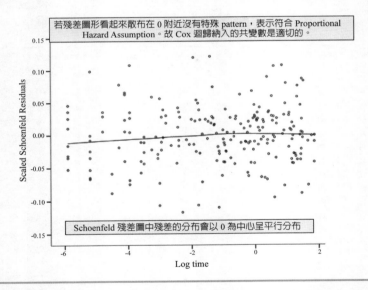

圖 6-8 「log(time) 對 sr_hr」散布圖：顯示 Cox 迴歸納入的共變數 hr 是適切的

```
graph /scatterplot(bivar) = time with sr_hr.
```

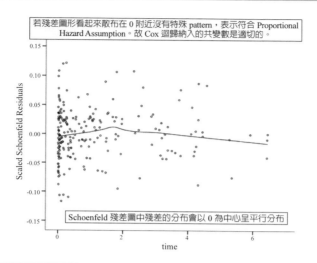

圖 6-9 「time 對 sr_hr」散布圖:顯示 Cox 迴歸納入的共變數 hr 是適切的 (adequacy)

```
graph /scatterplot(bivar) = survival with sr_hr.
```

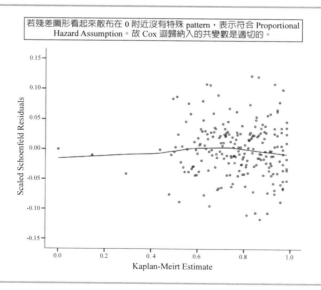

圖 6-10 「K-M 估計 vs. sr_hr」散布圖:顯示 Cox 迴歸納入的共變數 hr 是適切的 (adequacy)

```
graph /scatterplot(bivar) = Rtime with sr_hr.
```

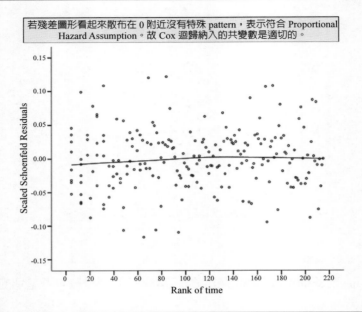

圖 6-11 「time 等級 vs. sr_hr」散布圖：顯示 Cox 迴歸納入的共變數 hr 是適切的 (adequacy)

Step 3-2 Cox 迴歸納入的共變數 chf 是適切的 (adequacy) 嗎？四種殘差圖

```
graph /scatterplot(bivar) = logtime with sr_chf.
```

【D. 分析結果說明】**chf** 的三種 **Schoenfeld residuals** 圖

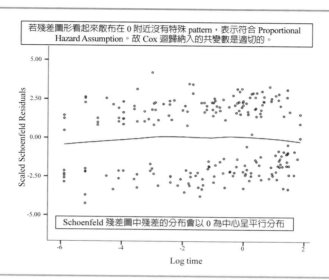

圖 6-12 「log(time) 對 sr_chf」散布圖：顯示 Cox 迴歸納入的共變數 hr 是適切的

```
graph /scatterplot(bivar) = time with sr_chf.
```

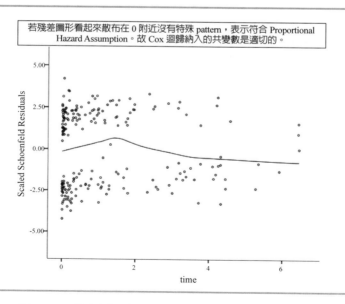

圖 6-13 「time 對 sr_chf」散布圖：顯示 Cox 迴歸納入的共變數 hr 是適切的 (adequacy)

```
graph /scatterplot(bivar) = survival with sr_chf.
```

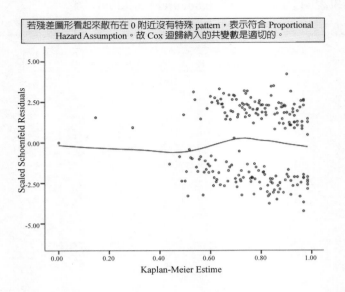

圖 6-14 「K-M 估計 vs. sr_chf」散布圖：顯示 Cox 迴歸納入的共變數 hr 是適切的 (adequacy)

```
graph /scatterplot(bivar) = Rtime with sr_chf.
```

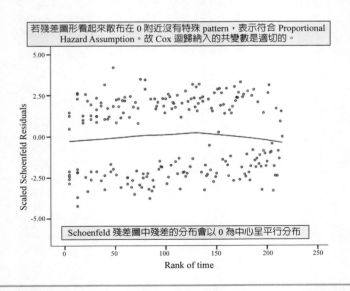

圖 6-15 「time 等級 vs. sr_chf」散布圖：顯示 Cox 迴歸納入的共變數 hr 是適切的 (adequacy)

Step 3-3 Cox 迴歸納入的共變數 age 是適切的 (adequacy) 嗎？四種殘差圖

【E. 分析結果說明】**age** 的三種 **Schoenfeld residuals** 圖

```
graph /scatterplot(bivar) = logtime with sr_age.
```

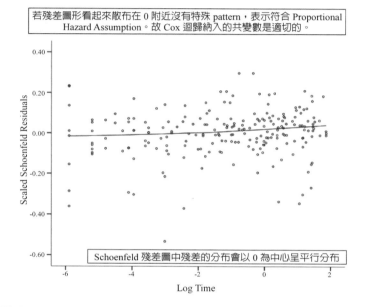

圖 6-16 「log(time) 對 sr_age」散布圖：顯示 Cox 迴歸納入的共變數 hr 是適切的

```
graph /scatterplot(bivar) = time with sr_age.
```

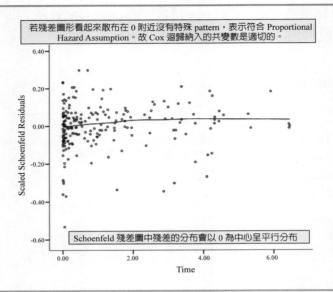

圖 6-17 「time 對 sr_age」散布圖：顯示 Cox 迴歸納入的共變數 hr 是適切的 (adequacy)

```
graph /scatterplot(bivar) = survival with sr_age.
```

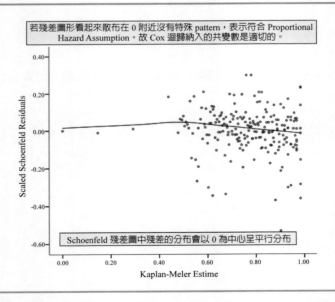

圖 6-18 「K-M 估計 vs sr_age」散布圖：顯示 Cox 迴歸納入的共變數 hr 是適切的 (adequacy)

```
graph /scatterplot(bivar) = Rtime with sr_age.
```

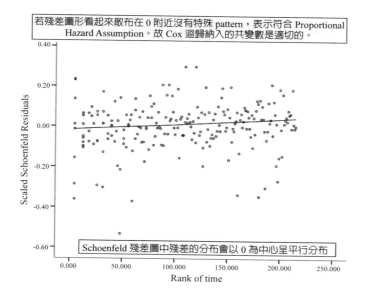

圖 6-19 「time 等級 vs. sr_age」散布圖：顯示 Cox 迴歸納入的共變數 hr 是適切的 (adequacy)

6-2 Cox 模型的診斷：離群值 (dfbeta 值)

Q1：在作迴歸分析時，經常會遇到離群值和有影響力觀察值 (influential data point) 的問題。請試述何謂離群值和有影響力觀察值。並請分別試述兩種判斷準則偵測迴歸分析中的離群值和有影響力觀察值。

答：

(a) 離群值：某些觀察個案與其他資料間有明顯的區隔，離群值可能是對 Y 離群或是對 X 離群，亦可能同時對 X 與 Y 均離群。

可採用標準化殘差 $d_i = \dfrac{e_i}{\sqrt{MSE}}$ 的絕對值 $|d_i|$ 是否大於 2 來判斷；亦可利用槓桿值是否超過平均槓桿值的兩倍時，$h_{ii} > 2\dfrac{p}{n}$ 即被歸類為離群值。

(b) 影響點：若觀察個案對於迴歸估計函數有較大的改變，即斜率受到較大的影響，此時稱為影響點。可採用 DFFITS，透過計算 $(DFFITS)_i = \dfrac{\hat{Y}_i - \hat{Y}_{(i)}}{\sqrt{MSE_i h_{ii}}}$

來衡量，當 $(DFFITS)_i > 2\sqrt{p/n}$ 則該樣本可以視爲具有影響力；亦可利用 DFBETAS，透過將所有的 n 個樣本適配出之迴歸係數 $\hat{\beta}_k$，與剔除第 i 個樣本後之適配迴歸係數 $\hat{\beta}_{k(i)}$ 差異作比較：$(DFFITS)_i = \dfrac{\hat{\beta}_k - \hat{\beta}_{k(i)}}{\sqrt{MSE_{(I)}(X'X)_{kk}^{-1}}}$，當 $|DFBETAS_{ik}| > 2$，判斷該樣本是否具有影響力。

Q2：在模型診斷時，我們常用 DFFITS, Cook's Distance, DFBETAS 方法辨認具有影響力的個案 (Influential cases)。

(一) 試比較 DFFITS, Cook's Distance, DFBETAS 此三種方法之差異。

(二) 試說明此三種方法辨認具有影響力的個案之判定原則。

答：

(一)

1. DFFITS：剔除第 i 個離群值後，對單一適配值 (*fitted value*) 的影響。

公式：$(DFFITS)_i = \dfrac{\hat{Y}_i - \hat{Y}_{i(i)}}{\sqrt{MSE_{(i)}h_{ii}}}$

2. Cook's Distance：剔除第 i 個離群值後，對所有適配值 (*fitted value*) 的影響。

公式：$D_i = \dfrac{\sum_{j=1}^{n}(\hat{Y}_i - \hat{Y}_{j(i)})^2}{pMSE}$

3. DFBETAS：剔除第 i 個離群值後，對於每一個迴歸係數 (regression coefficients) 的影響。

公式：$DFBETAS_{k(i)} = \dfrac{b_k - b_{k(i)}}{\sqrt{MSE_{(i)}C_{kk}}}, k = 0,1,...,p-1$

(二)

1. DFFITS 判定原則：

對於中、小規模的資料集而言，當 $|DFFITS| > 1$；或者是，大樣本而言，$|DFFITS| > 2\sqrt{\dfrac{p}{n}}$，則可視爲離群值具有影響力。

2. Cook's Distance 判定原則：

Cook's Distance 中，D_i 與 $F_{(p,n-p)}$ 所對應的百分位數值來確認個別的影響。當百分位數值小於 10% 或是 20% 時，表示第 i 個個案對於適配值影響不大；當百分位數值大於 50% 時，表示第 i 個個案對於適配迴歸函數具有影響。

3. DFBETAS 判定原則：

對於中、小規模的資料集而言，當 DFBETAS > 1；對大樣本而言，

DFBETAS $> \dfrac{2}{\sqrt{n}}$，則可視為離群值具有影響力。

模型要保留變數的根據？

允許您將迴歸的存活函數及其標準誤差、對數負對數估計、風險函數、偏殘差和 DfBeta，以及線性預測變數 X*Beta 保留為新變數。

1. 存活函數：給定時間的累積剩餘函數值，該值等於存活到那個時間段概率。
2. 風險函數：保留累積風險函數估計 (又稱為 Cox-Snell 殘差)。
3. 偏殘差：您可以對照存活時間來繪製偏殘差，以檢驗比例風險假定。為最終模型中的每個共變數保留一個變數，僅對包含至少一個共變數的模型提供偏殘差。
4. DfBeta：在剔除了某個個案的情況下係數的估計更改，為最終模型中的每個共變數保留一個變數，僅對包含至少一個共變數的模型提供 DfBetas。
5. X*Beta. 線性預測變數得分：每個個案的以平均值為中心的共變數值及其對應的參數估計值的乘積的合計。

如果使用依時共變數運行 Cox，則只有 DfBeta 和線性預測變數 X*Beta 才可保留。

實務上作迴歸分析的注意事項

1. 在作任何迴歸分析之前，記得先對所有資料對相關分析 (1 對 1 的相關)，以及畫出任兩變數之間的相關矩陣，先對於變數之間的關係作初步確認。
2. 實務上常遇見的就是變數之間相關很高，也就是有「共線性」的問題，如果遇到自變數之間相關太密切，可考慮挑選較有代表性的變數放入迴歸分析，或者用主成分分析 (principle component analysis) 縮減變數，並得出每個樣本在該主成分的因素得分，然後再放進迴歸模型作分析，就不會有共線性問題了因為各個主成分之間是獨立的。值得注意的是 SPSS 無法得出主成分分析的正確因素得分，需改用其他統計軟體例如 Stata, SAS。
3. 除了做出相關圖之外，應該還要畫各自變數與依變數的「散布圖」，或許某自變數跟依變數的關係並非「直線關係」，可能是二項式或 logistic 曲線的關

係，進而修正迴歸方程式。

4. 確認樣本的同質性 (脆弱性)，舉醫學統計為例，不應該把病人的資料與正常人的資料混合在一起作迴歸分析，應該分別作分析。

5. 在進行分析之前，應該對所有變數作「極端值」檢驗，在迴歸分析裡頭 Outlier 對結果的影響甚大，可用盒型圖或直方圖作檢查，檢驗是否有不合理的離群值出現。

6. 開始分析後，如果有好幾個預測變數，不應盲目地選擇「逐步法」，逐步程序法是最沒有理論邏輯性的方法，每個變數在放入迴歸模型之前最好都有一定的理論基礎，如果非得要用「逐步」法，那最好是挑選 Forward 向前選取 (或 Backward 向後選取) 法，它們相對於 Stepwise 逐步法是較具有邏輯性的。

7. 有達「顯著」的迴歸係數 (B 或 β) 不代表就有「強的預測力」，如果解釋力 (R 平方) 只有 0.02，那就代表這個自變數只能解釋 2% 的依變數，所以除了解釋迴歸係數的顯著性之外，也要注意看解釋能力高不高。

8. 還有一個常見的問題，就是用很少的樣本數，但卻放很多的自變數，例如只有 100 個樣本數卻放進 20 個自變數，這樣會造成各個變數的「預測效率」低落，也就是整體的 F 檢定達顯著 (代表至少有一個自變數有預測力)，但是每一個變數的迴歸係數卻都不顯著，這就是因為用太少的樣本數但卻放入太多的自變數的後果。一般建議樣本數跟自變數數目的比例是 10：1。

9. 為嚴格起見，做完分析之後要作「異常點」與「殘差」檢驗，有幾種常見的檢驗方法：偏迴歸圖、t 化去點殘差 (辨認依變數離群值)、槓桿值 (辨認自變數離群值)、DFFITS、Cook 距離、DFBETAS、Tolerance 及 VIF(辨認共線性)。

散布圖

　　SPSS 散布圖，這些對繪製多變量資料而言非常實用。散布圖可協助您判斷尺度變數之間的可能關係。簡單散布圖使用 2-D 座標系統來繪製兩個變數。3-D 散布圖使用 3-D 座標系統來繪製三個變數。當您需要繪製更多變數時，您可以嘗試使用重疊散布圖和散布圖矩陣 (SPLOM)。重疊散布圖會顯示 x-y 變數的重疊配對，且每對配對會以顏色或形狀來區分。SPLOM 會在其中以變數配對互相比對的方式來繪製 2-D 散布圖的矩陣。

範例：Cox 模型的診斷：某觀察值影響量 (dfbeta 值) (coxreg 指令)

Storer and Crowley 於 1985 年發表「A diagnostic for Cox regression and general conditional likelihoods, Journal of the American Statistical Association, Vol. 80.」，針對 Cox 模型提出 DFBETA 估計。這個 DFBETA 定義不同於往昔線性迴歸 DFBETA，但與 DFBETA 概念有密切相關，本書使用的是尺度分數殘差 (scaled score residuals)。實際上，這兩種形式並不相距甚遠。

一、問題說明

「多因子對發生某 event(肝病死亡) 機率」之 Cox 模型中，本例旨在了解「具有影響力離群值」？(分析單位：病人)

研究者收集數據並整理成下表，此「**whas500_0.sav**」資料檔內容之變數如下：

變數名稱	說明	編碼 Codes/Values
結果變數 (Y 軸：存活嗎)：fstat	(發生 event 嗎：即 failure variable)，1= 是，0= 否	0,1「是設限資料 censored data)」
存活時間變數 (X 軸)：time	存活多長時間 (年)	1~2358 月
共變數：gender	性別 (虛擬變數)	0= 女 1= 男
共變數：age	年齡 (連續變數)	30~104 歲

本例，Cox 模型的共變數有八個「bmifp1、bmifp2、age、hr、diasbp、gender、chf、age*gender」。

存活分析及 ROC：應用 SPSS

二、資料檔之內容

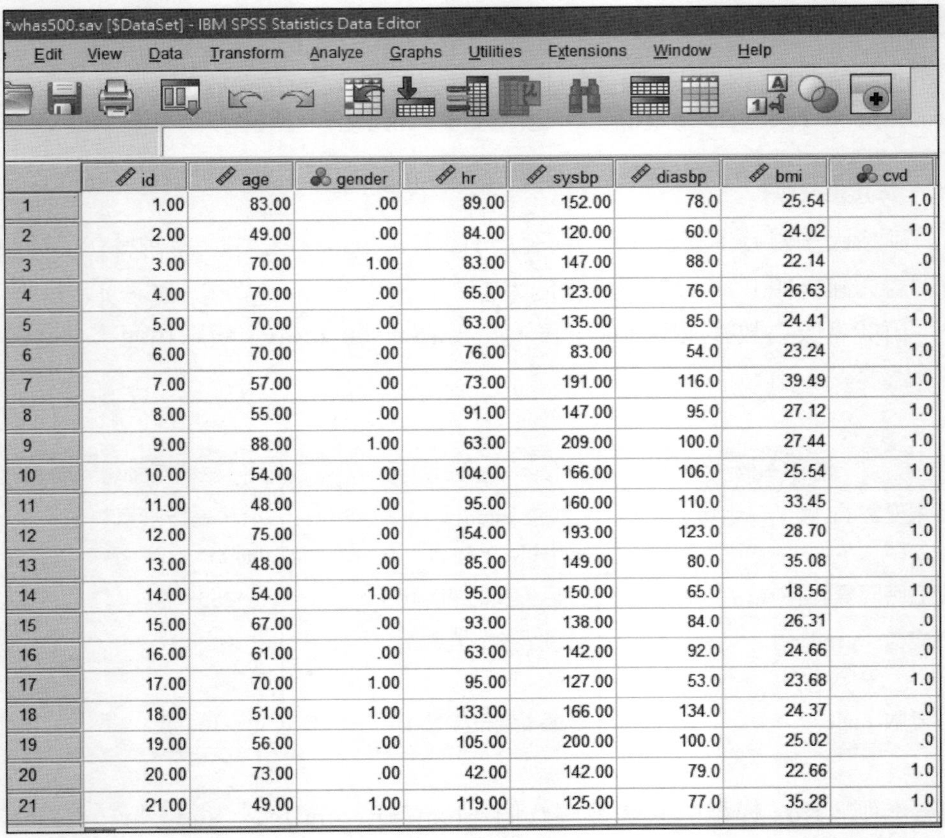

圖 6-20　「whas500_0.sav」資料檔內容　（N=500 個人，20 個變數）

376

三、分析結果與討論

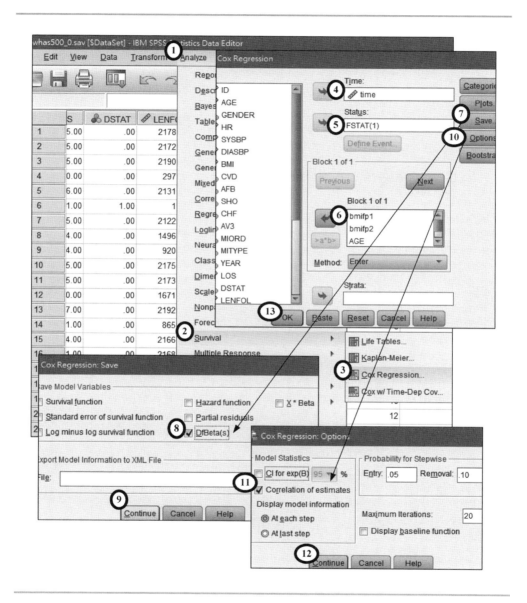

圖 6-21 「coxreg time/method = enter bmifp1 bmifp2 age hr diasbp gender chf age×gender/status fstat(1)/print = corr/save dfbeta (dfbeta)」(此 SPSS 語法是舊版)

SPSS 新版對應的指令語法如下：

```
title "Cox 模型的診斷：DFBETA.sps".

get file ='D:\CD\whas500_0.sav'.
compute time = lenfol /365.25.
compute bmifp1 = (bmi/10)**2.
compute bmifp2 = (bmi/10)**3.
  exe.

* 存 Cox 模型有八個共變數之 dfbeta 值 .
*SPSS 舊版指令 .
coxreg time
/method = enter bmifp1 bmifp2 age hr diasbp gender chf age*gender
/status fstat(1)
/print = corr
/save dfbeta (dfbeta).



*SPSS 新版指令 .
COXREG time
  /STATUS=FSTAT(1)
  /METHOD=ENTER bmifp1 bmifp2 age hr diasbp gender chf age*gender
  /SAVE=DFBETA
  /PRINT=CORR
  /CRITERIA=PIN(.05) POUT(.10) ITERATE(20).

* 將 dfbeta1 反向 .
compute dfbeta1 = -dfbeta1.
graph /scatterplot(bivar) = bmi with dfbeta1.
```

【A. 分析結果說明】

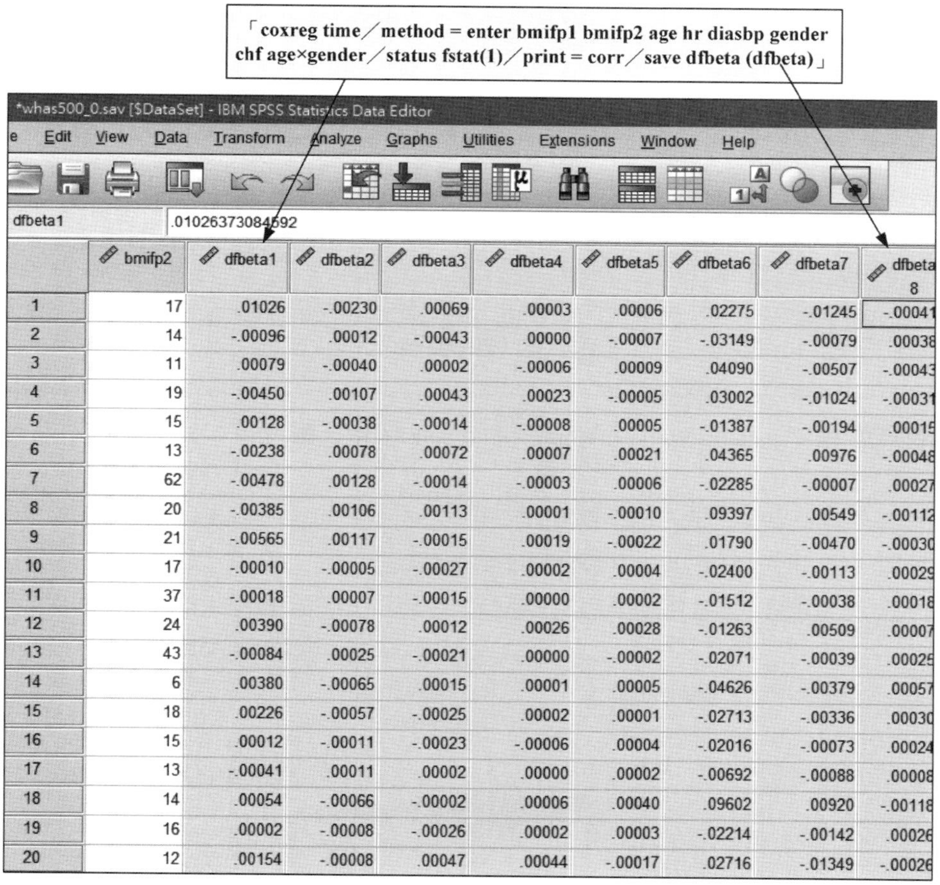

「coxreg time／method = enter bmifp1 bmifp2 age hr diasbp gender
chf age×gender／status fstat(1)／print = corr／save dfbeta (dfbeta)」

圖 6-22　新產生八個「dfbeta」變數

　　DFBETAS 與 Cook's D 一樣是以迴歸係數估計變化量的大小當作影響點
的偵測指標，若 DFBETAS 值大於 2，則相對的觀察值可能是影響點或離群值
(outlier)。

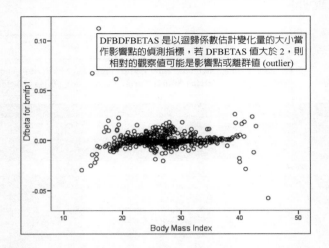

圖 6-23 繪「scatterplot(bivar) = bmi with dfbeta1」散布圖

```
compute dfbeta2 = -dfbeta2.
graph /scatterplot(bivar) = bmi with dfbeta2.
```

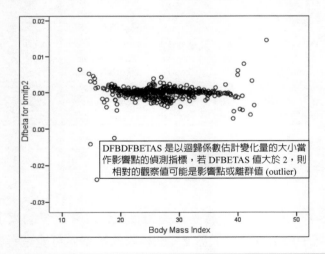

圖 6-24 繪「scatterplot(bivar) = bmi with dfbeta2」散布圖

```
compute dfbeta4 = -dfbeta4.
graph /scatterplot(bivar) = hr with dfbeta4.
```

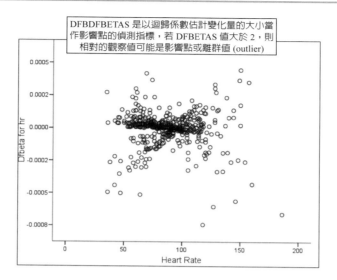

圖 6-25 　繪「scatterplot(bivar) = hr with dfbeta4」散布圖

```
compute dfbeta5 = -dfbeta5.
graph /scatterplot(bivar) = diasbp with dfbeta5.
```

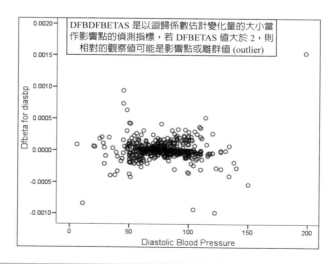

圖 6-26 　繪「scatterplot(bivar) = diasbp with dfbeta5」散布圖

```
compute dfbeta3 = -dfbeta3.
graph /scatterplot(bivar) = age with dfbeta3.
```

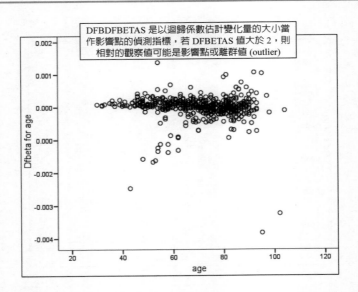

圖 6-27　繪「scatterplot(bivar) = age with dfbeta3」散布圖

```
compute dfbeta8 = -dfbeta8.
graph /scatterplot(bivar) = age with dfbeta8.
```

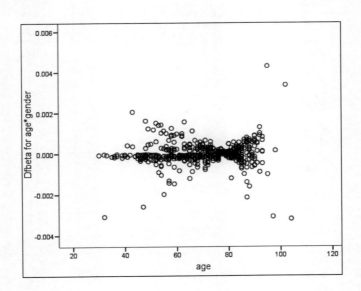

圖 6-28　繪「scatterplot(bivar) = age with dfbeta8」散布圖

```
compute dfbeta7 = -dfbeta7.
examine variables = dfbeta7 by chf
/plot=boxplot
/statistics = none
/nototal.
```

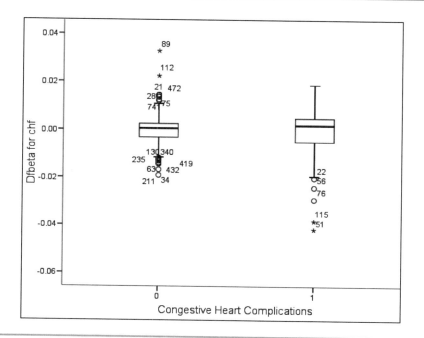

圖 6-29 繪「scatterplot(bivar) = chf with dfbeta7」盒型圖

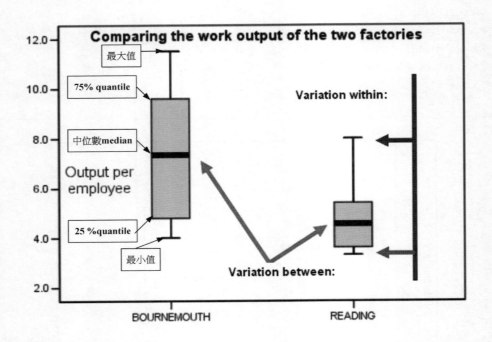

圖 6-30 盒型圖的示意圖

　　箱形圖 / 盒型圖 (box plot)：資料的圖示彙總，箱形的兩端爲第一個四分位數 (涵蓋 25% 之資料)(Q1) 與第三個四分位數 (涵蓋 75% 之資料)(Q3)，而箱形圖的中間線爲中位數 (median) 顯示涵蓋前 50% 資料之位置。箱形上虛線的端點爲極大值，箱形下虛線的點爲極小值。

```
compute dfbeta6 = -dfbeta6.
examine variables = dfbeta6 by gender
/plot=boxplot
/statistics = none
/nototal.
```

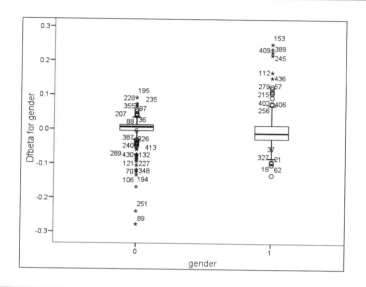

圖 6-31　繪「scatterplot(bivar) = gender with dfbeta6」盒型圖

6-3 Cox 模型的診斷：likelihood displacement 對 martingale residuals (coxreg、matrix 指令)

　　如前所述，SPSS 中 DFBETA 的定義與書本不同，但實際上兩者都被定義為觀察對參數估計的影響。我們使用了 SPSS 的 DFBETA 定義，並基於它定義了概似位移 (likelihood displacement) 和參數估計的 variance-covariance 矩陣。

　　下面的大部分程式碼，從相關矩陣中獲得 variance-covariance 矩陣。首先根據前面例子中創建的圖確定具有高槓桿率 (high-leverage)、高影響力 (high-influential) 或大 Cook's distance 的點，然後將它們一起列出。

範例：Cox 模型的診斷：likelihood displacement 對 martingale residuals (coxreg、matrix 指令)

　　Storer and Crowley 於 1985 年發表「A diagnostic for Cox regression and general conditional likelihoods, Journal of the American Statistical Association, Vol. 80.」，針對 Cox 模型提出 DFBETA 估計。這個 DFBETA 定義不同於往昔線性迴歸 DFBETA，但與 DFBETA 概念有密切相關，本書使用的是尺度分數殘差

(scaled score residuals)。實際上，這兩種形式並不相距甚遠。

一、問題說明

「多因子對發生某 event(肝病死亡) 機率」之 Cox 模型中，本例旨在求出 Martingale 殘差來檢視「具有影響力離群值」？(分析單位：病人)

研究者收集數據並整理成下表，此「**whas500_0.sav**」資料檔內容之變數如下：

變數名稱	說明	編碼 Codes/Values
結果變數 (Y 軸：存活嗎)：**fstat**	(發生 event 嗎：即 failure variable)，1= 是，0= 否	0,1「是設限資料 censored data)」
存活時間變數 (X 軸)：**time**	存活多長時間 (年)	1～2358 月
共變數：**gender**	性別 (虛擬變數)	0= 女 1= 男
共變數：**age**	年齡 (連續變數)	30～104 歲

本例，Cox 模型的共變數有八個「bmifp1、bmifp2、age、hr、diasbp、gender、chf、age*gender」。

二、資料檔之內容

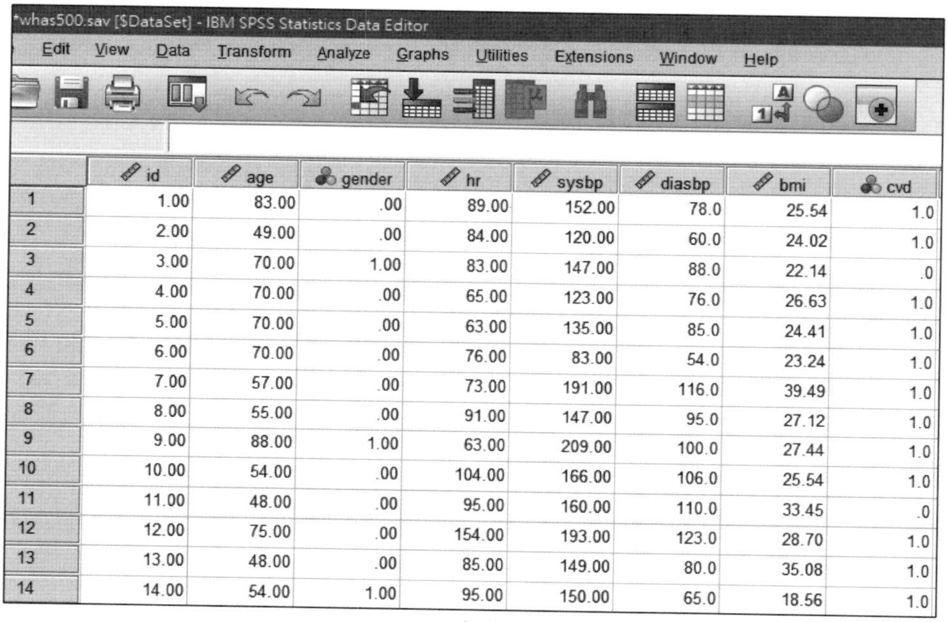

*whas500.sav [$DataSet] - IBM SPSS Statistics Data Editor

Edit View Data Transform Analyze Graphs Utilities Extensions Window Help

	id	age	gender	hr	sysbp	diasbp	bmi	cvd
1	1.00	83.00	.00	89.00	152.00	78.0	25.54	1.0
2	2.00	49.00	.00	84.00	120.00	60.0	24.02	1.0
3	3.00	70.00	1.00	83.00	147.00	88.0	22.14	.0
4	4.00	70.00	.00	65.00	123.00	76.0	26.63	1.0
5	5.00	70.00	.00	63.00	135.00	85.0	24.41	1.0
6	6.00	70.00	.00	76.00	83.00	54.0	23.24	1.0
7	7.00	57.00	.00	73.00	191.00	116.0	39.49	1.0
8	8.00	55.00	.00	91.00	147.00	95.0	27.12	1.0
9	9.00	88.00	1.00	63.00	209.00	100.0	27.44	1.0
10	10.00	54.00	.00	104.00	166.00	106.0	25.54	1.0
11	11.00	48.00	.00	95.00	160.00	110.0	33.45	.0
12	12.00	75.00	.00	154.00	193.00	123.0	28.70	1.0
13	13.00	48.00	.00	85.00	149.00	80.0	35.08	1.0
14	14.00	54.00	1.00	95.00	150.00	65.0	18.56	1.0

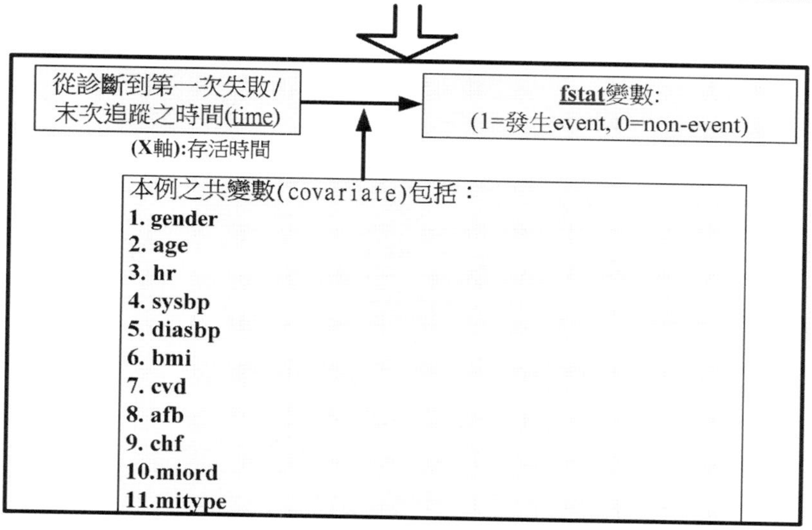
從診斷到第一次失敗/
末次追蹤之時間(time)
(X軸):存活時間
fstat變數:
(1=發生event, 0=non-event)
本例之共變數(covariate)包括：
1. gender
2. age
3. hr
4. sysbp
5. diasbp
6. bmi
7. cvd
8. afb
9. chf
10.miord
11.mitype

圖 6-32 「whas500_0.sav」資料檔內容 (N=500 個人，20 個變數)

三、分析結果與討論

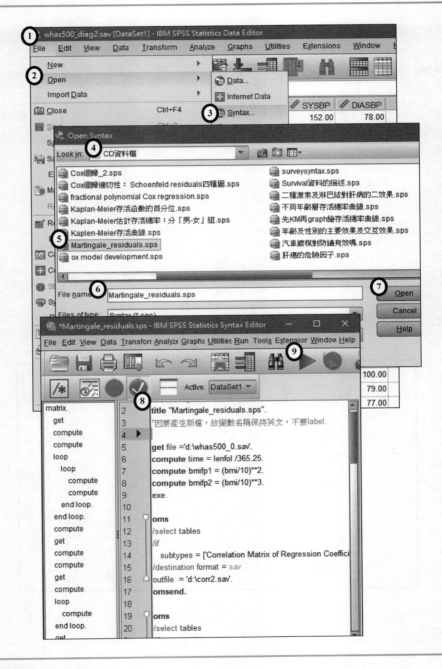

圖 6-33 求 Likelihood_Displacement 指令檔「Martingale_residuals.sps」

Step 1 產生：係數相關矩陣「corr2.sav」、係數之參數「parms2.sav」，進而八個共變數 dfbeta 值，並彙總至「Likelihood_Displacement.sav」檔

```
title "Martingale_residuals.sps".
* 因要產生新檔，故變數名稱保持英文，不要 label.

get file ='d:\whas500_0.sav'.
compute time = lenfol /365.25.
compute bmifp1 = (bmi/10)**2.
compute bmifp2 = (bmi/10)**3.
exe.

oms
/select tables
/if
   subtypes = ['Correlation Matrix of Regression Coefficients']
/destination format = sav
outfile  = 'd:\corr2.sav'.
omsend.

oms
/select tables
/if
   subtypes =  ['Variables in the Equation']
/destination format = sav
outfile  = 'd:\parms2.sav'.

coxreg time
/method = enter bmifp1 bmifp2 age hr diasbp gender chf age*gender
/status fstat(1)
/print = corr
/save = Hazard(Haz) dfbeta(dfbeta).
omsend.

compute mart =  fstat - Haz.
exe.

set mxloop=500.
```

```
matrix.
get corr /file="d:\corr2.sav"
 /variables=bmifp1 bmifp2 age hr diasbp gender chf
/missing = 0.

compute d=nrow(corr).
compute a = make(d+1, d+1, 0).
loop i = 1 to d.
   loop j = i+1 to d+1.
      compute a(i, j) = corr(j-1, i).
      compute a(j,i) =corr(j-1, i).
   end loop.
end loop.
compute c = ident(d+1) + a.

get se /file="d:\parms2.sav"
/variables = se.
compute sigma=mdiag(se).
compute cov = sigma*c*sigma.

get dfbeta
  /variables  = dfbeta1 to dfbeta8
  /file=* .

compute ld = make(500,1, 0).
   loop i = 1 to 500.
     compute ld(i) = dfbeta(i, :)*inv(cov)*t(dfbeta(i, :)).
   end loop.

get others
/variables = id bmi age hr diasbp gender chf mart
/missing = -9999
/file=*.

save {others, dfbeta, ld}
/outfile = "d:\Likelihood_Displacement.sav"
/variables =id bmi age hr diasbp gender chf mart dfbeta1 dfbeta2 dfbeta3 df-
beta4 dfbeta5 dfbeta6 dfbeta7 dfbeta8 ld.

end matrix.
```

		Var1	bmifp1	bmifp2	AGE	HR	DIASBP	GENDER	CHF
1	Coefficients	bmifp2	-.989	.	.	.	.	.	.
2	Coefficients	AGE	.176	-.139	.	.	.	.	.
3	Coefficients	HR	-.054	.059	.005	.	.	.	.
4	Coefficients	DIASBP	-.016	.006	.178	-.244	.	.	.
5	Coefficients	GENDER	.163	-.169	.594	-.023	.011	.	.
6	Coefficients	CHF	-.129	.128	-.120	-.204	.039	-.029	.
7	Coefficients	AGE*GEN...	-.141	.147	-.600	.008	-.003	-.989	.010

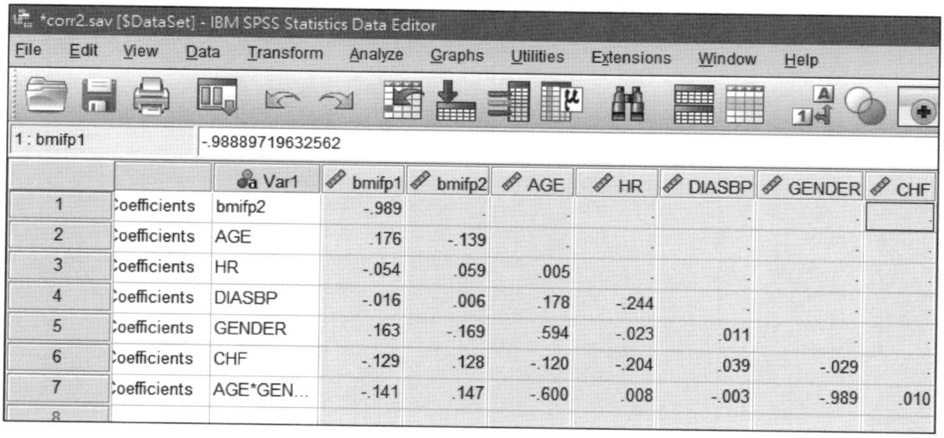

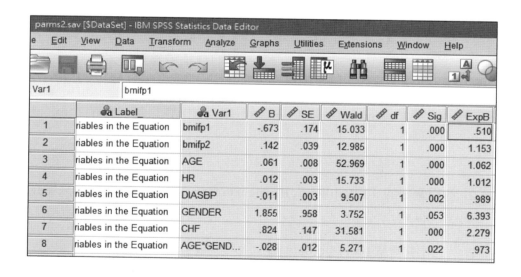

圖 6-34 新的「corr2.sav」資料檔：存七個共變數之係數相關矩陣

	Label_	Var1	B	SE	Wald	df	Sig	ExpB
1	riables in the Equation	bmifp1	-.673	.174	15.033	1	.000	.510
2	riables in the Equation	bmifp2	.142	.039	12.985	1	.000	1.153
3	riables in the Equation	AGE	.061	.008	52.969	1	.000	1.062
4	riables in the Equation	HR	.012	.003	15.733	1	.000	1.012
5	riables in the Equation	DIASBP	-.011	.003	9.507	1	.002	.989
6	riables in the Equation	GENDER	1.855	.958	3.752	1	.053	6.393
7	riables in the Equation	CHF	.824	.147	31.581	1	.000	2.279
8	riables in the Equation	AGE*GEND...	-.028	.012	5.271	1	.022	.973

圖 6-35 新的「parms2.sav」資料檔：存七個共變數之 Cox 係數等參數

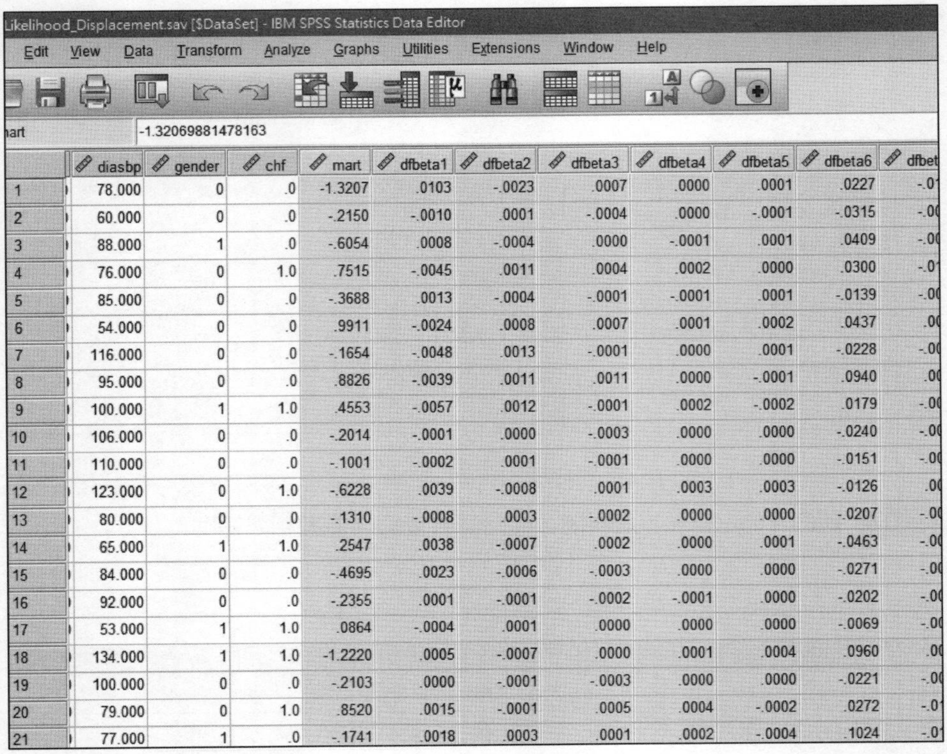

	diasbp	gender	chf	mart	dfbeta1	dfbeta2	dfbeta3	dfbeta4	dfbeta5	dfbeta6	dfbet
1	78.000	0	.0	-1.3207	.0103	-.0023	.0007	.0000	.0001	.0227	-.01
2	60.000	0	.0	-.2150	-.0010	.0001	-.0004	.0000	-.0001	-.0315	-.00
3	88.000	1	.0	-.6054	.0008	-.0004	.0000	-.0001	.0001	.0409	-.00
4	76.000	0	1.0	.7515	-.0045	.0011	.0004	.0002	.0000	.0300	-.01
5	85.000	0	.0	-.3688	.0013	-.0004	-.0001	-.0001	.0001	-.0139	-.00
6	54.000	0	.0	.9911	-.0024	.0008	.0007	.0001	.0002	.0437	.00
7	116.000	0	.0	-.1654	-.0048	.0013	-.0001	.0000	.0001	-.0228	-.00
8	95.000	0	.0	.8826	-.0039	.0011	.0011	.0000	-.0001	.0940	.00
9	100.000	1	1.0	.4553	-.0057	.0012	-.0001	.0002	-.0002	.0179	-.00
10	106.000	0	.0	-.2014	-.0001	.0000	-.0003	.0000	.0000	-.0240	-.00
11	110.000	0	.0	-.1001	-.0002	.0001	-.0001	.0000	.0000	-.0151	-.00
12	123.000	0	1.0	-.6228	.0039	-.0008	.0001	.0003	.0003	-.0126	.00
13	80.000	0	.0	-.1310	-.0008	.0003	-.0002	.0000	.0000	-.0207	-.00
14	65.000	1	1.0	.2547	.0038	-.0007	.0002	.0000	.0001	-.0463	-.00
15	84.000	0	.0	-.4695	.0023	-.0006	-.0003	.0000	.0000	-.0271	-.00
16	92.000	0	.0	-.2355	.0001	-.0001	-.0002	-.0001	.0000	-.0202	-.00
17	53.000	1	1.0	.0864	-.0004	.0001	.0000	.0000	.0000	-.0069	-.00
18	134.000	1	1.0	-1.2220	.0005	-.0007	.0000	.0001	.0004	.0960	.00
19	100.000	0	.0	-.2103	.0000	-.0001	-.0003	.0000	.0000	-.0221	-.00
20	79.000	0	1.0	.8520	.0015	-.0001	.0005	.0004	-.0002	.0272	-.01
21	77.000	1	.0	-.1741	.0018	.0003	.0001	.0002	-.0004	.1024	-.01

圖 6-36 新的「Likelihood_Displacement.sav」資料檔：存八個共變數之 martingale residuals

Step 2 利用彙總的「Likelihood_Displacement.sav」檔，印出八個共變數之 dfbeta 值

Step 2-1 印出共變數 bmi 之 dfbeta 值

```
get file ='D:\Likelihood_Displacement.sav '.
use all.
compute  filter =(dfbeta1<-.05 & bmi <20).
filter by filter.
exe.
list variables = id bmi dfbeta1.
```

id	bmi	dfbeta1
89.00	15.93	-.11
112.00	14.84	-.07
115.00	18.90	-.06

Step 2-2 印出共變數之 dfbeta 值

```
use all.
compute  filter =(dfbeta2> 0.01 & bmi <20 | dfbeta2 <-.01 & bmi>41).
filter by filter.
exe.
list variables = id bmi dfbeta2.
```

id	bmi	dfbeta2
89.00	15.93	.02
112.00	14.84	.01
115.00	18.90	.01
256.00	44.84	-.01

Step 2-3 印出共變數 hr 之 dfbeta 值

```
compute  filter =(hr >170).
filter by filter.
exe.
list variables = id hr dfbeta4.
```

id	hr	dfbeta4
472.00	186.00	.00

Step 2-4 印出共變數 diasbp 之 dfbeta 值

```
use all.
compute  filter =(diasbp >190).
filter by filter.
exe.
list variables = id diasbp dfbeta5.
```

id	diasbp	dfbeta5
416.00	198.00	.00

Step 2-5 印出共變數「age<84」歲之 dfbeta 值

```
use all.
compute  filter =(age > 85 & dfbeta3 >.002).
filter by filter.
exe.
list variables = id age dfbeta3.
```

id	age	dfbeta3
89.00	95.00	.00
251.00	102.00	.00

Step 2-6 印出共變數「age>41」歲之 dfbeta 值

```
use all.
compute  filter =(age <40 & dfbeta8 >.002 | age >70 & dfbeta8 <-.002).
filter by filter.
exe.
list variables = id age dfbeta8.
```

id	age	dfbeta8
89.00	95.00	.00
153.00	32.00	.00
251.00	102.00	.00

Step 2-7 印出共變數「chf ≠ 1」之 dfbeta 值

```
use all.
compute filter =(chf = 1 & dfbeta7 >.03).
filter by filter.
exe.
list variables = id chf dfbeta7.
```

id	chf	dfbeta7
51.00	1.00	.04
115.00	1.00	.04

Step 2-8 印出共變數「gender ≠ 0」之 dfbeta 值

```
use all.
compute filter =(gender = 0 & dfbeta6 >.15).
filter by filter.
exe.
list variables = id gender dfbeta6.
```

id	gender	dfbeta6
89.00	.00	.28
194.00	.00	.17
251.00	.00	.24

Step 2-9 印出共變數「mart > -3 且 ld <.2」之 dfbeta 值

```
use all.
compute filter =(mart<-3 & ld >.2).
filter by filter.
exe.
list variables = id bmi age hr diasbp gender chf.
```

id	bmi	age	hr	diasbp	gender	chf
89.00	15.93	95.00	62.00	45.00	.00	.00
115.00	18.90	81.00	118.00	70.00	1.00	1.00

Step 2-10 過濾 id=51 等十筆資料之後。印出 6 共變數

```
use all.
compute filter =(id = 51 | id = 89 | id = 112 | id = 115 | id = 153 | id =
194 | id = 251 | id = 256 | id = 416 | id = 472).
filter by filter.
exe.
list variables = id bmi age hr diasbp gender chf.
```

id	bmi	age	hr	diasbp	gender	chf
51.00	22.45	80.00	105.00	72.00	.00	1.00
89.00	15.93	95.00	62.00	45.00	.00	.00
112.00	14.84	87.00	105.00	104.00	1.00	.00
115.00	18.90	81.00	118.00	70.00	1.00	1.00
153.00	39.94	32.00	102.00	83.00	1.00	.00
194.00	24.21	43.00	47.00	90.00	.00	1.00
251.00	22.27	102.00	89.00	60.00	.00	1.00
256.00	44.84	53.00	96.00	99.00	1.00	.00
416.00	28.55	80.00	64.00	198.00	.00	.00
472.00	25.40	72.00	186.00	84.00	.00	.00

Step 3 求出 martingale 殘差值

研究者常使用累積風險函數圖、Schoenfeld 殘差圖與 martingale 殘差圖三種圖形法以分別檢定與診斷兩群組樣本資料是否符合比例風險的假設。上述三種圖形法的特色是可以根據曲線或殘差的分布，判斷風險函數是否符合成比例的假設，若符合該假設：累積風險函數圖中的兩條曲線會重疊在一起或是漸漸分開；Schoenfeld 殘差圖中殘差的分布會以 0 爲中心呈平行分布；martingale 殘差圖中的殘差會隨機散布。除此之外，兩種檢定法的特色是提供了檢定統計量來檢驗兩群組樣本的風險函數，不需要產生與時間相依的共變量或將時間軸作分割，在解釋上會較爲自然，並且計算上亦簡單許多。

```
subtitle "  Step 3  using the Martingale residuals calculated on the whas500
data".
graph /scatterplot(bivar) = mart with ld.
```

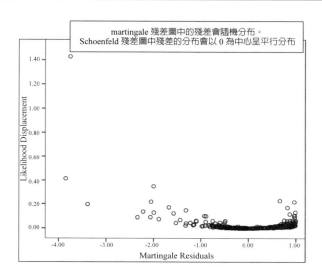

圖 **6-37**　繪「scatterplot(bivar) = mart with ld」散布圖

　　本例，Cox 八個共變數之 martingale 殘差圖，殘差呈隨機散布，符合比例危險模型的假定，故你可放心作 Cox 八個共變數的分析。

Step 4　通過 Schoenfeld 殘差、martingale 殘差檢驗，才正式進行 Cox 迴歸分析

```
subtile "  Step 4  通過 Schoenfeld 殘差、martingale 殘差檢驗，才正式進行 Cox 迴歸分
析 ".
get file ='D:\CD\whas500.sav'.
compute time = lenfol /365.25.
compute bmifp1 = (bmi/10)**2.
compute bmifp2 = (bmi/10)**3.
exe.

*SPSS 舊版指令 .
coxreg time
```

```
/method = enter bmifp1 bmifp2 age hr diasbp gender chf age*gender
/status fstat(1).

*SPSS 新版指令.
COXREG time
  /STATUS= fstat(1)
  /METHOD=ENTER bmifp1 bmifp2 age hr diasbp gender chf age*gender
  /PRINT=CI(95)
  /CRITERIA=PIN(.05) POUT(.10) ITERATE(20).
```

【A. 分析結果說明】

Variables in the Equation						
	B	SE	Wald	df	Sig.	Exp(B)
bmifp1	-.685	.174	15.486	1	.000	.504
bmifp2	.145	.040	13.406	1	.000	1.156
歲	.060	.008	51.171	1	.000	1.061
hr	.012	.003	17.073	1	.000	1.012
diasbp	-.012	.004	12.134	1	.000	.988
性別	1.838	.958	3.683	1	.055	6.286
chf	.830	.147	31.933	1	.000	2.294
歲 * 性別	-.027	.012	5.179	1	.023	.973

Cox 模型開發的過程
(model development)

　　迴歸 (含 Cox 迴歸) 是一種強大的分析技術，可一次達到數個目標。當分層分析同時具有多個資料層或需要同時校正多個干擾因子時，可使用多重迴歸，在同時校正迴歸公式中所包含的其他所有獨立因子之作用後，來決定治療介入與治療結果之間的獨特相關性。文獻報告中經常會提供特定變數，在針對多項共變數校正後，其變數估計值、相對風險比值或勝算比 (odds ratio, OR)，及這些數值的 95% 信賴區間。

　　HR(hazard ratio) 及 RR(risk ratio) 值係用 Cox 迴歸分析 (coxreg 指令)；OR(odds ratio) 用邏輯斯迴歸分析 (logistic regression 指令)。

一、醫學領域常見的研究設計 (research design)

　　醫學領域常見的研究設計，本書只介紹同時有實驗組與對照組研究設計 (因為最常見)。下圖列出簡易版的研究設計分類圖 (在流行病學所定義的研究設計比以下的圖還複雜許多)，大致可分成前瞻性研究 (prospective study) 及回溯性研究 (retrospective study) 兩個類別，其中前瞻性研究至少包括兩種主要的研究設計：(1) 臨床實驗 (clinical trials)；(2) 世代研究 (cohort study)，而回溯性研究則至少包括最常見的病例對照研究 (case-control study)。

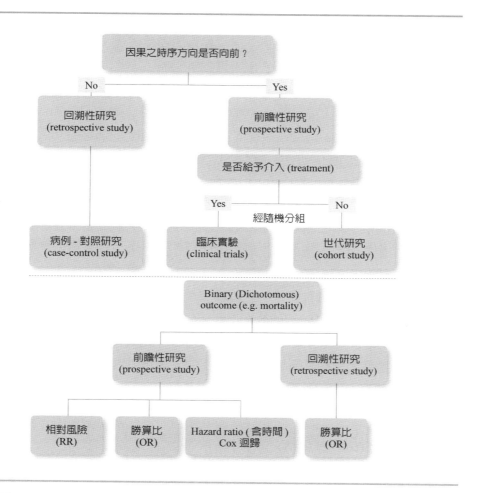

圖 7-1 常見風險測量之研究設計

前瞻性研究 (prospective study)、回溯性研究 (retrospective study)

前瞻性的研究(prospective study)的相反方式叫做回溯性研究(retrospective)。

前瞻性的研究就是把研究對象選定,研究方式預定好,在這些條件下,去做研究追蹤,最後在原訂計畫的時間內評估,把符號原來設計的方法的所有病人都要列入統計 (不是只選有效的來統計),全部結果都要呈現出。這就是前瞻性研究。

而回溯性的研究,是針對某個問題,因先前並無規劃,但從以往多年的累積病例的結果作追蹤統計。

　　所有的研究當然是以前瞻性的研究最有價值，最有意義。但臨床上有時無法事前規劃得很好，或蒐集病例不易，要做前瞻性研究，沒有五年十年甚至更久也累積不到足夠的病例，只好用回溯性的研究。

　　但我們對這兩種研究都要有適切的了解，才不會被誤導。而且有時一些研究在這方面語焉不詳，交代不清，其實容易誤解的。

　　例如：有個治療某病的藥，在回溯性的研究顯示 30 個可追蹤到的病人用此新藥，有 27 位有明顯的改善。看起來好像不錯，其實這是有陷阱的。因為就這可追蹤到的 30 例而言，是不錯，但究竟一開始，用這個藥的有多少人，後來沒追蹤到？例如說可能另有 20 位病人使用後不滿意，不願意來追蹤，而這 20 例沒有列入統計中。

　　若在前瞻性研究，這些進入研究的對象都要列入追蹤，不能只講有追蹤到的。這樣的統計，才是有代表性的。

　　不但是這樣，回溯性研究，也因為沒有事前約定的方法，因此有太多別的因素加入，會使得結果較不可靠。反觀前瞻性研究就是在既定條件下的研究，若有不合條件的，最後在統計的時候要排降掉，例如用外用某個藥物四週，就不能同時用其他的藥物影響，病人有併用其他藥物的要排降掉不能列入。

　　因此看醫學研究統計數據，首先就要看它是屬於前瞻性或回溯性的研究報告。不要看了這兩個字，不明究理，有看等於沒看，那就外行嘍！

(一) 臨床實驗 (clinical trials)

　　臨床實驗 (或稱作臨床試驗) 又包括平行設計 (parallel trial) 及交叉設計 (cross-over)，而以平行設計比較常見及簡單，但其實平行設計很類似於心理教育領域的準實驗設計 (quasi-experimental design，或稱類實驗)，即一開始將研究對象隨機分派 (random assign) 為治療組與對照組。例如以藥廠的臨床藥物實驗，想要比較原廠及臺廠的藥物療效比較，則一開始即隨機將自願參加病人分成兩組，然後開始進行藥物使用，最後評估療效，例如檢定臺廠藥物成功治癒的比例與原廠藥物是否有差別。

　　不過在隨機分派的過程中也有可能兩組病人的基本特性差異很大，例如一組剛好年齡很大另外一組比較年輕，因此在分派過程可適當考慮重要的基本特性 (例如性別、年齡層、疾病嚴重分級) 來作隨機的分派，即作分層隨機分派 (stratified randomization)，以確保兩組病人的基本資料是同質的 (homogeneous)。

(二) 世代研究 (cohort study)

世代研究則是研究一開始將研究對象 (不一定是有病的人) 隨機地分派至兩組，其中一組是暴露組 (exposed group) 另一組則是未暴露組 (unexposed group)。至於暴露的因子則是研究者關心的變項，例如抽菸與肺癌的關係或居住在高壓電附近與腦部病變的關係。然後往後追蹤一段期間，就會觀察到暴露組與未暴露組都有人發生事件 (event，例如疾病)，此時就可計算兩組發生事件比例的比較，例如追蹤 10 年後抽菸組發生肺癌的比例為 3% 而未抽菸組罹患肺癌比例為 1%，接著進而透過統計分析評估究竟暴露因子 (抽菸) 是否與事件 (肺癌) 有所關聯。

世代研究是非常具有因果推論效力的研究設計，但是非常耗時也非常耗費成本，以抽菸跟肺癌來說，可能至少的追蹤期要 10 年以上才有意義。另外一方面也因為追蹤期很長，研究參與對象會有失去追蹤 (lost to follow up) 的問題。

(三) 回溯性研究 (retrospective study)

回溯性研究最常見的設計為病例對照研究，即先選定病例組的人數，然後再決定對照組的人數，然後再回溯兩組是否有暴露在某個危險因子之下，進而探討該危險因子是否與疾病有所關聯。以抽菸跟肺癌的例子，我們可先挑選 100 位罹患肺癌的病人，接著按照一定的比例，例如 1：3 的比例 (比例可自行決定)，收取 300 位未罹患肺癌的病人資料，然後回顧這 400 位病人的抽菸史，結果可能顯示病例組有 70% 曾經抽菸而對照組僅有 40% 曾經抽過菸，接著透過統計分析來檢定抽菸跟肺癌是否具有關聯性。

病例對照研究的優勢是速度比較快，只需查病歷資料即可完成，而且因為不是向前收案，因此成本便宜而且不會有失去追蹤的問題。病例對照研究也特別適合用於研究罕見的疾病，相較之下，世代研究若追蹤很罕見的疾病則不適合，例如追蹤 10 年才少數幾位個案發生疾病，會導致統計分析上的檢定力 (power) 薄弱。反之病例對照研究的劣勢是不適合研究罕見的暴露因子。

以上為三種常見的醫學領域研究設計，但其實每一種研究設計使用的統計方法跟風險測量 (risk measure) 也不盡相同。

二、相對風險 (RR)、勝算比 (OR)

在醫學領域裡頭常常將依變數 (dependent variable / outcome) 定義為二元的變數 (binary/dichotomous)，有一些是天生的二元變數，例如病人死亡與否、病

人洗腎與否；有些則是人為定義為二元變數，例如心臟科常將病人的左心室射血分數 (left ventricular ejection fraction, LVEF) 小於 40% (or 35%) 為異常，或腎臟科將病人的腎絲球過濾率 (estimated Glomerular filtration rate, eGFR) 定義為小於 60% 為異常。

　　醫學領域之所以會如此將 outcome 作二分化的動作，有個主要原因是可以簡化結果的闡釋。例如可直接得到以下結論：「糖尿病病人比較容易會有 eGFR 異常，其相對風險 (relative risk, RR) 為 3.7 倍」或是：「飯前血糖每高 1 單位，則病人的 eGFR 異常的勝算比 (odds ratio, OR) 會低 1.5%」。因此可針對其他可能的影響因子作探討，並且得到一個「風險測量」，但問題是我們讀者真的了解這些風險測量的意義嗎？這些風險測量的使用時機與解釋是恰當的嗎？

　　針對類別變數進行交叉分析時，通常會利用卡方檢定 (Chi-square test) 或費雪精確性檢定 (Fisher's exact test) 來進行考驗，而醫護領域有時候還會計算出「相對風險」(relative risk, RR) 或「勝算比」(odds ratio, OR) 來作呈現。

(一) 相對風險 (relative risk, RR)

　　相對風險 (RR) 必須用在 cohort study 才有意義，此類型的研究一開始會從研究對象中找尋暴露因子 (自變數，譬如說有無抽菸)，接著開始進行追蹤研究來搜尋結果變數 (依變數，譬如說有無延遲性肺癌或死亡)。因此可以想成對未來作預測，接著探討吸菸這群人中，計算出發生肺癌的人數比例有多少，再探討未吸菸這群人中，計算出發生肺癌的人數比例有多少，最後把兩個比例相除，以計算出相對風險有多少，詳細的公式說明如下表。

	肺癌	無肺癌	
抽菸	A	B	N_1
沒有抽菸	C	D	N_2
	N_3	N_4	Total N

$$RR = \frac{\text{Incidence}_{\text{Exposed}}}{\text{Incidence}_{\text{Unexposed}}} = \frac{A / N_1}{C / N_2}$$

　　上面之公式不難理解，分子部分先算出在有抽菸的對象中，有肺癌所占的比例；接著在沒有抽菸的對象中，有肺癌所占的比例；分母都是參照組，因此可知 RR 的公式是在算抽菸的對象肺癌的比例為沒有抽菸者的幾倍，若 RR 值大

於 1，即代表有抽菸者肺癌的風險較高。

相對風險 (RR) 的意義非常容易理解，但是其使用時機有所限制，它只能用在前瞻性研究，假使我們進行的是回溯性研究，那麼使用相對風險可能會得到錯誤的結論。因為在回溯性研究中，我們要先選定疾病組與非疾病組的人 (而不是選定暴露組與非暴露組)，然後去回溯 (查病歷) 他們暴露的狀況，也就說此時「疾病的機率是由研究者所決定」，因此自然也不能再直接以 A/N_1 去除以 C/N_2 了，因為 A 跟 C 都是研究者一開始就決定的有疾病組。

(二) 勝算比 (odds ratio, OR)

勝算比 (OR) 剛好相反，通常出現於 retrospective study，又稱 case-control study，也就是一開始就已知病人有無死亡 / 肺癌 (依變數)，再回溯找尋暴露因子 (自變數，譬如說有無抽菸)。由於病人有無死亡 / 肺癌的比例可以由研究者在挑選樣本時就決定，相對的這類的研究去算死亡 / 肺癌機率是沒有意義的，因此就會用 OR 去計算暴露組與非暴組發生死亡、肺癌的相對暴露機率來做估計。

	肺癌	非肺癌	
暴露危險	A	B	N_1
未暴露危險	C	D	N_2
	N_3	N_4	Total N

$$RR = \frac{[(A/N_3)/(C/N_3)]}{[(B/N_4)/(D/N_4)]} = \frac{A/C}{B/D} = \frac{A*D}{B*C}$$

何謂「勝算」(odds)，勝算定義是「兩個機率相除的比值」。以上表的疾病組 (disease group) 為例，A/N_3 表示疾病組中有暴露的機率，C/N_3 指的是健康組中有暴露的機率，因此此兩者相除即為疾病組中有暴露的勝算 (A/C)。同樣地，B/D 即為健康組中有暴露的勝算，此時將 A/C 再除以 B/D 即為「疾病組相對於健康組，其暴露的勝算比」，也就是說兩個勝算相除就叫做勝算比。

很多人在解釋勝算比的時候都會有錯誤，最常見的錯誤就是誤把勝算比當成相對風險來解釋。以之前舉的抽菸跟肺癌的病例對照研究為例，50 位肺癌組中有 70% 曾經抽菸而 150 位健康組中 (即對照組) 僅有 40% 曾經抽過菸，此時勝算比即為 70%/40% = 1.75。這個 1.75 的意義其實不容易解釋，它並非表示抽菸組罹患肺癌的風險是未抽菸組的 1.75 倍，而是肺癌組有抽菸的勝算 (注意，

不是機率！) 是健康組的 1.75 倍。而這個勝算指的又是「有抽菸的機率除以沒有抽菸的機率」，總而言之我們還是可以說肺癌跟抽菸具有相關性，也可以說抽菸的人比較容易會有肺癌罹患風險，但是不要提到多出多少倍的風險或機率就是了。

　　一般而言在醫學期刊勝算比出現的機會比相對風險多，一部分原因當然是大家較少採用耗時又耗力的前瞻性研究 (只能用相對風險)；另外一個原因是勝算比可用在前瞻性研究也可用在回溯性研究，而且它的統計性質 (property) 比較良好，因此統計學家喜歡用勝算比來發展統計方法。

三、迴歸的變數選取 (variable selection)

　　在觀察性研究框架下去估計治療效果 (effect) 的一個關鍵步驟，是適當地評估所有可能影響治療選擇 (解釋變數) 或治療結果之調節 (moderator，干擾) 變數 (即共變數)。為了找出所有可能的調節變數及任何可疑的效果調整或交互作用，應進行一項全面的文獻回顧，來確認出影響治療選擇與治療結果測量之變數，並應建立一個表格，裡面詳述預期的相關性。分析師應確認出，存在於數據中的這些變數，或這些變數的適當代理變數 (good proxies)(社會科學稱為操作型定義)，並將這些變數納入迴歸模型中 (不論傳統顯著水準下之統計顯著性為何)。當使用臨床數據有限之行政資料庫來源做分析時，分析師經常無法針對某些已知或可疑的干擾因子 (多變量之共變數)，取得有意義的變數測量值。在這些情況下，若模型無法納入已知或可疑的干擾因子，治療效果之迴歸估計值將會產生偏差，導致遺漏的變數 (omitted variables) 或殘差干擾偏差 (residual confounding bias)。由於遺漏變數可能導致治療效果估計值有偏差，因此必須在研究開始前，先確認出所有已知可能的干擾因子，並盡可能在資料庫中找出該變數，並納入模型中。若已知可能干擾因子無法納入模型，分析師應註明此項遺漏為本研究的限制，並描述其預期的偏差方向。在迴歸模型分析中，若治療效果的幅度弱或中等程度 (modest)，則遺漏變數的偏差可能導致數據引申出的結論會產生有意義的改變。即使迴歸公式內已納入所有已知的干擾因子，仍可能存在未觀察到或無法觀察到的干擾因子，會造成遺漏變數之偏差。為強調遺漏變數偏差所造成的影響，有些技術能夠用來描述將結果由顯著變為無效之干擾因子的特性。

四、模型 (迴歸) 選取 (model selection)

通常依變數 (dependent variable) 的形式會影響一個迴歸模型的選擇。連續分布變數通常會使用普通最小平方法 (ordinary least square, OLS) 迴歸模型進行分析，而二分或二元治療結果 (復發／未復發、是／否、破產／未破產、死亡／存活、1/0 編碼之虛擬變數) 則可使用邏輯斯迴歸模型分析 (logistic regression)。實作上，常用的統計軟體多使用最大概似估計法 (maximum likelihood estimation, MLE) 來分析上述兩類治療結果，並假設有適當的誤差分布 (常態分布、Poisson 分布、邏輯斯分布等)。過去 30 年的醫學文獻幾乎都採用邏輯斯迴歸，主要原因是電腦運算能力的進步，以及大家熟悉此方法所致。線性及邏輯斯迴歸均隸屬於涵蓋範圍更廣的一類模型，稱爲廣義線性模型 (generalized linear models, GLM)。GLM 也包括線性及對數－線性函數形式以外之功能形式模型，可描述自變數與依變數之間的關係。一些常用的連結函數 (link functions) 與誤差分布列於下表。

表 7-1 針對不同類型數據之治療結果，一般常用的連結函數與誤差分布

治療結果範例	數據類型	連結函數	誤差分布
藥物使用率或花費之趨勢治療選擇之預測因子、死亡心肌梗塞、中風、住院次數	連結變數	恆等函數 (Identity)	Gamma、Gaussian 分布
	二元變數	邏輯函數 (Logistic)	Binomial
	計數	對數函數 (Log)	Poisson、負二項分布

有關 GLM 原理及範例分析，可參考作者在五南圖書出版社出版的《Panel-data 迴歸模型：STaTa 在廣義時間序列的應用》、《STaTa 在結構方程模型及試題反應理論的應用》二書。

7-1 單變量 vs. 多變量的建模過程：Cox 迴歸 (coxreg 指令)

之前已經介紹存活分析 (survival analysis) 的使用時機、如何繪製存活曲線圖 (Kaplan-Meier curve)，以及如何比較「組別」之間的存活曲線是否有顯著差異 (log-rank test)，但當「自變數是連續變數」或「當自變數超過 2 個以上」的時候怎麼辦？在存活分析眾多方法之中，有一個最廣爲應用的迴歸模型：即爲

Cox proportional hazard model。

　　要認識 Cox proportional hazard model，就必須把它的統計式 (也可說為迴歸方程式) 列出來。下圖統計式所謂的「HR」就是「hazard ratio」，表示在某個時間點之下會發生 event 的風險比，因此 HR(x) 就是表示在給定 X 值的情況之下會發生 event 的風險比。所謂的 X 值指的就是自變數 (independent variable/covariate) 的數值，例如年齡 50 歲就是一個 X。不過我們可以從最右側的公式發現，其實它跟 linear regression 的迴歸方程式很相近，只是左邊的所要求的數值有差別。

　　HR 的數學式，如下：

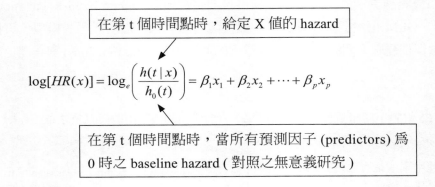

在第 t 個時間點時，給定 X 值的 hazard

$$\log[HR(x)] = \log_e\left(\frac{h(t\,|\,x)}{h_0(t)}\right) = \beta_1 x_1 + \beta_2 x_2 + \cdots + \beta_p x_p$$

在第 t 個時間點時，當所有預測因子 (predictors) 為 0 時之 baseline hazard (對照之無意義研究)

　　其中

$h_0(t)$：在第 t 個時間點時，當所有預測變數 (predictors) 為 0 時之基線危險 (baseline hazard，無研究意義)。

$h(t|x)$：在第 t 個時間點時，給定 x 值時的危險 (hazard)。

$\log_e\left(\frac{h(t\,|\,x)}{h_0(t)}\right)$：「在某個時間點之下，當所有預測變數 (predictors) 為 0 時的危險比」。

$Exp(\beta_1)$：連續自變數 X_1 每增加一單位時，所增加的危險比 (hazard ratio)，它是發生危險的「比率」，而非機率。

$Exp(\beta_2)$：假設虛擬變數，假設「$X_2 = 1$ 代表男性」，「$X_2 = 0$ 代表女性」，則 $Exp(\beta_2)$ 代表男性相對於女性的危險比 (HR 值)。

　　值得一提的是，SPSS 不提供中位數 (medians) 的 Brookmeyer-Crowley 信賴

區間 (confidence interval) 估計值。故本例將使用一般的信賴區間來估算。為了獲得 log-rank 和 partial likelihood ratio 檢定，我們將使用 coxreg 指令。

> **定義：對數等級檢定 (log-rank test)：Cox 迴歸假定 (assumption) 的檢定法**
> Kaplan-Meier 法所繪製的存活曲線能夠讓我們了解不同組別之間存活曲線的分布，若我們要進一步了解不同組別之間的存活曲線是否相同時，可以利用對數等級檢定。對數等級檢定是一種無母數的檢定方法，用來檢定兩條 (或多條) 存活曲線是否相同，而統計假設如下：
> H_0：兩條 (或多條) 存活曲線相同
> H_1：兩條 (或多條) 存活曲線不相同

範例：肝病二個危險因子：年齡及性別的主要效果及交互效果 (coxreg 指令)

之前，本書示範 coxreg 指令，如何分析「肝病二個危險因子：年齡及性別的主要效果及交互效果」，本例將介紹如何再擴充此 Cox 迴歸模型。

一、問題說明

本例旨在了解「多因子對發生某 event(肝病死亡) 機率」之影響？(分析單位：病人)

研究者收集數據並整理成下表，此「**whas500.sav**」資料檔內容之變數如下：

變數名稱	說明	編碼 Codes/Values
結果變數 (Y 軸：存活嗎)：fstat	(發生 event 嗎：即 failure variable)，1= 是，0= 否	0,1「是設限資料 censored data)」
存活時間變數 (X 軸)：time	存活多長時間 (年)	1~2358 月
共變數：gender	性別 (虛擬變數)	0= 女 1= 男
共變數：age	年齡 (連續變數)	30~104 歲

二、資料檔之內容

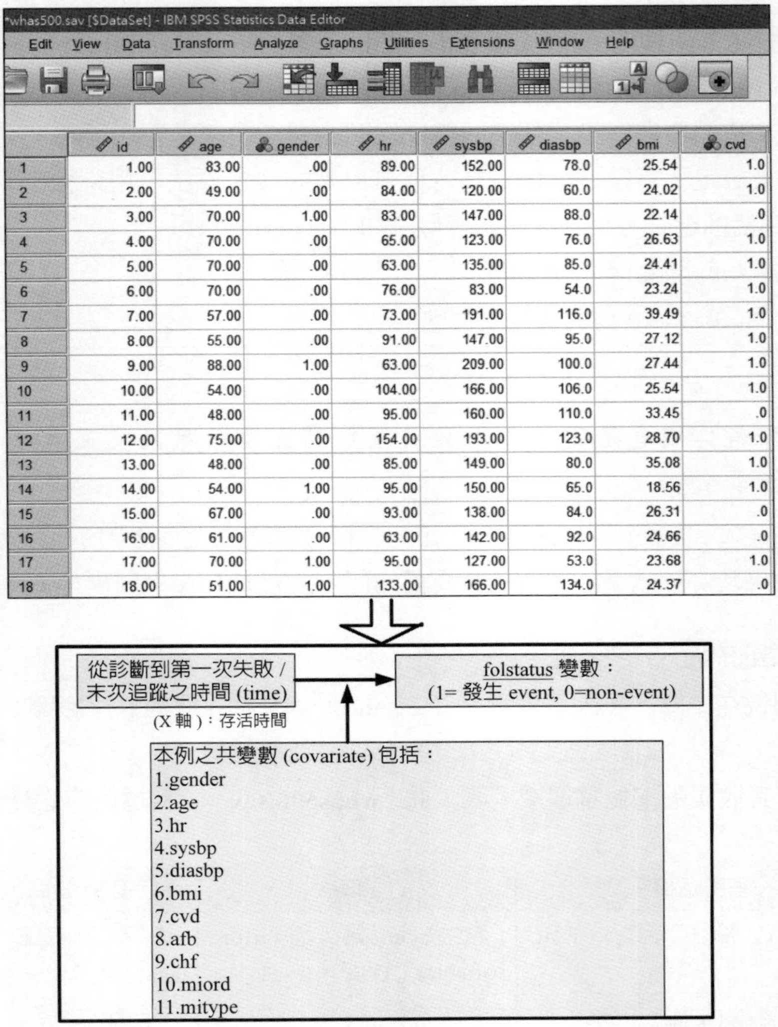

	id	age	gender	hr	sysbp	diasbp	bmi	cvd
1	1.00	83.00	.00	89.00	152.00	78.0	25.54	1.0
2	2.00	49.00	.00	84.00	120.00	60.0	24.02	1.0
3	3.00	70.00	1.00	83.00	147.00	88.0	22.14	.0
4	4.00	70.00	.00	65.00	123.00	76.0	26.63	1.0
5	5.00	70.00	.00	63.00	135.00	85.0	24.41	1.0
6	6.00	70.00	.00	76.00	83.00	54.0	23.24	1.0
7	7.00	57.00	.00	73.00	191.00	116.0	39.49	1.0
8	8.00	55.00	.00	91.00	147.00	95.0	27.12	1.0
9	9.00	88.00	1.00	63.00	209.00	100.0	27.44	1.0
10	10.00	54.00	.00	104.00	166.00	106.0	25.54	1.0
11	11.00	48.00	.00	95.00	160.00	110.0	33.45	.0
12	12.00	75.00	.00	154.00	193.00	123.0	28.70	1.0
13	13.00	48.00	.00	85.00	149.00	80.0	35.08	1.0
14	14.00	54.00	1.00	95.00	150.00	65.0	18.56	1.0
15	15.00	67.00	.00	93.00	138.00	84.0	26.31	.0
16	16.00	61.00	.00	63.00	142.00	92.0	24.66	1.0
17	17.00	70.00	1.00	95.00	127.00	53.0	23.68	.0
18	18.00	51.00	1.00	133.00	166.00	134.0	24.37	.0

從診斷到第一次失敗 /
末次追蹤之時間 (time)
(X 軸)：存活時間

folstatus 變數：
(1= 發生 event, 0=non-event)

本例之共變數 (covariate) 包括：
1.gender
2.age
3.hr
4.sysbp
5.diasbp
6.bmi
7.cvd
8.afb
9.chf
10.miord
11.mitype

圖 7-2 「whas500.sav」資料檔內容 (N=500 個人，20 個變數)

三、分析結果與討論

Step 1-1 用 Kaplan-Meier 法來估計「男 vs. 女」二個的平均存活時間

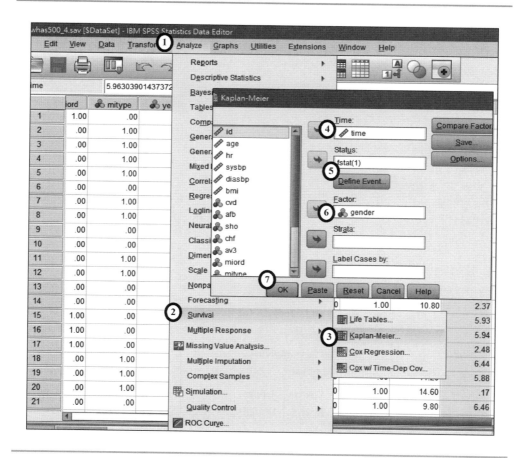

圖 7-3 「km time by gender／status=fstat(1)／print = mean」畫面 (此 SPSS 語法是舊版)

　　Cox 迴歸使用的前提是滿足比例風險假定 (PH 假定)，即主要研究因素 (包括 covariates 框中放入的其他共變數) 的各層間均應滿足 PH 假定。如果不滿足，則應當將變數放入 Strata 框中進行分層變數控制。

　　SPSS 新版對應的指令語法如下：

```
title "Cox model development.sps".
subtitle "Step1-1：用 Kaplan-Meier 法來估計「男 vs 女」二個的平均存活時間 ".
get file ='C:\CD\whas500_4.sav'.
* 存活時間單位，由日變月份，並存至 time 變數 .
compute time = lenfol /365.25.
  exe.
*SPSS 舊版指令 .
km time by gender
/status=fstat(1)
/print = mean


*SPSS 新版指令 .
* gender 的存活 ( 時間 ) 二個曲線 .
KM time BY gender
  /STATUS=fstat(1)
  /PRINT TABLE MEAN.
```

【A. 分析結果說明】

Means and Medians for Survival Time

性別	Mean[a]				Median			
			95% Confidence Interval				95% Confidence Interval	
	Estimate	Std. Error	Lower Bound	Upper Bound	Estimate	Std. Error	Lower Bound	Upper Bound
男	3.966	.153	3.666	4.266	5.914	.	.	.
女	3.450	.206	3.046	3.854	3.606	.485	2.656	4.556
Overall	3.880	.132	3.622	4.138	4.454	.437	3.598	5.311

a. Estimation is limited to the largest survival time if it is censored.

1. 男性平均存活時間 (M=3.966 年)，女性平均存活時間 (M=3.450 年)。

Step 1-2 用比例危險 Cox 模型來估計「男 vs. 女」二個的存活 (時間) 曲線

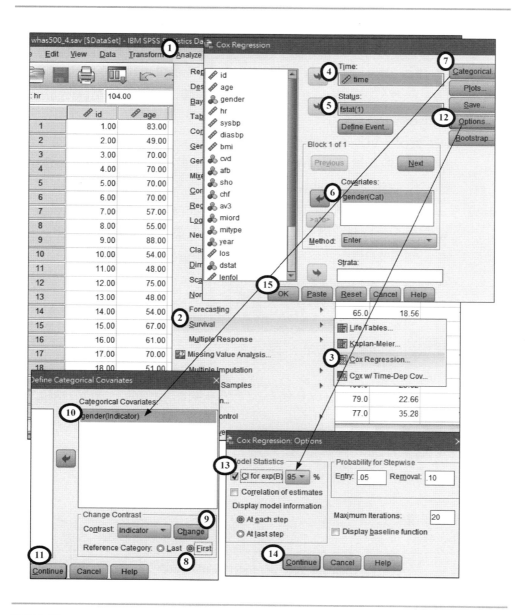

圖 7-4 「coxreg time with gender / status=fstat(1) / categorical = gender」畫面 (此 SPSS 語法是舊版)

Cox 迴歸使用的前提是滿足比例風險假定 (PH 假定)，即主要研究因素 (包括 covariates 框中放入的其他共變數) 的各層間均應滿足 PH 假定。如果不滿足，則應當將變數放入 Strata 框中進行分層變數控制。

> 注意：在數據錄入時，建議將二分類變數賦值為 0 和 1；多分類變數賦值為 0、1、2、3 或者 1、2、3、4 等，並根據以下情況設置 categorical covariates 選項：
>
> case 1：以下情況，可以不定義 categorical covariates 選項：當自變數是二分類變數，並且賦值的差值為 1，例如賦值為 0 和 1，也不需要繪製該變數不同組間的生存曲線時。
>
> case 2：case1 以外的情況都必須定義 categorical covariates 選項。需特別注意兩種情況：(1) 當自變數是二分類變數，但要在 plots 選項中設置，得到不同組間的生存曲線時。比如本例中，group 為二分類變數，但要觀察不同用藥組間的生存曲線，就需要在 categorical covariates 選項中定義 group 變數；(2) 多分類變數時。

SPSS 新版對應的指令語法如下：

```
subtitle "Step1-2 用比例危險 Cox 模型來估計「男 vs 女」二個的存活 ( 時間 ) 曲線 ".
* 限用舊版 SPSS 指令 .
coxreg time with gender
  /status=fstat(1)
  /categorical = gender.
```

【A. 分析結果說明】

Omnibus Tests of Model Coefficients[a]										
-2 Log Likelihood	Overall (score)			Change From Previous Step			Change From Previous Block		
	Chi-square	df	Sig.	Chi-square	df	Sig.	Chi-square	df	Sig.
2447.570	7.772	1	.005	7.588	1	.006	7.588	1	.006

a. Beginning Block Number 1. Method = Enter

1. 「Omnibus Tests of Model Coefficients」表格印出，模型中所有變數的迴歸係數，其整體適配度 Overall (score) 卡方檢定的虛擬假設 H_0：「所有變數的迴歸係數全為 0」。本例檢定結果，(1)overall(Score) $\chi_{(1)}^2=7.772(p<0.05)$；(2) 對數概似比 =2447.57。故拒絕虛擬假設 H_0，表示本 Cox 模型中至少有一個自變數 (即共變數) 的 HR 值不為 1(Coef. 不為 0)，模型整體檢定具有統計學顯著意義。

Variables in the Equation

	B	SE	Wald	df	Sig.	Exp(B)	95.0% CI for Exp(B) Lower	95.0% CI for Exp(B) Upper
性別	.381	.138	7.679	1	.006	1.464	1.118	1.917

1. 上面「**Variables in the Equation**」表：

B 欄：是比例危險 Cox 迴歸式中，自變數 (共變數) 對依變數的預測值，在 Cox 迴歸式是以 log-hazard 為單位，「B」值愈大，表示該自變數對依變數的攸關性 (relevance) 愈高。

本例分析結果顯示，最後強迫進入「Enter」的模型包含「gender」自變數，(1) P=Sig.=0.006，表示性別為影響癌症患者預後的獨立因素。(2) 相對危險度 HR=Exp(B)=1.464，表示使用男的患者死亡風險為女的患者的 1.464 倍，(3) HR 的 95% 信賴區間 (95% CI) 為 [1.118-1.917]，因不含 0 值，故達到統計顯著水準 (Type I 誤差，$\alpha=0.05$)。

Step 2　五年間距 (age5) 是第二個危險因子嗎

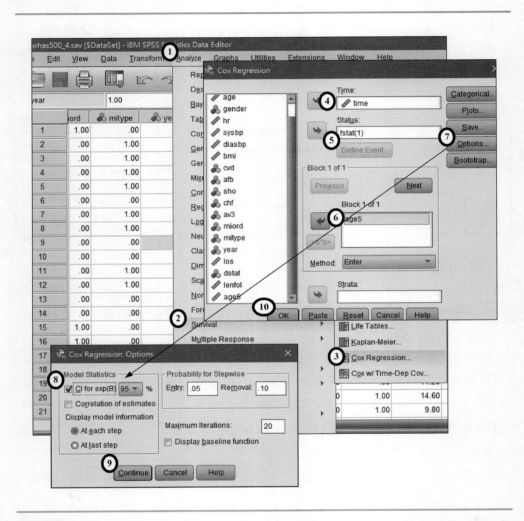

圖 7-5　「coxreg time with age5/status=fstat(1)/print = ci」畫面 (此 SPSS 語法是舊版)

　　Cox 迴歸使用的前提是滿足比例風險假定 (PH 假定)，即主要研究因素 (包括 Covariates 框中放入的其他共變數) 的各層間均應滿足 PH 假定。如果不滿足，則應當將變數放入 Strata 框中進行分層變數控制。

　　SPSS 新版對應的指令語法如下：

```
subtitle "Step2：五年間距 (age5) 是第 2 個危險因子嗎 ".
* 5 years change in age.
compute age5 = age/5.
  exe.
*SPSS 舊版指令 .
coxreg time with age5
  /status=fstat(1)
  /print = ci.

*SPSS 新版指令 .
COXREG time
  /STATUS=fstat(1)
  /METHOD=ENTER age5
  /PRINT=CI(95)
  /CRITERIA=PIN(.05) POUT(.10) ITERATE(20).
```

【B. 分析結果說明】

Block 1: Method = Enter

Omnibus Tests of Model Coefficients[a]

-2 Log Likelihood	Overall (score)			Change From Previous Step			Change From Previous Block		
	Chi-square	df	Sig.	Chi-square	df	Sig.	Chi-square	df	Sig.
2313.358	126.260	1	.000	141.800	1	.000	141.800	1	.006

a. Beginning Block Number 1. Method = Enter

Variables in the Equation

	B	SE	Wald	df	Sig.	Exp(B)	95.0% CI for Exp(B)	
							Lower	Upper
五年間距	.331	.030	118.799	1	.000	1.393	1.312	1.917

1. 上面「Variables in the Equation」表：

　　B 欄：是比例危險 Cox 迴歸式中，自變數 (共變數) 對依變數的預測值，在 Cox 迴歸式是以 log-hazard 為單位，「B」值愈大，表示該自變數對依變數的

收關性 (relevance) 愈高。

本例分析結果顯示，最後強迫進入「Enter」的模型包含「age5」自變數，(1) P=Sig.=0.000，表示年齡每隔五年的間距會影響癌病患者預後的獨立因素。(2) 相對危險度 HR=Exp(B)=1.393 表示年齡每增加五年 (一單位)，患者死亡風險就增加 1.393 倍，(3) HR 的 95% 信賴區間 (95% CI) 為 [1.312-1.478]，因不含 0 值，故達到統計顯著水準 (Type I 誤差，α=0.05)。

Step 3　10 次心率變化是危險因子嗎

```
subtitle "Step3: heart beats change rate 是危險因子嗎 ".
* 10 beats change in heart rate.
*SPSS 舊版指令 .
compute hr10 = hr/10.
  exe.
coxreg time with hr10
  /status=fstat(1)
  /print = ci.


*SPSS 新版指令 .
COXREG time
  /STATUS=fstat(1)
  /METHOD=ENTER hr10
  /PRINT=CI(95)
  /CRITERIA=PIN( .05) POUT( .10) ITERATE(20).
```

【C. 分析結果說明】

Block 1: Method = Enter

Omnibus Tests of Model Coefficients[a]

-2 Log Likelihood	Overall (score)			Change From Previous Step			Change From Previous Block		
	Chi-square	df	Sig.	Chi-square	df	Sig.	Chi-square	df	Sig.
2426.269	31.284	1	.000	28.889	1	.000	28.889	1	.000

a. Beginning Block Number 1. Method = Enter

1. 「Omnibus Tests of Model Coefficients」表格印出，模型中所有變數的迴歸係數，其整體適配度 Overall (score) 卡方檢定的虛擬假設 H_0：「所有變數的迴歸係數全為 0」。本例檢定結果，(1)overall(Score) $\chi_{(1)}^2$=31.284(p<0.05)；(2) 對數概似比 =2426.269。故拒絕虛擬假設 H_0，表示本 Cox 模型中至少有一個自變數 (即共變數) 的 HR 值不為 1(Coef. 不為 0)，模型整體檢定具有統計學顯著意義。

Variables in the Equation

	B	SE	Wald	df	Sig.	Exp(B)	95.0% CI for Exp(B)	
							Lower	Upper
hr10	.150	.027	31.314	1	.000	1.162	1.103	1.225

1. 上面「**Variables in the Equation**」表：

   B 欄：是比例危險 Cox 迴歸式中，自變數 (共變數) 對依變數的預測值，在 Cox 迴歸式是以 log-hazard 為單位，「B」值愈大，表示該自變數對依變數的攸關性 (relevance) 愈高。

   本例分析結果顯示，最後強迫進入「Enter」的模型包含「hr10」自變數，(1) P=Sig.=0.000，表示治療方式為影響癌病患者預後的獨立因素。(2) 相對危險度 HR=Exp(B)=1.162，表示患者 hr10 每增加一單位，其死亡風險提高 1.162 倍，(3) HR 的 95% 信賴區間 (95% CI) 為 [1.103-1.225]，因不含 0 值，故達到統計顯著水準 (Type I 誤差，α=0.05)。

Step 4 高血壓是危險因子嗎

　　SPSS 新版對應的指令語法如下：

```
*SPSS 舊版指令 .
subtitle "Step4 : 高血壓是危險因子嗎 ".
* 10 mmHg change in systolic blood pressure.
compute sysbp10 = sysbp/10.
exe.
coxreg time with sysbp10
/status=fstat(1)
/print = ci.
```

```
*SPSS 新版指令 .
COXREG time
  /STATUS=fstat(1)
  /METHOD=ENTER sysbp10
  /PRINT=CI(95)
  /CRITERIA=PIN(.05) POUT(.10) ITERATE(20).
```

【A. 分析結果說明】

Block 1: Method = Enter

Omnibus Tests of Model Coefficients[a]

-2 Log Likelihood	Overall (score)			Change From Previous Step			Change From Previous Block		
	Chi-square	df	Sig.	Chi-square	df	Sig.	Chi-square	df	Sig.
2450.998	4.092	1	.043	4.161	1	.041	4.161	1	.041

a. Beginning Block Number 1. Method = Enter

Variables in the Equation

	B	SE	Wald	df	Sig.	Exp(B)	95.0% CI for Exp(B)	
							Lower	Upper
sysbp10	-.045	.022	4.090	1	.043	.956	.915	.999

Step 5 「舒張壓 - 收縮壓」落差是危險因子嗎

　　SPSS 新版對應的指令語法如下：

```
*SPSS 舊版指令 .
subtitle "Step5「舒張壓 - 收縮壓」落差是危險因子嗎 ".
* 10 mmHg change in diastolic blood pressure.
compute diasbp10 = diasbp/10.
exe.
coxreg time with diasbp10
  /status=fstat(1)
  /print = ci.
```

```
*SPSS 新版指令 .
COXREG time
  /STATUS=fstat(1)
  /METHOD=ENTER diasbp10
  /PRINT=CI(95)
  /CRITERIA=PIN(.05) POUT(.10) ITERATE(20).
```

【A. 分析結果說明】

Block 1: Method = Enter

Omnibus Tests of Model Coefficients[a]

-2 Log Likelihood	Overall (score)			Change From Previous Step			Change From Previous Block		
	Chi-square	df	Sig.	Chi-square	df	Sig.	Chi-square	df	Sig.
2431.424	23.380	1	.000	23.735	1	.000	23.735	1	.000

a. Beginning Block Number 1. Method = Enter

Variables in the Equation

	B	SE	Wald	df	Sig.	Exp(B)	95.0% CI for Exp(B)	
							Lower	Upper
diasbp10	-.160	.033	23.714	1	.000	.852	.799	.909

Step 6 　身高體重指數 (BMI) 是危險因子嗎

　　SPSS 新版對應的指令語法如下：

```
*SPSS 舊版指令 .
subtitle "Step6 ：身高體重指數 (BMI) 是危險因子嗎 ".
* 5 unit change in body mass index.
compute bmi5 = bmi/5.
exe.
coxreg time with bmi5
  /status=fstat(1)
  /print = ci.
```

```
*SPSS 新版指令 .
COXREG time
  /STATUS=fstat(1)
  /METHOD=ENTER bmi5
  /PRINT=CI(95)
  /CRITERIA=PIN(.05) POUT(.10) ITERATE(20).
```

【A. 分析結果說明】

Block 1: Method = Enter

Omnibus Tests of Model Coefficients[a]

-2 Log Likelihood	Overall (score)			Change From Previous Step			Change From Previous Block		
	Chi-square	df	Sig.	Chi-square	df	Sig.	Chi-square	df	Sig.
2406.994	44.165	1	.000	48.164	1	.000	48.164	1	.000

a. Beginning Block Number 1. Method = Enter

Variables in the Equation

	B	SE	Wald	df	Sig.	Exp(B)	95.0% CI for Exp(B)	
							Lower	Upper
bmi5	-.491	.074	44.425	1	.000	.612	.530	.707

Step 7 多變量模型：所有 (11 個) 危險因子都納入 Cox 模型

生物醫學的多變量模型，是指共變數 (解釋變數) 有二個以上；相對地，社會科學的多變量模型，是指依變數 (反應變數) 有二個以上。二者的概念是不同的。

SPSS 新 vs. 舊版對應的指令語法如下：

```
*SPSS 舊版指令 .
subtitle "Step7 multivariate model：所有 (11 個 ) 危險因子都納入 Cox 模型 ".
coxreg time with age hr sysbp diasbp bmi gender cvd afb chf miord mitype
  /status=fstat(1)
  /print = ci.
```

```
*SPSS 新版指令 .
COXREG time
  /STATUS=fstat(1)
  /METHOD=ENTER age hr sysbp diasbp bmi gender cvd afb chf miord mitype
  /PRINT=CI(95)
  /CRITERIA=PIN(.05) POUT(.10) ITERATE(20).
```

【A. 分析結果說明】

Block 1: Method = Enter

Omnibus Tests of Model Coefficients[a]

-2 Log Likelihood	Overall (score)			Change From Previous Step			Change From Previous Block		
	Chi-square	df	Sig.	Chi-square	df	Sig.	Chi-square	df	Sig.
2246.388	208.622	11	.000	208.770	11	.000	208.770	11	.000

a. Beginning Block Number 1. Method = Enter

1. 「Omnibus Tests of Model Coefficients」表格印出，模型中所有變數的迴歸係數，其整體適配度 Overall (score) 卡方檢定的虛擬假設 H_0：「所有變數的迴歸係數全為 0」。本例檢定結果，(1)overall(Score) $\chi^2_{(11)}$=208.622(p<0.05)；(2) 對數概似比 =2246.388。故拒絕虛擬假設 H_0，表示本 Cox 模型中至少有一個自變數 (即共變數) 的 HR 值不為 1(Coef. 不為 0)，模型整體檢定具有統計學顯著意義。

Variables in the Equation

	B	SE	Wald	df	Sig.	Exp(B)	95.0% CI for Exp(B)	
							Lower	Upper
歲	.049	.007	50.719	1	.000	1.050	1.036	1.064
hr	.010	.003	11.450	1	.001	1.010	1.004	1.017
sysbp	.000	.003	.014	1	.904	1.000	.995	1.006
diasbp	-.011	.005	4.648	1	.031	.989	.980	.999
bmi	-.044	.016	7.071	1	.008	.957	.927	.989

性別	-.271	.146	3.448	1	.063	.763	.573	1.015
cvd	.007	.178	.002	1	.967	1.007	.711	1.428
afb	.128	.171	.559	1	.455	1.137	.813	1.590
chf	.774	.150	26.623	1	.000	2.167	1.616	2.908
miord	.044	.148	.087	1	.768	1.045	.781	1.398
mitype	-.164	.188	.763	1	.382	.849	.587	1.226

1. 本例分析結果顯示，最後強迫進入「Enter」的模型包含「age、hr、sysbp、diasbp、bmi、gender、cvd、afb、chf、miord、mitype」11 個共變數，(1) 若 P(=Sig.)<.05，表示該共變數為影響癌病患者預後的獨立因素。(2) 相對危險度 HR=Exp(B) 若 <1，表示該變數對患者死亡風險有降低效果；反之則反，(3) 若 HR 的 95% 信賴區間 (95% CI) 不含 0 值，則達到統計顯著水準 (Type I 誤差，α=0.05)。

2. **風險比 (hazard ratio, HR)** 的定義：

「在某個時間點之下給定 X 值的 event 風險比」，取自然對數函數 ln(x) 後，得：

$$\ln[HR(x)] = \ln\left(\frac{h(t\,|\,x)}{h_0(t)}\right) = \beta_1 x_1 + \beta_2 x_2 + \cdots + \beta_p x_p$$

其中

$h_0(t)$：在第 t 個時間點時，當所有預測變數 (predictors) 為 0 時之基線危險 (baseline hazard，無研究意義)。

$h(t\,|\,x)$：在第 t 個時間點時，給定 x 值時的危險 (hazard)。

$\log\left(\frac{h(t\,|\,x)}{h_0(t)}\right)$：「在某個時間點之下，當所有預測變數 (predictors) 為 0 時的危險比」。

$\text{Exp}(\beta_1)$：連續自變數 X_1 每增加一單位時，所增加的危險比 (hazard ratio)，它是發生危險的「比率」，而非機率。

$\text{Exp}(\beta_2)$：假設虛擬變數，假設「$X_2 = 1$ 代表男性」，「$X_2 = 0$ 代表女性」，則 $\text{Exp}(\beta_2)$ 代表男性相對於女性的危險比 (HR 值)。

3. 上面「**Variables in the Equation**」表：

B 欄：是比例危險 Cox 迴歸式中，自變數 (共變數) 對依變數的預測值，在 Cox 迴歸式是以 log-hazard 爲單位，「B」值愈大，表示該自變數對依變數的依關性 (relevance) 愈高。

3. S.E. 欄：Cox 迴歸係數的標準誤 (standard errors associated with the coefficients).

4. Wald 及 Sig 二欄：分別是 Wald chi-square 檢定及其雙尾 p-value，它的虛無假設「H_0：the coefficient (parameter) is 0」。若 p 值小於 (α=0.05) 則 Cox 迴歸係數達統計學上的顯著。

Step 8 多變量模型：刪不顯著者，剩下 (九個) 危險因子都納入 Cox 模型

生物醫學的多變量模型，是指共變數 (解釋變數) 有二個以上；相對地，社會科學的多變量模型，是指依變數 (反應變數) 有二個以上。二者的概念是不同的。SPSS 新舊版對應的指令語法如下：

```
*SPSS 舊版指令 .
subtitle "Step8 刪不顯著者 , 剩下 (9 個 ) 危險因子都納入 Cox 模型 ".
coxreg time with age hr diasbp bmi gender afb chf miord mitype
/status=fstat(1)
/print = ci.

*SPSS 新版指令 .
COXREG time
  /STATUS=fstat(1)
  /METHOD=ENTER age hr diasbp bmi gender afb chf miord mitype
  /PRINT=CI(95)
  /CRITERIA=PIN(.05) POUT(.10) ITERATE(20).
```

【A. 分析結果說明】

Block 1: Method = Enter

Omnibus Tests of Model Coefficients[a]

-2 Log Likelihood	Overall (score)			Change From Previous Step			Change From Previous Block		
	Chi-square	df	Sig.	Chi-square	df	Sig.	Chi-square	df	Sig.
2246.388	208.069	9	.000	208.752	9	.000	208.752	9	.000

a. Beginning Block Number 1. Method = Enter

425

1. 「Omnibus Tests of Model Coefficients」表格印出，模型中所有變數的迴歸係數，其整體適配度 Overall (score) 卡方檢定的虛擬假設 H_0：「所有變數的迴歸係數全為 0」。本例檢定結果，(1)overall(Score) $\chi_{(9)}^2$=208.069(p<0.05)；(2) 對數概似比 =2246.388。故拒絕虛擬假設 H_0，表示本 Cox 模型中至少有一個自變數 (即共變數) 的 HR 值不為 1(Coef. 不為 0)，模型整體檢定具有統計學顯著意義。

<table>
<tr><th colspan="9">Variables in the Equation</th></tr>
<tr><th></th><th></th><th></th><th></th><th></th><th></th><th></th><th colspan="2">95.0% CI for Exp(B)</th></tr>
<tr><th></th><th>B</th><th>SE</th><th>Wald</th><th>df</th><th>Sig.</th><th>Exp(B)</th><th>Lower</th><th>Upper</th></tr>
<tr><td>歲</td><td>.049</td><td>.007</td><td>52.298</td><td>1</td><td>.000</td><td>1.050</td><td>1.036</td><td>1.064</td></tr>
<tr><td>hr</td><td>.010</td><td>.003</td><td>11.923</td><td>1</td><td>.001</td><td>1.010</td><td>1.004</td><td>1.016</td></tr>
<tr><td>diasbp</td><td>-.010</td><td>.004</td><td>8.252</td><td>1</td><td>.004</td><td>.990</td><td>.983</td><td>.997</td></tr>
<tr><td>bmi</td><td>-.044</td><td>.016</td><td>7.131</td><td>1</td><td>.008</td><td>.957</td><td>.927</td><td>.988</td></tr>
<tr><td>性別</td><td>-.268</td><td>.145</td><td>3.439</td><td>1</td><td>.064</td><td>.765</td><td>.576</td><td>1.015</td></tr>
<tr><td>afb</td><td>.125</td><td>.170</td><td>.546</td><td>1</td><td>.460</td><td>1.134</td><td>.813</td><td>1.581</td></tr>
<tr><td>chf</td><td>.776</td><td>.149</td><td>27.256</td><td>1</td><td>.000</td><td>2.172</td><td>1.623</td><td>2.907</td></tr>
<tr><td>miord</td><td>.045</td><td>.145</td><td>.095</td><td>1</td><td>.758</td><td>1.046</td><td>.786</td><td>1.391</td></tr>
<tr><td>mitype</td><td>-.169</td><td>.184</td><td>.848</td><td>1</td><td>.357</td><td>.844</td><td>.589</td><td>1.210</td></tr>
</table>

2. 本例分析結果顯示，最後強迫進入「Enter」的模型包含「age、hr、diasbp、bmi、gender、afb、chf、miord、mitype」九個共變數，(1) 若 P(=Sig.)<.05，表示該共變數為影響癌病患者預後的獨立因素。(2) 相對危險度 HR=Exp(B) 若 <1，表示該變數對患者死亡風險有降低效果；反之則反，(3) 若 HR 的 95% 信賴區間 (95% CI) 不含 0 值，則達到統計顯著水準 (Type I 誤差，α=0.05)。

Step 9 再刪不顯著者，剩下 (八個) 危險因子都納入 Cox 模型

　　SPSS 新舊版對應的指令語法如下：

```
*SPSS 舊版指令 .
subtitle "Step9 再刪不顯著者 , 剩下 (8 個 ) 危險因子都納入 Cox 模型 ".
coxreg time with age hr diasbp bmi gender afb chf mitype
  /status=fstat(1)
  /print = ci.
```

```
*SPSS 新版指令.
COXREG time
  /STATUS=fstat(1)
  /METHOD=ENTER age hr diasbp bmi gender afb chf mitype
  /PRINT=CI(95)
  /CRITERIA=PIN(.05) POUT(.10) ITERATE(20).
```

【A. 分析結果說明】

Block 1: Method = Enter

Omnibus Tests of Model Coefficients[a]

-2 Log Likelihood	Overall (score)			Change From Previous Step			Change From Previous Block		
	Chi-square	df	Sig.	Chi-square	df	Sig.	Chi-square	df	Sig.
2246.500	208.064	8	.000	208.658	8	.000	208.658	1	.000

a. Beginning Block Number 1. Method = Enter

1. 「Omnibus Tests of Model Coefficients」表格印出，模型中所有變數的迴歸係數，其整體適配度 Overall (score) 卡方檢定的虛擬假設 H_0：「所有變數的迴歸係數全為 0」。本例檢定結果，(1)overall(Score) $\chi_{(8)}^2$=208.064(p<0.05)；(2) 對數概似比 =2246.500。故拒絕虛擬假設 H_0，表示本 Cox 模型中至少有一個自變數 (即共變數) 的 HR 值不為 1(Coef. 不為 0)，模型整體檢定具有統計學顯著意義。

Variables in the Equation

	B	SE	Wald	df	Sig.	Exp(B)	95.0% CI for Exp(B)	
							Lower	Upper
歲	.049	.007	52.445	1	.000	1.050	1.036	1.064
hr	.010	.003	12.156	1	.000	1.010	1.005	1.016
diasbp	-.010	.004	8.345	1	.004	.990	.983	.997
bmi	-.044	.016	7.278	1	.007	.957	.927	.988
性別	-.274	.144	3.624	1	.057	.761	.574	1.008
afb	.124	.170	.537	1	.464	1.132	.812	1.579
chf	.777	.149	27.365	1	.000	2.176	1.626	2.911
mitype	-.182	.179	1.035	1	.309	.834	.587	1.184

2. 本例分析結果顯示，最後強迫進入「Enter」的模型包含「age、hr、diasbp、bmi、gender、afb、chf、mitype」八個共變數，(1) 若 P(=Sig.)<.05，表示該共變數為影響癌病患者預後的獨立因素。(2) 相對危險度 HR=Exp(B) 若 <1，表示該變數對患者死亡風險有降低效果；反之則反，(3) 若 HR 的 95% 信賴區間 (95% CI) 不含 0 值，則達到統計顯著水準 (Type I 誤差，α=0.05)。

Step 10　三刪不顯著者，剩下 (六個) 危險因子都納入 Cox 模型

　　SPSS 新舊版對應的指令語法如下：

```
*SPSS 舊版指令 .
subtitle "Step10 三刪不顯著者 , 剩下 (6 個 ) 危險因子都納入 Cox 模型 ".
coxreg time with age hr diasbp bmi gender chf
  /status=fstat(1)
  /print = ci.

*SPSS 新版指令 .
COXREG time
  /STATUS=fstat(1)
  /METHOD=ENTER hr10
  /PRINT=CI(95)
  /CRITERIA=PIN(.05) POUT(.10) ITERATE(20).
```

【A. 分析結果說明】

Block 1: Method = Enter

Omnibus Tests of Model Coefficients[a]

-2 Log Likelihood	Overall (score)			Change From Previous Step			Change From Previous Block		
	Chi-square	df	Sig.	Chi-square	df	Sig.	Chi-square	df	Sig.
2247.999	206.490	6	.000	207.159	6	.000	207.159	6	.000

a. Beginning Block Number 1. Method = Enter

1. 「Omnibus Tests of Model Coefficients」表格印出，模型中所有變數的迴歸係數，其整體適配度 Overall (score) 卡方檢定的虛擬假設 H_0：「所有變數的迴歸係數全為 0」。本例檢定結果，(1)overall(Score) $\chi_{(6)}^2$=206.490(p<0.05)；(2)

對數概似比 =2247.999。故拒絕虛擬假設 H_0，表示本 Cox 模型中至少有一個自變數 (即共變數) 的 HR 值不為 1(Coef. 不為 0)，模型整體檢定具有統計學顯著意義。

							95.0% CI for Exp(B)	
	B	SE	Wald	df	Sig.	Exp(B)	Lower	Upper
歲	.050	.007	56.981	1	.000	1.051	1.038	1.065
hr	.011	.003	14.701	1	.000	1.011	1.005	1.017
diasbp	-.011	.004	9.093	1	.003	.989	.983	.996
bmi	-.045	.016	7.698	1	.006	.956	.926	.987
性別	-.270	.144	3.534	1	.060	.763	.576	1.012
chf	.778	.147	28.101	1	.000	2.176	1.633	2.901

Variables in the Equation

2. 本例分析結果顯示，最後強迫進入「Enter」的模型包含「age、hr、diasbp、bmi、gender、chf」六個共變數，(1) 若 P(=Sig.)<.05，表示該共變數為影響癌病患者預後的獨立因素。(2) 相對危險度 HR=Exp(B) 若 <1，表示該變數對患者死亡風險有降低效果；反之則反，(3) 若 HR 的 95% 信賴區間 (95% CI) 不含 0 值，則達到統計顯著水準 (Type I 誤差，α=0.05)。

Step 11 age 換成 agecat(分四等級)，剩下 (六個) 危險因子都納入 Cox 模型

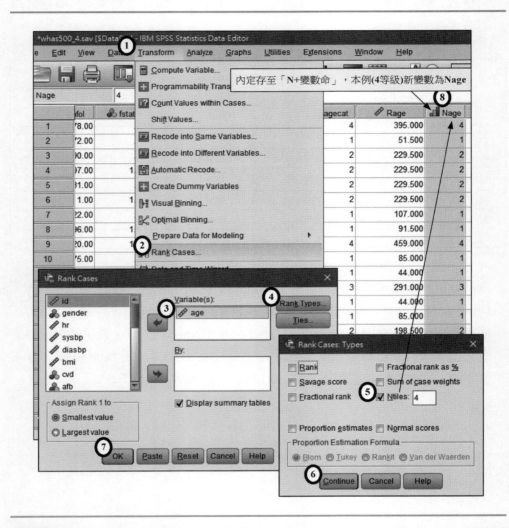

圖 7-6 「rank variables =age (A) / ntiles (4) into agecat / ties=low」畫面　(此 SPSS 語法是舊版)

SPSS 新版對應的指令語法如下：

```
*SPSS 新版指令：內定存至「N+ 變數命」，本例 (4 等級 ) 新變數為 Nage.
RANK VARIABLES=age (A)
  /NTILES(4)
  /PRINT=YES
  /TIES=MEAN.
```

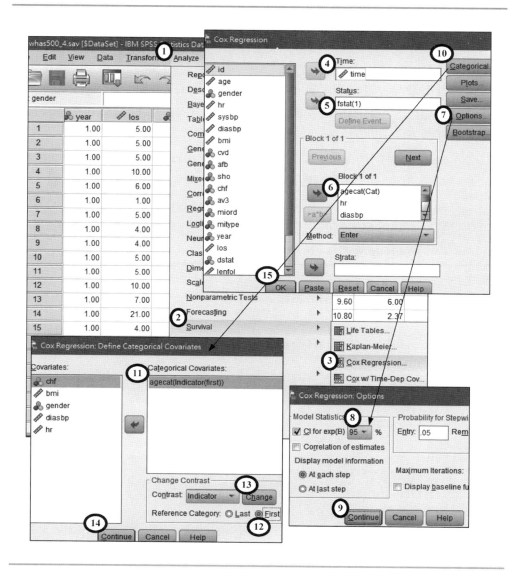

圖 7-7 「coxreg time with agecat hr diasbp bmi gender chf/status=fstat(1)/categorical = agecat/contrast(agecat) = indicator(1)」畫面 (此 SPSS 語法是舊版)

> 注意：在數據錄入時，建議將二分類變數賦值為 0 和 1；多分類變數賦值
> 為 0、1、2、3 或者 1、2、3、4 等，並根據以下情況設置 Categorical
> Covariates 選項：
>
> case 1：以下情況，可以不定義 categorical covariates 選項：當自變數是二分
> 類變數，並且賦值的差值為 1，例如賦值為 0 和 1，也不需要繪製該
> 變數不同組間的生存曲線時。
>
> case 2：case1 以外的情況都必須定義 categorical covariates 選項。需特別注意
> 兩種情況：(1) 當自變數是二分類變數，但要在 plots 選項中設置，得
> 到不同組間的生存曲線時。比如本例中，group 為二分類變數，但要
> 觀察不同用藥組間的生存曲線，就需要在 categorical covariates 選項
> 中定義 group 變數；(2) 多分類變數時。

　　SPSS 新 vs. 舊版對應的指令語法如下：

```
subtitle "Step11 age 換成 agecat( 分 4 等級 )，剩下 (6 個 ) 危險因子都納入 Cox 模型 ".
*SPSS 舊版指令 .
rank variables =age (A)
  /ntiles (4) into agecat
  /ties=low.

*SPSS 舊版指令 .
coxreg time with agecat hr diasbp bmi gender chf
  /status=fstat(1)
  /categorical = agecat
  /contrast(agecat) = indicator(1).

*SPSS 新版指令 .
COXREG time
  /STATUS=fstat(1)
  /CONTRAST (agecat)=Indicator(1)
  /METHOD=ENTER agecat hr diasbp bmi gender chf
/PRINT=CI(95)
  /CRITERIA=PIN(.05) POUT(.10) ITERATE(20).
```

【A. 分析結果說明】

Block 1: Method = Enter									
Omnibus Tests of Model Coefficients[a]									
-2 Log Likelihood	Overall (score)			Change From Previous Step			Change From Previous Block		
	Chi-square	df	Sig.	Chi-square	df	Sig.	Chi-square	df	Sig.
2250.135	217.945	8	.000	205.023	8	.000	205.023	8	.000
a. Beginning Block Number 1. Method = Enter									

1. 「Block 1」「Omnibus Tests of Model Coefficients」表格印出，模型中所有變數的迴歸係數，其整體適配度 Overall (score) 卡方檢定的虛擬假設 H_0：「所有變數的迴歸係數全為 0」。本例檢定結果，(1)overall(Score) $\chi_{(8)}^2$=217.945(p<0.05)；(2) 對數概似比 =2250.135。故拒絕虛擬假設 H_0，表示本 Cox 模型中至少有一個自變數 (即共變數) 的 HR 值不為 1(Coef. 不為 0)，模型整體檢定具有統計學顯著意義。

Variables in the Equation						
	B	SE	Wald	df	Sig.	Exp(B)
Percentile Group of age			53.176	3	.000	
Percentile Group of age(1)	.690	.294	5.487	1	.019	1.993
Percentile Group of age(2)	1.428	.273	27.317	1	.000	4.172
Percentile Group of age(3)	1.807	.278	42.206	1	.000	6.093
hr	.010	.003	11.411	1	.001	1.010
diasbp	-.011	.003	10.438	1	.001	.989
bmi	-.049	.016	9.204	1	.002	.952
性別	-.299	.145	4.270	1	.039	.741

2. 本例分析結果顯示，最後強迫進入「Enter」的模型包含「agecat hr diasbp bmi gender chf」6 個共變數，(1) 若 P(=Sig.)<.05，表示該共變數為影響癌病患者預後的獨立因素。(2) 相對危險度 HR=Exp(B) 若 <1，表示該變數對患者死亡風險有降低效果；反之則反，(3) 若 HR 的 95% 信賴區間 (95% CI) 不含 0 值，則達到統計顯著水準 (Type I 誤差，α=0.05)。

3. 可將 Step11 求出 agecat 四等級之 hazard ratio(係數 B)，再當 Step15-2 變數 coeff 值，並繪出 agecat 四等級之危機率之線性圖。

Step 12 hr 換成 hrcat(分四等級)，剩下 (六個) 危險因子都納入 Cox 模型

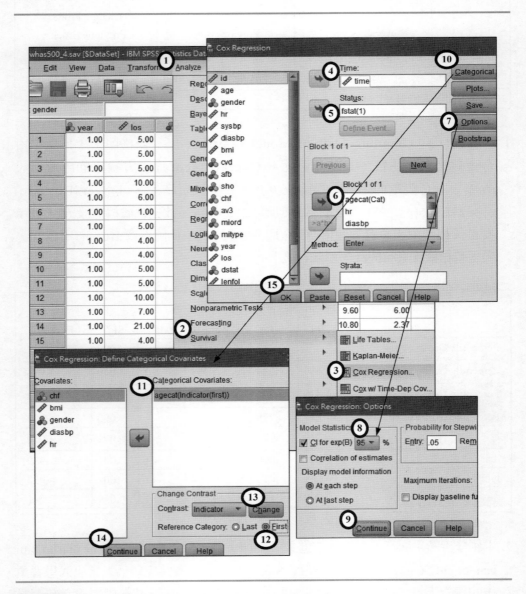

圖 7-8 「coxreg time with agecat hr diasbp bmi gender chf/status=fstat(1)/categorical = agecat/contrast(agecat) = indicator(1)」畫面 (此 SPSS 語法是舊版)

SPSS 新 vs. 舊版對應的指令語法如下：

```
*SPSS 舊版指令 .
subtitle " Step12 hr 換成 hrcat( 分 4 等級 )，剩下 (6 個 ) 危險因子都納入 Cox 模型 ".
rank variables =hr  (A)
/ntiles (4) into  hrcat
/ties=low.

coxreg time with age hrcat diasbp bmi gender chf
/status=fstat(1)
/categorical = hrcat
/contrast(hrcat) = indicator(1).

*SPSS 新版指令 .
COXREG time
  /STATUS=fstat(1)
  /CONTRAST (hrcat)=Indicator(1)
  /METHOD=ENTER age hrcat diasbp bmi gender chf
/PRINT=CI(95)
  /CRITERIA=PIN(.05) POUT(.10) ITERATE(20).
```

【A. 分析結果說明】

Block 1: Method = Enter

Omnibus Tests of Model Coefficients[a]

-2 Log Likelihood	Overall (score)			Change From Previous Step			Change From Previous Block		
	Chi-square	df	Sig.	Chi-square	df	Sig.	Chi-square	df	Sig.
2245.685	209.483	8	.000	209.473	8	.000	209.473	8	.000

a. Beginning Block Number 1. Method = Enter

1. 「Block 1」「Omnibus Tests of Model Coefficients」表格印出，模型中所有變數的迴歸係數，其整體適配度 Overall (score) 卡方檢定的虛擬假設 H_0：「所有變數的迴歸係數全為 0」。本例檢定結果，(1)overall(Score) $\chi^2_{(8)}$=209.483(p<0.05)；(2) 對數概似比 =2245.685。故拒絕虛擬假設 H_0，表示本 Cox 模型中至少有一個自變數 (即共變數) 的 HR 值不為 1(Coef. 不為 0)，模型整體檢定具有統計學顯著意義。

Variables in the Equation						
	B	SE	Wald	df	Sig.	Exp(B)
歲	.050	.007	57.160	1	.000	1.052
Percentile Group of hr			15.965	3	.001	
Percentile Group of hr(1)	.335	.237	1.995	1	.158	1.398
Percentile Group of hr(2)	.483	.212	5.174	1	.023	1.621
Percentile Group of hr(3)	.809	.208	15.154	1	.000	2.246
diasbp	-.010	.004	8.154	1	.004	.990
bmi	-.046	.016	7.921	1	.005	.955
性別	-.269	.144	3.494	1	.062	.764
chf	.750	.149	25.429	1	.000	2.117

2. 將 hr 換成 **hrcat**(分四等級)，「Percentile Group of hr(1)」是「$\dfrac{\text{pr(hrcat} = 2)}{\text{pr(hrcat} = 1)}$」；「Percentile Group of hr(2)」是「$\dfrac{\text{pr(hrcat} = 3)}{\text{pr(hrcat} = 1)}$」，如此類推。

Step 13 diasbp 換成 diasbpcat（分四等級），剩下（六個）危險因子都納入
Cox 模型

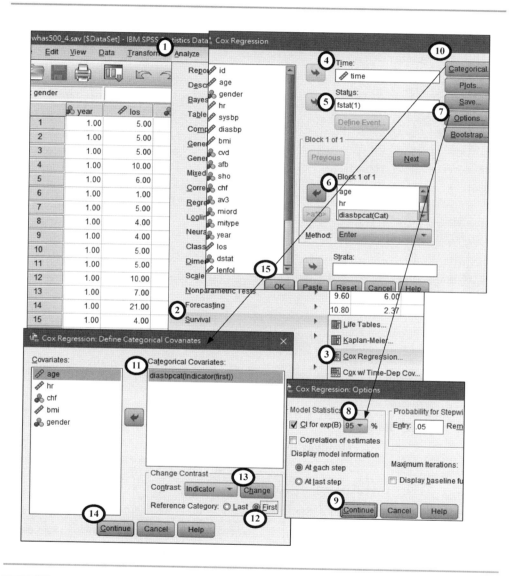

圖 7-9 「coxreg time with age hr diasbpcat bmi gender chf/status=fstat(1)/categorical =
diasbpcat/contrast(diasbpcat) = indicator(1)」畫面 (此 SPSS 語法是舊版)

SPSS 新版對應的指令語法如下：

```
*SPSS 舊版指令 .
subtitle " Step13  diasbp 換成 diasbpcat( 分 4 等級 ), 剩下 (6 個 ) 危險因子都納入
Cox 模型 ".
rank variables = diasbp (A)
 /ntiles (4) into diasbpcat
  /ties=low.

coxreg time with age hr diasbpcat bmi gender chf
/status=fstat(1)
/categorical = diasbpcat
/contrast(diasbpcat) = indicator(1).

*SPSS 新版指令 .
COXREG time
  /STATUS=fstat(1)
  /CONTRAST (diasbpcat)=Indicator(1)
  /METHOD=ENTER age hr diasbpcat bmi gender chf
/PRINT=CI(95)
  /CRITERIA=PIN(.05) POUT(.10) ITERATE(20).
```

【A. 分析結果說明】

Block 1: Method = Enter

Omnibus Tests of Model Coefficients[a]

-2 Log Likelihood	Overall (score)			Change From Previous Step			Change From Previous Block		
	Chi-square	df	Sig.	Chi-square	df	Sig.	Chi-square	df	Sig.
2248.661	207.107	8	.000	206.497	8	.000	206.497	8	.000

a. Beginning Block Number 1. Method = Enter

Variables in the Equation						
	B	SE	Wald	df	Sig.	Exp(B)
歲	.050	.007	57.262	1	.000	1.051
hr	.011	.003	14.505	1	.000	1.011
Percentile Group of diasbp			8.644	3	.034	
Percentile Group of diasbp(1)	-.314	.177	3.144	1	.076	.731
Percentile Group of diasbp(2)	-.298	.211	1.990	1	.158	.742
Percentile Group of diasbp(3)	-.610	.213	8.252	1	.004	.543
bmi	-.046	.016	7.755	1	.005	.955
性別	-.253	.144	3.063	1	.080	.777
chf	.769	.151	26.080	1	.000	2.157

1. 將 diasbp 換成 diasbpcat (分四等級)，「Percentile Group of diasbp(1)」是

「$\dfrac{\text{pr(diasbpcat}=3)}{\text{pr(diasbpcat}=1)}$」；「Percentile Group of diasbp(2)」是「$\dfrac{\text{pr(diasbpcat}=2)}{\text{pr(diasbpcat}=1)}$」，

如此類推。

Step 14 bmi 換成 bmicat(分四等級)，剩下 (六個) 危險因子都納入 Cox 模型

SPSS 新 vs. 舊版對應的指令語法如下：

```
*SPSS 舊版指令 .
subtitle "Step14 bmi 換成 bmicat( 分 4 等級 ), 剩下 (6 個 ) 危險因子都納入 Cox 模型 ".
rank variables = bmi (A)
 /ntiles (4) into bmicat
  /ties=low.

coxreg time with age hr diasbp bmicat gender chf
/status=fstat(1)
/categorical = bmicat
/contrast(bmicat) = indicator(1).
```

```
*SPSS 新版指令 .
COXREG time
  /STATUS=fstat(1)
  /CONTRAST (bmicat)=Indicator(1)
  /METHOD=ENTER age hr diasbp bmicat gender chf
/PRINT=CI(95)
  /CRITERIA=PIN(.05) POUT(.10) ITERATE(20).
```

【A. 分析結果說明】

Block 1: Method = Enter

Omnibus Tests of Model Coefficients[a]

-2 Log Likelihood	Overall (score)			Change From Previous Step			Change From Previous Block		
	Chi-square	df	Sig.	Chi-square	df	Sig.	Chi-square	df	Sig.
2248.853	211.851	8	.000	206.305	8	.000	206.305	8	.000

a. Beginning Block Number 1. Method = Enter

Variables in the Equation

	B	SE	Wald	df	Sig.	Exp(B)
歲	.052	.007	60.689	1	.000	1.053
hr	.011	.003	14.580	1	.000	1.011
diasbp	-.011	.004	8.942	1	.003	.989
Percentile Group of bmi			7.268	3	.064	
Percentile Group of bmi(1)	-.403	.180	5.035	1	.025	.668
Percentile Group of bmi(2)	-.370	.190	3.803	1	.051	.690
Percentile Group of bmi(3)	-.430	.223	3.722	1	.054	.650
性別	-.262	.143	3.357	1	.067	.769
chf	.769	.146	27.576	1	.000	2.157

1. 將 bmi 換成 bmicat(分四等級)，「Percentile Group of bmi(1)」是「$\frac{pr(bmicat = 2)}{pr(bmicat = 1)}$」；

「Percentile Group of bmi (2)」是「$\frac{pr(bmicat = 3)}{pr(bmicat = 1)}$」，如此類推。

Step 15-1 求 age 四等級 (agecat) 之 (min,max)

四分位數 midpoints，可定義為：每個四分位數之最小值和最大值的平均值。

Step11 是求 (係數 B 代表 hazard ratio)、Step15-1 是求 (四等分之 min,max)
做法。

```
subtitle "Step15-1 求 age 各分組存活 (min,max) 時間 ".
sort cases by agecat.
split file
layered by agecat.

descriptives variables = age
/statistics = min max.
```

【A. 分析結果說明】

Descriptive Statistics

Percentile Group of age		N	Minimum	Maximum
1	歲	138	30.00	59.00
	Valid N (listwise)	138		
2	歲	119	60.00	72.00
	Valid N (listwise)	119		
3	歲	130	73.00	82.00
	Valid N (listwise)	130		
4	歲	113	83.00	104.00
	Valid N (listwise)	113		

1. (min+max)/2，當下列 age 變數值。再繪四等級 (age) 之對數危險值 (log hazard)

Step 15-2 求四等級 (agecat) 之 (min+max)/2，當下列 age 值

```
subtitle "Step15-2 求四等級 (agecat) 之 (min+max)/2，當下列 age 值 ".
Subtitle2 " 將 Step11 求出 agecat 四等級之 Hazard ratio，當下列 coeff 值 ".

* 四等分：age=(min+ max)/2 .
* 要先「File → New → Data」，再直接讀入下列「age coeff」變數值 .
data list free
   /age coeff.
begin data
44.5    0
66       .690
77.5   1.428
93.5   1.807
end data.
graph  /scatterplot(bivar) =age with coeff.
```

【B. 分析結果說明】繪線性圖

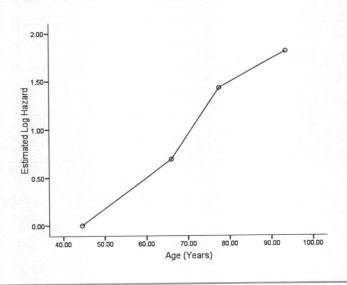

圖 7-10 四等分 age 之對數危險值 (log hazard)

Step 16 依 heart rate 四等分來繪危險機率圖

　　比照 Step11 (係數 B 代表 hazard ratio)、Step15-1 (求四等分之 min,max) 做法，再繪 hr(heart rate) 之危險機率圖。

```
subtitle "Step16 依 Heart Rate 來繪危險機率圖".
Subtitle2 " 將 Step11 求出 agecat 四等級之 Hazard ratio，當下列 coeff 值 ".

* 四等分：hr=(min+ max)/2 .

data list free
/hr coeff.
begin data
52      0
77.5    .335
92.5    .483
143. 5  .809
end data.
graph   /scatterplot(bivar) =hr with coeff.
```

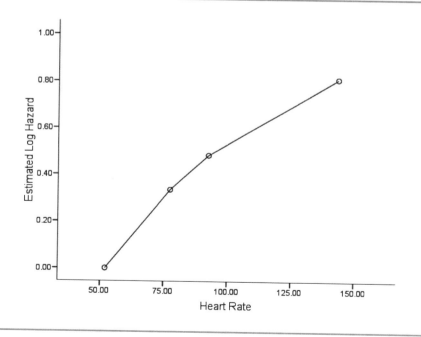

圖 7-11　四等分 heart rate 之對數危險值 (log hazard)

Step 17 依 diastolic blood pressure 四等分來繪危險機率圖

比照 Step11 (係數 B 代表 hazard ratio)、Step15-1 (求四等分之 min,max) 做法，再繪 diastolic blood pressure 之危險機率圖。

```
subtitle "Step17依Diastolic Blood Pressure 四等分來繪危險機率圖 ".
data list free
* Diastolic Blood Pressure.
* 四等分：diasbp =(min+ max)/2 .
/diasbp coeff.
begin data
34.5    0
71.5   -.314
85.8   -.298
145.3  -.610
end data.
graph  /scatterplot(bivar) =diasbp with coeff.
```

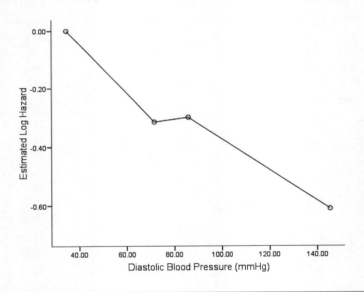

圖 7-12　四等分 blood pressure 之對數危險值 (log hazard)

Step 18 依 body mass index 四等分來繪危險機率圖

比照 Step11 (係數 B 代表 hazard ratio)、Step15-1 (求四等分之 min,max) 做法，再繪 body mass index 之危險機率圖。

```
subtitle "Step18 依 Body Mass Index 四等分來繪危險機率圖".
* Body Mass Index.

* 四等分：bmi =(min+ max)/2.
data list free
/bmi coeff.
begin data
18.1    0
24.6  -.453
27.7 -.315
37.1 -.592
end data.
graph  /scatterplot(bivar) =bmi with coeff.
```

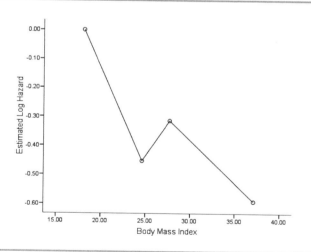

圖 7-13 四等分 body mass index 之對數危險值 (log hazard)

7-2 共變數係數調整法：fractional polynomial regression(coxreg 指令)

由於 SPSS 並無提供分數多項式迴歸 (fractional polynomial regression) 的指令，我們將簡單地使用「compute」指令來做變數轉換。

邏輯斯迴歸之共變數係數調整法，你可看作者《邏輯斯迴歸及離散選擇模型：應用 STaTa 統計》一書，〈5-5 邏輯斯迴歸之共變數係數調整法 (fractional multinomial logit model)：6 種行政預算編列比例之因素 (fmlogit 外掛指令)〉。

範例：多變量 Cox 迴歸：共變數 BMI 有四模型誰優 (coxreg 指令)

一、問題說明

本例旨在比較「多因子對發生某 event(肝病死亡) 機率」模型中，那個較優呢？(分析單位：病人)

研究者收集數據並整理成下表，此「**whas500.sav**」資料檔內容之變數如下：

變數名稱	說明	編碼 Codes/Values
結果變數 (Y 軸：存活嗎)：fstat	(發生 event 嗎：即 failure variable)，1= 是，0= 否	0,1「是設限資料 censored data)」
存活時間變數 (X 軸)：time	存活多長時間 (年)	1〜2358 月
共變數：gender	性別 (虛擬變數)	0= 女 1= 男
共變數：age	年齡 (連續變數)	30〜104 歲

二、資料檔之內容

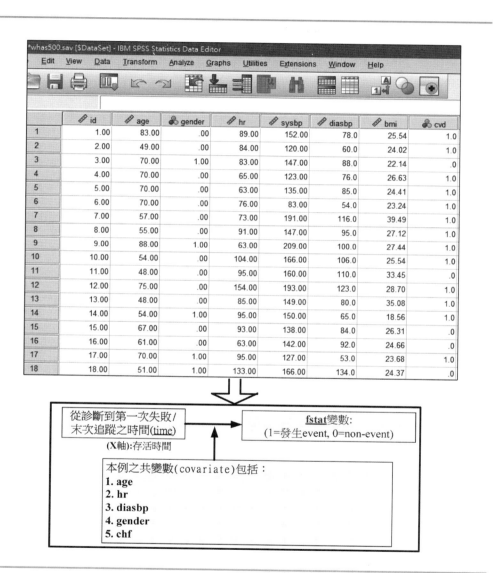

圖 7-14 「whas500.sav」資料檔內容做 fractional polynomial regression (N=500 個人，20 個變數)

三、分析結果與討論

Step 1　共變數 BMI 之四模型誰優呢？

Step 1-1　無 BMI 危險因子 (當比較的基準點)

SPSS 新 vs. 舊版對應的指令語法如下：

```
title "fractional polynomial Cox regression.sps".
subtitle "Step1-1 敵對模型 1: bmi not in the model".
get file ='C:\CD\whas500.sav'.

* 存活時間單位：由 ( 日 ) 轉成 ( 年 ).
compute time = lenfol /365.25.
exe.
* Model 1: bmi not in the model.
coxreg time with age hr diasbp gender chf
/status=fstat(1).

*SPSS 舊版指令 .
coxreg time with age hr diasbp gender chf
/status=fstat(1) .

*SPSS 新版指令 .
COXREG time
  /STATUS=fstat(1)
  /METHOD=ENTER age hr diasbp gender chf
  /CRITERIA=PIN(.05) POUT(.10) ITERATE(20).
```

【A. 分析結果說明】

<table>
<tr><th colspan="11">Omnibus Tests of Model Coefficients[a]</th></tr>
<tr><th rowspan="2">-2 Log Likelihood</th><th colspan="3">Overall (score)</th><th colspan="3">Change From Previous Step</th><th colspan="3">Change From Previous Block</th></tr>
<tr><th>Chi-square</th><th>df</th><th>Sig.</th><th>Chi-square</th><th>df</th><th>Sig.</th><th>Chi-square</th><th>df</th><th>Sig.</th></tr>
<tr><td>2255.945</td><td>199.993</td><td>5</td><td>.000</td><td>199.213</td><td>5</td><td>.000</td><td>199.213</td><td>5</td><td>.000</td></tr>
</table>

a. Beginning Block Number 1. Method = Enter

1. Cox 迴歸，無 bmi 危險因子時，模型適配度二個指標「log Likelihood、卡方值」p 值 (TYPE I 誤差 $\alpha < .05$) 達顯著水準，表示你界定五個共變數「age、hr、diasbp、gender、chf」，至少有一個迴歸係數達顯著性。

2. 無 bmi 危險因子時，Cox 模型之對數概似 =2255.945，自由度 (df)=5。這二個值是模型優劣比較必要的統計值。

| Step 1-2 | 線性的 BMI 適合當危險因子嗎

SPSS 新 vs. 舊版對應的指令語法如下：

```
subtitle "Step1-2 敵對模型 2: bmi in the model as a linear term".
* Model 2: bmi in the model as a linear term.
*SPSS 舊版指令 .
coxreg time with age hr diasbp gender chf bmi
/status=fstat(1) .


*SPSS 新版指令 .
COXREG time
  /STATUS=fstat(1)
  /METHOD=ENTER age hr diasbp gender chf bmi
  /CRITERIA=PIN(.05) POUT(.10) ITERATE(20).
```

【A. 分析結果說明】

Block 1: Method = Enter

Omnibus Tests of Model Coefficients^a

-2 Log Likelihood	Overall (score)			Change From Previous Step			Change From Previous Block		
	Chi-square	df	Sig.	Chi-square	df	Sig.	Chi-square	df	Sig.
2247.999	206.490	6	.000	207.159	6	.000	207.159	6	.000

a. Beginning Block Number 1. Method = Enter

1. 納入線性 BMI 共變數時，Cox 模型之對數概似 =2247.999，自由度 (df)=6。這二個值是模型優劣比較必要的統計值。

Step 1-3 非線性 $\dfrac{1}{BMI^2}$ 「bmi in the model as bmi ^ (-2)」適合當危險因子嗎

　　SPSS 新 vs. 舊版對應的指令語法如下：

```
subtitle "Step1-3 敵對模型 3:bmi in the model as bmi^(-2)".
* Model 3: bmi in the model as bmi^(-2).
compute bmi2 = bmi**(-2).

*SPSS 舊版指令 .
coxreg time with age hr diasbp gender chf bmi2
/status=fstat(1).

*SPSS 新版指令 .
COXREG time
   /STATUS=fstat(1)
   /METHOD=ENTER age hr diasbp gender chf bmi2
   /CRITERIA=PIN(.05) POUT(.10) ITERATE(20).
```

【A. 分析結果說明】

Omnibus Tests of Model Coefficients[a]

-2 Log Likelihood	Overall (score)			Change From Previous Step			Change From Previous Block		
	Chi-square	df	Sig.	Chi-square	df	Sig.	Chi-square	df	Sig.
2241.668	219.662	6	.000	213.490	6	.000	231.490	6	.000

a. Beginning Block Number 1. Method = Enter

1. 納入非線性共變數時，Cox 模型之對數概似 =2241.668，自由度 (df)=6。這二個值是模型優劣比較必要的統計值。

Step 1-4 非線性「BMI ^{2}、BMI ^{3}」適合當危險因子嗎

　　SPSS 新 vs. 舊版對應的指令語法如下：

```
subtitle "Step1-4 敵對模型 4: bmi in the model as bmi^2 and bmi^3".
* Model 4: bmi in the model as bmi^2 and bmi^3.
compute bmi_sq = bmi**2.
```

```
compute bmi_cu = bmi**3.

*SPSS 舊版指令 .
coxreg time with age hr diasbp gender chf bmi_sq bmi_cu
 /status=fstat(1) .

*SPSS 新版指令 .
COXREG time
  /STATUS=fstat(1)
  /METHOD=ENTER age hr diasbp gender chf bmi_sq bmi_cu
  /CRITERIA=PIN(.05) POUT(.10) ITERATE(20).
```

【A. 分析結果說明】

Omnibus Tests of Model Coefficients[a]

-2 Log Likelihood	Overall (score)			Change From Previous Step			Change From Previous Block		
	Chi-square	df	Sig.	Chi-square	df	Sig.	Chi-square	df	Sig.
2237.784	226.873	7	.000	217.374	7	.000	217.374	7	.000
a. Beginning Block Number 1. Method = Enter									

1. 納入非線性「BMI^2、BMI^3」共變數時，Cox 模型之對數概似 =2237.784，自由度 (df)=7。這二個值是模型優劣比較必要的統計值。

Step 1-5 比較 BMI 四模型，前後二個模型適配度：卡方 (p 值) 是否達顯著差異？

　　彙總上述四個 Cox 模型之「對數概似、自由度 (df)」，重新建一個資料檔「File → New → Data」，並使用卡方檢定來比較這四個 Cox 模型之間優劣。

　　下面的表格中。表中的自由度 (df) 是我們試圖尋找最佳轉換的 bmi 變量相關的額外自由度。所以 Model1 bmi 不納入模型時，因沒相關的對比自由度，因此它 df=0。Model2 納入線性項 bmi，故增加 1 個自由度。Model3 是基於「最佳」模型，只有一個共變數 $\frac{1}{bmi^2}$ 一項。最好的轉化 (在這種情況下，power of -2) 的確定需要一定程度的自由度。因此，與參數估計一起，需要二個自由度。Model4 共變數有兩項「BMI^2、BMI^3」，我們將有二個參數用於最佳轉換和二個迴歸係數進行估計，因此 Model4 產生四個自由度。

SPSS 對應的指令語法如下：

```
subtitle "Step 1-5 比較 BMI 四模型，前後二個模型適配度：卡方 ( p 值 ) 是否達顯著差
異 ".
* 變數 ll 是 log likelihood( 模型適配度 ).df 是前面 4 模型的對比自由度 (model
1=0).
data list free /ll df.
begin data.
2255.945  0
2247.999  1
2241.668  2
2237.784  4
end data.

* 概似比 (log likelihood) 平移，以第二筆當 0 值 .
if $casenum>1 gstat = 2247.999 -ll.
compute chisq = lag(ll) - ll.
*df 變數：前後二筆資料相減 (df 差分 ).
compute difdf = df -lag(df).

* pvalue 變數：前後二筆資料 (chisq,difdf) 的差距 .
compute pvalue = 1- cdf.chisq(chisq,difdf).
exe.

* list 指令印出三變數 .
list variables = ll gstat pvalue.
```

【A. 分析結果說明】

```
     ll      gstat     pvalue

2255.95       .          .
2248.00      .00       .0048
2241.67     6.33       .0119
2237.78    10.21       .1434
```

1. 數值的第 2 行 (Model1 vs. Model2)，印出 (p=.0048)，表示 Cox 迴歸有納入「線

性 BMI 共變數」適配度，顯著優於未納入「BMI 共變數」。

2. 數值的第 3 行 (Model1 vs. Model2)，印出 (p=.0119)，表示 Cox 迴歸有納入

「$\dfrac{1}{BMI^2}$ 共變數」適配度，顯著優於納入「線性 BMI 共變數」。

3. 數值的第 4 行 (Model1 vs. Model2)，印出 (p=.1434)，表示 Cox 迴歸有納入

「BMI^2、二個共變數」適配度，並未顯著優於納入「共 $\dfrac{1}{BMI^2}$ 變數」。

Step 2 繪「BMI vs. 未納入 BMI 之 (censored- Hazard 值)」散布線圖

　　以上 Model1 未納入 BMI。SPSS「Chart Editor」可修改線性迴歸之直線，改用 80% 點來平滑 (Loess) 該迴歸線：triweight kernel(如下圖所示)。

　　SPSS 對應的指令語法如下：

```
subtitle " Step 2 繪「bmi vs. 未納入 bmi 之 (censored- Hazard 值 )」散布線圖 ".
get file ='C:\CD\whas500.sav'.
compute time = lenfol /365.25.
exe.

* 產生「新變數 Hazard：存危險函數」舊版指令 .
coxreg time with age hr diasbp gender chf
  /status=fstat(1)
  /save hazard(Hazard).

*SPSS 新版指令 .
COXREG time
  /STATUS=fstat(1)
  /METHOD=ENTER hr10
  /SAVE= HAZARD
  /CRITERIA=PIN(.05) POUT(.10) ITERATE(20).

compute mgale = fstat - Hazard.
exe.

* 繪「bmi vs. 未納入 bmi 之 (censored- Hazard 值 )」散布圖 .
graph /scatterplot(bivar) = bmi with mgale.
```

【A. 分析結果說明】

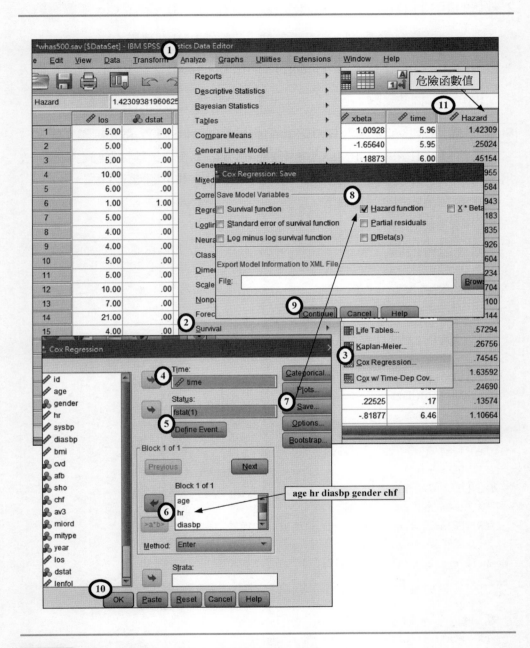

圖 7-15　產生「新變數 Hazard：存危險函數」指令

454

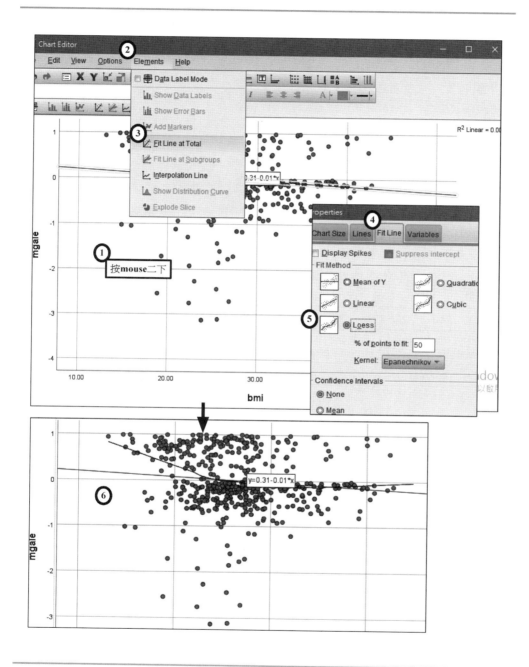

圖 7-16 修改「graph/scatterplot(bivar) = bmi with mgale」為平滑 (Loess) 曲線

可惜，SPSS 迄今仍無法儲存 Loess fit 的「predicted values」。

Step 3 多變量 Cox 迴歸：含非線性「BMI^2、BMI^3」之 $\Delta\chi^2$ 及 Δp

```
subtitle " Step3 ：含非線性「BMI**2、BMI**3」共變數 ".
get file ='C:\CD\whas500.sav'.
compute time = lenfol /365.25.
compute bmi_sq = (bmi/10)**2.
compute bmi_cu = (bmi/10)**3.
coxreg time with age hr diasbp gender chf bmi_sq bmi_cu
  /status=fstat(1).
```

Omnibus Tests of Model Coefficients[a, b]

-2 Log Likelihood	Overall (score)			Change From Previous Step			Change From Previous Block		
	Chi-square	df	Sig.	Chi-square	df	Sig.	Chi-square	df	Sig.
2237.784	226.873	7	.000	217.374	7	.000	217.374	7	.000

a. Beginning Block Number 0, initial Log Likelihood function: -2 Log likelihood: 2455.158
b. Beginning Block Number 1, Method = Enter

Variables in the Equation

	B	SE	Wald	df	Sig.	Exp(B)
age	.050	.007	56.673	1	.000	1.051
hr	.012	.003	15.957	1	.000	1.012
diasbp	-.011	.004	9.293	1	.002	.989
gender	-.326	.144	5.123	1	.024	.722
chf	.823	.147	31.300	1	.000	2.278
bmi_sq	-.725	.173	17.630	1	.000	.484
bmi_cu	.154	.039	15.496	1	.000	1.167

【A. 分析結果說明】

Block 1: Method = Enter

Omnibus Tests of Model Coefficients[a]

-2 Log Likelihood	Overall (score)			Change From Previous Step			Change From Previous Block		
	Chi-square	df	Sig.	Chi-square	df	Sig.	Chi-square	df	Sig.
2237.784	226.873	7	.000	217.374	7	.000	217.374	7	.000

a. Beginning Block Number 1. Method = Enter

Variables in the Equation

	B	SE	Wald	df	Sig.	Exp(B)
歲	.050	.007	56.673	1	.000	1.051
hr	.012	.003	15.957	1	.000	1.012
diasbp	-.011	.004	9.293	1	.002	.989
性別	-.326	.144	5.123	1	.024	.722
chf	.823	.147	31.300	1	.000	2.278
bmi_sq	-.725	.173	17.630	1	.000	.484
bmi_cu	.154	.039	15.496	1	.000	1.167

Step 4 層次 Cox 迴歸：含交互作用項「age × 某變數」之 $\Delta \chi^2$ 及 Δp

Step 4-1 層次 Cox 迴歸：含交互作用項「age × bmi」之及 $\Delta \chi^2$ 及 Δp

```
subtitle " Step 4-1 : 含交互作用項「age × bmi」".
* Model 1: 層次 Cox 迴歸：第 2 Blocks 新增「Interaction of age and bmi vari-
ables」.
coxreg time
/method = enter age hr diasbp gender chf bmi_sq bmi_cu
/method = enter age*bmi_sq age*bmi_cu
/status=fstat(1).
```

【A. 分析結果說明】

Block 2: Method = Enter

Omnibus Tests of Model Coefficients[a]

-2 Log Likelihood	Overall (score)			Change From Previous Step			Change From Previous Block		
	Chi-square	df	Sig.	Chi-square	df	Sig.	Chi-square	df	Sig.
2234.462	234.689	9	.000	3.323	2	.190	3.323	2	.190

a. Beginning Block Number 2. Method = Enter

Step 4-2 層次 Cox 迴歸：含交互作用項「age × hr」之 $\Delta\chi^2$ 及 Δp

```
subtitle "Step 4-2：含交互作用項「age × hr」".
* Model 2：層次 Cox 迴歸：第 2 Blocks 新增「age × hr」.
coxreg time
/method = enter age hr diasbp gender chf bmi_sq bmi_cu
/method = enter age*hr
/status=fstat(1).
```

【A. 分析結果說明】

Block 2: Method = Enter

Omnibus Tests of Model Coefficients[a]

-2 Log Likelihood	Overall (score)			Change From Previous Step			Change From Previous Block		
	Chi-square	df	Sig.	Chi-square	df	Sig.	Chi-square	df	Sig.
2235.511	228.257	8	.000	2.273	1	.132	2.273	1	.132

a. Beginning Block Number 2. Method = Enter

Step 4-3　層次 Cox 迴歸：含交互作用項「age × diasbp」之 $\Delta\chi^2$ 及 Δp

```
subtitle "Step 4-3：含交互作用項「age × diasbp」".
* Model 3: 層次 Cox 迴歸：第 2 Blocks 新增「age × diasbp」.
coxreg time
/method = enter age hr diasbp gender chf bmi_sq bmi_cu
/method = enter age*diasbp
/status=fstat(1).
```

【A. 分析結果說明】

Block 2: Method = Enter

Omnibus Tests of Model Coefficients[a]

-2 Log Likelihood	Overall (score)			Change From Previous Step			Change From Previous Block		
	Chi-square	df	Sig.	Chi-square	df	Sig.	Chi-square	df	Sig.
2235.080	231.302	8	.000	2.704	1	.100	2.704	1	.100

a. Beginning Block Number 2. Method = Enter

Step 4-4　層次 Cox 迴歸：含交互作用項「age×gender」之 $\Delta\chi^2$ 及 Δp

```
subtitle "Step 4-4 層次 Cox 迴歸：含交互作用項「age × gender」".
* Model 4: 層次 Cox 迴歸：第 2 Blocks 新增「age × gender」.
coxreg time
/method = enter age hr diasbp gender chf bmi_sq bmi_cu
/method = enter age*gender
/status=fstat(1).
```

存活分析及 ROC：應用 SPSS

【A. 分析結果說明】

Block 2: Method = Enter

Omnibus Tests of Model Coefficients[a]

-2 Log Likelihood	Overall (score)			Change From Previous Step			Change From Previous Block		
	Chi-square	df	Sig.	Chi-square	df	Sig.	Chi-square	df	Sig.
2232.559	227.759	8	.000	5.226	1	.022	5.226	1	.022

a. Beginning Block Number 2. Method = Enter

Step 4-5 層次 Cox 迴歸：含交互作用項「age× 某變數」之 HR 之 $\Delta\chi^2$ 及 Δp

```
subtitle "  Step 4-5 含交互作用項「age ×某變數」之 HR ".
* Model 5: 層次 Cox 迴歸：第 2 Blocks 新增「age × chf」.
coxreg time
/method = enter age hr diasbp gender chf bmi_sq bmi_cu
/method = enter age*chf
/status=fstat(1).
```

【A. 分析結果說明】

Block 2: Method = Enter

Omnibus Tests of Model Coefficients[a]

-2 Log Likelihood	Overall (score)			Change From Previous Step			Change From Previous Block		
	Chi-square	df	Sig.	Chi-square	df	Sig.	Chi-square	df	Sig.
2232.790	235.492	8	.000	4.994	1	.025	4.994	1	.025

a. Beginning Block Number 2. Method = Enter

Step 5 層次 Cox 迴歸：含二個交互作用項「gender × bmi_sq、gender × bmi_cu」之Δχ^2 及Δp

```
subtitle "Step 5:含二個交互作用項「gender × bmi_sq、gender × bmi_cu」".
* Model 5-1: 層次 Cox 迴歸：第 2 Blocks 新增「gender ×bmi_sq、gender ×bmi_cu」.
coxreg time
/method = enter age hr diasbp gender chf bmi_sq bmi_cu
/method = enter gender*bmi_sq gender*bmi_cu
/status=fstat(1).
```

【A. 分析結果說明】

Block 2: Method = Enter									
Omnibus Tests of Model Coefficients[a]									
-2 Log Likelihood	Overall (score)			Change From Previous Step			Change From Previous Block		
	Chi-square	df	Sig.	Chi-square	df	Sig.	Chi-square	df	Sig.
2233.955	228.494	9	.000	3.829	2	.147	3.829	2	.147
a. Beginning Block Number 2. Method = Enter									

1. 整個 (overall) 多變量：Cox 模型適配度，Δ$\chi_{(9)}^2$=228.494(p<.05)。表示界定模型是適當的。

2. 第 2 個 Blocks(加 2 個交互作用項) 比第 1 個 Blocks，Δ$\chi_{(9)}^2$=3.829(p<.05)，表示加 (2 個交互作用項) 是恰當的。

Step 6 層次 Cox 迴歸：第 2 Blocks 含「交互作用項 gender × 某變數」卡方檢定

Step 6-1 層次 Cox 迴歸：含「BMI^2、BMI^3」及交互作用項「gender × hr」之 Δχ^2 及Δp

```
* Model 6-1: 層次 Cox 迴歸：含「BMI² 、BMI³」及交互作用項「gender × hr」.
coxreg time
/method = enter age hr diasbp gender chf bmi_sq bmi_cu
/method = enter gender*hr
/status=fstat(1).
```

【A. 分析結果說明】

Block 2: Method = Enter

Omnibus Tests of Model Coefficients[a]

-2 Log Likelihood	Overall (score)			Change From Previous Step			Change From Previous Block		
	Chi-square	df	Sig.	Chi-square	df	Sig.	Chi-square	df	Sig.
2235.656	227.875	8	.000	2.128	1	.145	2.128	1	.145

a. Beginning Block Number 2. Method = Enter

Step 6-2 層次 Cox 迴歸：含「BMI^2、BMI^3」及交互作用項「gender ×diasbp」之$\Delta\chi^2$ 及Δp

```
* Model 6-2: 層次 Cox 迴歸：「BMI² 、BMI³」及交互作用項「gender × diasbp」.
coxreg time
/method = enter age hr diasbp gender chf bmi_sq bmi_cu
/method = enter gender*diasbp
/status=fstat(1).
```

【A. 分析結果說明】

Block 2: Method = Enter

Omnibus Tests of Model Coefficients[a]

-2 Log Likelihood	Overall (score)			Change From Previous Step			Change From Previous Block		
	Chi-square	df	Sig.	Chi-square	df	Sig.	Chi-square	df	Sig.
2234.711	227.975	8	.000	3.073	1	.080	3.073	1	.080

a. Beginning Block Number 2. Method = Enter

Step 6-3 層次 Cox 迴歸：含「BMI^2、BMI^3」及交互作用項「gender ×chf」之 Δχ^2 及Δp

```
subtitle "Step 6-3 層次 Cox 迴歸：含「BMI² 、BMI³」及交互作用項「gender ×chf」".
* Model 5-4: 層次 Cox 迴歸：第 2 Blocks 新增「gender ×chf」.
coxreg time
/method = enter age hr diasbp gender chf bmi_sq bmi_cu
/method = enter gender*chf
/status=fstat(1).
```

【A. 分析結果說明】

Block 2: Method = Enter

Omnibus Tests of Model Coefficients^a

-2 Log Likelihood	Overall (score)			Change From Previous Step			Change From Previous Block		
	Chi-square	df	Sig.	Chi-square	df	Sig.	Chi-square	df	Sig.
2237.289	226.928	8	.000	.495	1	.482	.495	1	.482

a. Beginning Block Number 2. Method = Enter

Step 7 層次 Cox 迴歸：含「BMI^2、BMI^3」及交互作用項「age ×gender」之 Δχ^2 及Δp

```
subtitle " Step 7 層次 Cox 迴歸：含「BMI² 、BMI³」及交互作用項「age ×gender」".
coxreg time
/method = enter age hr diasbp gender chf bmi_sq bmi_cu age*gender
/status=fstat(1).
```

【A. 分析結果說明】

Block 1: Method = Enter

Omnibus Tests of Model Coefficients[a]

-2 Log Likelihood	Overall (score)			Change From Previous Step			Change From Previous Block		
	Chi-square	df	Sig.	Chi-square	df	Sig.	Chi-square	df	Sig.
2232.559	227.759	8	.000	222.599	8	.000	222.599	8	.000

a. Beginning Block Number 1. Method = Enter

Variables in the Equation

	B	SE	Wald	df	Sig.	Exp(B)
歲	.061	.008	52.969	1	.000	1.062
hr	.012	.003	15.733	1	.000	1.012
diasbp	-.011	.003	9.507	1	.002	.989
性別	1.855	.958	3.752	1	.053	6.393
chf	.824	.147	31.581	1	.000	2.279
bmi_sq	-.673	.174	15.033	1	.000	.510
bmi_cu	.142	.039	12.985	1	.000	1.153
歲 * 性別	-.028	.012	5.271	1	.022	.973

Step 8 逐步 Cox 迴歸分析：第 2 Blocks 加四個交互作用項「age*gender、age*chf、age*diasbp、gender*diasbp」之$\Delta \chi^2$ 及Δp

```
subtitle " Step 8 逐步 Cox 迴歸分析：第 2 Blocks 加 4 個交互作用項 ".
coxreg time
/method = enter age hr diasbp gender chf bmi_sq bmi_cu
/method = enter age*gender age*chf age*diasbp gender*diasbp
/status=fstat(1).
```

【A. 分析結果說明】

Block 2: Method = Enter

Omnibus Tests of Model Coefficients[a]

-2 Log Likelihood	Overall (score)			Change From Previous Step			Change From Previous Block		
	Chi-square	df	Sig.	Chi-square	df	Sig.	Chi-square	df	Sig.
2225.191	244.297	11	.000	12.594	4	.013	12.594	4	.013

a. Beginning Block Number 2. Method = Enter

Variables in the Equation

	B	SE	Wald	df	Sig.	Exp(B)
歲	.034	.020	2.770	1	.096	1.034
hr	.011	.003	14.192	1	.000	1.011
diasbp	-.053	.021	6.119	1	.013	.949
性別	.748	1.220	.376	1	.540	2.112
chf	2.456	1.003	5.996	1	.014	11.658
bmi_sq	-.641	.175	13.358	1	.000	.527
bmi_cu	.137	.040	11.768	1	.001	1.147
歲 * 性別	-.022	.013	2.799	1	.094	.978
歲 *chf	-.020	.013	2.546	1	.111	.980
歲 *diasbp	.000	.000	3.346	1	.067	1.000
性別 *diasbp	.009	.007	1.682	1	.195	1.009

Step 9 Cox 逐步迴歸改用「Forward: Conditional」法：單一 Blocks 共十一共
變數之係數

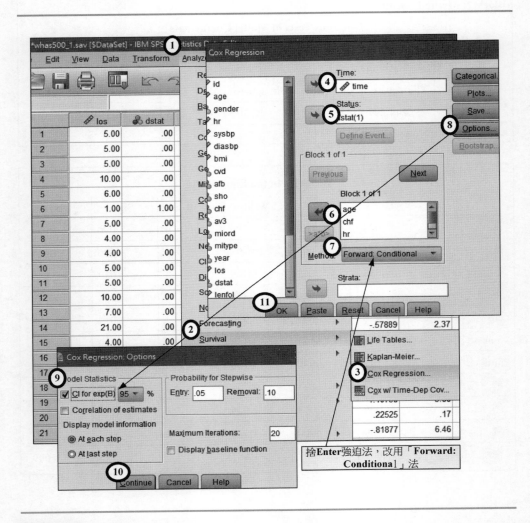

圖 7-17 多變量 Cox 迴歸：method = fstep age chf hr diasbp bmi gender mitype miord
sysbp cvd afb」畫面

　　對於自變數篩選的方法 (Method 對話框)，SPSS 提供了七種選擇，使用各
種方法的結果略有不同，讀者可相互印證。各種方法之間的差別在於變數篩選
方法不同，其中 Forward: LR 法 (基於最大概似估計的向前逐步迴歸法) 的結果
相對可靠，但最終模型的選擇還需要獲得專業理論的支持。

本例逐步 Cox 迴歸分析，捨 Enter 強迫法，改用「Forward: Conditional」法。
指令如下：

```
subtitle " Step 9  Cox 逐步迴歸改用「Forward: Conditional」法：單一 Blocks 共 11
共變數之係數 ".
get file ='C:\CD\whas500.sav'.
compute time = lenfol /365.25.
exe.


* 捨 Enter 強迫法，改用「Forward: Conditional」法 .
* 舊版指令 .
coxreg time
/method = fstep age chf hr diasbp bmi gender mitype miord sysbp cvd afb
/criteria = pin(.25)
/status=fstat(1).


* 新版 SPSS 指令 .
COXREG time
  /STATUS=fstat(1)
  /METHOD=FSTEP(COND) age chf hr diasbp bmi gender mitype miord sysbp cvd afb
  /PRINT=CI(95)
  /CRITERIA=PIN(.05) POUT(.10) ITERATE(20).
```

【A. 分析結果說明】

Block 0: Beginning Block

Variables not in the Equation[a]

	Score	df	Sig.
歲	126.260	1	.000
chf	84.370	1	.000
hr	31.284	1	.000
diasbp	23.380	1	.000
bmi	44.165	1	.000
性別	7.772	1	.005
mitype	16.143	1	.000

miord	9.547	1	.002
sysbp	4.092	1	.043
cvd	2.855	1	.091
afb	10.872	1	.001

a. Residual Chi Square = 208.622 with 11 df Sig. = .000

1. 疊代第一 Blocks 0：所有共變數十一個都未納入模型。

Block 1 Beginning Block

Variables not in the Equation[a]

	Score	df	Sig.
歲	126.260	1	.000
chf	84.370	1	.000
hr	31.284	1	.000
diasbp	23.380	1	.000
bmi	44.165	1	.000
性別	7.772	1	.005
mitype	16.143	1	.000
miord	9.547	1	.002
sysbp	4.092	1	.043
cvd	2.855	1	.091
afb	10.872	1	.001

a. Residual Chi Square = 208.622 with 11 df Sig. = .000

Variables in the Equation

		B	SE	Wald	df	Sig.	Exp(B)
Step 1	歲	.066	.006	118.799	1	.000	1.068
Step 2	歲	.059	.006	92.407	1	.000	1.060
	chf	.861	.142	36.570	1	.000	2.365
Step 3	歲	.059	.006	91.645	1	.000	1.061
	chf	.757	.146	26.899	1	.000	2.131
	hr	.009	.003	9.119	1	.003	1.009

Step 4	歲	.054	.006	72.053	1	.000	1.055
	chf	.741	.146	25.653	1	.000	2.097
	hr	.011	.003	13.411	1	.000	1.011
	diasbp	-.011	.004	9.358	1	.002	.989
Step 5	歲	.048	.007	53.655	1	.000	1.049
	chf	.745	.146	26.113	1	.000	2.107
	hr	.011	.003	13.305	1	.000	1.011
	diasbp	-.010	.004	8.237	1	.004	.990
	bmi	-.043	.016	7.172	1	.007	.958
Step 6	歲	.050	.007	56.981	1	.000	1.051
	chf	.778	.147	28.101	1	.000	2.176
	hr	.011	.003	14.701	1	.000	1.011
	diasbp	-.011	.004	9.093	1	.003	.989
	bmi	-.045	.016	7.698	1	.006	.956
	性別	-.270	.144	3.534	1	.060	.763

1. Cox 逐步迴歸分析，共六個步驟才收斂，本例共納入十一個共變數，只納入六個共變數「age、chf、hr、diasbp、bmi、gender」有效的解釋變數。

Variables not in the Equation[a,b,c,d,e,f]				
		Score	df	Sig.
Step 1	chf	38.405	1	.000
	hr	19.085	1	.000
	diasbp	5.784	1	.016
	bmi	7.225	1	.007
	性別	.218	1	.641
	mitype	2.610	1	.106
	miord	1.853	1	.173
	sysbp	3.898	1	.048
	cvd	.025	1	.873
	afb	4.129	1	.042

Step 2	hr	9.108	1	.003
	diasbp	5.406	1	.020
	bmi	8.219	1	.004
	性別	1.202	1	.273
	mitype	2.933	1	.087
	miord	1.888	1	.169
	sysbp	4.457	1	.035
	cvd	.174	1	.676
	afb	1.060	1	.303
Step 3	diasbp	9.290	1	.002
	bmi	8.320	1	.004
	性別	1.880	1	.170
	mitype	1.681	1	.195
	miord	1.188	1	.276
	sysbp	4.789	1	.029
	cvd	.137	1	.712
	afb	.602	1	.438
Step 4	bmi	7.166	1	.007
	性別	2.964	1	.085
	mitype	.852	1	.356
	miord	.716	1	.398
	sysbp	.006	1	.940
	cvd	.003	1	.958
	afb	.954	1	.329
Step 5	性別	3.551	1	.060
	mitype	.821	1	.365
	miord	.497	1	.481
	sysbp	.000	1	.985
	cvd	.054	1	.816
	afb	.517	1	.472

Step 6	mitype	.951	1	.329
	miord	.270	1	.603
	sysbp	.049	1	.825
	cvd	.078	1	.780
	afb	.446	1	.504

a. Residual Chi Square = 70.035 with 10 df Sig. = .000
b. Residual Chi Square = 31.506 with 9 df Sig. = .000
c. Residual Chi Square = 22.038 with 8 df Sig. = .005
d. Residual Chi Square = 12.123 with 7 df Sig. = .097
e. Residual Chi Square = 5.147 with 6 df Sig. = .525
f. Residual Chi Square = 1.600 with 5 df Sig. = .901

1. Cox 逐步迴歸分析，模型排除的共變數有「mitype、miord、sysbp、cvd、afb」五個。

2. SPSS 無「stepwise with method="BEST" approach」。

3. SPSS 無「fractional polynomial regression」指令。

Chapter 08

時間相依型共變數 (time-dependent covariate) 的 Cox 迴歸

Cox 比例風險迴歸模型，在使用審查和共變數的「時間－事件」數據分析中已經得到廣泛使用。隨著時間的推移，共變數可能會改變它們的值，謂之「時間相依型共變數 (time-dependent covariate)」。

隨時間變化的共變數 (也稱為時間相依型共變數) 是統計的術語，特別是在存活分析。它反映了整個研究中共變數不一定是恆定的現象。例如：如果希望檢查居住地區 (area of residence) 與癌症 (cancer) 之間的關聯 (link)，研究對象從一個地區移動到另一個地區的事實，將會使這變得複雜。但在統計模型中引入居住地區作為時變共變數。在存活分析中，這可以通過將每個研究對象分成幾個觀察值 (observations) 來完成，每個觀察值對應一個居住區。例如：如果一個人在「time 0」時出生在區域 A，在「time 5」移動到區域 B，並且在「time 8」被診斷為患有癌症，那麼將進行兩次觀察：區域 A 的觀察期間為 5(5 – 0)；區域 B 的觀察期間為 3(8 – 5)。

8-1 時間相依型共變數的 Cox 迴歸

在臨床研究所蒐集到的存活資料中，某些解釋變數的值是會隨著追蹤時間而改變；例如針對病人不同的狀態而變換的治療方式或是更換不同的藥物。在這種情形下，如要探討其危險因子的影響，典型的 Cox 比例風險模式 (Cox proportional hazard model) 將不適當，那是因為使用 Cox 比例風險模式時，有一基本假定必須要符合，即等比例風險假定 (proportional hazard assumption, PH assumption)；也就是說，針對某一危險因子而言其風險比，不能隨著時間而有所改變，必須要固定。所以當此假定違反時，將 Cox 比例風險模式做一些修正是必要的，因為上述的例子中，風險比 (hazard ratio, HR) 是會隨時間而改變的。所以，一個 Cox 迴歸模式的延伸應用：具時間相依共變數 (Cox regression with time-dependent covariates) 即被提了出來。

具時間相依共變數 (Cox regression with time-dependent covariates) 的方法主要可應用於兩方面：(1) 用來檢定存活資料是否符合等比例風險假定，因為統計圖的判讀，有時太過主觀，而缺乏證據。(2) 可用來分析隨時間變化的共變數，在不同追蹤時間區段內，來分析其風險比的變化情形；也就是說，在某些區段內，風險比 (RR) 可能大於 1，某些區段可能 RR 小於 1，精準的給出時間分段的切點。在統計分析軟體的部分，目前 SAS, R, SPSS 等皆可用來進行 Cox 迴歸模式：具時間相依共變數方法 (Cox regression with time-dependent covariates) 分析。

參考資料：https://www.ncbi.nlm.nih.gov/pmc/articles/PMC4162302/

8-2 時間相依型共變數的原理

時間相依型共變數數學公式如下：

時變相關共變數和比例風險迴歸

令 T 為失效時間，令 Z 為一組可能與時間相關的共變數。我們使用 $Z(t)$ 的表示的值 $\hat{z}$ 在時間段，和 $\bar{Z}(t) = \{Z(s) : 0 \le s \le t\}$ 以表示直到時間 t 的共變數的歷史。通過危險函數形成共變數對失效時間的影響是很方便的。給定 T 的條件風險函數 $\hat{z}$ 是

$$\lambda(t \mid \bar{Z}) = \Pr\left(T \in [t, t+dt) \mid T \ge t, \bar{Z}(t)\right)$$

其中 $(t, t+dt)$ 是從 t 到 $t+dt$ 的小的區間。Cox 比例 - 危害模型指定了這一點：

$$\lambda(t \mid \bar{Z}) = \lambda_0(t) e^{\beta' Z(t)}$$

其中，β 是一組未知迴歸參數和 λ 是一個未指定的基線風險函數。

Kalbfleisch & Prentice 區分外部和內部時間相關的共變數。這種分類有助於解釋迴歸模型和時間相關共變數的結果。外部共變數與失效機制沒有直接關係。一個例子是個人在長期隨訪研究中的年齡。另一個例子是空氣汙染水平是哮喘發作的危險因素。第三個例子是時間，例如：一天的時間或一年中的某一天。另一方面，內部共變數是被研究個體產生的一段時間的價值。例子包括卡諾夫斯基評分、血壓、程序歷史和在研究過程中測量的 CD4 計數。

外部和內部共變數之間的主要區別在於條件風險函數之間的關係 $\lambda(t \mid Z)$ 和有條件的存活功能。一個給定的共變數歷史的條件存活函數一般由：

$$S(t \mid \bar{Z}) = \Pr\left(T > t \mid \bar{Z}(t)\right)$$

對於外部共變數，這也是由：

$$S(t \mid \bar{Z}) = \exp\left(-\int_0^t \lambda(s \mid \bar{Z}) ds\right)$$

變成

$$S(t \mid \bar{Z}) = \exp\left(-\int_0^t \lambda_0(s) e^{\beta' Z(s)} ds\right)$$

相對地，條件風險函數 (conditional-hazard function) 與內部共變數的 conditional-survival 函數沒有關係。事實上，內部共變數 (internal covariate) 要求個體的存活。對於內部共變數 Z(像 Karnofsky 分數)，只要 $Z(t)$ 不表示該人死亡，則 $S(t|\overline{Z}) = 1$。對於血壓的內部共變數，一個可衡量的值表示該個體還活著。

現在描述如何估計：

$$\lambda(t|Z) = \lambda_0(t)e^{\beta'Z(t)}$$

的迴歸參數。假定我們在研究中有 n 個個體，這樣數據就包含了 $\{X_i, \delta_i, \overline{Z}_i(X_i)\} i = 1, \cdots, n$，其中，X 是觀測時間 (即，最後接觸的日期)。δ 指示變數值是 1 或 0：受試者是否發生故障或 X_i 被刪。$\overline{Z}_i(X_i)$ 是第 i 個人到觀察時間 Xi 的共變數歷史。β_i 的估計是基於部分概似分數函數：

$$U(\beta) = \sum_{i=1}^{n} \delta_i \left(Z_i(X_i) - \frac{\sum_{j \in R_i} e^{\beta'Z_j(X_i)} Z_j(X_i)}{\sum_{j \in R_i} e^{\beta'Z_j(X_i)}} \right)$$

其中，R_i 是在有風險的 X_i 的一組個體，它的觀測時間 $\geq X_i$。最大部分概似估計量 $\hat{\beta}$ 是 $U(\beta) = 0$ 的解。這是眾所周知的 $\hat{\beta}$ 是一致的，變異數矩陣 $I^{-1}(\hat{\beta})$ 是漸近常態。其中：

$$I(\beta) = \sum_{i=1}^{n} \delta_i \left(\frac{\sum_{j \in R_i} e^{\beta'Z_j(X_i)} Z_j(X_i) Z_j(X_i)'}{\sum_{j \in R_i} e^{\beta'Z_j(X_i)}} - \frac{\{\sum_{j \in R_i} e^{\beta'Z_j(X_i)} Z_j(X_i)\}\{\sum_{j \in R_i} e^{\beta'Z_j(X_i)} Z_j(X_i)\}'}{\sum_{j \in R_i} e^{\beta'Z_j(X_i)}} \right)$$

從上面二個等式，可以看出，關於 β 的統計推斷要求在每個未經審查的 X_i，在 X_i 處於風險中的所有對象的共變數的值。如果 Z 隨時間連續變化並且僅在特定時間間隔測量，則 $Z_j(X_j)$ 可能不可用。在這種情況下，重複測量之間需要進行一些內插法：

$$U_w(\beta) = \sum_{i=1}^{n} W(X_i) \delta_i \left(Z_i(X_i) - \frac{\sum_{j \in R_i} e^{\beta'Z_j(X_i)} Z_j(X_i)}{\sum_{j \in R_i} e^{\beta'Z_j(X_i)}} \right)$$

一、減少偏誤 (reducing bias)

在解釋涉及時間依賴性暴露或治療的結果時，需要非常謹慎。使用：

$$\lambda(t|\overline{Z}) = \lambda_0(t)e^{\beta'Z(t)}$$

模型來製定時間依賴性暴露或治療對存活率的影響的一個基本假定是暴露

或治療的變化以隨機方式發生。然而在許多應用中，由於與健康有關的原因，個體改變暴露水平或治療。然後，基於簡單的時間依賴性暴露 (治療) 指標的結果可能非常具有誤導性。例如考慮一個簡單的情況，即個人只有在發生某個中間事件時才會接受治療。假定治療完全無效，但中間事件的發生使死亡危險加倍。如果 $Z(t)$ 為 1 時，事件發生是在時間段內，否則為 0，則風險比參數 $e^{(\beta)}$ 在上式中等於 2。這是中間事件的影響，而不是治療的實際效果。當然，這樣的分析完全是誤導性的。

通過適當調整引發暴露水平或治療變化的因素，可以減少偏誤。再次考慮上述情況，其中，中間事件導致治療分配，但是現在假定並非每個經歷中間事件的人都將接受治療，或者有些人沒有經歷中間事件但將接受治療。然後就可以適配模型：

$$\lambda(t \mid Z) = \lambda_0(t) e^{\beta_1 Z_1(t) + \beta_2 Z_2(t)}$$

其中 $Z_1(t)$ 表示在時間 t 處個體是否正在接受治療，並且 $Z_2(t)$ 表示個體是否在時間 t 之前經歷了中間事件。在此模型中，β_1 確實涉及治療 (假定沒有其他相似的偏差是在模型) 的實際效果。

在實踐中，改變暴露水平或治療方法的原因可能不會被記錄，或者可能難以充分量化。那麼很難通過建模來調整觸發變化的因素。在這種情況下，建模時間依賴的暴露或治療應該謹慎行事，並且要意識到潛在的偏誤。

二、模型檢查

$$\lambda(t \mid Z) = \lambda_0(t) e^{\beta_1 Z_1(t) + \beta_2 Z_2(t)}$$

它假定共變數隨著時間的推移對風險函數具有相應的影響。例如：如果 $Z(t)$ 是一個單一的時間依賴性指示器共變數，則上式意味著該風險函數是 $\lambda_0(t)$ 當 $Z(t) = 0$，且當 $Z(t) = 0$ 時風險函數為 $\lambda_0(t) e^\beta$。評估這種比例風險假定很重要。文獻中有許多方法可用。這裡我們討論兩種對時間相關共變數最有用的方法。

兩種方法都與下式有關：

$$U(\beta) = \sum_{i=1}^{n} \delta_i \left(Z_i(X_i) - \frac{\sum_{j \in R_i} e^{\beta' Z_j(X_i)} Z_j(X_i)}{\sum_{j \in R_i} e^{\beta' Z_j(X_i)}} \right)$$

二種方法都與 score function $U(\beta)$ 有關。Lin 等人 (1993) 提出了以下，類加權分數函數：

$$U_w(\beta) = \sum_{i=1}^{n} W(X_i)\delta_i \left(Z_i(X_i) - \frac{\sum_{j \in R_i} e^{\beta' Z_j(X_i)} Z_j(X_i)}{\sum_{j \in R_i} e^{\beta' Z_j(X_i)}} \right)$$

其中 $W(t)$ 是一個依賴於 t 的權函數。讓 $\hat{\beta}_w$ 是解決 $U_w(\beta) = 0$。假定 $W(T)$ 是 t 的遞減函數，效果 Z 在風險函數不成比例的，而是減少隨著時間的推移。在這種情況下，$\hat{\beta}$ 估計隨著時間推移的共變數效果的平均值，而 $\hat{\beta}_w$ 隨著時間的推移估計共變數效果的加權平均值，其中共變數效果更強的存活分布的較早部分具有更多的權重。因此，$|\hat{\beta}_w|$ 將趨向於大於 $|\hat{\beta}|$。這一事實促使我們通過比較來測試比例風險假定 $\hat{\beta}$ 和 $\hat{\beta}_w$。Lin (1993) 根據這個比較，得出了一個正式的合適的適配性測試。

上述測試對權重函數的選擇很敏感。考慮以下過程可以獲得更多的綜合測試：

$$U(\hat{\beta}; t) = \sum_{i\,:\,Xi \leq t} \delta_i \left(Z_i(X_i) - \frac{\sum_{j \in R_i} e^{\beta' Z_j(X_i)} Z_j(X_i)}{\sum_{j \in R_i} e^{\beta' Z_j(X_i)}} \right)$$

注意 $U(\hat{\beta}; t)$ 是基於在時間 t 之前發生的事件的部分概似分數函數。如果共變數的影響的確是成比例的，那麼方程 $U(\beta; t) = 0$ 的解應該類似於 $\hat{\beta}$，不管 t 的選擇。換一種說法，$U(\hat{\beta}; t)$ 對於所有 t 應該接近於 0。另一方面，如果共變數的影響不相稱，那麼 $U(\hat{\beta}; t)$ 將傾向於偏離 0。因此，根據 $U(\hat{\beta}; t)$ 來做 goodness-of-fit tests 是合理的。如果 Z 是唯一的共變數，那麼 supremum 統計的臨界值：$Q = \max_i I^{-1/2}(\hat{\beta}) | U(\hat{\beta}; X_i)$ 對於 0.01, 0.05 和 0.10 的顯著性水平，分別是 1.628, 1.358 和 1.224(13)。如果 Z 由多個共變數組成，那麼 Z 的第 j 個分量的比例風險假定，可以用 supremum 統計量 $Q_j = \max_i \{I^{-1/2}(\hat{\beta})_{jj}\}^{1/2} | U(\hat{\beta}; X_i) |$，其中 U_j 是 U 的第 j 個分量；$I^{-1}(\hat{\beta})_{jj}$ 是 $I^{-1}(\hat{\beta})_{jj}$ 第 j 個對角元素。如果共變數不相關，則 Q_j 的臨界值與上述的 Q 的臨界值相同。如果共變數是相關的，那麼 Lin 等人 (1993) 建議用模擬技術來計算 p 值。

8-3 時間相依型共變數的 Cox 迴歸分析 (coxreg 指令)

阿司匹林用於資源有限環境中未知病因的中風後的二級預防

目的：

分析資源有限環境下阿司匹林治療對未確定病因的腦中風後長期二級預防的潛在影響，但無法通過神經影像學來區分缺血性腦中風和腦出血 (ICH)。

方法：

我們使用馬爾可夫狀態轉換模型進行了決策分析。敏感性分析是在全球範圍內報告的由 ICH 引起的中風比例和 ICH 患者阿司匹林相關風險的 95% 信賴區間 (CI)。

結果：

對於未確定病因的中風患者，長期使用阿司匹林是全球範圍內 ICH 引起的中風比例的首選治療策略。由於 ICH(在大型流行病學研究中報導的比例最高)，腦中風的發生率為 34%，阿司匹林的益處仍然超過了阿司匹林相關 ICH 後相對風險最高的臨床醫師 (ICH 復發) 的 95%CI 上限風險和死亡風險 (如果 ICH 再次出現在阿司匹林上)。根據 2010 年低收入和中等收入國家預計的 11,590,204 次中風，我們的模型預測，阿司匹林治療可預防所有這些國家腦中風患者二次中風的發生，預計每年可減少 84,492 次腦中風和 4,056 次腦中風相關死亡率。

結論：

我們的模型不支持阿司匹林治療腦中風病因不明的風險，該模型預測阿司匹林對資源有限的中風病因未明的中風患者的二級預防可能導致腦中風風險降低，相關的死亡率和中風復發。

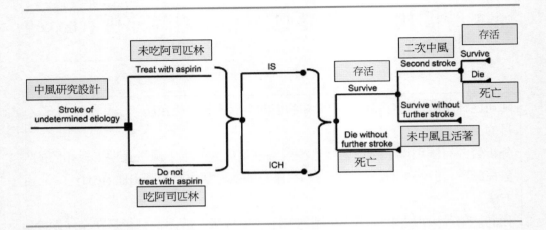

圖 8-1 決策樹示意圖

決定節點 (阿司匹林 vs. 無阿司匹林) 由正方形表示。每個機會節點由一個圓圈指定。括號表示右側的子樹適用於通向它的每個分支。接受阿司匹林或無阿司匹林的患者可能有初始缺血性腦中風 (IS) 或初始腦出血 (ICH)。在住院期間，患者可能沒有進一步中風死亡，沒有進一步中風的存活，或有第二次中風，然後他們可能會死亡或存活。

範例：**時間相依型共變數 (time-dependent covariate)：吃阿司匹林有助於中風預防嗎 (coxreg 指令)**

一、問題說明

目前為止我們已經知道要如何輸入資料，接著我們就要以 SPSS 為例，讓大家知道如何在 SPSS 裡頭分析 time-dependent covariate 的 Cox regression。

我們延續之前另外一個例子，即心房性頻脈的負荷 (Burden of atrial tachyarrhythmia, AT burden) 與中風 (Stroke) 的關係之研究。在這個研究中，當病人首次安裝心跳節律器 (Pacemaker, PM) 之後，每一年測量一次病人在這一年之間發生心房性頻脈的時間，因此如果病人的追蹤期有幾年就會有幾筆的資料。

圖 8-2 列出兩位病人的資料，可注意到編號 5 號的病人資料筆數多達 8 筆，這是因為他的追蹤期長達八年；反之編號 6 號的病人就只有一年追蹤期，因此只有 1 筆資料。另外可觀察到而且這位 5 號病人在植入 Pacemaker 後的第八年發生中風，因此第八筆資料 (第七年到第八年) 的「Stroke」為 1，不過要注意

前七筆資料(一開始到第七年)的「Stroke」皆為 0，因為前七年都沒有發生中風。

此時有兩個變數是屬於 time-dependent covariate，第一個就是「Aspirin_TDC」，定義為在這一年期間病人是否有服用阿司匹林，5 號病人在前四年都有服用，但在後四年就沒有繼續服用了；第二個就是「AT_burden」，定義為在這一年期間病人發生心房性頻脈的比例，數字介於 0 到 100%，每 1% 表示為 3.65 天，5 號病人在前六年都有發生心房性頻脈，但在最後兩年就沒有發生了 (因為數值為 0 表示完全沒有 AT burden)。

二、資料檔之內容

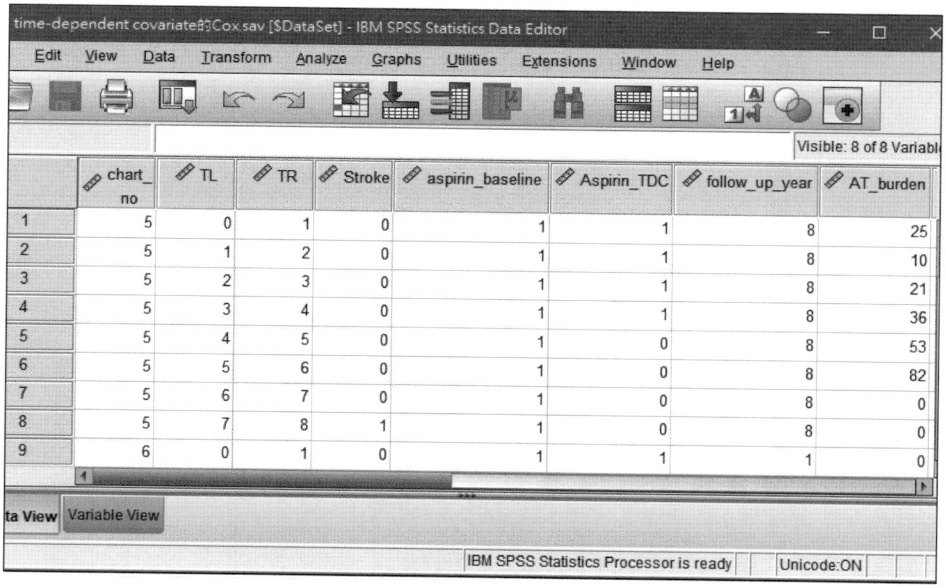

	chart_no	TL	TR	Stroke	aspirin_baseline	Aspirin_TDC	follow_up_year	AT_burden
1	5	0	1	0	1	1	8	25
2	5	1	2	0	1	1	8	10
3	5	2	3	0	1	1	8	21
4	5	3	4	0	1	1	8	36
5	5	4	5	0	1	0	8	53
6	5	5	6	0	1	0	8	82
7	5	6	7	0	1	0	8	0
8	5	7	8	1	1	0	8	0
9	6	0	1	0	1	1	1	0

圖 8-2 「time-dependent covariate 的 Cox.sav」資料檔內容 (N=2 個病人，8 個變數)

註：本例僅以 2 個病人來示範，但在實證醫學的案例都會是上萬人。

三、分析結果與討論

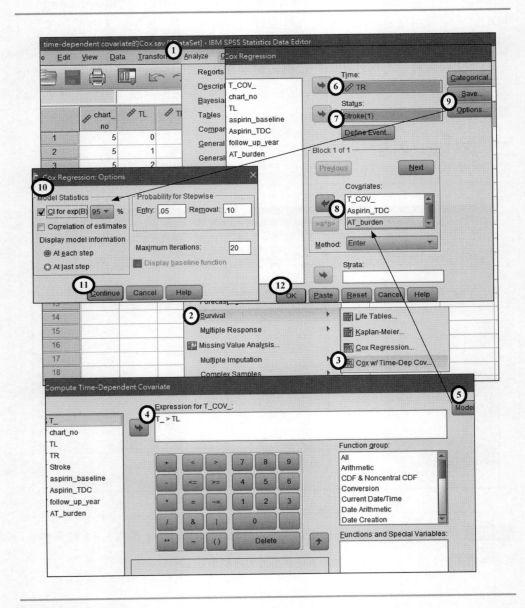

圖 8-3 「COXREG TR/STATUS=Stroke(1)/METHOD=ENTER T_COV_ Aspirin_TDC AT_burden」畫面

SPSS 對應的指令語法如下：

```
title "time-dependent covariate 的Cox.sps".

GET
    FILE='D:\CD 資料檔\time-dependent covariate 的Cox.sav'.

TIME PROGRAM.
COMPUTE T_COV_ = T_ > TL.
COXREG    TR
  /STATUS=Stroke(1)
  /METHOD=ENTER T_COV_ Aspirin_TDC AT_burden
  /PRINT=CI(95)
  /CRITERIA=PIN(.05) POUT(.10) ITERATE(20).
```

指令解說：以上即為 SPSS 的語法，一共七點說明：

(1) **TIME PROGRAM.**

宣告這不是一個普通的 Cox model，而是需要定義時間的模式。

(2) COMPUTE **T_COV_ = T_ > TL.**

定義 time-dependent covariate 的「時間」，因為其實真正在統計模型裡頭只有一個關於時間的自變數，即「T_COV_」，被定義為「T_ > TL」，其中的 T_ 其實就是「右側的時間點」(這一筆資料的結束時間，即 TR)，而 TL 就是「左側的時間點」(這一筆資料的起始時間)，而由我們之前所示範的資料皆可知，在同一筆資料中 TR 一定會大於 TL，因此才以「T_ > TL」來表示。

(3) COXREG **TR**

宣告「右側的時間點」等於 TR。

(4) /STATUS=**Stroke(1)**

宣告 Event 的定義，即如果 Stroke 等於 1 就等於發生中風。

(5) /METHOD=ENTER **T_COV_ Aspirin_TDC AT_burden**

宣告自變數包括三個，分別為不存在於資料中的「T_COV_」以及在資料中的 Aspirin_TDC 及 AT_burden。不過要提醒大家，在我們這個例子是只有放 time-dependent covariate，如果有一些不隨時間變化的變數 (例如性別、年齡) 也是可以放到模型裡頭。

(6) /PRINT=CI(95)

宣告輸出要有 95% 的信賴區間。

(7) /CRITERIA=PIN(.05) POUT(.10) ITERATE(20)

一些關於疊代等設定，一般來說不需要特別設定，保持預設即可。

【A. 分析結果說明】

<table>
<tr><th colspan="9">Variables in the Equation</th></tr>
<tr><th></th><th></th><th></th><th></th><th></th><th></th><th></th><th colspan="2">95.0% CI for Exp(B)</th></tr>
<tr><th></th><th>B</th><th>SE</th><th>Wald</th><th>df</th><th>Sig.</th><th>Exp(B)</th><th>Lower</th><th>Upper</th></tr>
<tr><td>T_COV_</td><td>12.129</td><td>129.414</td><td>.009</td><td>1</td><td>.925</td><td>185233.877</td><td>.000</td><td>2.66E115</td></tr>
<tr><td>Aspirin_TOC</td><td>.313</td><td>1.018</td><td>.094</td><td>1</td><td>.759</td><td>1.367</td><td>.186</td><td>10.057</td></tr>
<tr><td>AT_burden</td><td>.013</td><td>.017</td><td>.596</td><td>1</td><td>.440</td><td>1.013</td><td>.980</td><td>1.047</td></tr>
</table>

1. 上表中「T_COV_」的結果可以完全忽略，它只是方程式必要的存在，但是沒有解釋的必要：本例分析結果，可知「Aspirin_TDC(是否有服用阿司匹林) 及 AT_burden(病人發生心房性頻脈的比例)」二者對「Stroke(中風)」的效果並不顯著，表示是否服用阿司匹林與心房性頻脈的程度與中風並沒有顯著的關係。

2. 風險比 (hazard ratio, HR) 的定義：

「在某個時間點之下給定 X 值的 event 風險比」，取自然對數函數 ln(x) 後，得：

$$\ln[HR(x)] = \ln\left(\frac{h(t\,|\,x)}{h_0(t)}\right) = \beta_1 x_1 + \beta_2 x_2 + \cdots + \beta_p x_p$$

其中

$h_0(t)$：在第 t 個時間點時，當所有預測變數 (predictors) 為 0 時之基線危險 (baseline hazard，無研究意義)。

$h(t\,|\,x)$：在第 t 個時間點時，給定 x 值時的危險 (hazard)。

$\log\left(\frac{h(t\,|\,x)}{h_0(t)}\right)$：「在某個時間點之下，當所有預測變數 (predictors) 為 0 時的危險比」。

> Exp(β_1)：連續自變數 X_1 每增加一單位時，所增加的危險比 (hazard ratio)，它
> 　　　　　是發生危險的「比率」，而非機率。
> Exp(β_2)：假設虛擬變數，假設「$X_2 = 1$ 代表男性」，「$X_2 = 0$ 代表女性」，則
> 　　　　　Exp(β_2) 代表男性相對於女性的危險比 (HR 值)。

3. 上面「**Variables in the Equation**」表：

 B 欄：是比例危險 Cox 迴歸式中，自變數 (共變數) 對依變數的預測值，在
 Cox 迴歸式是以 log-hazard 為單位，「B」值愈大，表示該自變數對依變數的
 攸關性 (relevance) 愈高。

4. Exp(B)：是這預測因子 (predictors) 的危險比率 (hazard ratios)。係數 B 值取自
 然對數，即 e^β (或 exp(β)) 稱做 risk ratio 或 hazard ratio(HR)。一般在解讀 Cox
 迴歸分析之報表時，係以解釋 RR 或 HR 為主。

5. S.E. 欄：Cox 迴歸係數的標準誤 (standard errors associated with the coefficients).

6. Wald 及 Sig 二欄：分別是 Wald chi-square 檢定及其雙尾 p-value，它的虛無假
 定「H_0：the coefficient (parameter) is 0」。若 p 值小於 (α=0.05) 則 Cox 迴歸係
 數達統計學上的顯著。

7. 本例「**Aspirin_TDC**」虛擬變數，排除其他共變數的干擾之下，僅觀察「吃
 Aspirin vs. 未吃 Aspirin」對中風有無差異。本例求得危險比 hazard ratio = 1.367
 (p<0.05)，顯示：吃 Aspirin (**Aspirin_TDC** =1) 的病人相對有較高的存活比率，
 大約是「未吃 Aspirin」(**Aspirin_TDC** =0) 組別的 1.367 倍 (=exp^{coef})，或是將
 取 exp，亦可求得 risk ratio 值為 exp(β_1)=exp(0.313)= 1.367。

 連續型解釋變數 AT_burden 每增加一單位，「Stroke(中風)」機率就增加 1.013
 倍，但未達統計顯著性 (p>.05)。

8. 此外，若 Cox 模型另有解釋變數「age 壓力憂慮」這類**連續**變數，其係數 B
 值解釋是，每當它增加一單位，相對的風險比率。例如 age 的係數 Exp(B)=
 .028，表示病患年齡每增加一歲，其死亡的風險為正向提高 1.029 倍 (=$e^{0.028}$)。
 如此類推，壓力憂慮」連續變數之危險因子。

9. 若共變數是次序 (order) 或等級 (rank) 變數，它類似 OLS 迴歸式：

$$\ln[HR(x)] = \ln\left(\frac{h(t\,|\,x)}{h_0(t)}\right) = \log(\frac{p(某等級)}{p(等級的比較基準點)}) = \beta_1 x_1 + \beta_2 x_2 + \cdots + \beta_p x_p$$

10. hazard ratio(HR) 意義說明：自變數係虛擬變數 (1= 實驗處理組；0= 控制組)

要估計 $\dfrac{實驗處理組(case)}{控制組(control)}$ 的效果 (treatment effect)，常用的 Cox 比例危險模型，其主要假定 (assumption) 為「處理組 vs. 對照組 (control)」兩組間危險函數比 (值) 與時間無關，它是常數且固定 (constant) 的。這個常數謂之危險 (hazard ratio, HR)。HR 值大小有下表所列三種情況。基本上，Cox 模型檢定是 H_0：HR=1 vs. H_1：$HR \neq 1$；或是 H_0：係數 $\beta = 0$ vs. H_1：$\beta \neq 0$。

Hazard ratio (HR)	$\log(HR) = \beta$	說明
HR = 1	$\beta = 0$	兩組存活經驗相同 (Two groups have the same survival experience)
HR > 1	$\beta > 0$	控制組存活較優 (Survival is better in the control group)
HR < 1	$\beta < 0$	處理組存活較優 (Survival is better in the treatment group)

流行病學統計法：ROC 曲線面積來對比二個邏輯斯迴歸誰優？

9-1 流行病學 (epidemiology)

流行病學的希臘文是 epidemiology，是研究 epidemic(流行病) 的學問。它是一門研究族群之健康狀態 (指健康與健康失調，如疾病、傷害、殘障和死亡的存在與否) 和健康事件 (指疾病、傷害、殘障和死亡的發生與否) 之分布情形和決定因素，以及控制方法的學問。

在研究傳染病及非傳染性疾病時，流行病學家從事眾多事項，包含爆發調查、研究設計、數據蒐集及分析 (如創建統計模組) 等。流行病學家須跨足並使用不同領域的知識，如生物學、生物計量學、地理信息系統和社會科學。

9-1-1 流行病學之研究法：觀察法及實驗法

流行病學由於因果關係常常是無法確定，故研究中將被認為是原因的變數稱為「決定因素」(determinant)、「預測因子 (predictor；又稱為 predictor variable)」或是「解釋變數 (independent variable；也稱自變數)」，許多時候可以稱為「暴露 (exposure)」。將被認為是結果的變數稱為「疾病 (outcome)」；又稱「outcome variable」或是「依變數 (dependent variable)」。根據暴露是否由研究者指派分配，流行病學研究又可分為「實驗性研究 (experimental study) 及觀察性研究 (observational study)」。

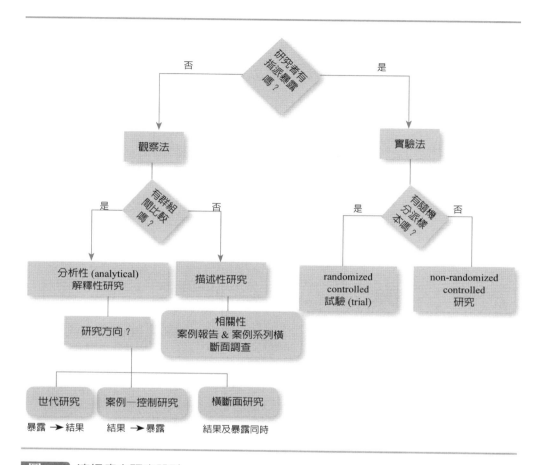

圖 9-1 流行病之研究設計

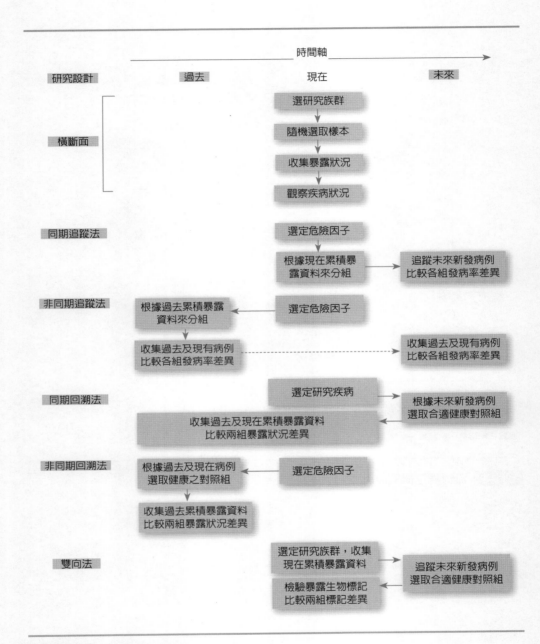

圖 9-2 流行病研究設計與時間軸之關係

9-1-2a 觀察法：描述性 vs. 分析性研究

流行病學的觀察法可分爲描述性、分析性研究二大類：

一、描述性 (descriptive epidemiology)

描述性流行病學，資料來源主要來自：戶口普查、戶籍登記、健康記錄和醫院病歷等。通過調查，了解疾病和健康狀況在時間、空間和人群間的分布情況，爲研究和控制疾病提供線索，爲制定衛生政策提供參考。

描述性研究目的在研究與健康有關之狀態和事件的分布情形，並做統計上的推估 (statistical inference)。**描述人群中健康狀況和事件發生的實際狀況，係按人、時、地三個因素的影響分別加以描述。**

1. 人：包括種族、性別、年齡、婚姻狀況、社會經濟、地位、職業、宗教信仰其他等。例如：大腸癌 (線性息肉) 在臺灣是最常見的癌症之一，發生大腸癌的人數年年攀升，根據衛生福利部國民健康署統計資料，民國 101 年發生大腸癌 (包含結腸、直腸、乙狀結腸連結部及肛門，含原位癌) 者有 16,448 人，占所有癌症發生人數的 15.65%，發生率的排名於男性爲第 1 位、女性爲第 2 位；101 年因大腸癌死亡者有 5,131 人，占所有因癌症死亡人數的 11.75%，死亡率的排名爲第 3 位。

    大腸癌的發生原因可能與家族史、肥胖、缺乏運動及不健康的飲食習慣 (高脂肪、高熱量、低纖維、抽菸及飲酒等) 相關。英國及荷蘭的科學家，研究近 200 萬人之往昔 25 篇大腸癌初級研究結果進行了 Meta 分析，結果發現，增加膳食纖維攝取量 (特別是穀物纖維和全穀食物)，有助於預防大腸癌。此外，多攝取膳食纖維還有助於降低心血管疾病、第二型糖尿病和肥胖症危險並可降低總體死亡率。

2. 時：包括季節、週期變動與短期流行、長期趨勢時間的聚集性 (clustering) 等。
    時間的因素：
    (1) 時間聚集 (time clustering)：
        時間聚集代表著有共同的暴露經驗，可以是指病例的發生特別集中在某一時段，如某年、某月、某日若屬於發病時間的聚集即稱爲點流行，比較容易探討病因，如食物中毒。
    (2) 週期循環 (cyclic change) 與季節變動 (season change)：
        疾病的發生率或死亡率呈週期循環的現象，如腸病毒、茲卡病毒、登革熱

易發生於夏天；相對地，胃潰瘍、支氣管炎及腦膜炎則易發生於冬天。

(3) 長期趨勢 (secular trends)：

疾病發生的長期變化除週期循環與季節變動之外，還有線性趨勢，包括逐年增加或減少的變化。例如：臺灣惡性腫瘤、癌症和糖尿病死亡率的長期趨勢有上升現象。但國內由於環境衛生的改善、營養的增進、醫藥及生活水準的提升，傳染病的疾病率和死亡率有明顯下降的趨勢。如下二個圖所示。

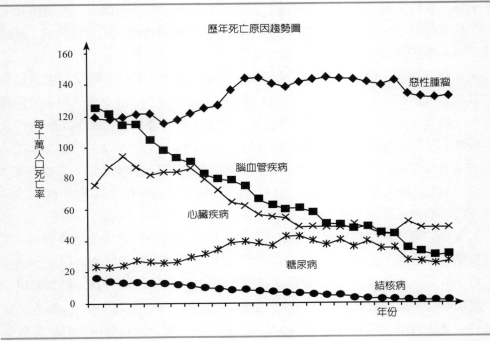

圖 9-3 臺灣死因之長期趨勢

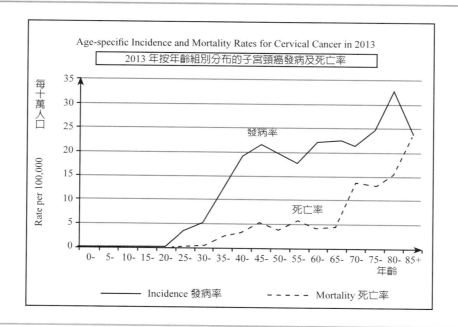

圖 9-4 2013 年按年齡組別分布的子宮頸癌發病及死亡率

3. 地：包括自然、行政、氣候、溫度、高度、水質、大小與風俗民情等，亦常用來作城鄉差異與國際比較之研究。例如：雲嘉南地區 C 肝人口比例，全國最高，14 人就有 1 人是 C 肝患者。

由於不同的地理位置或國家，其人口密度、文化、飲食、生活型態、季節氣候、醫療水準與衛生政策等均會影響疾病的發生率和死亡率。

二、分析性 (analytical) 之觀察法又細分：世代研究法、病例對照研究法

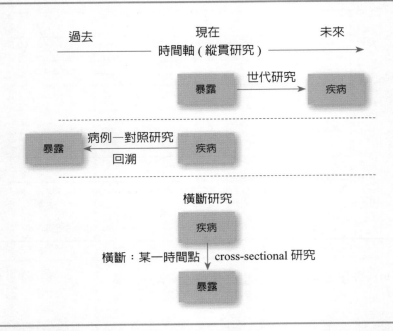

過去　　　　　　現在　　　　　　未來

時間軸（縱貫研究）

暴露　──世代研究──▶　疾病

暴露　◀──病例─對照研究　回溯──　疾病

橫斷研究

疾病

橫斷：某一時間點　│ cross-sectional 研究

暴露

圖 9-5 三種分析性研究之比較：cohort 研究 vs. case-control 研究 vs. cross-sectional 研究

　　分析性之觀察法若以「研究開始時病例是否存在」，可分：世代研究法 (cohort study)，又稱前瞻性研究 (prospective study)，以及病例－對照研究法 (case-control study)。

(一) 世代研究法 (cohort study)：暴露→結果

　　又稱追蹤性研究、前瞻性研究或縱貫面研究，是一種探索病因的流行病學研究法。

　　世代研究是選取一組暴露於某種因素的人和另一組不暴露於該因素的人，再經過一段時間後，以 Cox 模型、Logit、ROC 等統計方法來比較兩組人患某病的情況 (如肺癌)，以確定某因素是否和某病有關。例如：依研究對象是否有暴露分組做比較，故須找一群有抽菸習慣的人 (有暴露者) 與一群從不抽菸的人 (沒有暴露者) 比較這兩群人的肺癌 (疾病) 發生率，以研究抽菸是否會引起肺癌。

　　世代研究適用於發病率較高的疾病，也適用於環境汙染對健康影響的評價。該方法的優點是在兩組對比中 (開始時的健康狀況一樣) 直接觀察致病因子與發病的關係，不存在回憶性偏差，且能計算發病率、死亡率和相對危險性。缺點是觀察時間長，可發生失訪偏差；如觀察發病率低的疾病則需大量人力，費用高、時間長。

　　例如：世代研究之「暴露 (飲食習慣) →結果 (大腸癌)」，如何證明「大腸癌與飲食習慣 (缺蔬果纖維)」有絕對相關呢？有人發現移居第一代日本人大腸癌之人口比例，遠低於移民美國之第二代日本人，因美國人比日本當地人更愛吃肉。為了複驗此論點：「多吃蔬果可降低大腸癌」，接著國內有醫生將門診之大腸癌病人隨機分成二組：(1) 實驗組 (case group)：大腸癌病人改按醫生建議，多吃蔬果少吃肉。(2) 控制組 (control group)：大腸癌病人仍依他日常飲食習慣進食。經過一年的追蹤，再檢驗大腸癌病人之腸內新生息肉之增加量，結果發現，多吃蔬果少吃肉之控制組比實驗組，顯著增加腺瘤性息肉。由於腺瘤性息肉為最常見的腸內新生息肉，且與大腸癌之關係較密切，百分之 90 以上的大腸癌是經由大腸腺瘤性息肉，經過 10～30 年的惡性演變而來，少數的大腸癌可能直接經由黏膜細胞的惡性化，並直接發展為大腸癌。故為了提早預防大腸癌，呼籲民眾養成定期篩檢、正確飲食及規律運動的好習慣。

(二) 病例─對照 (case-control) 研究法：結果→暴露

　　病例對照研究，將研究對象依是否有疾病分組做比較。研究對象，須選取一組患某病的人 (病例組)，再選取另一組沒有患某病的另一組人 (對照組)，收集兩個組人中某一或某幾個因素存在的情況，再以統計學方法來確定某一因素是否和該疾病有關及其關聯的程度如何。例如：找一群肺癌的病人 (有疾病者) 與一群沒有肺癌的人 (沒有疾病者) 比較這兩群人中有抽菸習慣 (暴露) 者的比例，以研究抽菸是否會引起肺癌。又如，病例組過去暴露在致病因子的頻率較高，而對照組較低的話，就可判定此一致病因子和疾病之間有相關存在。

　　此研究法的優點是：(1) 可以獲得暴露率，(2) 可做多重病因的探討，(3) 所需樣本數少，(4) 研究經費低。

　　其缺點是：(1) 時序性不清楚，(2) 無法獲得發生率，(3) 對照組不易選取，(4) 暴露資料取得不易，(5) 有回憶偏差 (recall bias)。

　　因此，此方法適用於病因不明且是常見暴露情形下的稀有疾病。

　　一般來說，世代研究比病例對照研究的結論較可靠，但世代研究耗時很長 (如研究吸菸和肺癌的關係要數十年的時間)，需要更多的資源。

三、世代研究、病例對照之統計量：勝算比 (odds ratio, OR)

(一) odds ratio 原理

線性迴歸分析之依變數是由自變數們所構成的直線函數，並加上一個誤差值得之模型，其公式為：

$$Y = \beta_0 + \beta_1 X_1 + \beta_2 X_2 + \cdots + \beta_k X_k + \varepsilon$$

其中，Y 是依變數、X_i 是 k 個自變數中第 i 個、β 為權重係數、ε 為隨機誤差項。

當依變數是類別的資料時，依變數若分為 2 群，則採用二元邏輯迴歸，目標事件不發生時為 0，目標事件發生時則為 1。logistic 迴歸分析是探討自變數對二類別依變數的預測力或解釋力，並且藉由 logistic 迴歸分析可以得勝算比 (odds ratio)，如下式。如果勝算小於 1，表示目標事件發生的機率少於目標事件不發生的機率；如果勝算大於 1，表示目標事件發生的機率多於目標事件不發生的機率。

$$勝算比 = \frac{\pi(x)}{1 - \pi(x)} = e^{b_0 + b_1 x}$$

其中，X 是自變數，π 為機率值，e^x 為指數函數，b_0 為常數項，b_1 為權重係數。

從二元 logistic 迴歸分析的整體模型適配度 (goodness of fit)，可了解自變數對依變數的貢獻程度。整體模型若達顯著，表示所有自變數中至少一個自變數對依變數的預測機率達顯著，若要進一步確定是哪個自變數對依變數的預測機率達顯著需進行個別自變數性檢定。

(二) 病例對照研究之勝算比 (odds ratio)

病例對照研究將由疾病的狀態選擇研究例子，是一種回溯型研究。一組是實驗處理組 (有發病者)，一組是對照組 (無發病者)，兩組人應盡量找相同母群體的人來研究。接下來對照兩組間過去所受到的危險因子暴露 (expose) 程度，如下方表格所顯示。

	實驗處理組	對照組
暴露 (event)	A 人數	B 人數
無暴露 (non-expose)(non-event)	C 人數	D 人數

(A) 暴露實驗處理組、(B) 暴露對照組、(C) 無暴露實驗處理組、(D) 無暴露 (non-expose) 對照組。

$$\text{勝算比公式為 } OR = \frac{A \times D}{B \times C}$$

比值大小，即是實驗處理組與對照組之危險大小，可了解有無暴露 (expose) 造成的增加風險。如果 OR 大於 1 則這些疾病很可能跟暴露 (expose) 危險有關，反之如果接近 1 則兩者可能沒有相關，如果小於 1 則可能是保護因子 (暴露 (expose) 後可以降低發病率)。

勝算比之 95% 信賴區間 (confidence interval) 為：

$$\ln(OR) \pm 1.96 \sqrt{\frac{1}{A} + \frac{1}{B} + \frac{1}{C} + \frac{1}{D}}$$

Case-control 的研究，比起世代研究更具經濟效益，但容易受到誤差 (bias) 影響 (回想誤差、選擇性誤差)。另一個挑戰是選擇適當的控制組，母群體的樣本應該均勻分散在控制組和實驗處理組以降低誤差 (the distribution of exposure among the control group should be representative of the distribution in the population that gave rise to the cases.)，這可以隨機抽樣來平衡母群體這二組的抽樣比。但仍有一個爭論是如果控制組包含了正在發病的案例，則這個疾病就有可能求得更高的侵襲率。

另一個挑戰是，為了統計數據的正確，最起碼的案例數 (total cases)，必須符合 95% 區間相對於勝算比，詳細如下列方程式：

$$\text{total cases} = (A + C) = 1.96^2(1 + N)(\frac{1}{\ln(OR)})^2 \times (\frac{OR + 2\sqrt{OR} + 1}{\sqrt{OR}})$$
$$\approx 15.5(1 + N)(\frac{1}{\ln(OR)})^2$$

其中，A、C 為上表格中「細格人數」。

N = 控制組的案例比率。

當勝算比接近 1 或是 0，對照研究就會產生出極低的勝算比，舉例，一個勝算比 1.5 的案例，而且對照組及實驗處理組的人數接近，其數據如下二表所示：

Case 1：OR =1.5 的例子，如下表。

	實驗處理組	對照組
暴露 (expose)(event)	103 人	84 人
無暴露 (expose)(non-event)	84 人	103 人
勝算比，OR = AD/BC = 1.5		

Case 2：相對地，OR =1.1 的例子，如下表。

	實驗處理組	對照組
暴露 (expose)(event)	1732 人	1652 人
無暴露 (expose)(non-event)	1652 人	1732 人
勝算比，OR = AD/BC = 1.1		

有關勝算比的進一步之次級 (secondary) 資料分析，詳情請參考作者《Meta 分析實作：使用 Excel 與 CMA 程式》一書。

9-1-2b 觀察法：前瞻性 vs. 回溯性研究；縱貫面 vs. 橫斷面研究

「觀察性研究」(observational study)，也是非實驗性研究之一，因為研究者係以被動旁觀者的角色來「觀察」暴露與疾病之間的關係，而不主動地「介入」來引起後果的產生。

一、以開始進行研究與疾病的發生時間之關係分為

(1) 前瞻性 (prospective) 研究：世代研究法 (cohort study)

開始進行研究時要觀察的疾病尚未發生，它是「暴露→結果」。

範例：不同世代研究

目標：探討臺灣不同世代老人存活趨勢變化差異及影響老年人口存活相關因子

方法：利用國民健康局「臺灣地區中老年人身心社會狀況長期追蹤 (follow-up) 研究調查」自 1989 年至 2007 年之六次訪查資料，以 Cox 脆弱加權模型分析探討老年人口存活相關因素並比較不同出生 A、B 世代 (1915-1929、1929-1943) 分別於 1989-1993 年及 2003-2007 年存活趨勢變化差異。

結果：就兩世代樣本特性言，以性別及族群差異較大，其他影響世代存活相關因子間差異，A 世代抽菸人數與體能、自評健康狀況及自認經濟狀況好者較 B 世代為多，顯現世代間之健康行為及其對身心狀況的感受亦有所差異；罹患糖尿病與高血壓的比例 B 世代較 A 世代為多，具呼吸疾病的比例則以 A 世代老人較高。其餘疾病如中風、心臟疾病及胃潰瘍或胃病等差異不大。另經統計模型選擇結果發現年齡、住地類型、自評健康、體能狀況、有無糖尿病及抽菸為影響臺灣不同世代老人存活趨勢變化差異之重要指標。

結論：在不同世代存活四年趨勢變化差異上，較為年輕 B 世代老人，由於經濟情況的改善及全民健保的實施，相較於 A 世代老人，生活條件較好並享有較為優質的醫療照顧；經相關變數調整後，B 世代死亡風險為 A 世代的 0.601 倍；兩世代老人的存活情況，受性別、族群、嚼檳榔及社團參與的影響不大，糖尿病則為影響不同世代 60-74 歲老人存活之主要慢性疾病，然未來時日增長，增加較多調查數據時，情況亦可能有所變化，有待進一步探討。(臺灣衛誌 2012：31(6)：597-611)

(2) 回溯性 (retrospective) 研究：病例對照研究法 (case-control study)

開始進行研究時要觀察的疾病都已發生，它是「結果→暴露」。

回溯性世代研究，王南天等人 (2014) 探討臺灣新發乳癌病患併發血栓栓塞症 (TEEs) 之相關因素及對其兩年存活的影響。此回溯性世代研究，抽樣來自 1997 至 2010 年全民健康保險研究資料庫。以 Poisson 分布探討 2000 到 2008 年新發乳癌世代觀察兩年其併發 TEEs 的發生情形。透過 propensity socre 匹配後再以 Accelerated Failure Time Model 檢視有無併發症病患對其兩年存活之影響。此回溯性世代研究之資料擷取流程，如下圖。

以乳癌為例，找出乳癌病患：癌症特殊需求檔之 1997～2010 年門診處方及治療明細檔 (CD)，共 490,645,056 人次擷取 3 個診斷碼 ACODE_ICD9_1、ACODE_ICD9_2，ACODE_ICD9_3 任一位置出現 (ICD-9-CM code: 174, A113)，共 7,187,107 人。

排除 2000～2008 乳癌各世代先前即曾罹患乳癌者，由各世代往前排除至 1997 年。

2000 年新發乳癌人數 n = 10,156 人
2001 年新發乳癌人數 n = 10,125 人
2002 年新發乳癌人數 n = 9,237 人
2003 年新發乳癌人數 n = 8,454 人
2004 年新發乳癌人數 n = 9,406 人
2005 年新發乳癌人數 n = 10,189 人
2006 年新發乳癌人數 n = 10,145 人
2007 年新發乳癌人數 n = 10,783 人
2008 年新發乳癌人數 n = 11,280 人

排除先前有 TEEs 包含：腦中風 (ICD-9-CM: 430-437) 或深層靜脈栓塞 (ICD-9-CM: 451, 452, 453) 或肺栓塞 (ICD-9-CM: 415.1)，即各研究世代罹病確診年往前至 1997 年的共 7,390 人。

建立 2000～2008 年各年新發乳癌世代：以乳癌診斷日取每名個案第一筆記錄（即罹癌確診日）共 82,385 人。

建立 2000～2008 年各年新發乳癌世代觀察兩年完整資料：乳癌診斷日起往後觀察兩年，共 2,504,467 人次。

建立退保及死亡資料：
串連，2002～2010 年承保資料檔 (ID) 自乳癌診斷日起，觀察兩年其退保別為 1 者（退保）。
串連，2000～2010 的住院醫療費用清單明細檔 (DD) 自乳癌診斷日起，觀察兩年其轉歸代碼為 4 者（在院死亡），轉歸代碼為 A 者（病危自動出院）。

建立新發乳癌各世代診斷後兩年內併發 TEEs：
擷取門診處方及治療明細檔 (CD) 就醫診斷碼 3 碼及住院醫療費用清單明細檔 (DD) 診斷碼 5 碼任一位置出現 TEEs 包含：腦中風 (ICD-9-CM: 430-437) 或深層靜脈栓塞 (ICD-9-CM: 451, 452, 453) 或肺栓塞 (ICD-9-CM: 415.1) 共 82,385 人，2,504,467 人次。

排除乳癌確診日前在住院醫療費用清單明細檔 (DD) 有發生 TEEs 者，共 221 人。

病患特性：
1. 年齡：自確診日當時年齡為就醫日期（首次診斷乳癌門診日期）減掉出生日期。
2. 共存疾病指數 (CCI)：擷取個案診斷日前一年在門診處方及治療明細檔 (CD)，國際疾病分類代號 3 碼任一位置出現 charlson comorbidity index 建議之診斷。
3. 高血壓疾病史：擷取乳癌確診日期前一年診斷，國際疾病分類代號碼 3 碼任一位置出現高血壓 (ICD-9-CM: 401-405, A26)。
4. 手術：擷取主手術（處置）一～四，乳癌確診日後觀察一年任一位置是否有出現乳癌手術 (MRM: 85.4, BCT: 82.2)。
5. 放射治療及化療：擷取門診處方及治療明細檔 (CD) 之特定治療項目代號一～四欄位代碼為 D1 及 D2 或 12。
6. 荷爾蒙治療：串連，癌症特殊需求檔之 2000～2010 年門診處方醫令明細檔 (OO) 擷取藥品（項目）代號並以健保代碼參考表格。

建立 2000～2008 年新發乳癌世代醫院特性：串連，2000～2010 年醫事機構基本資料檔 (HOSB) 以截取醫院層級別 (HOSP_CONT_TYPE)。研究樣本共 82,164 人、2,499,302 人次。

排除醫院層級別非醫學中心、區域醫院、地區醫院的個案共 1,158 人

建立 2000～2008 年完整新發乳癌研究世代：排除各世代跨年度及時間不明確共 76 人，以及 ID、ID_BIRTHDAY 取第一筆記錄擷取輸入錯誤或重複共 332 人；最後共 80,598 人納入本研究排除醫院層級別非醫學中心、區域醫院、地區醫院的個案共 1,158 人。

計算併發 TEEs 0～6 個月、7～12 個月、2 年之發生密度及累積發生率有併發 TEEs 共 1,436 人，未併發共 79,162 人。

建立有無發生 TEEs 病例組與對照組：根據年齡、共病症指數來匹配以 1：5 方式區分有併發 TEEs 及未併發兩組。

2000～2008 各年新發乳癌世代：匹配後有併發 TEEs 的乳癌患者 1,432 人；未併發者共 7,160 人。

存活者共 7,607 人，死亡者共 985 人。

圖 9-6 回溯性世代研究之資料擷取流程圖（乳癌患者併發 TEEs 之存活分析）

乳癌患者併發 TEEs 對存活影響之統計分析：

以時間失敗加速模型，來分析上圖「乳癌患者併發 TEEs 對存活影響」，若依據 Allison(2004) 建議之 Kaplan-Meier method、Log-minus-log 及 like tim-interaction test 檢定，顯示變數，包括：TEEs、年齡、手術、放射治療、化療、荷爾蒙治療，都不符合 Cox proportional hazard model 等比例風險的假定 (assumption)，況且變數存在時間相依性的共變數問題，故應改以「本書第 3 章」Accelerated Failure Time Model 進行存活分析。在 Accelerated Failure Time Model 模型評選係以 log Likelihood 及 AIC 值來判讀，其中，對數概似 (log Likelihood) 估計值越高表示該模型適配越佳，此外 AIC (Akaike's Information Criteria) 亦可用來判斷時間序列整體模型適配度，其值越低代表模型適配度較好，此「乳癌患者併發」世代研究分析也進行了五種模型的評比檢定，分別是 Exponential、Weibull、Log-normal、Log-Logistic、Gamma，再依據 SPSS 存活分析之 log Likelihood 值來評比並選擇最優模型。

二、以暴露與疾病的發生時間先後次序 (時序性) 是否能推定，分為

1. 縱貫面研究 (longitudinal study)：能推定因果關係「時序」

縱貫面研究，或稱長期性研究，係對一群研究對象進行長時間觀察或蒐集資料的研究方式，主要為探討研究對象在不同時期的演變，目前已越來越普遍用於測量變化及解釋因果等研究。縱貫面研究的資料往往涵蓋多個時間點，在某些研究議題上，分析的資料甚至橫跨數十年。

縱貫面研究常用於醫學、心理學、社會學及其他領域，用以探討人們生命週期的發展趨勢與生活事件的影響。相對於橫斷面研究 (cross-sectional studies)，縱貫面研究可以觀察事件發生時間的順序，探討隨時間變化的變數，特別有助於掌握社會變化。

縱貫面研究可分為：(1) 時間序列研究 (time-series research)、(2) 追蹤 (follow-up) 研究、(3) 世代研究 (cohort study)。

(1) 時間序列研究係指研究者每隔一段時間，即蒐集一次相同的橫斷面樣本資料，藉此了解這些資料在不同時間上所呈現的差異，其研究對象不需是相同人群或樣本。請見作者《STaTa 在財務金融與經濟分析的應用》一書。

(2) 追蹤研究則是在不同時間點針對相同人群或樣本進行橫斷面資料蒐集。相較於時間序列研究，追蹤研究的困難度更高，也需耗費更多成本，因為追蹤的樣本很可能隨時間消失或變得無法聯繫。雖然如此，設計完善的追蹤

研究是非常有價值的，即使是短期的追蹤研究都有助於釐清特定生命事件帶來的影響。請見作者《Panel-data 迴歸模型：STaTa 在廣義時間序列的應用》一書

(3) 世代研究與追蹤研究相似，但主要針對在某特定時間有相似生命經驗的人群進行長時間研究，故研究樣本不一定是完全相同的一群人。世代研究屬宏觀分析，其重視的是整個世代或類型的特徵，而非特定的個人，故研究時必須先清楚定義哪些人擁有相同的生命經驗。

世代研究是在一段時間中，紀錄存活時間 (即發生事件的時間，疾病或死亡)，及影響存活時間的解釋變數，和一般的存活資料型態一樣。所謂，有效抽樣 (validation sampling) 係在世代研究 (cohort studies) 的樣本數中，抽取部分樣本並能從此樣本中，提供比原先 cohort studies 更多的資訊，也就是說，它是一種統計學上將數據樣本切割成較小子集的實用方法，可以先在一個子集上做分析，而其他子集則用來做後續對此分析的確認及驗證。

2. 橫斷面研究 (cross-sectional study)：不能推定因果關係「時序」

例如：有人分析影響口腔癌病患生活品質的重要因素。採結構性問卷調查，以 EORTC QLQ-C30 及 EORTC QLQ-H&N35 中文標準化問卷測量其健康相關生活品質，共 271 位口腔癌病患完成問卷，資料經統計分析後，結果發現：整體而言，家庭平均月收入狀況、腫瘤發生部位、治療方式、治療後時間及治療後復發與否，為影響健康相關生活品質之最重要因素。家中收入 5 萬元以上、單純手術治療、沒有復發、治療 6 個月後之病患，其健康相關生活品質顯著較好。

9-1-3 實驗法

實驗流行病學是探索驗證病因和評價防治效果的流行病學研究法。又稱流行病學試驗 (trial)、介入性 (intervention) 研究、隨機控制試驗 (randomized controlled trial, RCT) 等。旨在比較給予介入 (intervention) 後的實驗組人群與對照組人群結果 (outcome)，從而判斷介入效果 (effect) 的一種前瞻性研究方法。它將研究對象分派為實驗處理組和對照組 (control group) 後，在實驗處理組實施干預 (處理，treatment) 措施，在對照組中不採取措施或者應用安慰劑 (placebo)，通過一段時間的隨訪後，觀察各組實驗結果的差異，以此評估該干預措施的效果。

1. 對照 (compare)：除了給予的介入措施不同外，其他的基本特徵如性別、

年齡、居住環境、健康狀況等在處理組 (treatment group)vs. 對照組 (control group) 這兩組中應盡可能一致。

2. **隨機 (random)**：實驗對象須隨機地分配到實驗處理組或對照組。

3. **盲目 (blind)**：雙盲是科學方法的一種，目的是避免研究結果受安慰劑 (control group) 效果或觀察者偏好所影響。在各種科學研究領域中，從醫學、食品、心理到社會科學及法證都已見雙盲法來進行實驗。故雙盲法設計，可使研究者或研究對象都沒有預設的立場，使研究結果更加真實、可靠。

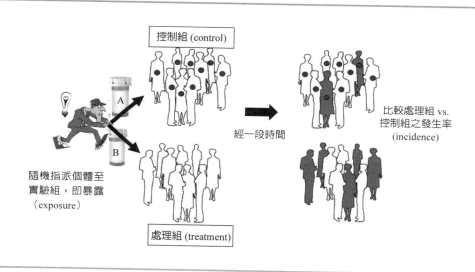

圖 9-7 介入性研究之示意圖

根據研究情境的不同，實驗法分為：

1. 實驗室實驗：如用動物群實驗模擬人類疾病的流行因素及規律。

2. 臨床試驗 (clinical trial)：以病人為研究單位，旨在比較藥物或某療效是否安全且有效的研究法。臨床試驗的主要用途，包括：(1) 療效評價。(2) 診斷試驗評價。(3) 篩檢研究。(4) 預後研究 (outcome study)。(5) 病因研究。其中，預後研究設計，主要是病例對照 (case-control study) 及世代研究 (cohort study) 兩種。

3. 預防試驗：如評價預防接種的效果。

4. 病因試驗或介入性試驗：如飲水加氟可預防齲齒，也證明攝取氟不是齲齒的病因之一。在人群中進行的試驗研究即介入性試驗，實際上是前瞻性研究

的一個特例。它是在比較嚴格控制的條件下進行隨機分組和人為給定干預因子，經過一段時間的觀察，比較試驗組和對照組的結果。由於此類研究法其因果關係最合乎時序性 (temporality)，即先改變病因再觀察「疾病 vs. 健康」效果發生情形，因此一般人認為此法驗證的假設結論是比較可靠的。

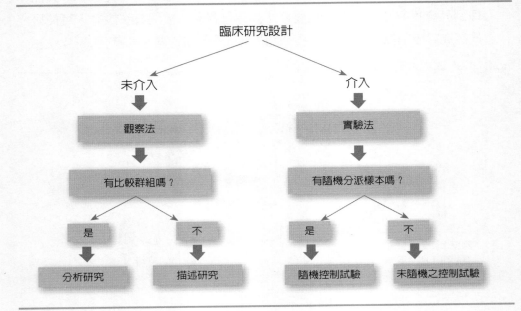

圖 9-8 臨床研究設計之另一示意圖

流行病學試驗的特性

1. 由研究者指派「分布暴露」的研究。

2. 在研究某種暴露是否會引起某種疾病時，由研究者決定那些被研究者受到暴露，那些被研究者不受到暴露，甚至暴露的劑量與給予方式等。這樣的做法其實是拿人做對象的實驗。

3. 研究本身對患者的病程或生活介入了某些暴露，故也稱「介入性研究」(intervention study)。

4. 介入這些暴露的目的是要在實驗處理組 (有暴露) 造成所要觀察的疾病 (outcome)，比較「暴露 vs. 未暴露」兩組在疾病發生率的不同，以推測暴露與疾病間的關係。

9-1-4　流行病學之 ROC 法的應用領域

一、ROC 曲線與存活分析 (Cox 存活模型、logit 迴歸) 之關係

　　ROC 曲線分析 (roccomp、rocgold、rocfit、rocreg、rocregplot、roctab 指令) 和存活函數 (stcox、streg 指令) 都可以用來分析醫學診斷的資料，其中 ROC 分析為回溯性試驗，可以根據不幸事件 (event) 是否真正發生 (D=0, D=1) 及測驗所得的結果 (T=0, T=1) 將受試者分成四類；ROC 曲線是由偽陽性率 (T=1 , D=0) 及真陽性率 (T=1, D=1) 所構成，不受盛行率的影響。而存活分析可以將有設限的資料也納入分析，不會遺漏任何一筆資料所提供的訊息，使分析結果能夠更符合實際的情況。

　　這兩種分析方法各有所長，也有部分相似之處，如：ROC 曲線是一個非遞減函數，而存活分析中也有幾個常用的函數符合這項特徵，且兩種分析方式都能依事件的發生及測驗的結果作分析，所以可將 ROC 分析轉換成存活函數的形式，並作有意義的解釋。

　　用存活分析中的函數，能將盛行率的訊息帶入 ROC 分析中，當遇到兩疾病的 ROC 曲線相同，但盛行率不同的情況時，我們可以藉由這些函數來判斷那一條 ROC 曲線所造成的 T=1 誤診率較小。

　　另外，當 ROC 曲線下面積相等但來自不同的二元常態「對照組 control populations」和「疾病組 (case populations)」分布時，在 ROC 曲線中接近線性的區域，我們可以利用 ROC 分析中的參數 b 來判斷那一條 ROC 曲線較穩定，當 b 與測驗變異數 (variance) 的比值越小時，ROC 曲線越穩定。

二、ROC 曲線分析之研究領域

　　ROC 曲線分析，旨在評估不同篩檢 (screening) 工具分類準確性 (accuracy)。在探討使用二種 (k=2) 施測工具分類二元資料準確性時，即可使用 ROC 曲線分析方法，並引用 Hanley and McNeil(1983) 研究結果；對於多個 (k>2) 施測工具檢驗分類正確性的比較，則可改用 Bonferroni 法，進行分類二元資料準確性之研究。

　　ROC 曲線分析常見的研究議題如下：

———— 教育 / 心理類 ————

1. 嬰幼兒綜合發展測驗之判定準確度及切截點分析。
2. 大學新生心理健康量表之準確度及切截點分析。

3. 以「學齡前兒童行為發展量表」篩檢發展遲緩的診斷效度研究。

4. 述情特質為適應障礙男性軍人的篩檢指標。

背景：述情障礙 (alexithymia) 的人較缺乏同理能力，而此障礙在精神疾病的發生率較高。過去不同的研究分別發現雙親教養、人格特質和述情障礙間的關係，然而此三者的路徑關係仍不明。因此本研究的目的為探討述情障礙是否為精神健康和適應障礙的預測因子，以及述情障礙與雙親教養風格和人格特質的路徑關係。此外，若述情障礙為適應障礙的促發因素，它是否為有效和具經濟效益的精神健康篩檢工具。

方法：募集 158 位被診斷為適應障礙的義務役和 155 位控制組的年輕男性軍人。所有參與者均填答雙親教養態度量表、艾氏人格問卷、臺灣版多倫多述情量表 (TAS-20) 以及華人健康問卷。

結果：適應障礙組的平均年齡為 21.46(標準差 = 2.35)，控制組為 22.94(標準差 =2.26)。logit 迴歸顯示年紀輕、高神經質人格特質、較差的心理健康狀況和無法區分內在情緒的述情特質，有較高的傾向會發展為適應障礙。結構方程式的路徑關係顯示雙親教養影響人格特質，人格特質影響述情特質，以及述情特質影響精神健康路徑的人比較可能發展為適應障礙。排除精神健康的中介因素，述情障礙能夠預測適應障礙。TAS-20 的三個因素當中，無法區分內在情緒對適應障礙有直接的影響，而上述的因素能夠解釋本樣本 59% 的變異量。接受者操作特徵發現使用無法區分內在情緒篩檢適應障礙最佳的切分點為 21/22，得到敏感性 0.84、特異性 0.87、陽性預測值 0.87 以及陰性預測值 0.84。

討論：此研究發現雙親教養、人格特質、述情特質、精神健康和適應障礙間的路徑關係。進一步的，述情障礙中無法區分內在情緒分測驗可用為適應障礙的篩檢指標。由於述情障礙以及其他精神疾病間有高相關，特別在缺乏同理能力的疾病，因此未來研究應繼續探討無法區分內在情緒是否可類化到與同理能力相關的疾病和精神疾病篩檢的應用上。

5. 青少年體質指數預測偏高血壓中曲線分析應用。

———— 商業類 ————

6. 銀行放款訂價模型之探討 —— ROC 曲線分析法之應用。

銀行放款業務不論在銀行的資產比重、或是收入來源上，皆為銀行最重要的業務，惟銀行對於放款之決策與訂價普遍依據放款人員之主觀判斷，欠缺系統化、合理化的評估工具。因此，參考 Stein(2005) 與 Blochlinger & Leippold(2006) 建議，嘗試以評分模型之 ROC 曲線，來建立銀行放款成本函數為基礎之放款決策訂價模型，並以模擬案例方式觀察相關變數變動對最佳切斷點 (optimal cut-off point) 與放款策略成本之影響，以及在模擬案例下所得出的信用價差曲線。

7. 商業銀行信貸客戶違約預警建模分析。預測違約分析的 ROC 分類表，如下：

		預測類別 (predicted classification)	
		不違約 (以 – 表示)	違約 (以 + 表示)
實際類別 (True Classification)	不違約 (以 – 表示)	True Negative (TN)	False Positive (FP)
	違約 (以 + 表示)	False Negative (FN)	True Positive (TP)

8. 中小企業信用風險模型之比較研究。

運用統計科學方法建構財務危機預警模型，將有助於企業於財務危機發生前，及時預測該公司可能發生危機之機率高或低。實證分析上，以財務比率變數分析中小企業，並嘗試將中小企業分為電子業與其他製造業二類，分別透過變數顯著性檢定 (K-S 檢定) 篩選重要顯著變數，再分別建構 logit 迴歸模型，最後使用 ROC 與 CAP 檢驗模型績效。依所建構之 logit 迴歸模型比較結果，發現：電子業之中小企業預測正確率 93.4% 最高，其次為全體中小企業 92.3% 的預測正確率，最低為「其他」製造業之中小企業 88.9% 的預測正確率。

——— 醫學 / 醫管類 ———

9. 接收操作特徵曲線 (receiver operating characteristic; ROC) 曲線分析確定的臺灣老年女性肥胖指標切斷點，以預測低的估算腎小球濾過率 (estimated glomerular filgtration rate< 60 ml/min) 的無用分析：以社區為基礎的逆行性研究。
針對右偏分布資料進行兩個醫學診斷方法的相等性檢定。

本文在病例對照研究之下，建立兩種醫學診斷方法的相等性檢定。此研究中的每一個受試者皆接受兩種不同的診斷方法，所得到的是具有相關性的成對診斷值。本文考慮將成對資料利用冪轉換，轉換成近似二元常態分布的資料，然後進行現有文獻中的有母數相等性檢定。另一方面，本文應用不同的廣義 gamma 分布描述右偏分布的二個診斷資料，並且使用適當的關聯結構函數 (Copula) 連結上述的兩個邊際分布，用以描述成對資料的聯合分布。然後，在此一聯合分布之下，建構兩條 ROC 曲線，並且根據二條估計的曲線下面積之差異進行相等性檢定，驗證這兩種醫學診斷方法的受試者操作特徵曲線下面積的真正差異是否在可容忍的範圍內。

10. 利用接受者作業特徵曲線 (ROC curve) 來判斷不同的生物標記 (biomarker) 對於疾病預測能力的好壞。在本文中，所考慮的共變數數值和疾病狀態是會跟隨時間而改變的，一般地情況下都是使用接受者作業特徵曲線下面積 (area under ROC curve, AUC) 來判斷，但由於是時間相依共變數的資料，所以在不同時間點所得到的接受者作業特徵曲線下的面積可能有大有小，無法明確判別出哪一個生物標記的預測能力較好。因此，就想到採用接受者作業特徵曲面下體積 (volume under ROC surface, VUS) 來判斷，當體積越大代表預測能力越好。這邊使用二元分布最近鄰點估計法 (NNE) 來估計 ROC 曲線。

11. OCT3 和 HRT- II 檢測視盤參數在青光眼早期診斷中的應用價值。

12. 應用 ROC 曲線分析，驗證住院病人跌倒危險因子評估工具之準確度。

此七項跌倒危險因子為「年齡大於 65 歲或小於 15 歲」、「跌倒史」、「意識紊亂、持續性或間斷意識認知障礙」、「頭暈」、「軟弱」、「頻尿、腹瀉或需協助如廁」、「需要提供輔具」。經 receiver operating characteristic curve 與 logistic regression 統計分析，得知此 7 題精簡版量表之 area under curve=.90，最佳切斷點總分 3 分以上為跌倒高危險病人，預測敏感性 74.07%，特異性 86.93%，準確度 86.26%，概似比 19.01；經 logistic regression 鑑定高風險跌倒病人之發生跌倒勝算比為其他住院病人的 17 倍，工具精簡且測量效能更優於原 17 題量表。故建議以此精簡版工具進行住院病人跌倒危險評估，可精實護理人員操作流程。

13. 應用 ROC 曲線分析，評價果糖胺對糖尿病的診斷價值。

14. 應用 ROC 曲線分析於評估不同篩檢工具分類準確性 (accuracy) 的研究。

15. 宮腔聲學造影與經陰道超音波診斷子宮內膜息肉的 ROC 曲線分析。

16. 分維方法在肝癌超音波圖像紋理識別中的性能比較研究。

17. 應用人工智慧於孕期憂鬱症之評估研究。

一般女性在懷孕時期雖受到較完善的照顧，但因為生理與心理變化，容易引起心情上的起伏，導致罹患孕期憂鬱症，若沒有及早發現治療，則會併發產後憂鬱症，嚴重者甚至會傷害自己與嬰兒。本研究目的藉由人工智慧中之決策樹與類神經網路來建構孕期憂鬱症輔助診斷系統，找出影響孕期憂鬱症之危險因子與憂鬱症狀，提供醫師未來進行醫療診斷時，能有效減少人為判斷失誤。

研究發現，應用倒傳遞類神經網路預測，是否罹患孕期憂鬱症之準確度為 83.33%，醫療評估用指標，接受器操作曲線面積為 0.819，研究發現因子中以工作情況、教育程度、籍貫、懷孕週數、其他疾病、睡眠時間，影響孕期憂鬱症最為顯著，而應用決策樹歸納出兩條憂鬱症規則，其準確度為 86.67%，接受器操作曲線面積為 0.861，研究發現憂鬱患者中較容易出現不開心到哭與想要傷害自己之症狀，本例建立之預測系統可提供給醫師，作為診斷孕期憂鬱症之參考，幫助容易罹患孕期憂鬱症之高危險群，提前診斷與防治。

18. 彩色超音波判斷實性淺表軟組織腫物良惡性的 ROC 曲線分析。
19. 用 ROC 曲線分析血脂水準與非酒精性脂肪肝病的關係。
20. 應用 ROC 曲線分析孕酮、β-HCG 比值在預測子宮外妊娠中的價值。
21. Logistic 迴歸和 ROC 曲線綜合分析組合專案對胸腹水性質的鑑別價值。
22. 呼吸中止症的相關因子。
23. 血清肝纖維化指標檢測對慢性肝病診斷價值的研究。
24. 應用跨研究之單核酸多態性標記子以建立整合性遺傳風險預測模型。
25. MRCP 診斷膽胰系疾病的價值評價及 ROC 曲線分析。
26. 應用 Logistic 迴歸和 ROC 曲線評價腫瘤標誌物 CEA、CA15.3 和 CYFRA21-1 對良惡性胸腔積液的診斷價值。
27. 呼氣一氧化碳測量儀評估年輕軍人吸菸習慣之準確性分析。
28. 胃癌術中腹腔游離癌細胞檢測門檻值的確定及其臨床意義。
29. 評估 Procalciton、C-reactive Protein 和 White Blood Cell 感染性指標在泌尿道感染的診斷應用度。
30. 血清 Cystatin C 測定在亞臨床肝腎症候群診斷中的價值。

31. 未成熟網織紅血球指數在感染性疾病早期診斷中的價值。

32. 凝血酶原時間與肝促凝血活酶試驗在慢性乙型猛暴性肝炎纖維化分期的診斷價值。

33. 原發性血小板減少性紫斑的多指標聯合檢測。

34. 應用 ROC 曲線評價血漿 D- 二聚體檢測在妊娠高血壓症候群診斷中的價值。

35. 糖尿病前期發生率之估算與糖尿病篩檢工具預測糖尿病前期發生的評估。

研究目的：一為估算糖尿病前期的發生率；二為評估 2004 年美國糖尿病協會發展的糖尿病前期篩檢工具 (ADART) 預測糖尿病前期發生，並比較和評估 ADART 及過去其他研究所發展的篩檢工具。

結果：1,021 位沒有空腹血糖異常或糖尿病的居民追蹤三年後，184 位新診斷個案發展為糖尿病前期或糖尿病，累積三年糖尿病前期或糖尿病的粗發生率為 18.02%(95% CI: 15.64-20.36)，在經過調整年齡和性別，累積三年糖尿病前期或糖尿病的發生率為 17.83%(95% CI: 15.41-20.24)。

使用 logit 迴歸分別比較 ADART(模型一)，ADART 加上生活型態 (模型二)，及 ADART 加上生活型態和生理生化值檢驗 (模型三) 三個模型的接收者操作特徵曲線下面積。模型一的曲線下面積男性為 0.60(95% CI 為 0.54-0.66)，女性為 0.72(95% CI 為 0.66-0.77)；模型二男性為 0.62(95% CI 為 0.56-0.68)，女性為 0.74(95% CI 0.68-0.80)；模型三男性為 0.64(95% CI 為 0.58-0.71)，女性為 0.75(95% CI 為 0.69-0.80)。不管在男性還是女性三個模型都沒有統計上的顯著差異，顯示 ADART 用在篩檢女性 40 歲以上社區居民是否為糖尿病前期是個不錯的篩檢工具。

註：在統計學中，一個機率樣本的信賴區間 (confidence interval, CI)，是對這個樣本的某個總體參數的區間估計。信賴區間展現的是，這個總體參數的真實值有一定機率落在與該測量結果有關的某對應區間。

36. 大腸癌併發腸阻塞之相關因素及對存活的影響。

目標：腸阻塞是大腸癌手術後最常見的併發症，會增加病患死亡風險。本回溯性世代研究主要探討大腸癌病患術後一年內併發腸阻塞的發生情形及其危險因子，並檢視術後新併發腸阻塞對大腸癌病患存活的影響。

方法：研究對象為 1997-2010 年全民健康保險研究資料庫中擷取 2000 到 2009 年間新診斷為大腸癌的病患。以卜瓦松迴歸分析腸阻塞的發生密度及其危險因子。經邏輯斯迴歸計算每名個案「年齡」與「性別」與併發腸阻塞關係的傾向分數，匹配有 / 無併發腸阻塞的患者後，以 AFT model 分析有 / 無併發腸阻塞對大腸癌術後三十天及一年內死亡風險的影響。

結果：2000-2009 年大腸癌世代共有 45,371 人，術後一年併發腸阻塞之累積發生率為 7.93%，發生密度為 8.56/ 100 個人年，其中第一個月發生密度為 20.21/ 100 個人年遠高於其他時間點。大腸癌術後一年內併發腸阻塞的預測因子有年齡 (adjusted incidence rate ratio [adjusted IRR] = 1.06，≥ 75 歲比 < 45 歲，95%CI = [1.04～1.06])，性別 (adjusted IRR = 1.09，男性比女性，95%CI = [1.08-1.09])，手術方式 (adjusted IRR = 1.01，直腸切除術比結腸切除術，95%CI = [1-1.02])，手術時有輸血 (adjusted IRR = 1.04，有比無，95% CI = 1.41-1.45)，醫師年平均手術量 (adjusted IRR = 1.11，高比極低，95% CI = [1.09-1.12])。以 AFT model 分析，有併發腸阻塞會降低大腸癌病患術後三十天死亡風險 (adjusted IRR = 0.24, 95 CI = [0.08～0.72])，但會增加術後一年死亡風險 (adjusted RR = 2.72, 95% CI = [1.05–1.72])。

結論：術後一年內約有 7.93% 大腸癌病患會併發腸阻塞，且好發在術後第一個月，而併發腸阻塞會增加術後一年內的死亡風險。本研究結果可供臨床人員即早針對併發腸阻塞高風險病患，加強監測並治療；在研究方面，可作為未來預防及治療臨床試驗中選擇合適研究對象的參考。

──── 工科 / 生物類 ────

37. 以 ZPP 模型研究臺灣上市櫃電子業之危機預警系統績效

在眾多的信用風險模型下，大部分模型都是先利用許多的財務變數投入估計，再取有效的財務變數來加以解釋，此類模型難免缺乏理論上的支持。KMV 模型為少數幾個基於理論所發表的模型，但許多研究中均顯示 KMV 模型低估了預期違約機率 (excepted default frequency)。Mario Maggi(2007) 提出 ZPP 模型並與 KMV 模型兩者做動態違約機率的比較，但其比較方法並未使用統計理論，此種驗證方法難免遭人詬病。本文進一步的加入邏輯斯迴歸

並利用 CAP(cumulative accuracy profiles) 曲線、ROC 曲線及 Brier score 三種方法來驗證 ZPP 模型之績效，三種統計檢驗方法均顯示 ZPP 模型所估計出的違約機率 (default probability) 較 KMV 模型與 logistic 迴歸估計的違約機率來得準確。

38. 基於 ROC 曲線分析的 Canny 演算法在景象匹配中的應用。

39. ROC 曲線分析在評價入侵物種分布模型中的應用。

40. 小波封包分析法應用於電漿焊接製程監控之研究。

> 隨著科技的進步，產品皆以精緻化的**趨勢邁進**，以達到最短的時間內得到最佳的品質。監控系統是近年用來工業上為了使產品能更有效率的掌控所積極研究的方法。它能節省許多機械加工時所消耗的人力、迅速發現工件缺陷……，所以在連續製造的生產線中，監控系統更是不可或缺，而利用聲音做為監控系統的方法更是目前最炙熱的研究之一。
>
> 在一個完整的電漿電弧焊接過程中，因為交互作用的多寡與能量的大小會使產品產生不同形式的焊道與外觀，由於鎂合金對於電漿焊接有極好的吸收效果，故本實驗將嘗試由電漿電弧來焊接鎂合金，並全程使用聲音監控來研究相關的精密準確性 (accuracy)。
>
> 首先，以相同輸出功率不同焊接速度，執行走焊的試驗，並同時以 NI-PCI6014 擷取卡與 ACO-7012 麥克風收取聲音訊號，觀察焊接時所產生的各種現象及焊道之穿透程度。接著利用小波轉換理論分析實驗所得的訊號能量值與變異值，並將分析完成的數據應用 ROC 法推算出訊號特性，藉以對照具體實驗結果之精密準確度。

41. 應用人工智慧技術於肺音診斷系統。

9-1-5 臨床試驗常用術語解釋

名詞	說明
歷史性控制組 (historic controls)	第二期臨床試驗如果是用單臂設計時，通常會找出過去曾接受過標準治療 (或未接受過治療) 的病人，利用這群病人來當作控制組，藉以評估目前試驗的藥物是否較具療效
第一型錯誤 (type I error, α)	將實驗處理組誤判為有治療效果的機率，又稱「偽陽性率 (false-positive rate)」

名詞	說明
第二型錯誤 (type II error，β)	將原本具有治療效果的試驗組誤判為沒有效果的機率，又稱「偽陰性率 (false-negative rate)」。統計檢定力 power = $1 - \beta$
Z_α、Z_β	大於 α 或 β 的標準常態分布值 (standard normal distribution value)
二項比例檢定 (binomial proportion test)	在隨機試驗中，檢定試驗組的腫瘤反應率 (tumor response rate) 是否大於對照組
危險比 (hazard ratio)	危險 (hazard) 是指瞬時失敗率 (instantaneous failure rate)。危險比是指治療組與對照組的危險相比值，也等於兩組發生某事件的中位時間－失敗 (median time to event) 的比值
對數序檢定 (logrank test) (stpower logrank 指令)	用來分析兩組間有無存活差別的統計方法。範例如下： * Compute number of failures required to detect a hazard ratio of 0.5 using a 5% two-sided log-rank test with 80% power . stpower logrank * Same as above, but use Schoenfeld method . stpower logrank, schoenfeld * Compute sample size required in the presence of censoring to detect a change in survival from 50% to 60% at the end of the study using * a 5% one-sided log-rank test with a power of 80% . stpower logrank 0.5 0.6, onesided * Same as above command, but assuming a 10% probability of withdrawal . stpower logrank 0.5 0.6, onesided wdprob(0.1) * Obtain power for a range of hazard ratios and two sample sizes . stpower logrank, hratio(0.1(0.2)0.9) n(50 100)
生命表 (ltable 指令)	生命表 (ltable 指令) 可以檢查群組之間存活機率是否有差異存在，但不能提供差異的大小或信賴區間，故仍須 stmh 及 stci 指令配合，來檢定實驗處理組與對照組之差異及 95% 信賴區間
設限資料 (censored data)	在試驗終點時，如果病人仍無發生事件 (event，一般指疾病復發或死亡)，則存活資料設定為設限資料 (censored data) censored data 指當病人在追蹤時間點尚未發生事件，則其存活時間稱為設限資料

9-1-6 頻率 (frequency) 的指標：生命統計測量值

常見頻率 (frequency) 有下列六種指標：

1. 盛行率 (prevalence)vs. 發生率 (incidence)

發生率和盛行率的差異是什麼？盛行率是看現有人口中有多少人帶病，至於病人是何時發病不管，只要是在觀察時已得病而仍存活者即可，有些個案可能是在昨天發生關節炎，有些是上星期，有些是去年，有些是十年或二十年前。因此，當我們調查一個社區的疾病盛行率時，一般我們不考慮疾病的期間，所以盛行率的分子包含一個混合具有不同疾病期的病人，此時我們並沒有作危險性的測量，如果想要測量危險性，必須使用發生率，因為相對於盛行率，發生率只包含新病例。

一個疾病的發生率被定義為在一段時間內一個可能罹病的族群發生的新病例數。

公式如下：

$$發生率 = \frac{新病例數}{有可能罹病的人口數(在某一段時間內)}$$

發生率的定義有一個重要元素是新病例數，發生率是危險性的一個測量，也是事件 (event) 的一個測量，「事件」就是狀態的改變，也就是觀察一群有可能發生此事件的人，經過一段觀察的時間 (可以是一星期、一個月、一年或五年等等，一般則取一年)，計算其中有多少人發生了此一事件。可見事件一定要有時間的經過，所以時間在發生率中是個很重要的概念，亦即重點在於時間必須被指明而且所有個案必須在整個期間內被觀察，但常常有失聯個案沒有在觀察時間內被追蹤，而不同的個案所觀察的時間也不同，計算發生率時，可用「人－年」表示。

在醫學文獻上，盛行率常被使用在二種方式：

(1) 點盛行率 (point prevalence)：在一個時間點的疾病盛行率，例如今年一月一日，事實上在一天的時間要去完成一個調查工作幾乎是不可能的事。因此，雖然理論上我們使用一個單一時間點，但實際上測量或調查可能需要較長時間，當我們看見使用盛行率字眼，而沒有指明是點或期的修飾字時，它通常是指點盛行率。

(2) 期盛行率 (period prevalence)：在一段時間內多少人有病 (例如一年) 叫期盛行率。

　　讓我們再來說明發生率和盛行率，顯示一個社區在去年某一疾病有五個病人，第一個病人在前年發病，去年死亡，第二病人在去年發病並持續至今年，第三個病人是在去年發病，去年治癒，第四個病人在前年發病，去年治癒，第五個病人在前年發病並持續至今年。

　　這個例子的目的是只考慮病人數（分子），忽略社區人口數（分母），在此例於去年發生率的分子是多少？我們知道發生率只計算新病人，因為五個病人中的二人在去年發病，所以發生率的分子為 2。有關點盛行率的分子又是多少？這要看我們執行盛行率調查的時間點而定，如果我們在五月執行調查，則分子為 4，如果我們在七月執行調查，分子也是等於 4，如果我們在九月執行調查，分子為 3，如果在十二月調查，分子為 2，因此盛行率要看執行調查的時間點而定。

　　醫學研究工作中，對族群的定義很重要，例如臺北市 200 萬人口中有 200 人患肺癌，則以 200 萬人口作母數，算出發生率為萬分之一。若這些病人均為 40～60 歲（此年齡層有 20 萬人口），則以 20 萬人口作母數計算發生率變為千分之一。若患者大部分是某電子工廠 40～60 歲的員工，則母數更少，而發生率會更高，讓人足以懷疑某電子公司的工作環境和肺癌有關。總之，對發生率而言，最重要的是，分子和分母均來自同一族群，分子、分母的「性格」或「屬性」都一樣。如研究臺北市民肺癌的發生率時，分子為臺北市民肺癌的發生人數，而分母則為臺北市民的人口總數，對分子而言，是所研究的對象，是確診的病例數；至於分母，則隨醫學研究的定義不同而異，如分母可為臺北市民、40～60 歲臺北市民、40～60 歲某電子工廠員工，隨著分母減少，「比率」因而增加，由此可能發現一些問題存在，但「比率」一定小於 1。從上面的例子充分說明了個案數來自多大的母群的「比率」大小比單純的病例數大小，在醫學研究上的重要性更加明顯。然而有時單獨病例數也是非常有價值的。例如：臺北市某電子公司 2 萬名員工中一年有 20 人死於肺癌，比預期死亡數 12 人多出 8 人，推測可能原因與作業環境的汙染有關，所以僅僅知道病例數也是非常有價值的，它可提供相當寶貴研究假設的啟示。

2. 比例 (ratio)：勝算比 (OR)，風險比

$$比例 = \frac{所觀察到的病例數（Observed\_number）}{預測會有的病例數（Expected\_number）} = \frac{O}{E} = \frac{20}{12} = 1.67$$

　　這個值可說某電子公司肺癌死亡率高於臺北市一般市民；所以醫學研究的

一項重要工作，即是要決定預期會有的病例數，以推論工作環境的暴露風險。O 和 E 不一定有關，但 O/E 值可以超過 1。

3. 累積發病率 (cumulative incidence rate, CIR)

世代族群的人，經過某段觀察時間後，發生某疾病的人口占該世代族群人口總數的百分比，稱為累積發生率。這是假定在一段觀察期間內 (t1 → t2)，世代族群中，除了得某疾病外，沒人死於其他疾病，則該族群之累積發生率 ($CIR_{t1 → t2}$) 為：

$$\Delta CIR_{t1 \to t2} = \frac{\left| P_{t2} - P_{t1} \right|}{P_{t1}} = 1 - \exp[-\sum ID_t \times \Delta t]$$

P_{t2}：觀察結束時 (t2) 的族群人口數。

p_{t1}：觀察開始時 (t1) 的族群人口數。

ID：發生密度 (incidence density)。

當觀察期間越短或所觀察的疾病為稀有疾病時，累積發生率會接近發生率，可用以估計發生率。而且當疾病發生率很小時，累積發生率幾乎等於各年齡層發生率乘以年齡層距之總和 $CIR_{t1 → t2} = ID \times t$。同時，累積發生率已具有標準化的意義，可直接與其他同時段累積發生率作比較。

例如：腎臟病患於一年當中曾在血液透析時發生休克的百分比。

4. 死亡率 (mortality)

研究族群於觀察時間內死亡者的分率。例如：某些職業 (土木、鐵工) 死亡率較高。

觀察時間中發生的才算。

每個個案只可以被算一次 outcome。

例如：臺灣居民每十萬人一年當中死於腎臟病的人數。

5. 致死率 (case fatality rate)

某種疾病的患者於觀察時間內死於該疾病的分率。

在觀察時間中發生的才算。

每個個案只可以被算一次 outcome。

例如：臺灣肝病患者一年當中死於肝病的百分比。

6. 存活率 (survival rate)

研究族群於觀察時間結束時仍然存活的分率。

在觀察時間中發生的才算。

每個個案只可以被算一次 outcome。

例如：臺灣腎臟病患者接受血液透析後十年仍然存活的百分比。

$$存活率 = 1 - 死亡率$$

9-2 接受者作業特徵 (receiver operating characteristic, ROC) 分析：判別檢驗工具的準確性

在長期追蹤指標分析中，想要評估指標在過程之變化是否與事件發生或死亡時間有關，理想的指標過程在事件發生當下及未發生事件期間應該會提供訊息。在醫學研究當中，從病患一進入實驗時就紀錄其固定的共變數數值，例如：年齡、性別、治療方式 (服藥種類)、存活時間 (從進入實驗到死亡、移植手術，或實驗結束期間的時間)，和存活狀態 (設限與否) 等。且當每位病患回診時都紀錄某些共變數，然而，當「時間相依」共變數可以被當作生物標記時，它就可以作爲診斷疾病的標準或在服用治療藥物之後與期間監測病患病情的標準。

也就是說，我們想了解新的生物標記是否能更精確的辨別病患會發生事件或存活下來；然而，準確性包括由二元 (發生事件與否) 變數與離散或連續型的生物標記所建構的敏感度 (sensitivity) 及特異性 (specificity)。在診斷研究當中，傳統上常用接受者作業特徵曲線 (receiver operating characteristic curve, ROC 曲線) 來衡量生物標記對疾病之預測準確性或區別能力，故 ROC 曲線可用來評估哪一種生物標記擁有最佳預測疾病優劣的生物標記。

9-2-1 流行病統計法：ROC 緣由

接受者作業特徵曲線 (receiver operating characteristic curve, ROC 曲線) 最早起源於二次世界大戰中，1941 年的珍珠港事件，美軍以偵測戰場上的日軍載具 (飛機、船艦)，其原理係利用雷達上的信號強弱設定門檻值，以作爲軍事行動的判斷依據，而發展出的信號偵測理論 (signal detection theory)。由於二戰時期，軍方用來偵測雷達及電子訊息傳遞，敵方會傳送加密訊息，將此訊息攔截並破解密碼。但並非所有訊息都是正確的訊息。故有人用 ROC 來是計算此訊息爲眞的機率是多少？在醫學上，ROC 廣泛地應用在疾病的診斷，同時也被應用在流行病學、實證醫學研究、放射技術、社會科學的研究上。在臨床上可能

會面對檢驗方法複雜、耗時、有侵入性、結果需要有經驗者才能準確判讀等因素，而利用 ROC 曲線發展出更簡易操作的替代方式，並與臨床認定的黃金標準 (gold standard) 當作比較基礎 (*rocgold* 指令)，例如以癌症的切片檢查作為比較之黃金標準，該標準將病人判定為罹癌與未罹癌，以鑑定新的診斷工具替代黃金標準的可行性。

接受者操作特性曲線 (ROC 曲線)，又稱為敏感性曲線 (sensitivity curve)。得此名的原因在於曲線上各點反映著相同的敏感性，它們都是對同一信號刺激的反應，只不過是在幾種不同的判定標準下所得的結果而已。接受者操作特性曲線就是以虛報概率為橫軸，擊中概率為縱軸所組成的座標圖，和被試在特定刺激條件下由於採用不同的判斷標準得出的不同結果畫出的曲線。

一、ROC 曲線的主要功用

1. ROC 曲線能很容易地查出任意切斷點時的對疾病的識別能力。

2. 選擇最佳的診斷切斷點。ROC 曲線越靠近左上角，試驗的準確性就越高。最靠近左上角的 ROC 曲線的點是錯誤最少的最好門檻值，其假陽性和假陰性的總數最少。

3. 比較兩種或兩種以上不同診斷試驗對疾病識別能力。在對同一種疾病的兩種或兩種以上診斷方法進行比較時，可將各試驗的 ROC 曲線繪製到同一座標中，以直觀地鑑別優劣。愈靠近左上角的 ROC 曲線所代表的受試者工作愈準確。亦可通過分別計算各個試驗的 ROC 曲線下的面積 (AUC) 進行比較，哪一種試驗的 AUC 最大，則哪一種試驗的診斷價值最佳。

4. ROC 曲線，越靠近 45° 對角線者，該篩選工具 (logit 迴歸) 越不準確。

5. 在做決策時，ROC 曲線分析能不受成本／效益的影響，可給出客觀中立的建議。例如：在醫學上診斷疾病所使用的檢查，產生了多種類型的結果，有一些結果僅簡單的呈現陽性或陰性，而有一些檢驗的結果為一個連續的數值。在這兩種的情況下，指定一個切斷點 (cut-point) 來區分檢驗的陽性與陰性可能都是任意的。這個切斷點的指定會影響到診斷工作的敏感度 (sensitivity) 及特異度 (specificity)，其中敏感度表示有病者被判為陽性的機率，而特異度表示無病者被判為陰性的機率。在處理這些問題的時候，很多時候常利用 ROC 曲線 (receiver operating characteristic curve) 來評估。

總之，ROC 曲線的評估方法係根據資料的實際情況，除了可將連續型資料 (如血壓、血糖…) 分為兩類，也允許將資料劃分為多個有序分類，如高、中、

低等級。ROC 曲線除可評估連續型資料的敏感度與特異度，也適用在有序型資料的分析。

二、ROC 曲線的優點

該方法簡單、直觀，通過 ROC 圖可觀察分析方法的臨床準確性，並可用肉眼作出判斷。

ROC 曲線將敏感度與特異性以圖示方法結合在一起，可準確反映檢驗工具之特異性和敏感性的關係，是試驗準確性的綜合代表。

而且，ROC 曲線不固定分類之切斷點 (cut-off)，允許中間狀態存在，利於使用者結合專業知識，權衡漏診與誤診的影響。選擇一更佳切斷點作為診斷參考值。提供不同試驗之間在共同標尺下的直觀的比較，ROC 曲線越凸越近左上角表明其診斷價值越大，利於不同指標間的比較。曲線下面積可評價診斷準確性。

ROC 曲線結合了敏感度 (sensitivity) 和特異度 (specificity) 兩個指標，除了判別某一診斷工具的準確度外，還可更進一步地建議診斷工具的最佳切斷點 (best cut-off point)。一般常用尋找切斷點的方法為尤登指數 (Youden's index)，即將每一個切斷點的敏感度 (sensitivity, $1-\beta$) 與特異度 (specificity, $1-\alpha$) 相加，並取最大值 (max)，即為最佳切斷點。

定義：尤登指標 (Youden's index)

尤登指標反映出在有疾病和沒疾病下，所有的陽性結果可能性，其公式為：

尤登指標 = 敏感度 +(特異性 – 1) = 敏感度 – 假陽性率

它有最大值為 1.0，最小值為 0.0。

尤登指標不同於準確性 (accuracy)。勝算比 (odds ratio) 及尤登指標都不會依賴於樣本中疾病的盛行率，故二者會比準確性且較優秀的原因。

9-2-2 ROC 曲線之原理：2×2 混淆矩陣

第一型誤差 (α)、第二型誤差 (β) 與 ROC 分類之關係，如下表：

	（實際類別）／真實情況 (TRUE STATE)／工具檢驗結果	
決定／預測類別	H_1 為真（結果陽性），即 H_0 為假	H_0 為真（工具檢驗結果為陰性）
拒絕 H_0 （判定為有病）	疾病組正確檢驗結果為有病（陽性） 機率 p=1-β 敏感度 (true positive, TP): a	Type I error: 健康組誤診為陽性 機率 p=α False Positive(FP): b
接受 H_0 （判定為沒病）	Type II error: 疾病組誤診為無病 機率 p=β False Negative(FN): c	健康組正確檢驗結果為無病（陰性） 機率 p=1-α 特異度 (True Negative, TN): d

一、ROC 之 2×2 混淆矩陣 (confusion matrix)

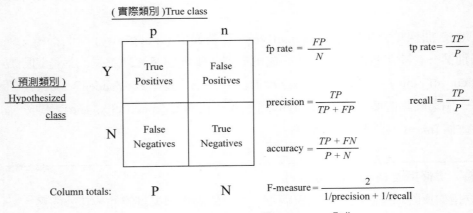

Confusion matrix 及 performance 公式

　　分類模型（又稱分類器，或診斷）是將一個實例映射到一個特定類的過程。ROC 曲線分析的是二元分類模型，也就是輸出結果只有兩種類別的模型，例如：（陽性／陰性）（有病／沒病）（垃圾郵件／非垃圾郵件）（敵軍／非敵軍）。

　　當指定一個切斷點 (cut-point) 來區分檢驗的陽性與陰性時，這個切斷點會影響到診斷工具的敏感度 (sensitivity) 及特異度 (specificity)。在醫學上，敏感度表示有病者被判為陽性的機率，而特異度表示無病者被判為陰性的機率。在曲線上的任何一個點都會對應到一組敏感度與「1- 特異度」，而敏感度與特異度會受到切斷點移動的影響。

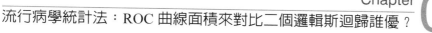

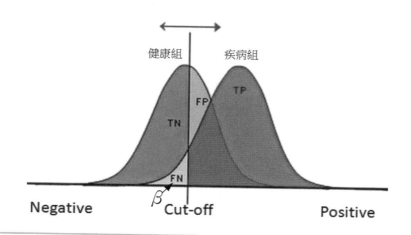

圖 9-9 ROC 曲線是以圖像的方式呈現二分類系

　　當訊號偵測 (或變數測量) 的結果是一個連續值時，類與類的邊界必須用一個門檻值 (threshold) 來界定。舉例來說，用血壓值來檢測一個人是否有高血壓，測出的血壓值是連續的實數 (從 0～200 都有可能)，以收縮壓 140 / 舒張壓 90 為門檻值，門檻值以上便診斷為有高血壓，門檻值未滿者診斷為無高血壓。二元分類模型的個案預測有四種結局：

1. 真陽性 (TP)：診斷為有，實際上也有高血壓。
2. 偽陽性 (FP)：診斷為有，實際卻沒有高血壓。
3. 真陰性 (TN)：診斷為沒有，實際上也沒有高血壓。
4. 偽陰性 (FN)：診斷為沒有，實際卻有高血壓。

　　這四種結局可以畫成 ×2 的混淆矩陣 (confusion matrix)：

		真實值		總數
		p	n	
預測輸出	p'	真陽性 (TP) $1-\beta$ 敏感度	偽陽性 (FP) Type I error α	P'
	n'	偽陰性 (FN) Type II error β	真陰性 (TN) $1-\alpha$ 特異性	N'
總數		P	N	

圖 9-10 真實狀況 vs. 檢驗工具，構成四種分類

名詞定義

1. 敏感度 (sensitivity) 與特異度 (specificity)

$$敏感度：\frac{TP}{TP+FN}（正確診斷出有病的機率）$$

$$特異度：\frac{TN}{TN+FP}（正確診斷出沒病的機率）$$

2. 偽陽性率 (false positive rate, FPR) 與偽陰性率 (false negative rate; FNR)

$$偽陽性率：\frac{FP}{TN+FP}（沒病被診斷為有病的機率）$$

$$偽陰性率：\frac{FN}{TP+FN}（有病被診斷為沒病的機率）$$

3. 準確度 (accuracy, ACC)

$$準確度：\frac{TP+TN}{TP+FP+TN+FN}（病人被正確判斷為有病或沒病的機率和）$$

在一個二分類模型中，對於所得到的連續結果，假設已確定一個門檻值，比如說 0.6，大於這個值的實例劃歸為 positive，小於這個值則劃到 negative 中。如果減小門檻值，減到 0.5，固然能識別出更多的 positive，也就是提高了識別出的正例占所有正例的比類，即 TPR，但同時也將更多的負實例當作了正實例，即提高了 FPR。

二、ROC 2×2 分類準確度之好壞

ROC 空間將偽陽性率 (FPR) 定義爲 X 軸，眞陽性率 (TPR) 定義爲 Y 軸。

(1) TPR：在所有實際爲陽性的樣本中，被正確地判斷爲陽性之比率。

$$TPR = TP/(TP + FN)$$

(2) FPR：在所有實際爲陰性的樣本中，被錯誤地判斷爲陽性之比率。

$$FPR = FP/(FP + TN)$$

給定一個二元分類模型和它的門檻值，就能從所有樣本的 (陽性 / 陰性) 眞實值和預測值計算出一個 (X = FPR, Y = TPR) 座標點。

從 (0, 0) 到 (1, 1) 的對角線將 ROC 空間劃分爲左上 / 右下兩個區域，在這條線的以上的點代表了一個好的分類結果 (勝過隨機分類)，而在這條線以下的點代表了差的分類結果 (劣於隨機分類)。

完美的預測是一個在左上角的點，在 ROC 空間座標 (0,1) 點，X = 0 代表著沒有偽陽性，Y = 1 代表著沒有偽陰性 (所有的陽性都是眞陽性)；也就是說，不管分類器輸出結果是陽性或陰性，都是 100% 正確。一個隨機的預測會得到位於從 (0, 0) 到 (1, 1) 對角線 (也叫無識別率線) 上的一個點；最直觀的隨機預測的例子就是拋硬幣。

讓我們來看在實際有 100 個陽性和 100 個陰性的案例時，四種預測方法 (可能是四種分類器，或是同一分類器的四種門檻值設定) 的結果差異：

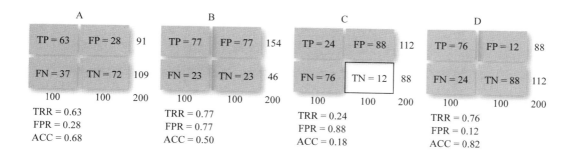

將這四種結果畫在 ROC 空間裡：

(1) 點與隨機猜測線的距離，是預測力的指標：離左上角越近的點預測 (診斷) 準確率越高。離右下角越近的點，預測越不準。

(2) 在 A、B、C 三者當中，最好的結果是 A 方法。

(3) B 方法的結果位於隨機猜測線 (對角線) 上，在例子中我們可以看到 B 的準確度 (ACC) 是 50%。

(4) C 雖然預測準確度最差，甚至劣於隨機分類，也就是低於 0.5(低於對角線)。然而，當將 C 以 (0.5, 0.5) 為中點作一個鏡像後，C 的結果甚至要比 A 還要好。這個作鏡像的方法，簡單說，不管 C(或任何 ROC 點低於對角線的情況) 預測了什麼，就做相反的結論。

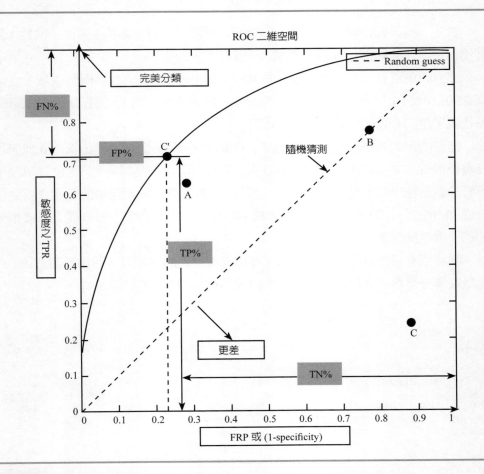

圖 9-11 ROC 空間的四個例子 (最佳工具為 FP%+TP% 最大者：C' 點)

三、單一樣本的 ROC 估計

常見的依變數，有三種資料型態，分別為二元、次序 (ordinal) 和連續資料：

1. 二元變數：某些測驗只有兩種結果「陽性或陰性」，這類型資料就稱為二元資料 (binary data)，在二元資料中，準確性可以被評估。即藉由敏感度、特異性、勝算比和概似比。

2. 有序變數：資料呈現只有幾序 (例如 A 級 ,B 級 ,C 級 ,D 級)，謂之有序資料。在有序資料中，準確性的估計可以用 ROC 曲線，ROC 曲線下面積越大，該篩選工具區別能力就越佳。

3. 連續變數：連續資料的測驗結果係呈現一個無限制的數值 (例如績效、效率)，這些結果包含目標的測量，圖像估計和主觀上的估計。在連續資料中，準確性的估計亦可用 ROC 曲線下面積、及「敏感度 vs. 1−特異性」圖來判定。

四、ROC 假設檢定

在某些研究中，其重點在於診斷是否能判別病人是否有病。若某篩選工具的「敏感度 = 1−特異性」，表示它是一個無效用的測驗。故 ROC 曲線的檢定為：y=x 且 ROC 曲線下面積為 0.05。因此，其

虛無假設 $H_0：A = 0.05$

對立假設 $H_0：A \neq 0.05$

$$檢定統計量\ Z = \frac{\hat{A}}{\sqrt{Var(\hat{A})}} \sim 符合 N(0,1)$$

其中，A 代表是 ROC 曲線下的面積 (簡稱 AUC)。

同理，我們在判定一個醫學篩選工具時，一個限制的假陽性值的範圍中，它是否有能力去區別人類是否生病？會給定特定的值 e_1, e_2：

$$H_0：A_{(e_1 \leq FPR \leq e_2)} = A_{mn(e_1, e_2)} \quad and \quad H_1：A_{(e_1 \leq FPR \leq e_2)} \neq A_{mn(e_1, e_2)}$$

其中 $A_{mn(e_1, e_2)} = \frac{1}{2}(e_2 - e_1)(e_2 + e_1)$

$$檢定統計量為\ Z = \frac{\hat{A}_{(e_1 \leq FPR \leq e_2)} - \hat{A}_{mn(e_1 \leq FPR \leq e_2)}}{\sqrt{\hat{Var}[\hat{A}_{(e_1 \leq FPR \leq e_2)}]}} \sim N(0, 1)$$

更一般化，我們可以測驗總面積或部分有任何特定的假設值，A_0

$$檢定統計量為\ Z = \frac{A_{(e_1 \leq FPR \leq e_2)} - A_0}{\sqrt{\hat{Var}[\hat{A}_{(e_1 \leq FPR \leq e_2)}]}} \sim N(0, 1)$$

當 $e_1 = 0$ 且 $e_2 = 1$ 時，指的就是總面積。

五、接受者作業特徵曲線下的面積 (AUC) 的算法

接受者作業特徵曲線下的面積 (area under the receiver operating characteristic curve，簡稱 AUC)。將 t 值當成 x 座標，對應的 ROC 當成 y 座標，繪製在直角座標平面，並連接成一條曲線，計算這條曲線下的面積。因為 ROC 的 x 軸跟 y 軸的範圍，都是介於 (0,1)，所以面積的範圍會在 (0,1) 之間，相當於機率的範圍。所以可以藉由 AUC，觀察該因素對於疾病的發生有多少影響。

AUC 的算法為：

$$AUC = \int_0^1 ROC(t)dt \quad t \in (0,1)，其中 t = FPF$$

另一種表示法為：

如果 Y_D 為真實生病組的病人資料，$Y_{\overline{D}}$ 為真實沒病的病人資料。則：

$$AUC = P(Y_D > Y_{\overline{D}})$$

9-2-3a Type I 誤差 α 及 Type II 誤差 β：ROC 圖切斷點的由來

一、檢定力 (1-β) vs. Type I 誤差 α 及 Type II 誤差 β

統計檢定進行時，除了可探測結果之顯著性，相對的存在一定的風險，即可能發生誤差 (error) 的機會。

假設檢定的目的就是利用統計的方式，推測虛無假設 H_0 是否成立。若虛無假設事實上成立，但統計檢驗的結果不支持虛無假設 (拒絕虛無假設)，這種錯誤稱為第一型錯誤 **α**。若虛無假設事實上不成立，但統計檢驗的結果支持虛無假設 (接受虛無假設)，這種錯誤稱為第二型錯誤 **β**。

1. 何謂顯著水準 α (significance level α)？何謂型 I 誤差 (type I error)？何謂型 II 誤差 (type II error)？何謂檢定力 (the power of a test)？

---

(1) 顯著水準 α (significance level α)：α 指決策時所犯第一型誤差的「最大機率」，所以依據統計研究的容忍程度，一般我們在檢定前都要先界定最大的第一型誤差，再進行檢定。

(2) 第一型誤差 **α**(type I error)：當虛無假設 H_0 為真，卻因抽樣誤差導致決策為拒絕 H_0，此種誤差稱為型 I 誤差。型 I 誤差 = 拒絕 $H_0 \mid H_0$ 為真，α = $P(\text{Reject } H_0 \mid H_0 \text{ is true})$。

---

(3) 第二型誤差 β(type II error)：當虛無假設 H_0 為假，卻因抽樣誤差導致決策不拒絕 H_0，此種誤差稱為型 II 誤差。型 II 誤差 = 不拒絕 H_0 | H_0 為假，β = P(Non-Reject H_0 | H_0 is false)。

(4) 當虛無假設 H_0 為假，經檢定後拒絕 H_0 的機率稱為檢定力 (power)(也就是正確拒絕 H_0 的機率)。power = P(Reject H_0 | H_0 is false)。

2. 顯著水準即是型 I 誤差的最大機率，當 α 越大則 β 越小 power 越大。

3. 當 α 為 0 則根本無法拒絕 H_0 則根本不會有 power。

4. 樣本數 n 越大則 α、β 越小 power 越大。

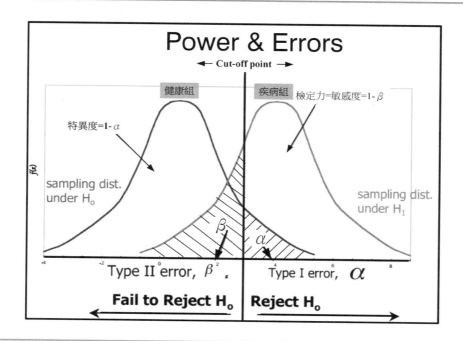

圖 9-12 檢定力 $(1-\beta)$ vs. Type I 誤差 α 及 Type II 誤差 β

　　當我們在進行統計檢定時，基本上根據有限的樣本數量，對母體的實際分布作一推估，必然會有誤差之風險。這種「誤差」可分二種：

(1) 第一型誤差 (type I error)α：當虛無假設 H_0 為真，卻因抽樣誤差導致決策為拒絕 H_0(the probability of rejecting a true null hypothesis)，此種誤差稱為

第一型誤差。犯 Type I error 之機率即為 α。

(2) 第二型誤差 (type II error)β：當虛無假設 H_0 為假，卻因抽樣誤差導致決策不拒絕 H_0(the probability of failing to reject a false null hypothesis)，此種誤差稱為第二型誤差。Type II error 之機率為 β。

第一型誤差 (α)、第二型誤差 (β) 與 ROC 分類之關係，如下表：

	真實情況 (TRUE STATE) / 工具檢驗結果	
決定 (Decision)	H_1 為真 (結果陽性)，即 H_0 為假	H_0 為真 (工具檢驗結果為陰性)
拒絕 H_0 (判定為有病)	疾病組正確檢驗結果為有病 (陽性) 機率 p=1-β 敏感度：a	Type I error: 健康組誤診為陽性 機率 p=α false positive(FP): b
接受 H_0 (判定為沒病)	Type II error: 疾病組誤診為無病 機率 p=β false negative(FN): c	健康組正確檢驗結果為無病 (陰性) 機率 p=1-α 特異度：d

根據檢定之前提與結果正確與否，可產生兩種不同之誤差情況，分別為第一型誤差 α 及第二型誤差 β。以利用驗孕棒驗孕為例。若用驗孕棒為一位孕婦驗孕，真實結果是沒有懷孕，這是第一型錯誤。若用驗孕棒為一位未懷孕的女士驗孕，真實結果是已懷孕，這是第二型錯誤。

	真實情況	
決定 (Decision)	H_1 為真 (即 H_0 為假)：嫌疑犯真的有作案	H_0 為真：嫌疑犯真的無作案
嫌疑犯有罪	正確決定 (敏感度) 機率 p=1-β 檢定力 = 敏感度 =1-β	Type I error(偽陽性) 機率 p=α
嫌疑犯無罪	Type II error(偽陰性) 機率 p=β	正確決定 (特異度) 機率 p=1-α 特異度 =1-α

二、切斷點 (cut-off point) 調動對 Type I 誤差 (α) 與 Type II 誤差 (β) 的影響

臨床上對於糖尿病初期診斷最常使用的是空腹血糖值測定，正常人空腹血

糖值平均是 100 mg/dl，標準差為 8.5 mg/dl，而糖尿病患者空腹血糖值平均為 126 mg/dl，標準差為 15.0 mg/dl，假設兩族群的空腹血糖值皆為常態分布。現在想利用空腹血糖值來建立一個簡單的診斷是否有糖尿病的診斷工具，假如空腹血糖值大於切斷點 C 則判定有糖尿病，反之，小於切斷點 C 則無糖尿病，下圖是以 C=115 為切斷點下，Type I 誤差 (α) 及 Type II 誤差 (β) 的關係。

由下圖可看出：當我們把切斷點 C 值提高（往右移）時，Type I 誤差 (α) 機率降低，但同時卻升高了 Type II 誤差 (β) 的機率，根據檢定力公式：power=1-β，當 Type II 誤差 β 越大，則檢定力 power 也隨之變小。

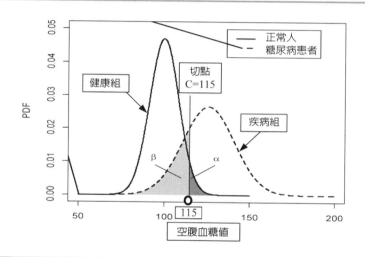

圖 9-13 當我們把切斷點提高時，Type I error(α) 機率降低，但同時卻升高了 Type II error(β) 的機率

以驗孕棒驗孕為例，若調高驗孕棒敏感度（斷點往左移），雖可降低 α 誤差，但卻提高 β 誤差。

三、P 值 (P-values) 計算：通常以 Type I error(通常取 α=0.05) 為 P 值比較的臨界值

1. P 值是計算在虛無假設 H_0 成立時，比觀測的檢定統計值（如 χ_2, z, t, $HR\cdots$）更極端（與虛無假設不一致）的機率。

2. 當 P 值很小時（通常取 P < 0.05)，有二種可能：(1) 虛無假設 H_0 是正確的，但我們觀測到一筆發生機率很低的資料（這顯然不太可能發生）；(2) 虛無假設

H_0 是錯的，資料不是來自虛無假設，這個可能性比較大，所以有充分證據來拒絕 (reject) 虛無假設。

3. P 值可視為當虛無假設 H_0 成立時，依據資料會拒絕虛無假設的「風險」(risk)，當風險很小時 (通常取 $P < 0.05$)，我們當然傾向拒絕虛無假設，所以當這風險小於我們設定的顯著水準 α 時，我們就有充分證據來拒絕虛無假設。

9-2-3b 評估不同篩檢工具之分類準確性 (accuracy)：ROC 圖

如下圖所示，ROC 曲線為一個用來呈現篩檢試驗敏感度 (sensitivity) 及「1– 特異度」(specificity) 的圖形，其中 X 軸為「1– 特異度」，又稱為偽陽性率 (false positive)，而 Y 軸為敏感度，任何一個在曲線上的點都會對應到一個檢驗的用以區分陽性或陰性的切斷點。

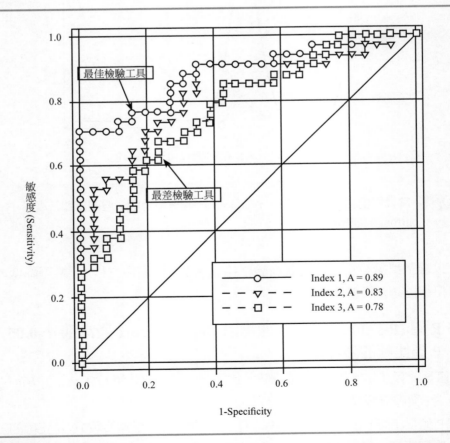

圖 9-14 ROC 曲線 (receiver operating characteristic curve) 之示意圖 (判別檢驗工具的準確性)

一、曲線下面積 AUC 值的意涵

通常，ROC 曲線在判別時，會以對角線爲一個參考線，若是檢驗工具的 ROC 曲線剛好落在對角的參考線上，則表示檢驗工具對於此疾病的診斷沒有鑑別性。若是 ROC 曲線越往圖形的左上方移動表示檢驗工具對於疾病的敏感度越高、且僞陽性率越低，亦即此工具的鑑別力較佳。而最靠近左上角的點 (0,1) 是錯誤歸類最少的切斷點，其敏感度 (sensitivity, $1-\beta$) 是最大的且僞陽性率 (1-specificity=α) 是最小的。

ROC 是凸曲線 (concave)，所以 AUC 值都會在 0.5 以上。AUC 數值的範圍從 0.5 到 1，數值越大越好。而 AUC 所算出的值可以決定該生物標記是否爲該疾病判斷的主要指標。所算出 AUC 的值，可藉由下表準則，來看 AUC 值所代表的模型好壞。

AUC = 0.5	幾乎沒有區別力 (no discrimination)
0.5 ≤ AUC<0.7	較低區別力 (準確性)
0.7 ≤ AUC<0.8	可接受的區別力 (acceptable discrimination)
0.8 ≤ AUC<0.9	好的區別力 (excellent discrimination)
AUC ≥ 0.9	非常好的區別力 (outstanding discrimination)

二、ROC 應用在評比檢驗工具的準確度

在醫學研究中，常需要對某種特定疾病 (例如：心血管方面疾病、代謝症候群、呼吸中止症…) 找出其顯著的影響因子，再進一步地以這些影響因子來預測是否有得病。就常用的邏輯斯迴歸 (logistic regression) 而言，亦即先算出各因子組合而成的危險分數 (risk score)，再以危險分數來區分其有得病或是沒得病，此時用來評估其區分精確度的數量，就是時常在文獻中看到的：一致性統計量 (concordance statistics)。在 logit 迴歸、Cox 迴歸例子中，一致性統計量等於 ROC 曲線分析中的曲線下面積 (area under the ROC curve, AUC)，它也是在進行醫學診斷分析時，常會用到的。

不過，一致性 C 統計量 (estat concordance 事後指令) 的用途更爲廣泛，即使是在存活資料下 (有病與否和時間長短有關；time to event data) 所使用的 Cox 迴歸模型，也可以算出一致性統計量，來比較所建立的不同 Cox 迴歸模型 (影響因子選擇不同)，何者的預測能力更佳。在統計軟體部分，目前較常見用來進行一致性統計量分析的軟體爲 SPSS、SAS 和 R。

　　此外，在疾病篩檢診斷工具正確性評估研究上，一般會考量以同一組實驗對象接受多種不同篩檢或診斷工具。對於此種施測工具分類正確性評估。此 2×2 ROC 分類表，源自下表之第一型誤差 (α) 及第二型誤差 (β)，二者關係如下：

　　第一型誤差 (α)、第二型誤差 (β) 與 ROC 分類之對應關係，如下表：

決定 (Decision)	真實情況 (TRUE STATE) / 工具檢驗結果	
	H_1 為真（結果陽性），即 H_0 為假	H_0 為真（工具檢驗結果為陰性）
拒絕 H_0 （判定為 有病）	疾病組正確檢驗結果為有病（陽性） 機率 $p=1-\beta$ 敏感度：a	Type I error: 健康組誤診為陽性 機率 $p=\alpha$ false positive(FP): b
接受 H_0 （判定為 沒病）	Type II error: 疾病組誤診為無病 機率 $p=\beta$ false negative(FN): c	健康組正確檢驗結果為無病（陰性） 機率 $p=1-\alpha$ 特異度：d

　　以發展障礙之篩檢工具為例，其結果如下表之 2×2 分類表，它有四個（交叉細格）之測驗準確度績效 (performance)，分別為：敏感度 (sensitivity)、精確度 (specificity)、陽性預測值 (positive predictive value, PPV)、陰性預測值 (negative predictive value, NPV)。

> 準確度績效之診斷 (diagnosis)：
> 假陽性：是指健康的人診斷試驗結果為不正常，如同無辜的人。
> 假陰性：是指有病的人診斷試驗結果為正常，如同逍遙法外的歹徒。

篩檢測驗與診斷效標分類的四種可能結果與測驗準確度指標

發展篩檢測驗的結果	決策 發展狀態		Total
	判定為遲緩	判定為發展正常	
陽性 (positive)	a (true-positive)	b (false-positive)	a + b
陰性 (negative)	c (false-positive)	d (true-positive)	c + d
Total	a + c	b + d	a + b + c + d

Sensitivity = a / (a + c)

Specificity = d / (b + d)

Positive predictive value = a / (a + b)

Negative predictive value = d / (c + d)

Overall accuracy = (a + d) / (a + b + c + d)

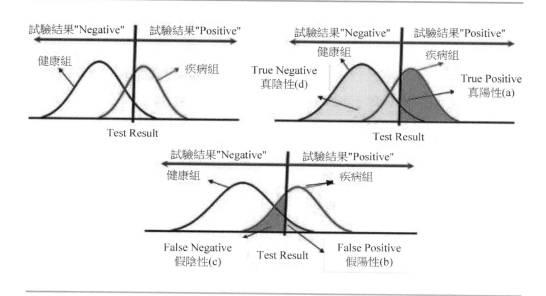

圖 9-15 將真陽性、假陽性、假陰性、真陰性之細格人數分別以 a, b, c, d 來表示

細格人數	Disease (+) 生病	Disease (-) 健康	
Test Result(+) 陽性	a 真陽性	b 假陽性	a+b
Test Result(-) 陰性	c 假陰性	d 真陰性	c+d
	a+c	b+d	

1. sensitivity(敏感度)(即檢定力 = 敏感度 =1 – β)：為有病者診斷結果為陽性的比率

   = 真陽性率 = 真陽性 / 生病 = a/a + c

   當高靈敏診斷試驗的結果為陰性，此為未罹患此疾病相當可靠的指標。

2. specificity (特異度) (即 1 – α)：為沒病者診斷結果為陰性的比率

   = 真陰性率 = 真陰性 / 健康 = d/b + d

   在特異性高的診斷試驗，結果陽性即表有病，因為罕見偽陽性。

3. positive predictive value, PPV (陽性預測值)：診斷試驗結果呈現陽性且確實有病者的比率

   = 真陽性 / 陽性試驗結果 = a/a + b

4. negative predictive value, NPV (陰性預測值)：診斷試驗結果呈陰性且確實無

患病者的比率

= 眞陰性 / 陰性試驗結果 = d/c+d

5. 概似比 (likelihood ratios, LR)

概似比爲兩個機率值的比值，即在有病病人中一個特定測驗結果的機率和沒病病人中一個特定測驗結果的機率比值，概似比可以表示爲：

$$LR(t) = \frac{P(T=t \mid D=1)}{P(T=t \mid D=0)}$$

其中 t 可以是一個單一測驗值，一個測驗區間，一個決策門檻的一端。當測驗結果和一個門檻值的一端相關聯時，我們有正的和負的概似比，分別可以表示爲：

$$LR(+) = \frac{P(T=1 \mid D=1)}{P(T=1 \mid D=0)}$$

$$LR(-) = \frac{P(T=0 \mid D=1)}{P(T=0 \mid D=0)}$$

其中，LR(+) 爲敏感度和假陽性率的比值，而 LR(−) 爲假陽性率和特異性的比值。

分子：疾病中診斷試驗 (陽性或陰性) 比率。

分母：無疾病中診斷試驗 (陽性或陰性) 比率。

概似比反映一個特定的測驗結果在判斷有病和沒病之間的證據大小。當概似比的值等於 1 代表在病人有病和沒病的情況下，測驗結果是相等的；而當概似比的值大於 1 代表測驗結果在病人有病的情況下有較大的可能性；反之，當概似比的值小於 1 則代表測驗結果在病人沒病的情況下有較大的可能性。

概似比公式，亦可改寫成：

$$LR(+) = \frac{\Pr\{T+ / D+\}}{\Pr\{T+ / D-\}} = \frac{\text{眞陽性率}}{\text{假陽性率}} = \frac{\text{sensitivity}}{(1 - \text{specificity})} = \frac{(a/a + c)}{(b/b + d)}$$

$$LR(-) = \frac{\Pr\{T- / D+\}}{\Pr\{T- / D-\}} = \frac{\text{眞陰性率}}{\text{假陰性率}} = \frac{1 - \text{sensitivity}}{\text{specificity}} = \frac{(c/a + c)}{(d/b + d)}$$

---

6. 概似比 (likelihood ratios, LR) 數值所代表的臨床意義

概似比 (LR)	詮釋 (Interpretation)
LR>10	強有力證據，有疾病 (Strong evidence to rule in disease)
5～10	中度證據，有疾病 (Moderate evidence to rule in disease)
2～5	弱的證據，有疾病 (Weak evidence to rule in disease)
0.5～2.0	沒顯著 (No significant change in the likelihood)
0.2～0.5	弱的證據，無疾病 (Weak evidence to rule out disease)
0.1～0.2	中度證據，無疾病 (Moderate evidence to rule out disease)
LR <0.1	強有力證據，無疾病 (Strong evidence to rule out disease)

　　如果已知檢測結果以及疾病的盛行率，那麼究竟罹患或沒有罹患某疾病的機率為多少？例如：「如果檢驗陽性，那麼得病的機率是多少」或「如果檢驗陰性，那麼沒有患病的機率是多少」，前者叫作陽性檢測率／陽性預測值 (positive predictive value, PPV)，後者叫作陰性檢測率／陰性預測值 (negative predictive value, NPV)。

　　陽性檢測率定義為所有檢測結果為陽性的人裡面，真正有患病 (真陽性，true positive) 的機率，因此公式為以下所列，即真陽性人數除以所有陽性的人數。

$$PPV = \frac{\text{true positive}}{\text{all positive}} = \frac{\text{true positive}}{\text{true positive} + \text{false positive}}$$

　　真陽性人數的計算很簡單，即總罹患疾病人數 × 敏感性，還記得敏感性為 a/(a+b)，亦即「在所有罹患疾病的人中，被篩檢為陽性者的機率」，因此敏感性也可稱為真陽性率，那當然真陽性人數就等於所有罹患疾病人數 (all cases) 乘以真陽性率囉；反之，偽陽性就是總健康人數 ×(1– 特異度)，特異度為 d/(c + d)，因此 (1- 特異度) 為 c/(c + d)，亦即為「在所有健康的人中，被誤篩檢為陽性者的機率」，因此通常 (1 – 特異度) 又被稱為偽陽性率，所以偽陽性人數很自然的等於所有健康的人中 (all health) 乘以偽陽性率。

　　真陽性及偽陽性的公式，分別為：

$$\text{true positive} = \text{all cases} \times \text{sensitivity}$$
$$\text{false positive} = \text{all health} \times (1 - \text{specificity})$$

再者我們需要知道總罹患疾病人數 (all cases) 及總健康人數 (all health) 的人數，見下列公式，總罹患疾病人數就等於總人數 × 盛行率，總健康人數就等於總人數 ×(1－盛行率)。

$$all\ cases = total \times prevalence$$
$$all\ health = total \times (1 - prevalence)$$

綜合上面三個公式，可得 PPV 的詳細公式，如下：

$$PPV = \frac{sensitivity \times total \times prevalence}{(sensitivity \times total \times prevalence) + (total \times (1 - specificity) \times (1 - prevalence))}$$
$$= \frac{sensitivity \times prevalence}{(sensitivity \times prevalence) + (1 - specificity) \times (1 - prevalence)}$$

例如：唐氏症 (down syndrome) 篩檢，以現今流行的四指標唐氏症篩檢，研究提供的敏感性為 80% 及特異度為 95%，而假設已知唐氏症盛行率為千分之 1(0.1%)，如果有位孕婦篩檢陽性，那麼她可能生出唐氏症寶寶的機率是多少呢？讓我們運用上式之公式後，可得出的陽性檢測率 (陽性預測值) 差不多是 1.6%，因此四指標唐氏症篩檢陽性的媽媽們不用太擔心，假使唐氏症篩檢陽性，還可進一步考慮羊膜穿刺此侵入性的檢查，以更確認是否有懷唐氏症寶寶。

$$PPV = \frac{sensitivity \times prevalence}{(sensitivity \times prevalence) + (1 - specificity) \times (1 - prevalence)}$$
$$= \frac{0.80 \times 0.001}{(0.80 \times 0.001) + (1 - 0.95) \times (1 - 0.001)}$$
$$= \frac{0.0008}{0.0008 + (0.05 \times 0.999)} = \frac{0.0008}{0.0008 + 0.04995}$$
$$\approx 0.016\ (1.6\%)$$

假使有一種疾病的盛行率是百分之五 (5%)，敏感性為 80% 及特異度為 95% 條件之下，篩檢陽性可能有罹患疾病的機率就會大增至接近 46%。因此可知盛行率是影響陽性檢測率的最大因素，可看到分子有「盛行率」，因此可推估當疾病盛行率越高時，PPV 就會越高，亦即篩檢陽性能正確診斷疾病的機率會大增，這是因為事實上真正罹患疾病的機率實在很高，因此能正確診斷也不足為奇了。

$$PPV = \frac{sensitivity \times prevalence}{(sensitivity \times prevalence) + (1 - specificity) \times (1 - prevalence)}$$

$$= \frac{0.80 \times 0.05}{(0.80 \times 0.05) + (1 - 0.95) \times (1 - 0.05)}$$

$$= \frac{0.04}{0.04 + (0.05 \times 0.95)} = \frac{0.04}{0.04 + 0.0475}$$

$$\approx 0.457 \ (46\%)$$

最後我們簡單列出陰性預測值 (陰性檢測率) 的算法。可看到分子有「1 – 盛行率」，因此可推估當疾病盛行率越高時，那麼 NPV 會越低，這是很理所當然的，因為如果某一個疾病很常見，即使我們篩檢結果是陰性，那麼可能能夠確定我們就沒有疾病的機率也會比較低 (因為畢竟有疾病的機率實在太高了！)

$$NPV = \frac{true\ negative}{all\ negative} = \frac{true\ negative}{true\ negative + false\ negative}$$

$$NPV = \frac{specificity \times (1 - prevalence)}{(1 - sensitivity) \times prevalence + (specificity) \times (1 - prevalence)}$$

一般疾病篩檢或診斷工具，大多利用某徵候來診斷疾病發生與否。其中所謂篩檢，如大腸癌篩檢、乳癌篩檢等；診斷可為利用電腦斷層掃描進行心血管檢查、診斷腦瘤等。然而，這些檢查並非完美，所以我們會用此疾病篩檢或診斷工具的敏感度、特異度等指標用以描述其正確性。一般而言，這樣的診斷程序僅會以檢查結果呈陽性或陰性表示。對於同一種疾病隨醫學知識與檢驗技術越來越進步，多種不同篩檢或診斷方式在臨床上相繼被提出。

醫學而言，例如：以糞便潛血化學法，來判別病人是否得大腸癌，實際收集數據如下表：

		gold standard		
		大腸癌	非大腸癌	合計
糞便潛血化學法	陽性 (+)	80	9,980	10,060
	陰性 (-)	120	89,820	89,940
	合計	200	99,800	100,000

敏感度 = 80/200 = 40%　　　偽陰性 = 120/200 = 60%
精確度 = 89,820/99,800 = 90%　　偽陽性 = 9,980/99,800 = 10%
陽性預測值 (PPV) = 80/10,060 = 0.8%
陰性預測值 (NPV) = 89,820/89,940 = 99.9%

　　然而，如何知道何種篩檢或診斷方法有較佳的分類正確性，係一個很重要的課題。關於此分類正確性的問題，一般會考慮使用 ROC 曲線分析方法。ROC 曲線做法，亦可考慮某一檢測工具每個可能切斷點 (cut-off point)，並計算各不同切斷點下之敏感度及特異度，即 Y 軸為敏感度、X 軸為「1 − 特異度」的座標系統，並以直線連接各對應座標點，此 ROC 曲線位於 0 與 1 的正方形中。ROC 曲線下面積 (area under the ROC curve, AUC) 指標在機率解釋上，可視為分別隨機選定一位有病與沒病個案 (m=2 個檢驗結果之分類數)，即有病者之檢驗值大於沒病者檢驗值的機率。直觀上，一個檢驗工具有較高的 AUC 值將代表它有較佳的分類正確性。

三、評比二個篩檢工具準確性 (accuracy) 及經濟性，誰優？

　　醫學研究發現人類乳突病毒的感染是子宮頸癌的元凶，持續感染人類乳突病毒是形成子宮頸癌的重要因素，因此可透過 DNA 檢測來早期發現該婦女是否已遭人類乳突病毒的感染，作為子宮頸癌的篩檢工具。相關資料整理如下：

項目	子宮頸抹片	人類乳突病毒篩檢
對 CIN III 以上之敏感度	65%	90%
特異度	86%	75%
價格 *	每人 NT100 元	每人 NT1,000 元

假設該地區 30 歲以上女性族群的 CIN III 以上病變盛行率為千分之 50。該地 30 歲以上女性族群人口數為 100,000 人。

　　假設陽性個案的確診費用為 2,000 元。

		實際疾病狀態		
		CIN III+	正常	合計
子宮頸抹片	(+)	3,250	13,300	16,550
	(-)	1,750	81,700	83,450
	合計	5,000	95,000	100,000

PPV = 19.64%
NPV = 97.90%
總成本
$= 100 \times 100,000 + 2,000 \times 16,550$
$= 43,100,000$

		實際疾病狀態		合計
		CIN III+	正常	
HPV 篩檢	(+)	500	23,750	28,250
	(-)	4,500	71,250	75,750
	合計	5,000	95,000	100,000

PPV = 15.93%
NPV = 99.30%
總成本
$= 1,000 \times 100,000 + 2,000 \times 28,250$
$= 156,500,000$

從 PPV 角度來看，子宮頸抹片比 HPV 篩選優；但 NPV 角度來看，子宮頸抹片比 HPV 篩選差。從成本角度來看，子宮頸抹片又比 HPV 篩選便宜。理性的人應選子宮頸抹片法才對。

9-2-4 篩檢工具的績效 (performance)：同一篩檢工具不同檢驗值切斷點的選擇

迄今，接受者作業曲線 (ROC curve) 已廣泛應用在工商、教育心理、生物醫學院。例如：某部門主管深感睡眠困擾對於員工工作效率造成影響，故欲利用壓力問卷，來了解員工的睡眠困擾，故此主管想要知道大約壓力問卷分數大於幾分以上 (cut-off point) 時？需要注意適時給予一些輔導或協助。其中，壓力問卷的分數以pQOL 表示，其值介於0～100分之間，分數越高表示壓力程度越大。

例如：往昔有人將資料分割兩部分 (男性和女性)，接著使用頸圍、腰圍及 BMI 進行 ROC 曲線檢定，結果發現，最佳切斷點 (cut-off point) 分別為男性頸圍 40 公分及女性頸圍 36 公分；男性腰圍為 105 公分與女性是 101 公分。

又如，Sung 等人 (2007) 隨機抽取 2,593 位 6～12 歲香港華裔兒童 (男童 52%，女童 47%) 為受試者，受試者帶有四個以上危險因子，包括：血壓 (blood pressure, BP)、三酸甘油脂 (triglycerides, TG)、低密度膽固醇 (low-density lipoprotein, LDL)、空腹血糖 (fasting glucose, FG)。空腹胰島素濃度 (fasting insulin, FI) 大於第 85 百分位數，高密度膽固醇 (high-density lipoprotein, HDL) 低於第 15 百分位數，就判定為心血管疾病高危險群。Sung 研究旨在利用 ROC 法來界定 BMI 百分位數危險門檻值、最佳切點 (靈敏度與明確度之合取最大者)。

在商業應用上，(廣義線性模型中之)logit 迴歸模型，亦可用來改善國內不動產抵押債權逾期模型，其中包括考慮總體經濟因素 (行政院主計處之經濟成長率、失業率及利率) 及尋找較佳之機率斷點以增加逾期預測準確率。資料來源可用國內某大型行庫之住宅貸款資料，觀察期間為 19×× 年至 20×× 年。

再以逾期或期滿結案時的經濟成長率 (失業率) 減撥貸時經濟成長率 (失業率) 之差額納入變數變換中。經由多元共線性 (multicollinearity) 及離群值 (outliers) 與特殊影響之觀察值 (influential observations) 的迴歸診斷後，最後用敏感度 (sensitivity) 與特異性 (specificity) 交叉點預測方法，即可找出最佳的機率界限，來提高逾期預測準確率及正常預測準確率之預測程度；並輔以 ROC 曲線分析法來複驗預測能力。

一、ROC 曲線之切斷點

> 將同一模型每個門檻值的 (FPR, TPR) 座標都畫在 ROC 空間裡，就成為**特定模型的 ROC 曲線**。

　　例如下圖，人體的血液蛋白濃度是呈常態分布的連續變數，病人的分布是紅色，平均值為 A g/dL，健康人的分布是藍色，平均值是 C g/dL。健康檢查會測量血液樣本中的某種蛋白質濃度，達到某個值 (門檻值，threshold) 以上診斷為有疾病徵兆。研究者可以調整門檻值的高低 (將下圖的垂直線往左 (A 點) 或右移動 (B 點))，便會求得不同的偽陽性率與真陽性率，並求得不同的預測準確率。

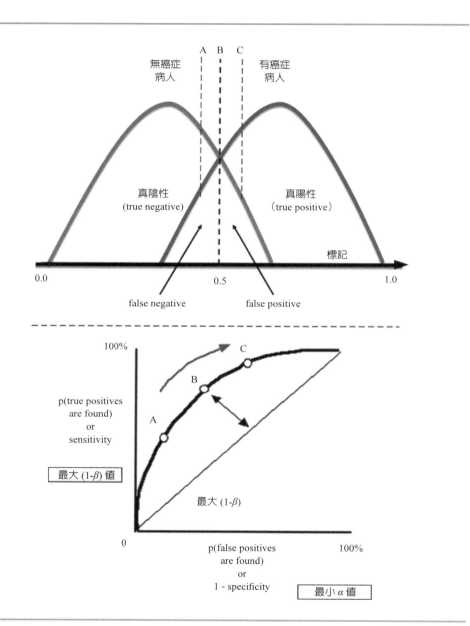

圖 9-16 隨著 threshold 調整，ROC 座標系裡的點如何移動最大 (1-β) 最小 α 值

　　ROC 曲線做法，係考慮一個檢測工具每個可能切斷點，並計算各不同切斷點下之敏感度及特異度；其中，縱軸為敏感度、橫軸為 1- 特異度的座標系統，並以直線連接各對應座標點，此 ROC 曲線位於 0 與 1 的正方形中。

二、敏感度與特異度之斷點變動

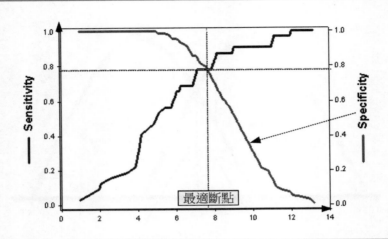

圖 9-17 以敏感度與特異度相交點為最適機率斷點

1. 由於每個不同的分類器 (診斷工具、偵測工具) 有各自的測量標準和測量值的單位 (標示為：「健康人－病人分布圖」的橫軸)，所以不同分類器的「健康人－病人分布圖」都長得不一樣。

2. 比較不同分類器時，ROC 曲線的實際形狀，便視兩個實際分布的重疊範圍而定，沒有規律可循。

3. 但在同一個分類器之內，門檻值的不同設定對 ROC 曲線的影響，仍有一些規律可循：

   (1) 當門檻值設定為最高時
      亦即所有樣本都被預測為陰性，沒有樣本被預測為陽性，此時在僞陽性率 FPR = FP /(FP + TN) 算式中的 FP = 0，所以 FPR = 0%。同時在眞陽性率 (TPR) 算式中，TPR = TP /(TP + FN) 算式中的 TP = 0，所以 TPR = 0%
      → 當門檻值設定為最高時，必得出 **ROC 座標系左下角的點 (0, 0)**。

   (2) **當門檻值設定為最低時，亦即所有樣本都被預測為陽性，沒有樣本被預測為陰性**，此時在僞陽性率 **FPR** = FP /(FP + TN) 算式中的 TN = 0，所以 **FPR** = 100%。同時在眞陽性率 TPR = TP /(TP + FN) 算式中的 FN = 0，所以 TPR=100%
      → 當門檻值設定為最低時，必得出 **ROC 座標系右上角的點 (1, 1)**。

(3) 因為 TP、FP、TN、FN 都是累積次數，TN 和 FN 隨著門檻值調低而減少 (或持平)，TP 和 FP 隨著門檻值調低而增加 (或持平)，所以 FPR 和 TPR 皆必隨著門檻值調低而增加 (或持平)。

→ **隨著門檻值調低，ROC 點，往右上 (或右 / 或上) 移動，或不動；但絕不會往左 / 下 / 左下移動。**

(一) 切斷點的概念

Case 1：唯一且最佳切斷點

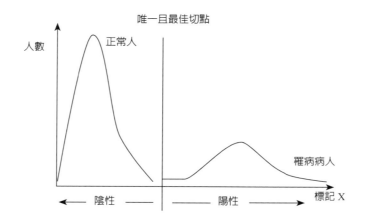

圖 9-18 唯一且最佳切斷點

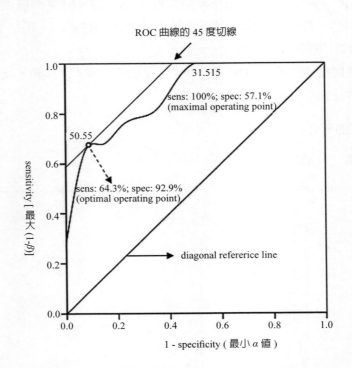

圖 9-19 ROC 圖最佳切斷點之示意圖

Case 2：好幾個切斷點可選

　　例如：阿偉想自人體血清中找尋比 FOBT 更好的大腸癌血清腫瘤標記，由於他發現在大腸癌個案中的標記 X 的檢驗值一般較健康者為高，因此他認為目前最具潛力的是血清中的標記 X。為了更了解標記 X 的敏感度與特異度，於是阿偉測量 100 名大腸癌病人及 100 名正常人的標記 X 檢驗值，並將分布圖繪製如下：

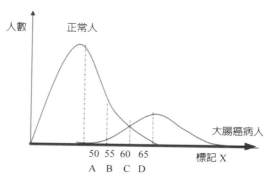

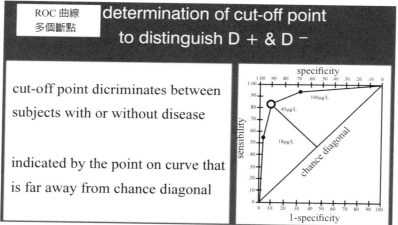

圖 9-20 好幾個切斷點可選（離 45 度對角線最遠的點，就是最佳斷點）

A	正常人	大腸癌		B	正常人	大腸癌
X ≥ 50	50	95		X ≥ 55	25	90
X < 50	50	5		X < 55	75	10
合計	100	100		合計	100	100

C	正常人	大腸癌		D	正常人	大腸癌
X ≥ 60	10	70		X ≥ 65	5	55
X < 60	90	30		X < 65	95	45
合計	100	100		合計	100	100

切點	敏感度	特異度
50	95%	50%
55	90%	75%
60	70%	90%
65	55%	95%

切點值 (ng/ml)	50	70	85	100	150	200	300	500
敏感度	95%	93%	90%	85%	80%	70%	55%	30%
特異度	40%	55%	70%	80%	85%	88%	90%	92%

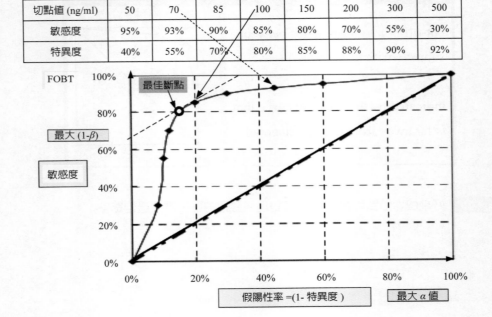

圖 9-21 四個切點之評比圖表（離 45° 對角線最遠的點，就是最佳斷點）

(二) 如可評比二個篩選工具準確性？

可用 ROC 法，ROC 曲線面積越大者，越優。

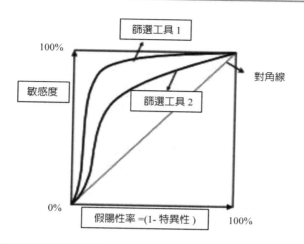

工具 1 比工具 2 優

　　因為工具 1 之敏感度及假陽性率，都比工具 2 較高，故工具 1 比工具 2 優。即 ROC 曲線面積越大者，越優。

FOBT

切點	敏感度	特異度
50	95%	50%
55	90%	75%
60	70%	90%
65	55%	95%

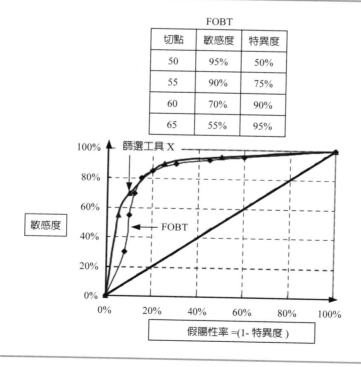

圖 9-23　篩選工具 X 略優於 FOBT 法之示意圖

在實際案例的預測分析中，發生與不發生的比例並非全然皆符合均等比例。並且分類表 (classification table) 以敏感度 (sensitivity) 與特異度 (specificity) 來檢驗 logit 迴歸模型的預測準確性，需依賴所選擇之適當的特定機率斷點 (cutoff point)。因此，如何適當選擇機率斷點 (cutoff point) 非常重要。

三、敏感度與特異度相交點，即為最佳機率斷點

由於分類表 (classification table) 為在某一特定機率斷點下，以敏感度 (sensitivity) 與特異度 (specificity)，來檢驗 logit 迴歸模型的預測準確性。故選擇好的機率斷點，將可以提升觀察值區別度，及增加敏感度 (sensitivity) 與特異度 (specificity)，因而增加 logit 迴歸模型的預測準確性。本例列出各個機率斷點 (cutoff point) 下之敏感度 (sensitivity) 與特異度 (specifi city)，並繪圖找出最佳機率斷點在敏感度 (sensitivity) 與特異度 (specificity) 之相交點。

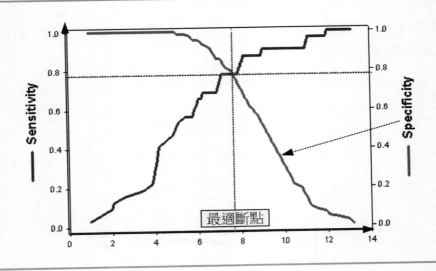

圖 9-24 以敏感度與特異度相交點為最佳機率斷點

9-2-5 ROC 法之分析步驟

以「銀行放款訂價模型」為例，使用 ROC 曲線分析法的操作步驟如下：

Step 1 先將樣本公司分為兩類，一類為有違約事件發生的公司，另一類為沒有

發生違約事件的公司。

Step 2 將這兩類公司隨機取出一家公司配對，並比較兩者之信用評等等級。

Step 3 進行給分：若沒有違約事件發生之公司是較另一家公司高者，給 1 分，若兩家公司信用評等等級相同者，給 0.5 分，若沒有違約事件發生之公司是較另一家公司低者，給 0 分。

Step 4 加總所有分數。

Step 5 將 Step 4 所得之分數除以所有配對數，其為此評等模型的分數。

Step 6 分析此評等模型分數。

ROC 曲線的分析步驟

1. ROC 曲線繪製。依據專業知識，對疾病組和參照組測定結果進行分析，確定測定值的上下限、組距以及切斷點 (cut-off point)，按選擇的組距間隔列出累積頻數分布表，分別計算出所有切斷點的敏感性、特異性和假陽性率 (1– 特異性)。以敏感性為縱座標代表真陽性率，(1– 特異性) 為橫座標代表假陽性率，作圖繪成 ROC 曲線。

2. ROC 曲線評價統計量計算。ROC 曲線下的面積值在 1.0 和 0.5 之間。在 AUC > 0.5 的情況下，AUC 越接近於 1，說明診斷效果越好。

AUC 在 0.5～0.7 時有較低準確性，

AUC 在 0.7～0.9 時有一定準確性，

AUC 在 0.9 以上時有較高準確性。

AUC=0.5 時，說明診斷方法完全不起作用，無診斷價值。

AUC<0.5 不符合真實情況，在實際中極少出現。

---

3. 比較兩種診斷方法的統計：

兩種診斷法的評比時，可根據不同的試驗設計採以下兩種方法：(1) 當兩種診斷方法分別在不同受試者身上進行時，採用獨立樣本之成組比較法。(2) 如果兩種診斷方法在同一受試者身上進行時，採用配對 (matched) 比較法。

9-2-6 參數的 ROC

ROC 應用領域很廣，但是，在生物醫學的實驗中，若實驗者都會有重複回診的動作，此蒐集到的資料就為時間相依的資訊。一般傳統的接受者作業特

徵曲線，是利用整體時間下的資料當作參數去估計。但這樣的做法不符合長期追蹤資料的性質。近期學者另提不同運算：含時間相依共變數之接受者特徵曲線面積的方法，其中，較爲人知的半參數 (semi- parametric) 模型做時間相依下接受者特徵曲線面積的方法，包括：Chambless & Diao (2006)、Song & Zhou (2008)、Uno, Cai, Tian & Wei (2007) 以及 Heagerty & Zheng (2005) 等四種。接著，吳威霖 (2014) 再以五個不同資料庫的數據，來比較上以這四種方法的優劣。他取樣的五個資料庫分別爲：(1) 等待心臟移植資料、(2) 使用 Didanosine 以及 Zalcitabine 愛滋病患者資料、(3) CD4 與病毒乘載量對 AIDS、(4) 原發性肝膽汁硬化 (primary biliary cirrhosis) 以及 (5) 果蠅的產蛋數目與存活壽命的關係。最後發現 Heagerty & Zheng 的結果最佳，所得到的半參數模型做時間相依下接受者特徵曲線面積最爲合理。本書受限篇幅，故只介紹 Heagerty & Zheng 法。

一、Heagerty & Zheng 法介紹

在 Heagerty & Zheng (2005) 所提出的方法，在 R 裡面的套件名稱爲 risksetROC，程式名稱爲 risksetAUC。

Heagerty & Zheng 改進了兩個方法。第一種方法爲 Heagerty 等人 (2000) 提出的時間相依下敏感度與特異度，是用連續型的敏感度計算。而第二種方法爲 Etzioni 等人 (1999) 與 Slate 和 Turnbull (2000) 提出的時間相依下敏感度與特異度，敏感度爲附帶型敏感度，且計算敏感度與特異度時，所運用存活時間估計值是不同的。而 Heagerty & Zheng 的方法利用附帶型敏感度，計算敏感度與特異度時，所運用的存活時間是相同的。

定義參數爲：

$N_i^*(t) = I(T_i \le t)$，N_i^*，就是記數函數

$dN_i^*(t) = N_i^*(t) - N_i^*(t-)$

$R_i(t) = I(X_i \ge t)$，R_i 爲風險指標

若收集到的參數有 P 個，參數記爲 $Z_i = (Z_{i1}, Z_{i2}, \cdots, Z_{ip})$

以 Cox 模型當例子，估計連續型的變數，估計存活時間的期望值，然後利用期望值去計算 AUC。例如將資料代入 Cox 模型中，形式爲 $\lambda(t) = \lambda_0(t) \exp(\beta^T(t) Z_i)$，估計出 $\beta(t)$。將 $\beta^T(t) Z_i$ 當作時間相依的參數，代入公式計算 AUC。

二、計算

Heagerty & Zheng 將式子做改進，是用 incident/dynamic 的方式計算敏感度跟特異度。

定義：

$$sensitivity^I(c, t) = P(M_i > c \mid T_i = t) = P(M_i > c \mid dN_i^*(t) = 1) = TP_t^I$$

$$specificity^D(c, t) = P(M_i \leq c \mid T_i = t) = P(M_i \leq c \mid N_i^*(t) = 0) = FP_t^D$$

其中 $M_i = \beta^T(t)Z_i$

而推得：

$$ROC_t^{1/D}(p) = TP_t^I\{[FP_t^D]^{-1}(p)\}，其中 p = FP，p \in [0, 1]$$

就在時間點 t 的 AUC 值為：

$$AUC(t) = \int_0^1 ROC_t^{I/D}(p)dp$$

以此去計算各時間點的 AUC。

接著看整體時間的 AUC，因為時間並非獨立，並不能直接把各個時間點的 AUC 值做平均。因為在實驗後期的實驗者的個數會變少，尤其是生病組的個數可能會遠小於沒病組的個數。拿這些實驗者的資料代表全體有可能出現極大的偏態。所以提供了一個方法：

整體時間下的 AUC 值為 C：

$$C = P[M_j > M_k \mid T_j < T_k], j \neq k$$

$$\begin{aligned}
P[M_j > M_k \mid T_j < T_k] &= \int_t P[\{M_j > M_k\} \mid \{T_i = t\} \cap \{t < T_k\}] \times P[\{T_j = t\} \cap \{t < T_k\}]dt \\
&= \int_t AUC(t) \times \omega(t)dt \\
&= E_T[AUC(T) \times 2 \times S(T)] \qquad \text{with } \omega(t) = 2 \times f(t) \times S(t)
\end{aligned}$$

若要估計的 AUC 不是全部的範圍，而是某一段時間，像是 $(0, \tau)$ 之間。

$$C^\tau = \int_0^\tau AUC(t) \times \omega^\tau(t)dt$$

其中 $\omega^\tau(t) = \dfrac{2 \times f(t) S(t)}{W^\tau}$

$$W^\tau = \int_0^\tau 2 \times f(t) \times S(t)dt = 1 - S^2(\tau)$$

三、上述四種時間相依之 ROC 估計法的比較

1. Chambless 法：優點在於，不論將資料放入什麼樣的迴歸模型適配，都可以去進行運算，因為 β 值計算時容易估計，進行 AUC 計算蠻方便的。但缺點在於，時間相依是定義在生病與否，雖然都沒有發病，但生物標記多少會有些變化，如果想要觀察這一定時間的 AUC 值的變化，恐怕是沒有辦法的。

2. Song 法：優點在於把共變異數跟時間固定，求出 AUC 的值是相當容易的。缺點在於把時間點固定，對於時間的相依性比較脆弱。

3. Uno 法：優點在於用每個時間的測量值來計算類似於存活時間的函數，取代掉存活時間，具有時間相依的特性。只是可能並不是每種資料都適合 $1-\exp^{e(.)}$，可能無法適用於每種資料。

4. Heagerty 法：優點是可以用迴歸模型做出 AUC，可以準確的計算出各個時間點跟整體時間的 AUC 的值。但缺點是分析法只有三種，式子已經限定使用 Cox 迴歸模型，無法用其餘模型進行 AUC 估計。

9-3 ROC 曲線面積來對比二個邏輯斯迴歸誰優？(roc、logistic regression 指令)

9-3-1 如何提升 ROC 研究設計之品質

一、樣本數及統計檢定力 (power) 的估計

大部分研究，在開展之前，一定要進行樣本數的估計，樣本量太少，統計效率低下，容易犯 Type II (β) 錯誤。樣本量太多，不僅造成經濟上的浪費，還增加了很多不可控制的因素，降低了實驗品質。一般研究，把樣本量控制在最小估計樣本量的上限再加 20% 就可以了 (主要是在前瞻性的研究中防止脫落)。

有關樣本數量及統計檢定力 (power) 的估計，可以參考作者《高等統計：應用 SPSS 分析》一書。

二、對照組 (control group) 和實驗處理組 (treatment group) 的設置

一個檢驗 / 篩選工具指標，不僅要強調其敏感性，還要強調其特異性。對照組 (control group) 的設置，是為了當實驗暴露組的比較基礎。基於此，對照組的設置應該是和疾病組症狀相似，如果不採用實驗室診斷指標是很難進行鑑別

的疾病。例如：肝硬化和肝癌。如果是很新穎的指標，或者無症狀疾病的診斷 (這類疾病很少)，在首次或者最初的研究中可以加入健康對照組，以觀察疾病組和健康對照組之間是否具有差別，這是可以理解的。但是對於研究有明顯症狀，可以輕而易舉和健康人區分的疾病，是不需要設立健康對照組的。

實驗處理組和對照組應該充分體現在同質性，就是不採用實驗室指標，光憑症狀病史很難進行鑑別診斷的一類人群。最好的方法就是採用統一的納入標準。譬如：欲使用 AFP 診斷肝癌，較好的納入標準就是將醫院所有年齡大於 40 周歲，有黃疸或者其他肝病症狀，懷疑為肝癌患者的首診人群。實際上，在進行 ROC 分析前，最好比較兩組的其他指標是否均衡，若不均衡，那說明納入標準還不是很嚴謹，或者說明該指標也可以作為診斷指標，可將其也進行 ROC 分析。

三、實驗處理組應有黃金 (golden) 標準

所謂黃金 (golden) 標準，就是確診一個疾病的方法或者方案 (alternative)。對於實驗處理組病例的納入，一定要使用黃金標準確診。換句話說，納入實驗處理組的病例就應該是納入一個算一個。相反的，有時病例組要求不是太嚴格。

常用的確診方法，比如：RA，應採用 1987 年美國風濕病學會的診斷標準確診，腫瘤應根據病例確診，膽結石應該根據術中所見確診。具體的黃金標準可以參考各個專業的相關知識。

四、ROC 相關參數的解釋

由 ROC 曲線產生的參數很多，包括：cut-off 值、敏感性、特異性、曲線下面積 (AUC)、陽性預測值、陰性預測值、陽性概似比、陰性概似比、Youden's 指數等。在進行專業解釋時，一般無須全部列出，但是 cut-off 值、敏感性、特異性、曲線下面積 (AUC) 是必須交待的。

部分論文在討論上述參數時，常犯的錯誤有：

1. 各個指標沒有可信區間，以樣本代替總體，簡單地認為 AUC 越大，診斷績效越高。

2. 有的甚至認為尤登指數才是判斷診斷績效的關鍵，實際上尤登指數只是對一個點而言，並不能反映指標的變化後，敏感性與特異性的變化，同時尤登指數也只能初略地確定 cut off。

在同一個試驗 (trial) 中比較兩種指標時，要求得單一指標的診斷績效高，一定要使用 AUC 比較，但是這個比較並不是簡單數值上的比較，而應該使用相

關的統計方法。其方法比較繁瑣，建議找專業人士。關於敏感性和特異性的比較，也應該有相關的比較檢驗方法。因為我們研究的是樣本，存在抽樣誤差，不能用樣本代替總體進行討論。

9-3-2 二個 logistic 迴歸誰優？(ROC、logistic regression 指令)

舉例來說，住院病人「跌倒」是一項重要的醫療品質指標，伴隨跌倒事件造成的傷害也會影響病家及社會的負擔。

有人應用 ROC 曲線分析，驗證住院病人跌倒危險因子評估工具之準確度。此七項跌倒危險因子為「年齡大於 65 歲或小於 15 歲」、「跌倒史」、「意識紊亂、持續性或間斷意識認知障礙」、「頭暈」、「軟弱」、「頻尿、腹瀉或需協助如廁」、「需要提供輔具」。經 receiver operating characteristic curve 與 logistic regression 統計分析，得知此七題精簡版量表之 area under curve=0.90，最佳切斷點總分 3 分以上為跌倒高危險病人，預測敏感性 74.07%，特異性 86.93%，準確度 86.26%，概似比 19.01；經 logistic regression 鑑定高風險跌倒病人之發生跌倒勝算比為其他住院病人的 17 倍，工具精簡且測量效能更優於原 17 題量表。

評估工具的準確度可為預防跌倒計畫之重要前鋒。評估工具檢驗效能的指標中，可運用 ROC 曲線下的面積 (area under curve, AUC)，它是目前常用評估診斷工具鑑別力的方法，AUC 數值的範圍從 0.5 到 1，數值越大越好，$0.8 \leq AUC \leq 0.9$ 代表優良的鑑別力，$0.9 \leq AUC \leq 1.0$ 則屬極佳的鑑別力。此外，敏感性是指真正發生跌倒，同時評估為高危險跌倒的比率。特異性指沒有發生跌倒，同時評估非高危險跌倒的比率。陽性預測率是指評估是高危險跌倒病人，實際發生跌倒事件的比率。陰性預測率則是評估是非高危險跌倒病人，確實沒發生跌倒事件的比率。準確度則是所有事件中預測真正無發生跌倒及真正有發生跌倒的比率。而敏感性與特異性的概似比 (likelihood ratios, LR) 則可以評估檢驗效能，當 LR >10 代表此工具具有很強的臨床實證判斷意義，LR 介於 2～5 之間則為代表此工具臨床實證判斷的意義較弱。

SPSS 指令中，非參數 *ROC* 指令 (只能分析單一分類工具) 可繪製 ROC 曲線。相對地，Stata 指令中 *roccomp* 係 *roctab* 指令的延伸版，它有多種診斷檢定法。*rocgold* 指令則可一次執行多個分類工具，它以 "gold standard" 當作 ROC 比較的基礎，並在工具多重兩兩 ROC 比較時會做調整。*rocgold* 和 *roccomp* 都

屬參數 ROC(須符合某分布) 來適配二元常態 (binormal) 之依變數，二元常態 (binormal) 係指「對照組 control populations」「疾病組 (case populations)」都是常態分布。

　　Stata 指令中 *rocfit* 指令與「*roctab, roccomp, rocgold*」不同之處，係 *rocfit* 透過二元常態來估計篩選工具的分類，它亦能執行一些事後指令 (postestimation)、信賴區間 (confidence interval)、附加的檢定。詳情請見作者《生物醫學統計：使用 STaTa 分析》一書。

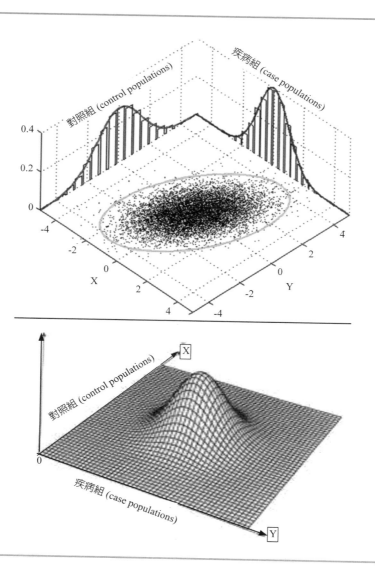

圖 9-25 二元常態 (binormal) 分布圖

一、範例：二個 logistic 迴歸誰優？roccomp 指令

logistic 迴歸的原理：「勝算比 (odds ratio) 或稱爲相對風險 (relative risk)」

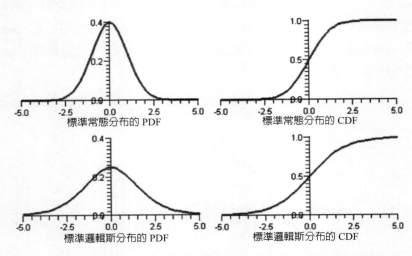

The Standard Normal and Standard Logistic Probability Distributions

圖 9-26　標準常態 vs. 標準 logistic 分布圖

以「受訪者是否 (0,1) 使用公車資訊服務」之二元 (bianry) 依變數爲例。logistic 迴歸係假設解釋變數 (x) 與乘客是否使用公車資訊服務 (y) 之間必須符合下列 logistic 函數：

$$P(y \mid x) = \frac{1}{1 + e^{-\sum b_i \times x_i}}$$

其中 b_i 代表對應解釋變數的參數，y 屬二元變數 (binary variable)，若 y = 1 表示該乘客有使用公車資訊服務；反之，若 y = 0 則表示該乘客未使用公車資訊服務。因此 P(y = 1|x) 表示當自變數 x 已知時，該乘客使用公車資訊服務的機率；P(y = 0|x) 表示當自變數 x 已知時，該乘客不使用公車資訊服務的機率。

logistic 函數之分子分母同時乘以 $e^{\sum b_i \times x_i}$ 後，上式變爲：

$$P(y \mid x) = \frac{1}{1 + e^{-\sum b_i \times x_i}} = \frac{e^{\sum b_i \times x_i}}{1 + e^{\sum b_i \times x_i}}$$

將上式之左右兩側均以 1 減去，可以得到：

$$1 - P(y \mid x) == \frac{1}{1 + e^{\sum b_i \times x_i}}$$

再將上面二式相除，則可以得到

$$\frac{P(y \mid x)}{1 - P(y \mid x)} == e^{\sum b_i \times x_i}$$

針對上式，兩邊同時取自然對數，可以得到：

$$Ln\left(\frac{P(y \mid x)}{1 - P(y \mid x)}\right) == Ln\left(e^{\sum b_i \times x_i}\right) = \sum b_i \times x_i$$

經由上述公式推導可將原自變數非線性的關係，轉換成以線性關係來表達。其中 $\frac{P(y \mid x)}{1 - P(y \mid x)}$ 可代表乘客使用公車資訊服務的勝算比 (odds ratio) 或稱為相對風險 (relative risk)。

範例：二個 logistic 迴歸誰優？logistic regression 指令

一、問題說明

在中學就讀期間，凡寫作成績 60 者就可得獎 (honor ＝ 1)。試問性別 (female) 及學生閱讀成績 (read) 這二個自變數 (時間相依解釋變數) 會影響學生得 honor 獎嗎？

研究者收集數據並整理成下表，此「hsb2.dta」資料檔內容之變數如下：

變數名稱	說明	編碼 Codes/Values
連續變數：write	學生寫作成績	
類別變數：honor	寫作成績 60 者	0,1(binary data)
類別變數：female	女學生嗎	0,1(binary data)
時間變數：read	學生閱讀成績	

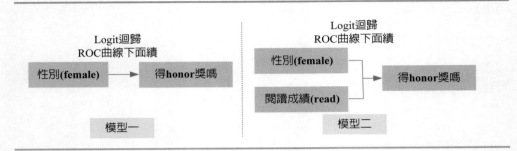

圖 9-27 性別 (female) 及學生閱讀成績 (read) 會影響學生得 honor 獎之研究架構

二、資料檔之內容

「hsb2.dta」資料檔內容如下圖。

	id	female	race	ses	schtyp	prog	read	write	math	science
1	70	0	4	1	1	1	57	52	41	47
2	121	1	4	2	1	3	68	59	53	63
3	86	0	4	3	1	1	44	33	54	58
4	141	0	4	3	1	3	63	44	47	53
5	172	0	4	2	1	2	47	52	57	53
6	113	0	4	2	1	2	44	52	51	63
7	50	0	3	2	1	1	50	59	42	53
8	11	0	1	2	1	2	34	46	45	39
9	84	0	4	2	1	1	63	57	54	58
10	48	0	3	2	1	2	57	55	52	50
11	75	0	4	2	1	3	60	46	51	53
12	60	0	4	2	1	2	57	65	51	63
13	95	0	4	3	1	2	73	60	71	61
14	104	0	4	3	1	2	54	63	57	55
15	38	0	3	1	1	2	45	57	50	31
16	115	0	4	1	1	1	42	49	43	50
17	76	0	4	3	1	2	47	52	51	50
18	195	0	4	2	2	1	57	57	60	58
19	114	0	4	3	1	2	68	65	62	55
20	85	0	4	2	1	1	55	39	57	53
21	167	0	4	2	1	1	63	49	35	66

圖 9-28 「hsb2.sav」資料檔內容 (N=200 學生)

三、分析結果與討論

Step 1-1 model-1：只用性別來預測二元依變數 honor 之 logistic 迴歸

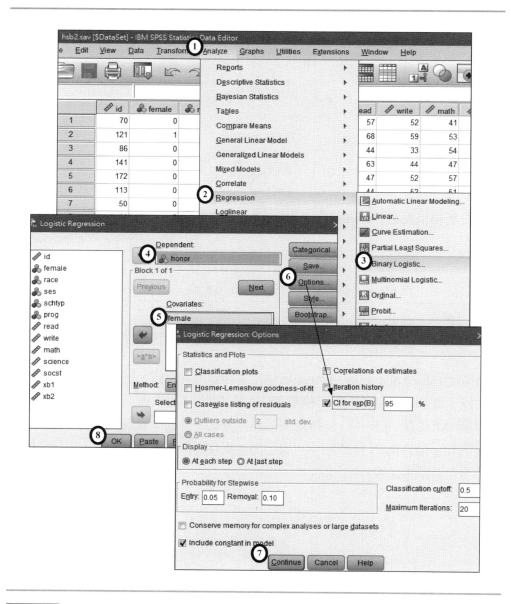

圖 9-29 求 model-1「female → honor」logistic 迴歸的畫面

對應的指令語法：

```
title " 對比 2 個 logit 迴歸及 ROC.sps".
* 開啟 Stata 資料檔 .
GET
  STATA FILE='D:\CD 資料檔 \hsb2.dta'.

*----------------.
subtitle "Step1-1 mode-l「female → honor」邏輯斯迴歸 ".
LOGISTIC REGRESSION VARIABLES honor
  /METHOD=ENTER female
  /PRINT=CI(95)
  /CRITERIA=PIN(0.05) POUT(0.10) ITERATE(20) CUT(0.5).
```

【A. 分析結果說明】mode-l「female → honor」logistic 迴歸

		Model Summary	
Step	-2 Log likelihood	Cox & Snell R Square	Nagelkerke R Square
1	227.354a	.019	.028

a. Estimation terminated at iteration number 4 because parameter estimates changed by less than .001.

1. 概似比 (likelihood ratios, LR) 是敏感性與特異性的比值，旨在評估檢驗工具的效能。概似比值越大，表示模型越佳。當 LR>10 代表此工具具有很強的臨床實證判斷意義，LR 介於 2～5 之間則為代表此工具臨床實證判斷的意義較弱。

2. 本例 Log likelihood = 227.354，表示你界定自變數們之迴歸係數，對依變數的預測仍有顯著意義。

Variables in the Equation

		B	SE	Wald	df	Sig.	Exp(B)	95.0% CI for Exp(B)	
								Lower	Upper
Step 1[a]	女性嗎	.651	.334	3.811	1	.051	1.918	.997	3.689
	Constant	-1.400	.263	28.305	1	.000	.247		

a. Variable(s) entered on step 1: 女性嗎 .

1. logistic 迴歸，以「gender (= 1)」為比較基準點，故有「gender =0 vs. gender =1」，此 logit 迴歸式，如下：

$$Ln\left(\frac{P(\text{gender} = 0)}{P(\text{gender} = 1)}\right) = -1.4 + 0.651 \times (\text{gender} = 1)$$

其中 (gender = 1) 表示若括弧內的判別式成立，則代入 1，若不成立則代入 0。在排除「其他」的影響後，女性 (gender = 0) 得獎 (honer) 的勝算為男性 (gender = 0) 的 1.918 (= $\exp^{0.651}$) 倍，且達到統計上的顯著差異 (p = 0.051)。

2. B 欄：是 logistic 迴歸式中，自變數對依變數的預測值，在 logistic 迴歸式是以 log-odds 為單位，「B」值愈大，表示該自變數對依變數的攸關性 (relevance) 愈高。它類似 OLS 迴歸式：

$$\log(\frac{p}{1-p}) = \log(\frac{p(\text{某方案})}{p(\text{方案的基準點})}) = b_0 + b_1 * x_1 + b_2 * x_2 + b_3 * x_3 + b_3 * x_3 + b_4 * x_4 + \cdots$$

3. S.E. 欄：logit 迴歸係數的標準誤 (standard errors associated with the coefficients)。

4. Exp(B)：是這預測因子 (predictors) 的勝算比 (odds ratios)。

5. Wald 及 Sig 二欄：分別是 Wald chi-square 檢定及其雙尾 p-value，它的虛無假設「H_0：the coefficient (parameter) is 0」。若 p 值小於 (α = 0.05) 則 logit 迴歸係數達統計學上的顯著。

Step 1-2 model-1：只用性別來預測二元依變數 honor 之 ROC 曲線

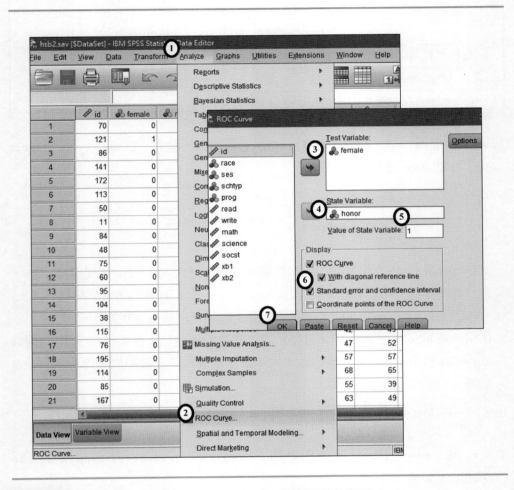

圖 9-30　求 model-1「female → honor」ROC 曲線面積的畫面

對應的指令語法：

```
subtitle "Step1-2 mode-1「female → honor」ROC 曲線 ".
ROC female BY honor (1)
  /PLOT=CURVE(REFERENCE)
  /PRINT=SE
  /CRITERIA=CUTOFF(INCLUDE) TESTPOS(LARGE) DISTRIBUTION(FREE) CI(95)
  /MISSING=EXCLUDE.
```

【B. 分析結果說明】mode-l「female → honor」ROC 曲線

Area Under the Curve

Test Result Variable(s): 女性嗎

Area	Std. Errora	Asymptotic Sig.b	Asymptotic 95% Confidence Interval	
			Lower Bound	Upper Bound
.578	.045	.091	.490	.667

The test result variable(s): 女性嗎 has at least one tie between the positive actual state group and the negative actual state group. Statistics may be biased.
a. Under the nonparametric assumption
b. Null hypothesis: true area = 0.5

1. 「female → honor」的 ROC 曲線面積 = 0.578。

2. AUC 數值一般的判別準則如下，本例模型一 AUC = 0.578，落入「較低區別力 (準確性)」。表示 logit 整體模型，不是很適配。

AUC=0.5	幾乎沒有區別力 (no discrimination)
0.5 ≤ AUC<0.7	較低區別力 (準確性)
0.7 ≤ AUC<0.8	可接受的區別力 (acceptable discrimination)
0.8 ≤ AUC<0.9	好的區別力 (excellent discrimination)
AUC ≥ 0.9	非常好的區別力 (outstanding discrimination)

存活分析及 ROC：應用 SPSS

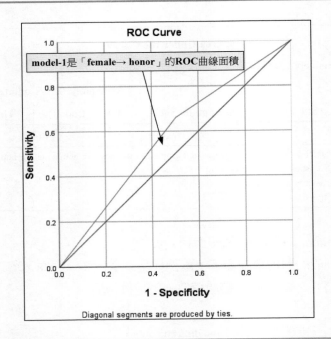

圖 9-31 model-1 是「female → honor」的 ROC 曲線面積

其中，四個準確度之指標，其公式為：

$$PPV = \frac{Sensitivity \times Prevalence}{Sensitivity \times Prevalence + (1 - Sensitivity) \times (1 - Prevalence)}$$

$$NPV = \frac{Specificity \times (1 - Prevalence)}{Specificity \times (1 - Prevalence) + (1 - Specificity) \times Prevalence}$$

Step 2-1 model-2：「female、read → honor」之 logistic 迴歸

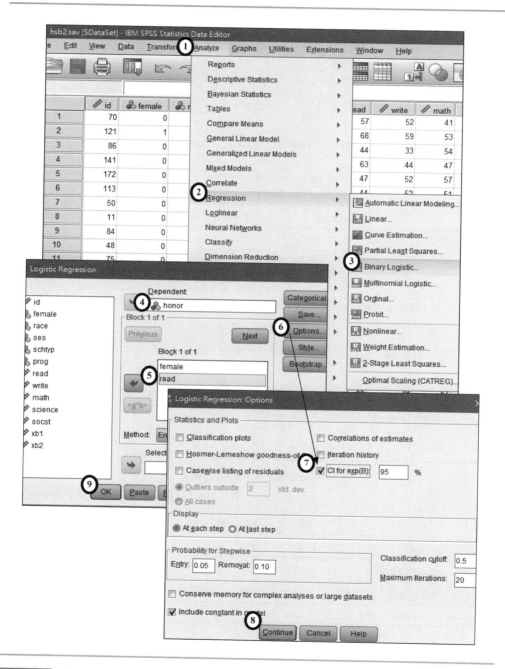

圖 9-32 求 model-2「female、read → honor」logistic 迴歸的畫面

對應的指令語法：

```
subtitle "Step2-1 model-2「female、read → honor」邏輯斯迴歸 ".
LOGISTIC REGRESSION VARIABLES honor
  /METHOD=ENTER female read
  /PRINT=GOODFIT CI(95)
  /CRITERIA=PIN(0.05) POUT(0.10) ITERATE(20) CUT(0.5).
```

【A. 分析結果說明】 model-2「female、read → honor」 logistic 迴歸

Model Summary

Step	-2 Log likelihood	Cox & Snell R Square	Nagelkerke R Square
1	170.887a	.261	.380

a. Estimation terminated at iteration number 5 because parameter estimates changed by less than .001.

1. 概似比 (likelihood ratios, LR) 是敏感性與特異性的比值，旨在評估檢驗工具的效能。概似比值越大，表示模型越佳。當 LR > 10 代表此工具具有很強的臨床實證判斷意義，LR 介於 2～5 之間則為代表此工具臨床實證判斷的意義較弱。

2. 本例 Log likelihood = 170.887，表示你界定自變數們之迴歸係數，對依變數的預測仍有顯著意義。

Variables in the Equation

		B	SE	Wald	df	Sig.	Exp(B)	95.0% CI for Exp(B) Lower	Upper
Step 1a	女性嗎	1.121	.408	7.544	1	.006	3.068	1.379	6.826
	reading score	.144	.023	38.279	1	.000	1.155	1.104	1.209
	Constant	-9.603	1.426	45.327	1	.000	.000		

a. Variable(s) entered on step 1: 女性嗎 , reading score.

1. logistic 迴歸，以「gender (= 1)」為比較基準點，故有「gender =0 vs. gender =1」，此 logit 迴歸式，如下：

$$Ln\left(\frac{P(gender=0)}{P(gender=1)}\right) = -1.4 + 0.651 \times (gender=1) + 0.144 \times read$$

其中 (gender = 1) 表示若括弧內的判別式成立，則代入 1，若不成立則代入 0。在排除「其他」的影響後，女性 (gender = 0) 得獎 (honer) 的勝算爲男性 (gender = 0) 的 3.068 (= $exp^{1.121}$) 倍，且達到統計上的顯著差異 (p = 0.006)。

在排除「gender」的影響後，學生 read 每增加一單位，其得獎 (honer) 的勝算就提升 1115 (= $exp^{0.144}$) 倍，且達到統計上的顯著差異 (p = 0.000)。

2. B 欄：是 logistic 迴歸式中，自變數對依變數的預測值，在 logistic 迴歸式是以 log-odds 爲單位，「B」值愈大，表示該自變數對依變數的攸關性 (relevance) 愈高。它類似 OLS 迴歸式：

$$\log(\frac{p}{1-p}) = \log(\frac{p(\text{某方案})}{p(\text{方案的基準點})}) = b_0 + b_1 * x_1 + b_2 * x_2 + b_3 * x_3 + b_3 * x_3 + b_4 * x_4 + \cdots$$

3. S.E. 欄：logit 迴歸係數的標準誤 (standard errors associated with the coefficients)。

4. Exp(B)：是這預測因子 (predictors) 的勝算比 (odds ratios)。

5. Wald 及 Sig 二欄：分別是 Wald chi-square 檢定及其雙尾 p-value，它的虛無假設「H_0：the coefficient (parameter) is 0」。若 p 值小於 (α = 0.05) 則 logit 迴歸係數達統計學上的顯著。

Step 2-2　model-2：「female、read → honor」之 ROC 曲線

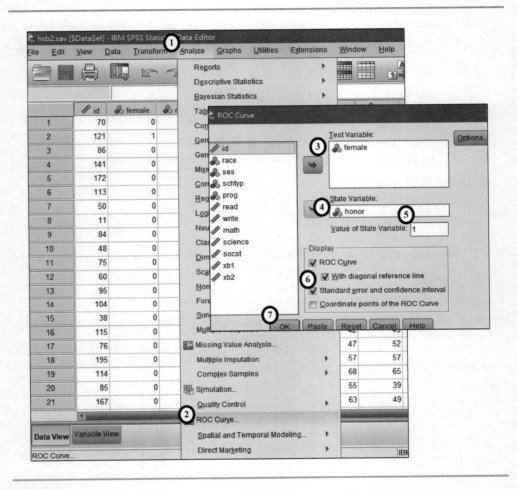

圖 9-33 　求 model-2「female、read → honor」ROC 曲線面積的畫面

對應的指令語法：

```
subtitle "Step2-2 model-2「female、read → honor」ROC 曲線 ".
ROC female read BY honor (1)
  /PLOT=CURVE(REFERENCE)
  /PRINT=SE
  /CRITERIA=CUTOFF(INCLUDE) TESTPOS(LARGE)
DISTRIBUTION(FREE) CI(95)
  /MISSING=EXCLUDE.
```

【B. 分析結果說明】model-2「female、read → honor」ROC 曲線

<table>
<tr><th colspan="6">Area Under the Curve</th></tr>
<tr><th rowspan="2">Test Result Variable(s)</th><th rowspan="2">Area</th><th rowspan="2">Std. Error^a</th><th rowspan="2">Asymptotic Sig.^b</th><th colspan="2">Asymptotic 95% Confidence Interval</th></tr>
<tr><th>Lower Bound</th><th>Upper Bound</th></tr>
<tr><td>女性嗎</td><td>.578</td><td>.045</td><td>.091</td><td>.490</td><td>.667</td></tr>
<tr><td>reading score</td><td>.819</td><td>.030</td><td>.000</td><td>.759</td><td>.879</td></tr>
</table>

The test result variable(s): 女性嗎, reading score has at least one tie between the positive actual state group and the negative actual state group. Statistics may be biased.

a. Under the nonparametric assumption

b. Null hypothesis: true area = 0.5

1. 「female、read → honor」的 ROC 曲線面積 =0.578，再加入 read 自變數之後，ROC 曲線面積變大 (AUC=0.819)，表示 model-2「female、read → honor」精確度優於 model-2「female → honor」。

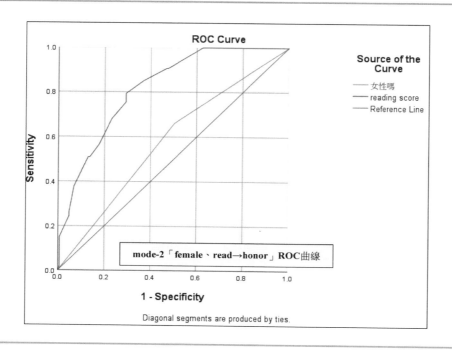

圖 9-34　model-2 是「female、read → honor」的 ROC 曲線面積

其中，四個準確度之指標，其公式爲：

$$PPV = \frac{Sensitivity \times Prevalence}{Sensitivity \times Prevalence + (1 - Sensitivity) \times (1 - Prevalence)}$$

$$NPV = \frac{Specificity \times (1 - Prevalence)}{Specificity \times (1 - Prevalence) + (1 - Specificity) \times Prevalence}$$

圖形之縱軸 (y-axis) 爲眞陽性率 (true positive rate; TPR)，又稱爲敏感度 (sensitivity)；橫軸 (x-axis) 爲僞陽性率 (false-posiitive rate; FPR)，以 1- 特異度 (specificity) 表示，而敏感度爲將結果正確判斷爲陽性的機率，特異度係將結果正確判斷爲負向或陰性的機率。當指定一個切斷點 (cut-point) 來區分檢驗的陽性與陰性時，這個切斷點會影響到診斷工具的敏感度 (sensitivity) 及特異度 (specificity)。在醫學上，敏感度表示有病者被判爲陽性的機率，而特異度表示無病者被判爲陰性的機率。在曲線上的任何一個點都會對應到一組敏感度與「1- 特異度」，而敏感度與特異度會受到切斷點移動的影響。

ROC 曲線結合了敏感度 (sensitivity) 和特異度 (specificity) 兩個指標，除了判別某一診斷工具的準確度外，還可更進一步地建議診斷工具的最佳切斷點 (best cut-off point)。一般常用尋找切斷點的方法爲尤登指數 (Youden's index)，即將每一個切斷點的敏感度 (Sensitivity, $1 - \beta$) 與特異度 (Specificity, $1 - \alpha$) 相加，並取最大值 (Max)，即爲最佳切斷點。

定義：*尤登指標* (Youden's index)

尤登指標反映出在有疾病和沒疾病下，所有的陽性結果可能性，其公式爲：

尤登指標 = 敏感度 + (特異性 – 1) = 敏感度 – 假陽性率

它有最大值爲 1.0，最小值爲 0.0。

尤登指標不同於準確性 (accuracy)。勝算比 (odds ratio) 及尤登指標都不會依賴於樣本中疾病的盛行率，故二者會比準確性且較優秀的原因。

參考文獻

一、英文文獻

Alberto A, David D. (2001). Implementing Matching Estimators for Average Treatment Effects in Stata. The Stata Journal,1(1), 1-18

Allison P .D. (1995; 2004). Survival Analysis Using SAS®, A Practical Guide. 7th ed., North Carolina, SAS Institute Inc,

Allison, P. D. (1984). Event History Analysis, Regression for Longitudinal Event Data, p. 43.

Andersen, P. K. and Gill, R. D. (1982). Cox's regression model for counting processes: A large sample study. Annals of Statistics, 10, 1100-1120.

Armitage, P., and Colton, T. (1998). Encyclopedia of Biostatistics, John Wiley & Sons, New York.

Balakrishnan, N., (1991) Handbook of the Logistic Distribution, Marcel Dekker, Inc., ISBN 978-0824785871.

Bane, Mary Jo and David T. Ellwood. (1994). Welfare Realities, From Rhetoric to Reform. Cambridge, Harvard Universi ty Press.

Berry, S. D., Ngo, L., Samelson, E. J., & Kiel, D. P. (2010). Competing risk of death, An important consideration in studies of older adults. Journal of the American Geriatric Society, 58, 783-787.

Binder, D. A. (1983). On the variances of asymptotically normal estimators from complex surveys. International Statistical Review 51, 279-292.

Binder, D. A. (1992). Fitting Cox's proportional hazards models for survey data. Biometrika 79, 139-147.

Box-Steffensmeier, J. M. and Boef., S. D. (2006). Repeated events survival models: The conditional frailty model. Statistics in Medicine, 25(20), 3518-3533.

Brown, C.D., and Davis, H.T. (2006). Receiver operating characteristic curves and related decision measures, a tutorial, Chemometrics and Intelligent Laboratory Systems, 80: 24-38

Campbell MJ, Machin D. (1999). Medical statistics. 3rd ed. England, John Wiley & Sons Ltd., 122-124.

Carsten, S. Wesseling, S., Schink, T., and Jung, K. (2003) Comparison of Eight Computer Programs for Receiver-Operating Characteristic Analysis. Clinical Chemistry, 49: 433-439

Cefalu, M. S. (2011). Pointwise confidence intervals for the covariate-adjusted survivor function in the Cox model. Stata Journal 11, 64-81.

Chambless, L. E. and Diao, G. (2006) . Estimation of time-dependent area under the ROC curve for long-term risk prediction. Statistic, 25, 3474-3486.

Chilcoat H.D, Anthony J.C. (1996). Impact of parent monitoring on initiation of drug use through latechildhood. J Am Acad Child Adolesc Psychiatry,35,91-100.

Clayton D. G. (1978). A model for association in bivariate life tables and its application in epidemiological studies of familial tendency in chronic disease incidence. Biometrika,65,141-51.

Clayton, D. G. (1978). A model for association in bivariate life tables and its application in epidemiological studies of chronic disease incidence. Biometrika, 65, 141-151.

Cleves, M. A. (2000). stata54, Multiple curves plotted with stcurv command. Stata Technical Bulletin 54, 2-4. Reprinted in Stata Technical Bulletin Reprints, 9, 7-10. College Station, TX, Stata Press.

Coldman A.J., Elwood J. M. (1979). Examining survival data, Can Med Assoc J., 121, 1065-71.

Cox D. R. (1972). Regression models and life tables. J Roy Stat Soc B. 34, 187-220.

Cox, C. S., M. E. Mussolino, S. T. Rothwell, M. A. Lane, C. D. Golden, J. H. Madans, and J. J. Feldman. (1997). Plan and operation of the NHANES I Epidemiologic Followup Study, 1992. In Vital and Health Statistics, series 1, no. 35.

Cox, D. R., and Oakes, D. (1984). Analysis of Survival Data, Chapman & Hall, New York.

Cox, J. C. Ingersoll, J. E. & Ross, S. A. (1984). A Theory of the Term Structure of Interest Rates, Econometrica, Vol. 53(2): 385-407.

Crowder, M. (1989). A multivariate distribution with Weibull connections. Journal of the Royal Statistical Social, 51, 93-10

David G. Kleinbaum, Mitchel Klein (2006). Survival Analysis A SelfLearning Text, 2nd Edition.

Dawson B, Trapp R. G. (2001). Basic & clinical statistics, 3rd ed. New York, The McGraw-Hill Companies, Inc. 211-232.

Deng, Y. H., Quigley, J. M., & Van Order, R. (1996). Mortgage Default & Low Downpayment Loans: The Costs of Public Subsidy, Regional Science & Urban

Duncan, Greg J., Richard D. Coe, and Martha S. Hill. (1984). Year of Poverty，Yearof Plenty, The Changing Fortunes of American Workers and Families. Ann Arbor, Universi ty of Michigan, Institute of Social Research.

Freireich et al. (1996). The effect of 6-mercaptopurine on the duration of steroid-induced remissions in acute leukemia, Blook 21, 699-716.

Gehan, E.A. (1965). A generalized Wilcoxon test for comparing arbitrarily singly-censored samples, Biometrika, 52, 203-223.

Glantz S. A. (1999). Primer of biostatistics, 4th ed. New York, The McGraw-Hill Companies, Inc. 362-386.

Gonen M., (2007) Analyzing Receiver Operating Characteristic Curves Using SAS, SAS Press, ISBN 978-1-59994-298-1.

Gonzalez, J. F., Jr., N. Krauss, and C. Scott. (1992). Estimation in the (1988 National Maternal and Infant HealthSurvey. Proceedings of the Section on Statistics Education, American Statistical Association 343-348.

Goodenough, D.J., Rossmann, K. and Lusted, L.B.,(1974). Radiographic applications of Receiver operating characteristic (ROC) analysis, Radiology, 110, 89-95.

Gordis L. (1996). Epidemiology. Philadelphia, Pennsylvania, W.B. Saunders Company. 78-79.

Gray, R. J. (1988). A Class of K-Sample Tests for Comparing the Cumulative Incidence of a Competing Risk, The Annals of Statistics, 16(3), 1141-1154.

Green, J. & Shoven, J. (1986).The Effects of Interest Rates on Mortgage Prepayments, Journal of Money, Credit, & Banking, 18,41-59.

Green, W. H. (2003). Econometric Analysis, fifth edition, Prentice Hall, ISBN 0-13-066189-9.

Guo, G. and Rodriguez, G. (1992). Estimating a multivariate proportional hazards model for clustered data using the em algorithm. with an application to child survival in guatemala. Journal of American Statistical Association, 87, 969-976.

参考文献

Hachen, D. S. (1988). The Competing Risks Model, A Method for Analyzing Processes with Multiple Types of Events, Sociological Methods & Research, vol. 17, no. 1, 21-54.

Heagerty, P. J. and Zheng, Y. (2005) . Survival Model Predictive Accuracy and ROC Curves. Biometrics, 61, 92-105.

Heagerty, P. J., Lumley, T., Pepe, M. S. (2000). Time-dependent ROC Curves for Censored Survival Data and a Diagnostic Marker Biometrics, 56, 337 - 344

Heckman, J. and B. Singer, (1984). Econometric duration analysis, Journal of Econometrics, 24, 63-132.

Hojati, A. T., Ferreira, L., Charles, P., and bin Kabit, M. R. (2012), Analysing Freeway Trafficincident Duration Using an Australian Data Set, Road and Transport Research, A Journal of Australian and New Zealand Research and Practice, 21(2),19-31.

Hosmer, D. W., & Lemeshow, S. (1999). Applied survival analysis, Regression modeling of time to event data. NY, USA, John Wiley & Sons, Inc.

Hosmer, D.W. and Lemeshow, S., (2000). Applied Logistic Regression, 2nd ed., New York; Chichester, Wiley, ISBN 0-471-35632-8.

Hougaard, P. (1986b). A class of multivariate failure time distributions.Biometrics, 73, 387-396.

Hougaard, P. (2000). Analysis of multivariate survival data. New York。

Hougaard, P. (1986a). Survival models for heterogeneous populations derived frim stable distributions. Biometrics, 73, 671-678.

Hui, W. R. & P. K. Trivedi (1986). Duration dependence, Targeted employment subsidies an unemployment benefit, Journal of Public Economics, 31, 105-129.

Hyattsville, MD, National Center for Health Statistics. Engel, A., R. S. Murphy, K. Maurer, and E. Collins. (1978). Plan and operation of the HANES I augmentation survey of adults 25-74 years, United States (1974-75. In Vital and Health Statistics, series 1, no. 14. Hyattsville, MD, National Center for Health Statistics.

Jeong, J.H, Jung, SH, W. S. (2003). A parametric model for long-term follow-up data from phase III breast cancer clinical trials. Statistic in medicine, 22,339-352.

Kalbfleish J.D., Prentice, R.L. (2002). The statistical analysis of failure time data. 2nd ed. p.218. Wiley, New York.

Kaplan, E.L. and Meier, P. (1958). Nonparametric estimation from incomplete observations, J Am Stat Assoc, 53, 457-481.

Keiding N, Andersen P. K, Klein J. P. (1997). The role of frailty models and accelerated failure time models in describing heterogeneity due to omitted covariates. Stat Med,16,215-24.

Khanna D, Tsevat J. (2007). Health-related quality of life--an introduction. Am J. Manag Care., 13(9): 218-23

Kiefer, N. (1988). Economic Duration data and hazard function, Journal of Economic Literature, 26, 646-679.

Kim, H. T. (2007). Cumulative incidence in competing risk data and competing risk regression analysis. Clin Cancer Res, 13(2), 559-565.

Klein JP, Moeschberger ML. Survival analysis: techniques for censored and truncated data. 2nd ed. New York: Springer; 2003.

Klein, J. P. (1992). Semiparametirc estimation of random effects using the cox model based on the em algorithm. Biometrics, 48, 798-806.

Kleinbaum DG, Klein M. Survival analysis: a self-learning text. 2nd ed. New York: Springer; 2005.

Kleinbaum, D. G., & Klein, M. (1996). Survival analysis, A self-learning text (2nd ed.). New York, Springer.

573

Kleinbaum, David G. & Klein Mitchel. (2005). Survival Analysis, A Self Self-Learning Text Text. NY, Springer Science Busisness Media, Inc.

Korn, E. L., and B. I. Graubard. (1999). Analysis of Health Surveys. New York, Wiley.

Korn, E. L., B. I. Graubard, and D. Midthune. (1997). Time-to-event analysis of longitudinal follow-up of a survey, Choice of time-scale. American Journal of Epidemiology 145, 72-80.

Kosterman R, Hawkins J.D, Guo J, Catalano R.F, Abbott R.D. (2000). The dynamics of alcohol and marijuana initiation, patterns and predictors of first use in adolescence. Am J Public Health, 90,360-6.

Lin D.Y., Wei, L.J., Ying, Z. (1993). Checking the Cox model with cumulative sums of martingale-based residuals. Biometrika 80,573-81.

Kuo. H. C.,& Li. Y. (2003). A dynamic decision model of SMEs' FDI, Small Business Economics, 20, 219-231.

Lancaster, T. (1990). The Econometric analysis of transition data, Cambridge University Press.

Lasko, T.A., J.G. Bhagwat, K.H. Zou and Ohno-Machado, L. (2005). The use of receiver operating characteristic curves in biomedical informatics. Journal of Biomedical Informatics, 38(5): 404-415.

Lawless, J.F. (1982). Statistical Models and Methods for Lifetime Data, John Wiley & Sons, New York.Matthews, D., and Farewell, V.T. (1996). Using and Understanding Medical Statistics, Karger, New York.

Lee E. T. (1992). Statistical methods for surviual data analysis. 2nd ed. New York, John Wiley & Sons. 109-112.

Lee ET, Wang JW. Statistical methods for survival data analysis. 3rd ed. Hoboken, New Jersey: John Wiley & Sons; 2003.

Lee, S.-Y., & Wolfe, R. A. (1998). A simple test for independent censoring under the proportional hazards model. Biometric, 54(3), 1176-1182.

Leshowitz, B., (1969). Comparison of ROC curves from one and two interval rating-scale procedures, The Journal of Acoustical Society of America, 46, 399-402.

Levy, Frank. (1977). How Big is the American Underclass? Washington D. C, Urban.

Liang, K. Y., Self, S. G., Bandeen-Roche, K. J., and Zeger, S. L. (1995). Some recent developments for regression analysis of multivariate failure time data. Lifetime Data Analysis, 1, 403-415.

Lin, D. Y. (2000). On fitting Cox's proportional hazards models to survey data. Biometrika 87, 37-47.

Lin, D. Y., and L. J. Wei. (1989). The robust inference for the Cox proportional hazards model. Journal of the American Statistical Association 84, 1074-1078.

Lin, Y. H. Chang, C. C. Lai, M. C. and Chen, L. S. (2010). Screening for Early Onsets of Dementia, An Evaluation of the Mini-Mental State Examination, Research in Applied Psychology, 48,181-198.

MaGilchrist, C. A. and Aisbtt, C. W. (1991). Regression with frailty in survival analysis. Biometrics, 47, 461-466.

Marco C, Sabine K. (2005). Some Practical Guidance for the Implementation of Propensity Score Matching. IZA Discussion Paper, 1588, 1-29

Mason, S. J. and Graham, N. E. (2002). Areas beneath the relative operating characteristics (ROC) and relative operating levels (ROL) curves, Statistical significance and interpretation. Q.J.R. Meteorol. Soc., 128, 2145-2166.

McDowell, A., A. Engel, J. T. Massey, and K. Maurer. (1981). Plan and operation of the Second National Health and Nutrition Examination Survey, (1976-(1980. Vital and Health Statistics 1(15), 1-144.

Metz, C. E., (1978). Basic principles of ROC analysis, Seminars in Nuclear Medicine,8, 283-298.

Metz, C. E., (1986). ROC methodology in radiologic imaging, Invest Radiology, 21,720-733.

Michael F. Drummond, Mark J. Sculpher, George W. Torrance, and Bernie J. O'Brien. (2005). Methods for the Economic Evaluation of Health Care Programmes (Oxford Medical Publications).

Miller RG Jr (1981). Survival analysis. New York, John Wiley & Sons.

Miller, H. W. (1973). Plan and operation of the Health and Nutrition Examination Survey, United States (1971-(1973. Hyattsville, MD, National Center for Health Statistics.

Moeschberger, M. L., & Klein, J. P. (1985). A comparison of survival method of estimating the survival function when there is extreme right censor. Biometric, 41, 253-259.

Morton RF, Hebel J. R, McCarter R.J. (1990). A study guide to epidemiology and biostatistics, 3rd ed. Rockville, Maryland, Aspen Publishers Inc. 145-152.

Noh, H. J., Roh, T. H., and Han. I. (2005), Prognostic Personal Credit Risk Model Considering Censored Information, Expert Systems with Applications, 28, 753-762.

Oakes, D. (1992). Frailty models for multiple event times. Survival analysis: state of the art, 371-379.

O'Donnell, O., E. van Doorslaer, A. Wagstaff, and M. Lindelow. (2008). Analyzing Health Equity Using Household Survey Data, A Guide to Techniques and Their Implementation. Washington, DC, The World Bank.

Pepe, M. S. (2003). The Statistical Evaluation of Medical Tests for Classification and Prediction. New York, Oxford University Press.

Peto, R., and Peto, J. (1972). Asymptotically efficient rank invariant test procedures (with discussion), J R Stat Soc A, 135, 185-206.

Pintilie M. (2006). Competing Risks, A Practical Perspective. John Wiley & Sons, New York, 240pp.

Pintilie, M. (2006). Competing Risks, A Practical Perspective (NJ, John Wiley & Sons, 2006), 102-104。

Rosenbaum, Paul R.; Rubin, Donald B. (1983). The central role of the propensity score in observational studies for causal effects. Biometrika 70 (1), 41-55.

Royston, P. (2015). Tools for checking calibration of a Cox model in external validation: Prediction of population-averaged survival curves based on risk groups. Stata Journal 15, 275-291.

Schemper, M. (1992). Cox analysis of survival data with non-proportional hazard functions. The Statistician, 41, 455-465.

Schwartz, E. S. & Torous, W. N. (1989). Prepayment & the Valuation of Mortgage-Backed Securities, Journal of Finance, 44(2): 375-392.

Schwartz, E. S. & W. N. Torous,(1992). Prepayment, Default, & the Valuation of Mortgage Pass-through Securities," Journal of Business, 65, 221-239.

Singer, J. D., & Willett, J. B. (2003). Applied longitudinal data analysis, Modeling change and event occurrence New York, USA, Oxford University Press.

Skinner, C. J. (1989). Introduction to part A. In Analysis of Complex Surveys, ed. C. J. Skinner, D. Holt, and T. M. F. Smith, 23-58. New York, Wiley.

Song, X. and Zhou, X. H. (2008) . A semiparametric approach for the covariate specific ROC curve with survival outcome. Statistica Sinica, 18, 947-965

Sung, R. T., Yu, C. W., Choi, K. C., McManus, A., Li, A. C., & Xu, S. Y. et al. (2007). Waist circumference and body mass index in Chinese children, cutoff values for predicting cardiovascular risk factors. International Journal of Obesity, 31, 550-558.

Swets, J. A.,(1979). ROC analysis applied to the evaluation of medicine imaging techniques, Invest

Radiology, 14,109-121.

Swets, J.A. (1995). Signal detection theory and ROC analysis in psychology and diagnostics, Collected papers. Lawrence Erlbaum Associates.

Swets, J.A., Dawes, R., and Monahan, J. (2000) Better Decisions through Science. Scientific American, October, pages 82-87.

Therneau, T. M. and Grambush, P. M. (2000). Modeling survival data: extending the Cox model. Springer, New York.

Tiwari, G., Bangdiwala, S., Saraswat, A., and Gaurav, S.,(2007). Surviva l Analysis, Pedestrian Risk Exposure at Signalized lntersections, Transporlalion Research Parl F, 10, 77-89.

Uno, H., Cai, T., Tian, L. and Wei, L. J. (2007) . Evaluating prediction rules for t-year survivors with censored regression models. Journal of the American Statistical Association, 102, 527-537

Vaupel J. W., Manton K.G, Stallard E. (1979). The impact of heterogeneity in individual frailty on the dynamics of mortality. Demography,16,439-54.

Vaupel, J. W., Manton, K. G., and Stallard, E. (1979). The impact of heterogeneity in individual frailty on the dynamics of mortality. Demography, 16, 439-454.

Wang, S. S. and Brown, R. L. (1998).A Frailty Model for Projection of Human Mortality Improvement, Journal of Actuarial Practice, 6,221-241.

Wei, L.J. (1992). The accelerated failure time model, a useful alternative to the Cox regression model in survival analysis. Statist. Med. 11, 1871-1879.

Weinstein, M. C. and Fineberg, H. V. (1980) . Clinical Decision Analysis. Ultrasound in Medicine & Biology, 22, 391-398.

Woolson, R.F. (1987). Statistical Methods for the Analysis of Biomedical Data, John Wiley & Sons, New York。Cox D.R, D. Oakes (1984). Analysis of survival data. p.64-65. Chapman and Hill, London.

Yashin, A. I., Vaupel, J. W., and Iachine, I. A. (1995). Correlated individual frailty: An advantageous approach to survival analysis of bivariate data. Mathematical Population Studies, 5(2), 145-159.

Zhou, X. H. (2002). Statistical Methods in Diagnostic Medicine. Wiley & Sons. ISBN 9780471347729.

Zou, K.H., O'Malley, A.J., Mauri, L. (2007). Receiver-operating characteristic analysis for evaluating diagnostic tests and predictive models. Circulation, 115(5), 654-7.

二、中文文獻

丁先玲、白璐、許文林，臨床常用之應用統計方法—存活率分析。國防醫學，1994; 5: 406-410。

王南天、蘇慧芳、李佩珍、張正雄、林寬佳、謝碧晴 (2014)，加速失敗時間模式分析新發乳癌病患併發血栓栓塞對其存活的影響，臺灣衛誌，Vol.33, No.6。

吳健笠、蕭羽媛、蘇殿甲 (2011)，應用存活分析法於機車紅燈怠速熄火行為之研究，運輸計畫季刊，第 40 卷，第 2 期，161 -184。

徐勇勇，醫學統計學，第一版，北京：高等教育出版社，2001: 174-189。

陳怡君 (2008)，應用存活分析法探討國內航線之營運，商管科技季刊，第 9 卷，第 3 期，頁 301-314.

劉士嘉 (2014)，復發事件區間設限多重狀態模式分析—臺灣老人憂鬱狀態變化貫時性資料之應用，東海統計學系所。

戴政、江淑瓊，生物醫學統計概論，第一版，臺北：翰蘆圖書出版有限公司，1997: 85-111。

簡文貴 (2016)，老年族群死亡競爭風險的探討，http://biostat.tmu.edu.tw/backup/page/epaper/ep_download/6stat.pdf

蘇殷甲 (2010)，機車騎士紅燈怠速熄火意願及其預期成效之研究，國立中央大學土木工程學系碩士論文。

蘭羽媛 (2009)，存活分析法應用於機車紅燈熄火行為之研究，國立中央大學土木工程學系碩士。

五南研究方法書系 STaTa 系列 張紹勳 博士 著

1H0U

多變量統計之線性代數基礎：
應用STaTa分析

1H0R

有限混合模型(FMM)：STaTa分析
(以EM algorithm做潛在分類再迴歸分析)
（附光碟）

1H0Q

邏輯斯迴歸及離散選擇模型：
應用STaTa統計（附光碟）

1H0P

多層次模型（HLM）及
重複測量 —— 使用STaTa（附光碟）

1H0F

STaTa在財務金融
與經濟分析的應用（附光碟）

1H0C

STaTa在結構方程模型
及試題反應理論的應用（附光碟）

1HA8

生物醫學統計：
使用STaTa分析（附光碟）

1H99

STaTa與高等統計
分析（附光碟）

1HA1

Panel-data迴歸模型：STaTa在
廣義時間序列的應用（附光碟）

五南文化事業機構
WU-NAN CULTURE ENTERPRISE

f 🔍 五南財經異想世界 ✕

106臺北市和平東路二段339號4樓
Tel：02-27055066 轉824、889 林小姐

國家圖書館出版品預行編目資料

存活分析及ROC：應用SPSS／張紹勳，林秀娟
著.－－初版.－－臺北市：五南，2018.11
　　面；　公分
ISBN 978-957-11-9932-0　（平裝附光碟片）
1.統計套裝軟體　2.統計分析
512.4　　　　　　　　　　　　107015118

1H1K

存活分析及ROC：應用SPSS

作　　　者 ― 張紹勳、林秀娟

發 行 人 ― 楊榮川

總 經 理 ― 楊士清

主　　　編 ― 侯家嵐

責任編輯 ― 黃梓雯

文字校對 ― 黃志誠、鐘秀雲

封面設計 ― 盧盈良

出 版 者 ― 五南圖書出版股份有限公司

地　　　址：106台北市大安區和平東路二段339號4樓

電　　　話：(02)2705-5066　　傳　　　真：(02)2706-6100

網　　　址：http://www.wunan.com.tw

電子郵件：wunan@wunan.com.tw

劃撥帳號：01068953

戶　　　名：五南圖書出版股份有限公司

法律顧問　林勝安律師事務所　林勝安律師

出版日期　2018年11月初版一刷

定　　　價　新臺幣690元